Axel Hoffmann

MEIN VEREIN EINTRACHT FRANKFURT

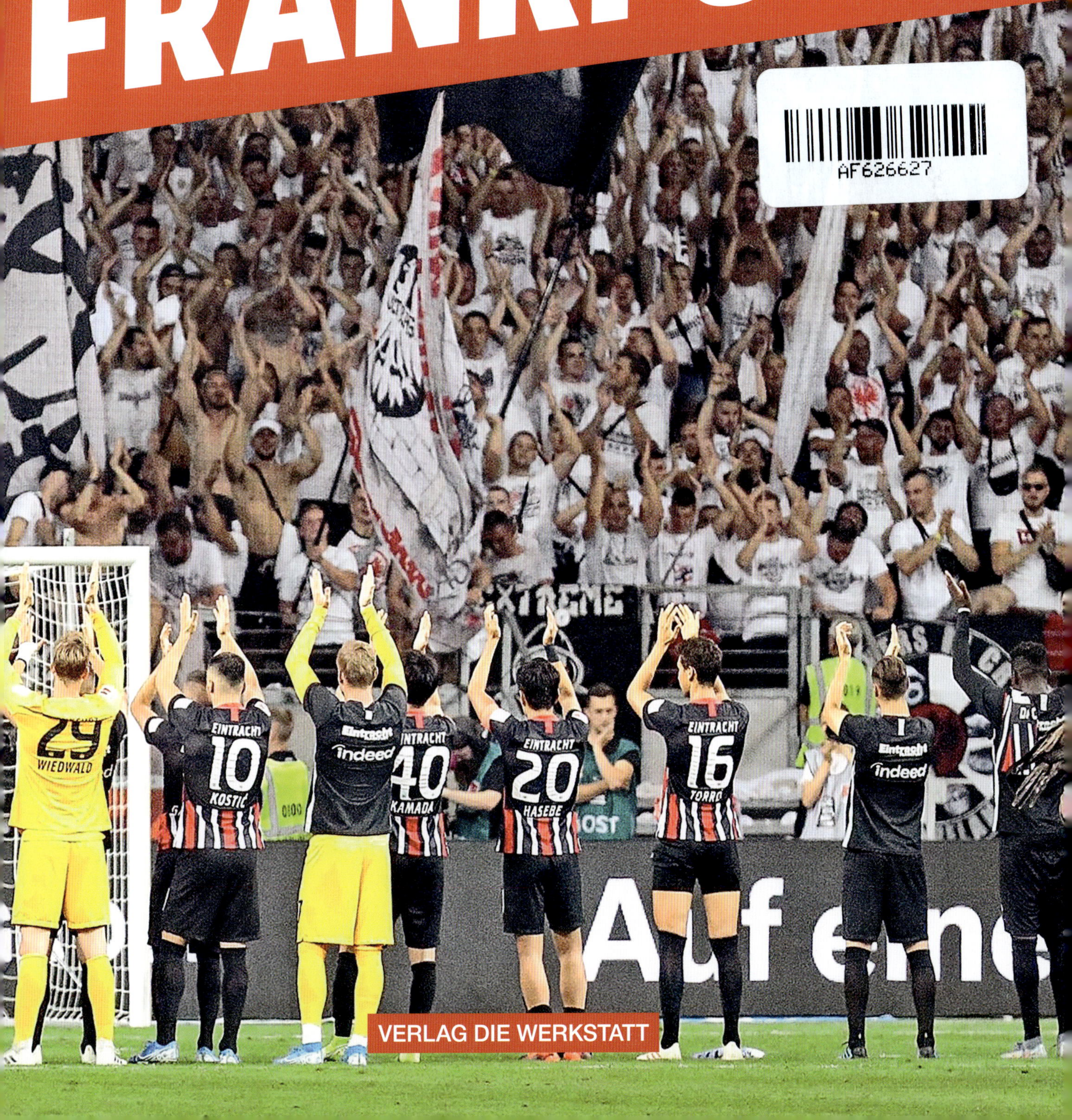

VERLAG DIE WERKSTATT

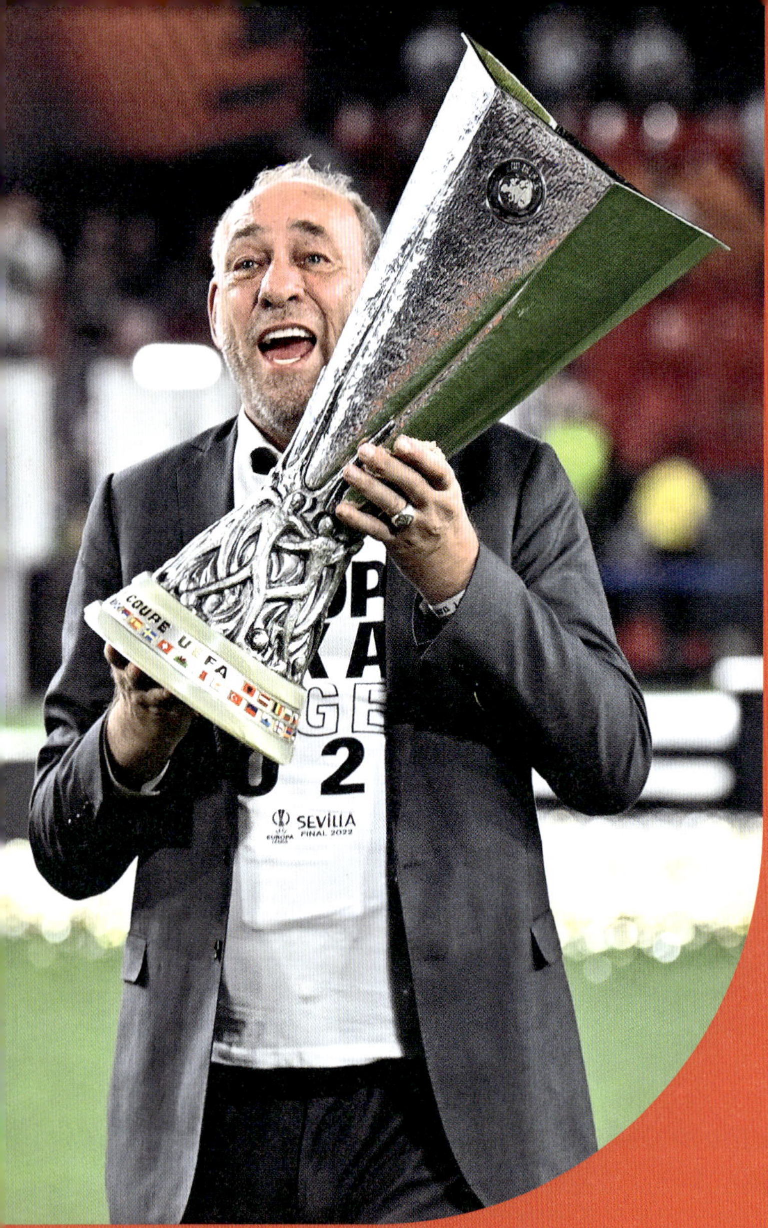

Der frühere Eintracht-Präsident
Peter Fischer mit dem Europapokal

Bildnachweis

Frank Gotta/eintracht-archiv.de: 12m, 15o, 18, 19, 20u, 27, 35, 37, 38l, 39, 41 (2), 43u, 44, 45, 52 (2), 56 (2), 57 (2), 59o

Vereinsarchiv Eintracht Frankfurt: 10 (2), 11, 15u, 16u, 17, 22m, 24 (2), 25u, 28ol, 28or, 29m, 29ur, 30, 42, 132r, 133m

Andreas Wolf: S. 93; **Archiv Ulrich Matheja:** 38r, 53, 59u, 156; **Adolf Bechtold, Schöneck:** 36; **Berlin-Bild:** 48; **Dirk Heinik:** 108; **Eintracht Museum:** 40u, 47; **Fan geht vor:** 46ul; **Fotoagentur Horst Müller:** 49; **Institut für Stadtgeschichte Frankfurt am Main:** 34; **Jörg Heinisch:** 74l; **Kicker/kicker-sportmagazin.de:** 8, 20m, 23o; **Alexander Loulakis:** 29ul, 31; **Mehrens Pressebild:** 51m; **Michael Newman, Blackburn, GB:** 25or; **Axel Hoffmann:** 2; **Dr. Othmar Hermann:** 50, 144; **Scottish Daily Record:** 58

dpa/picture alliance: 51u, 67o, 72, 83u, 85u, 112l, 133u, 134u

Imago: 1 (3), 2, 4, 28u, 54, 60 (2), 61, 62, 63 (2), 64 (2), 65 (2), 66 (2), 67u, 68, 69 (2), 70 (2), 71, 73 (2), 74r, 75 (2), 76, 78 (2), 79 (2), 80 (2), 81 (2), 82, 83o, 83m, 84 (2), 85o, 86 (2), 87, 88 (3), 89, 90 (2), 91, 92, 94, 96 (2), 97, 98 (2), 99 (2), 100 (2), 101, 102 (2), 103, 104 (3), 105, 106 (2), 107 (2), 110 (2), 111 (2), 112r, 113, 114, 115 (2), 116 (2), 117 (2), 118, 119 (4), 120, 122 (3), 123 (3), 124, 125, 126, 128 (2), 129 (2), 130 (2), 131 (2), 134o, 136, 137, 139, 140, 141 (2), 142, 143, 145, 146, 147, 148 (2), 149 (2), 150, 151, 152, 154, 155, 158, 160.

Nicht in allen Fällen konnte die Urheberschaft an den Fotos ermittelt werden. Der Verlag bittet um entsprechende Hinweise, um berechtigte Ansprüche abzugelten.

Wir danken allen Beteiligten für die Bereitstellung der Bilder.

Bibliografische Information der Deutschen Nationalbibliothek: Die Deutsche Nationalbibliothek verzeichnet diese Publikation in der Deutschen Nationalbibliografie; detaillierte bibliografische Daten sind im Internet über http://dnb.d-nb.de abrufbar.

2., aktualisierte Auflage

Siekerwall 21, D-33602 Bielefeld
www.werkstatt-verlag.de

Satz und Gestaltung:
Die Werkstatt Medien-Produktion GmbH, Göttingen
Printed in Estonia 2024

ISBN 978-3-7307-0722-7

Inhalt

Dank & Quellen

Mein großer Dank gilt Pia Geiger, Florian Paulus und Matthias Thoma, deren akribischer Blick und Kenntnisreichtum dafür gesorgt haben, dass ich mich inmitten all der Emotionen, Worte und Zahlen nicht vollends verlor.

Ferner gilt mein Dank Frank Gotta, Dr. Othmar Hermann, Jörg Heinisch und Ulrich Matheja, die mit ihren Archiv-Arbeiten über Jahrzehnte hinweg erst die Grundlagen dafür geschaffen haben, dass die Geschichte der Eintracht überhaupt erzählbar wurde. Heribert Kopp sowie Norbert Schneider danke ich für das aufmerksame Lesen der ersten Auflage und ihren Adleraugen.

Quellen:

Ulrich Matheja - Schlappekicker und Himmelsstürmer
Ulrich Matheja - Unsere Eintracht
Matthias Thoma - Wir waren die Juddebube
Jörg Heinisch/Matthias Thoma - Main-Derby in Berlin
Jörg Heinisch/Dr. Othmar Hermann - Adler auf der Brust
Matthias Thoma - Der Riederwald
Michael Gabriel/Matthias Thoma - Das Rostock-Trauma
Axel Hoffmann/Matthias Thoma - 59 Eintracht-Orte
Franziska Blendin - FSV Frankfurt
Maximilian Aigner - Vereinsführer
Stephan Kuß (Hrsg.) - Eintracht Frankfurt - 100 Jahre Fußball und mehr
Dr. Thomas Bauer - Frankfurt am Ball
Dr. Thomas Bauer - Frankfurter Waldstadion
Eintracht Frankfurt Museum - 20 Köpfe - 11 Geschichten
Eintracht Frankfurt Museum - Die Geschichte unserer Vereinsgründer
Eintracht Frankfurt Museum - Jahrbücher 2012-2021
Richard Kirn - Der lachende Fußball
Frank Gotta - http://www.eintracht-archiv.de/

Die Eintracht

Als sich am Abend des 8. März 1899 15 Herren jugendlichen Alters voller Tatendrang in Richtung der Gaststätte Zum Friedrichshof aufmachten, ahnte wohl niemand, welche historische Konsequenzen jene geselligen Stunden in der damaligen Hohenzollernstraße 14, nur wenige Meter vom Frankfurter Hauptbahnhof entfernt, nach sich ziehen würden.

Heute, über 125 Jahre später, können wir eine Geschichte erzählen, deren erste Zeilen an jenem Abend Schriftführer Seubert zaghaft ins Protokoll schrieb und die seither die eigenartigsten Kapriolen geschlagen hat. Wir blicken auf einen Reigen, geformt aus enttäuschten Hoffnungen und geplatzten Träumen, aus Leid und Tränen, aber auch aus aberwitzigen Momenten vollkommenen Glücks, in denen die Zeit für einen Moment still zu stehen scheint. Werfen wir also einen Blick auf die Historie eines der berühmtesten Sportvereine der Republik: auf Eintracht Frankfurt - oder wie es Eintracht-Fans mit hauchzarter Ironie heute zu sagen pflegen: „Europas beste Mannschaft".

Ob grandiose Siege oder dramatische Niederlagen, langweilig wurde es mit der Eintracht nie. Fünf Pokalsiege, zwei Europapokal-Siege und eine Deutsche Meisterschaft (Stand jetzt) zieren den Briefkopf des Klubs, dessen Wappentier - angelehnt an das Frankfurter Stadtwappen - ein Adler ist. Doch letztlich ist die Geschichte der Eintracht nicht nur an den großen Erfolgen zu messen. Es ist auch und vielleicht vor allem das Scheitern, das diesen Verein prägt - wie 1992, als die Eintracht die sicher geglaubte Meisterschaft in Rostock im allerletzten Moment doch noch verspielte.

Der Umgang mit Niederlagen, die Akzeptanz des Leidens und die trotzige Zuversicht samt einer ungeheuren Leidenschaft liefern bis heute den Stoff, aus dem die Mysterien geschnitzt sind, die die Eintracht stets aufs Neue in die wundersame Fußballwelt zaubert. Mal zelebrierte sie „Fußball 2000", mal taumelte sie sehenden Auges einem Abstieg entgegen. Auf eines können wir uns seit jeher verlassen: Bei der Eintracht ist immer alles möglich. In jeglicher Hinsicht. Oder wie Henni Nachtsheim einst schrieb: „Die Eintracht zu lieben ist, wie auf den Malediven einzuschlafen und in Nordkorea aufzuwachen." Doch manchmal schläft man in Nordkorea ein und wacht auf den Malediven auf. Du weißt halt nie, wo du gerade bist. Zahlen und Fakten hingegen spiegeln nur im Ansatz wider, was die Eintracht für ihre Anhänger, für Frankfurt und darüber hinaus bedeutet. Wir versuchen, uns in diesen Aufzeichnungen dem zu nähern und schildern sie: die facettenreiche Geschichte von Eintracht Frankfurt.

In Erinnerung an all diejenigen, die den unfassbaren Triumph in Sevilla nicht mehr miterleben durften.

1899-1945

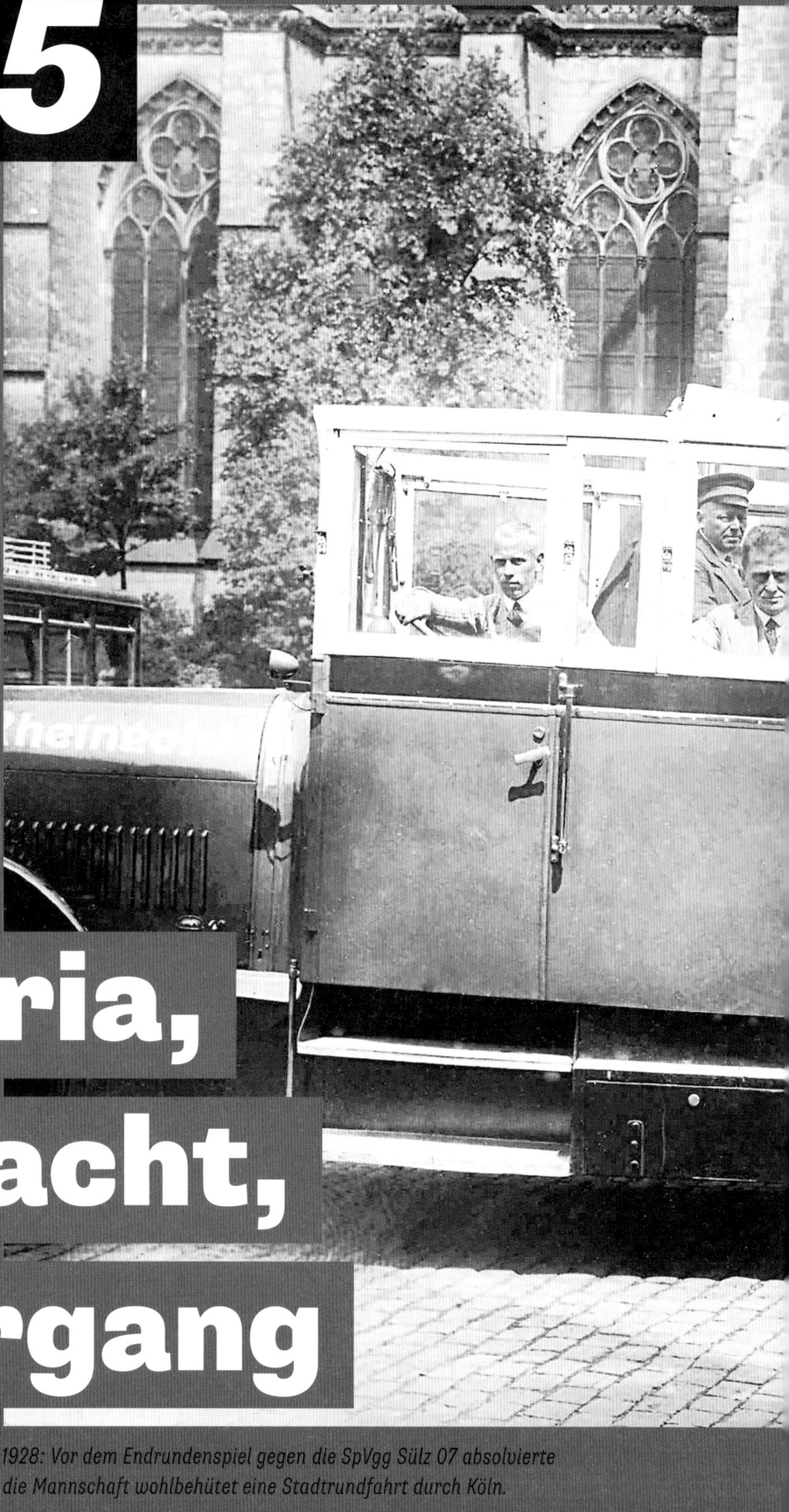

Victoria, Eintracht, Untergang

1928: Vor dem Endrundenspiel gegen die SpVgg Sülz 07 absolvierte die Mannschaft wohlbehütet eine Stadtrundfahrt durch Köln.

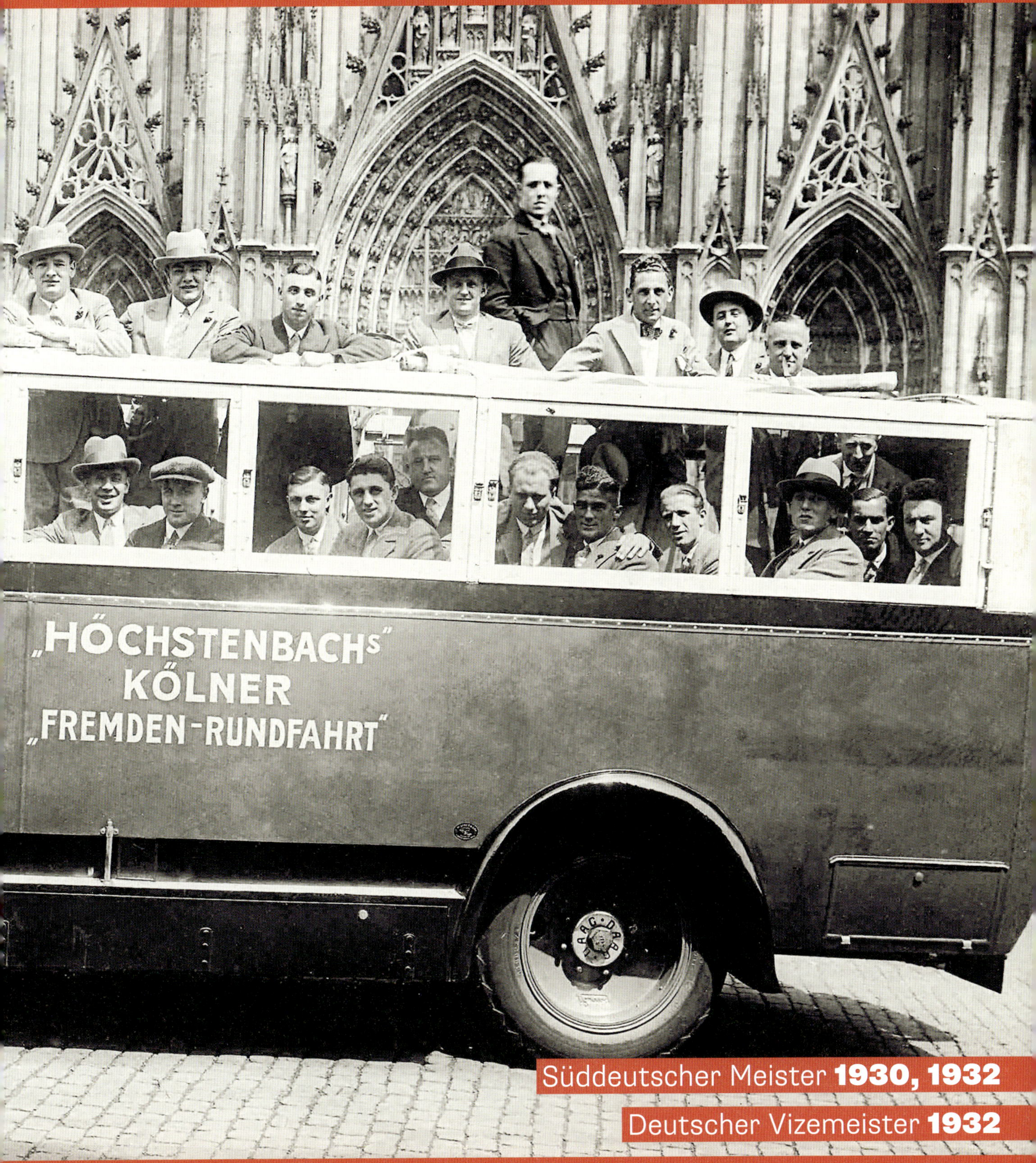

Süddeutscher Meister **1930, 1932**

Deutscher Vizemeister **1932**

Frankfurter Fußball-Club Victoria 1899

Am Abend des 8. März 1899 dachte noch keine Menschenseele an den Namen „Eintracht“. Die fünfzehn Herren, die sich im Friedrichshof bei Apfelwein und Bier zusammenfanden, unzufrieden mit ihrer Situation beim ältesten Fußballklub Frankfurts, der Germania 1894, gründeten kurzerhand einen eigenen Verein und benannten ihn nach der römischen Göttin des Sieges „Frankfurter Fußball-Club Victoria“. Zum ersten Vorsitzenden bestimmten sie den Uhrmachermeister Albert Pohlenk, der elf Tage nach Vereinsgründung die Victoria auf der Hundswiese vor den Toren der Stadt zum allerersten Spiel gegen den 1. FC Bockenheim als Kapitän auf das Feld führte. Wer die Tore zum 4:1 Sieg herausschoss, ist nicht überliefert.

Die erste Elf:

Riese - E. Müller - Bürckner - Gerhardt - Seubert - Troliet - Reick - Heil - Pohlenk - H. Schmidt - Schnug.

Mit Ausnahme von Bürckner zählten alle anderen zu den Gründungsmitgliedern der Victoria elf Tage zuvor und teilten die Vereinsarbeit unter sich auf: Albert Pohlenk wurde erster Vorsitzender und erster Kapitän, W. C. Seubert Schriftführer, Emil Müller erster Zeugwart, Albert Reick zweiter Zeugwart und Albert Gerhardt zweiter Kapitän. Der Vater von Emil Müller, der die Gaststätte „Zum Friedrichshof“ betrieb, stiftete den Ball. Als Dank rieben ihm die Anwesenden einen Salamander, was nichts anderes bedeutet, als dass die Herren sich zuprosteten, um anschließend mit den Gläsern auf den Tisch zu trommeln - so geschehen am 8. März 1899, als die fünfzehn Urväter das Gründungsprotokoll unterzeichneten.

Fußball und Geselligkeit schrieb man schon damals groß, wobei heutzutage die Kicker für Fußball zuständig sind und die Fans meist für das Drumherum. Im Historischen Museum in Frankfurt finden wir ein Apfelweinglas, das vorgeblich von jenem legendären Gründungsabend stammt. Aber man darf nicht alles blindlings glauben, was einem so aufgetischt wird. Dass aber schon die Victoria in den Farben Rot-Schwarz-Weiß auflief, lässt sich in der Gründungsurkunde nachlesen, die heute stolz im Eintracht-Museum präsentiert wird. Rote Blusen, weißer Gürtel, schwarze Hose - so ging es seinerzeit auf den Platz. Den Mitgliedsbeitrag setzten die Ahnherren auf eine Mark im Monat fest. Dafür bekam man in diesen Tagen auch fünf Liter Bier - und stand vor der Qual der Wahl. Der Monatslohn eines Lehrlings bei den Farbwerken Höchst betrug damals 60 Mark. Das Kassieren von Eintritt sowie Prämien bei Fußballspielen waren noch nicht erfunden. Im Gegenteil, die Aktiven mussten vor den Spielen die Torstangen aus der Lagerstätte am Affenstein selbst abholen und eigenhändig auf der Hundswiese, der ersten Spielstätte, aufbauen.

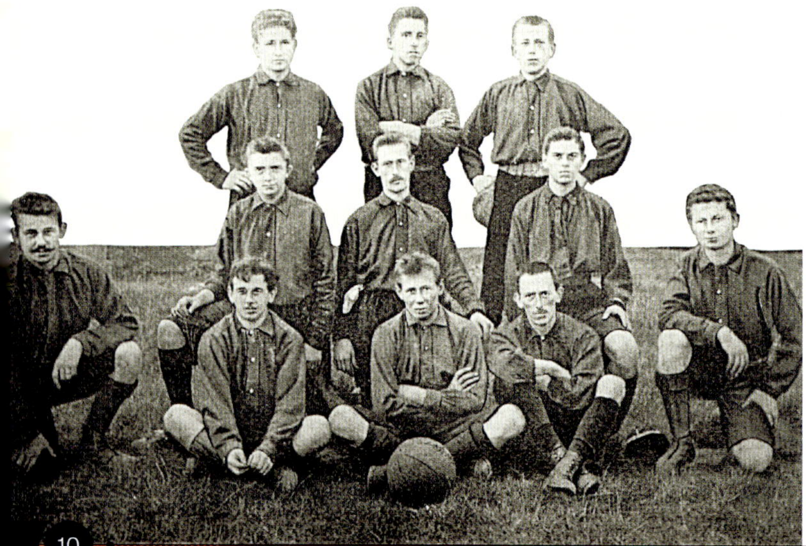

Die erste Victoria-Mannschaft 1899

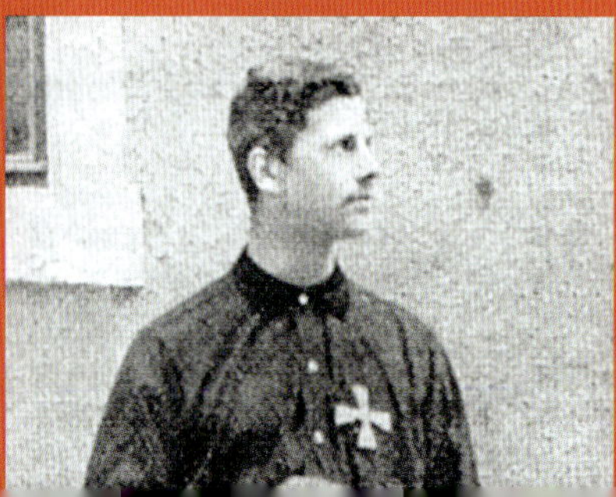

WALTHER BENSEMANN

Zurückzuführen ist die Gründung der ursprünglichen Kickers unter anderem auf den umtriebigen Walther Bensemann, der sich wie in Karlsruhe und anderen süddeutschen Städten auch in Frankfurt um den Fußball verdient gemacht hatte. Bei seinen Besuchen in der Stadt am Main jagte er mit Schülern der Adlerflycht- und Klingerschule auf der Hundswiese in weißen Blu-

1900: Das erste Pflichtspiel der Victoria

Der Frankfurter Fußball-Club Victoria zählte zu den Gründungsmitgliedern des DFB am 28. Januar 1900 in Leipzig. Während der Club im ersten Jahr seines Bestehens ausschließlich Freundschaftsspiele absolvierte, gehörte er im März 1900 neben dem FFC Germania 1894 und dem 1. Bockenheimer FC 1899 zu den Teams, die den Frankfurter Association Bund (FAB) ins Leben riefen, der ab Juni 1900 die offizielle Frankfurter Stadtmeisterschaft ausspielte. Das erste Pflichtspiel der Geschichte endete mit einem 1:0-Sieg nach Spielabbruch gegen Bockenheim. Die Gründe für den Abbruch sind nicht überliefert. Da nach Abschluss aller Spiele die Victoria und die Germania punktgleich in der Tabelle rangierten, musste ein Entscheidungsspiel über den Titel des Stadtmeisters entscheiden. Letztlich hatte die Germania 1894 dabei die Nase vorn und siegte am 18. November 1900 auf der Hundswiese, dem sogenannten Altaracker, nach 2 x 20 Minuten mit 1:0.

Frankfurter Fußball-Club Kickers 1899

Neben dem Frankfurter Fußball-Club Victoria spielte ein weiterer Verein für die Vorgeschichte der Frankfurter Eintracht eine tragende Rolle, dessen Ursprünge weitaus bescheidener dokumentiert sind: der Frankfurter Fußball-Club Kickers 1899. Dieser konnte schon 1900 eine kleine Fusionsgeschichte aufweisen. Vorausgegangen war die Gründung der Bockenheimer Spielgesellschaft, die im Sommer 1899 in zwei Partien der Victoria unterlag (0:5 und 0:7) und sich im September 1899 in Frankfurter Fußballclub von 1899 (FFC 1899) umbenannte. In etwa zu diesem Zeitpunkt erblickten auch die Frankfurter Kickers das Licht der Fußballwelt, deren exaktes Gründungsdatum nicht genau bekannt ist. Eine Anstecknadel aus dem Jahre 1909 verweist auf den zehnjährigen Geburtstag der Kickers und damit auf eine Gründung im November 1899. Am 28. November 1900 schlossen sich der FFC 1899 und die Frankfurter Kickers zum Frankfurter Fußball-Club Kickers 1899 zusammen.

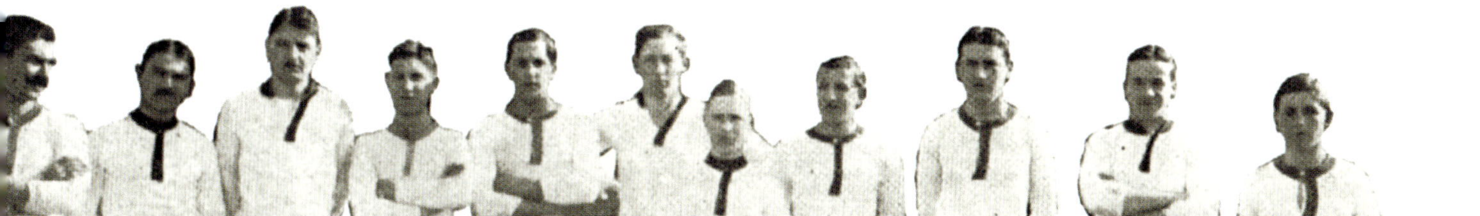

Eine der ersten Mannschaften der Frankfurter Kickers

sen mit rotem Adler und schwarzen Hosen einem Lederball nach. Bensemann zog weiter, gründete den Deutschen Fußballbund mit und Jahre später das Sportmagazin *kicker* (1920). Der Jude Bensemann musste nach der sogenannten Machtergreifung der Nazis 1933 in die Schweiz emigrieren. Am 12. November 1934 starb der Mann, ohne den der deutsche Fußball ein anderer geworden wäre, im Alter von 60 Jahren in Montreux.

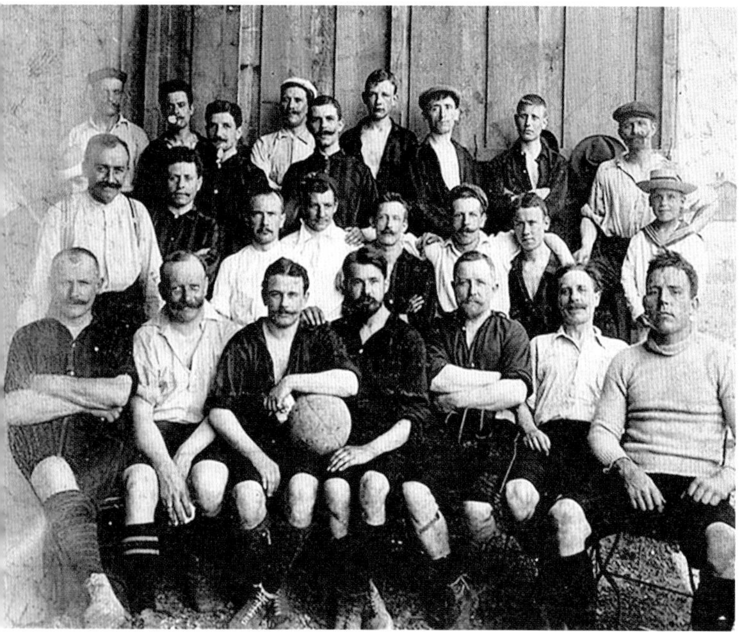

Rasante Entwicklung

Fußball gewann nicht nur in Frankfurt beständig an Popularität. Neben der FAB-Stadtmeisterschaft und den regionalen Meisterschaften, deren Titelträger seit 1903 um den Titel des Deutschen Meisters kämpften, etablierten sich in den folgenden Jahren weitere Wettbewerbe. Ab 1903 spielten sowohl die Victoria als auch die Kickers um die Meisterschaft des Westmaingaus mit. 1906 wurde der Radius um den Südmaingau erweitert. Die Hundswiese war nicht mehr zeitgemäß.

Die Fußballmannschaften der Vereine Frankfurter FC Victoria 1899 (dunkles Trikot) und FC Britannia im Jahr 1907

FRITZ BECKER

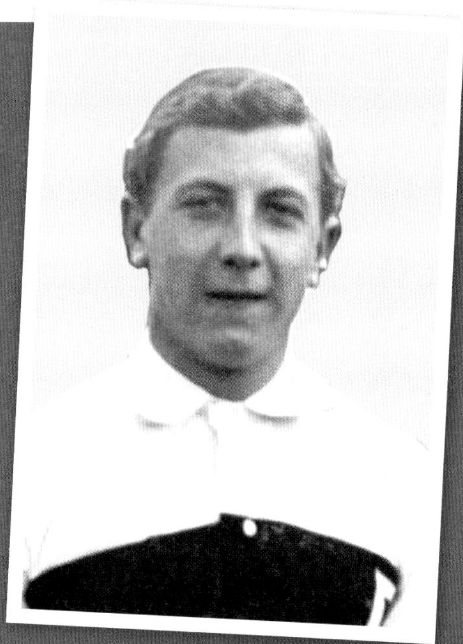

Der bekannteste Spieler, der aus den Reihen der Kickers hervorging, war der gebürtige Frankfurter Fritz Becker, dessen fußballerische Anfänge bei der Germania zu verzeichnen sind. 1904 wechselte er noch als Jugendlicher zu den Kickers und absolvierte während der Saison 1904/05 sogar schon erste Einsätze für die Herren. Besondere Aufmerksamkeit errang Becker, als er im prestigeträchtigen Duell einer Frankfurter Stadtauswahl gegen Newcastle United am 5. Mai 1907 beim 2:6 beide Tore erzielte. Seine Fähigkeiten als Halblinker strahlten bald über die Stadtgrenzen hinaus, so ist es wenig verwunderlich, dass er zu den wenigen Männern zählte, die der DFB für das allererste Länderspiel in Basel gegen die Schweiz nominierte. Becker erfuhr von seiner Berufung aus der Zeitung! Drei Tage vor dem Spiel fischte er die offizielle Bestätigung aus seinem Briefkasten - ohne jedoch nähere Details bezüglich Anreise und Organisation zu erfahren. Erst 24 Stunden vor Abfahrt des Zuges trudelte die finale Zusage samt vager Hinweise über den Reiseablauf bei ihm ein. Becker solle sich tags darauf am Frankfurter Hauptbahnhof einfinden, dort würde ihm die Fahrkarte an der Bahnsteigsperre übergeben. Als er wie gefordert am Bahnhof eintraf, rollte der Zug Richtung Basel ein. Becker wartete mutterseelenallein an der Sperre und schien der Verzweiflung nahe. Erst wenige Minuten vor Fahrtbeginn erreichte ihn ein abgehetzter älterer Herr, der ihm im allerletzten Moment die Zugfahrkarte in die Hand drückte. „Ich habe es gerade noch geschafft, dem Ruf des Zugführers: ‚Einsteigen und die Türen schließen' Folge zu leisten", erinnerte er sich Jahre später an diese aufregenden Minuten.

Das Spiel selbst ging am 5. April 1908 in Basel mit 3:5 verloren. Becker jedoch schoss das erste Tor der deutschen Länderspielgeschichte zum 1:0. Auch das Tor zum zwischenzeitlichen 3:4 ging auf sein Konto. Bis heute ist unter Historikern umstritten, ob der zweite deutsche Treffer durch den Karlsruher Förderer nicht doch bloß ein profaner Lattenknaller gewesen ist. Beim anschließenden Bankett war Fritz Becker spät in der Nacht erneut mittendrin statt nur dabei: Der Schweizer Torwart Dreyfus führte ihm am Abend noch einmal seine waghalsigen Paraden in aller Drastik vor, schleuderte dabei versehentlich ein Tablett mit Worcester-Soße samt Senf durch die Luft und ruinierte dadurch Beckers Leihsmoking. 48 Mark sollte er für die Reinigung auf den Tisch blättern, ein Vermögen. Immerhin kamen Beckers Eltern für den Schaden auf, Prämien gab es damals ebenso wenig wie einen Bundestrainer.

Becker absolvierte nur dieses eine Länderspiel. Doch Frankfurt blieb er zeit seines Lebens treu, spielte nach 1911 für den Frankfurter Fußballverein, der aus der Fusion zwischen der Victoria und den Kickers hervorging und sogar noch ab 1920 für die Eintracht, die ihn später zum Ehrenspielführer ernannte. Fritz Becker starb am 19. Februar 1963 und fand seine letzte Ruhestätte auf dem Frankfurter Hauptfriedhof.

Während die Victoria 1907 auf einen eigenen Platz an der Eschersheimer Landstraße umzog, standen die Kickers kurz vor einer Fusion mit der Germania, deren damaligen Sportplatz an der Forsthausstraße sie bisweilen nutzen durften. Auch die finanziellen Verhältnisse sorgten für Groll. Das Vermögen der Kickers bestand im Frühling 1907 aus erbärmlichen 42 Pfennigen, die in einer Blechbüchse vor sich hin rosteten, den Rest hatte der Kassenwart durchgebracht. Nach einigem Hin und Her stimmten die Mitglieder für die geplante Fusion. Die der Germania hingegen lehnten diese mit großer Mehrheit ab - und damit war das Thema vom Tisch. Übrig blieb aus jenen Tagen die Änderung des Vereinsnamens in Fußball-Verein Frankfurter Kickers, beschlossen am 10. Januar 1908.

Der Stammbaum der Eintracht

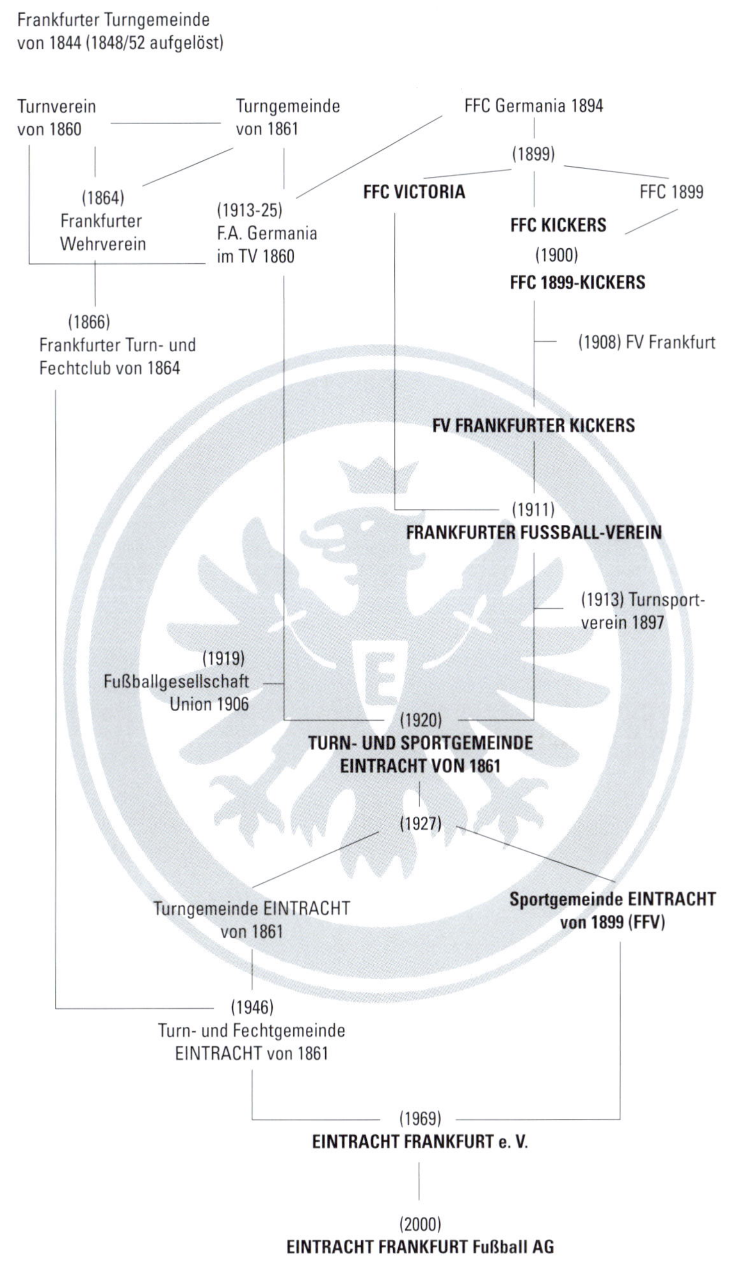

Frankfurter Fußballverein

Mittlerweile hatte der benachbarte Fußball-Sportverein Frankfurt (FSV) aus Frankfurt-Bornheim sowohl den Kickers als auch der Victoria den Rang abgelaufen. Schweren Herzens verständigten sich die einstigen Kontrahenten auf einen Zusammenschluss, der am 13. Mai 1911 offiziell Einzug in die Geschichtsbücher hielt und das Ende sowohl der Kickers als auch der Victoria bedeutete. Der neue Frankfurter Fußballverein (FFV) schwang sich hinter dem Fußball-Sportverein zum zweitgrößten Klub Frankfurts auf, doch nicht jeder der Alteingesessenen schien glücklich mit der Fusion der ehemaligen Rivalen. Immerhin konnte der FFV in seinem ersten Spiel den 1. FC Freiburg mit 2:0 schlagen. Zum 1. Vorsitzenden des FFV bestimmten die Mitglieder den aus den Reihen der Kickers stammenden Rudolf, zum 2. Vorsitzenden den Gründer der Victoria, Albert Pohlenk.

1911/12: Nordkreismeister mit Gilly

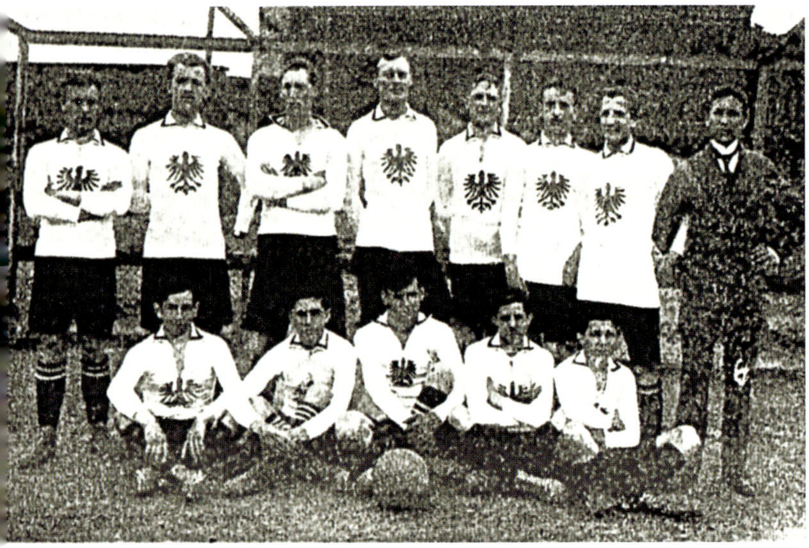

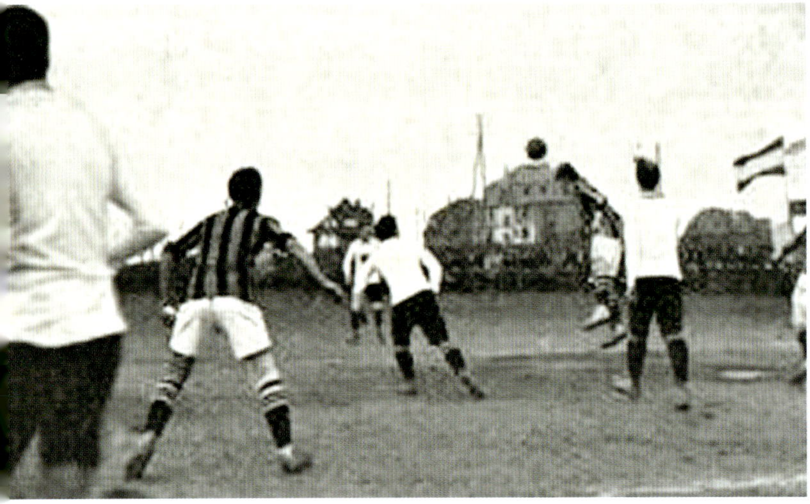

Die Mannschaft des Frankfurter Fußball-Vereins (oben) wurde 1911/12 auf Anhieb Nordkreismeister. In der Endrunde um die Süddeutsche Meisterschaft 1912 verlor der FFV dann u.a. unglücklich mit 0:1 gegen die SpVgg Fürth (unten).

Gleich in der ersten Saison des FFV (1911/12) sicherte sich der Verein die Nordkreismeisterschaft - vor Hanau 93 und dem FSV Frankfurt. Kickers Offenbach konnte in beiden Spielen besiegt werden, gegen den Underdog SC Bürgel setzte es hingegen eine 0:1-Niederlage. Die „Launische Diva vom Main", wie der Klub noch heute gerne genannt wird, zeigte von jeher oftmals zwei Gesichter. Überragenden Siegen gegen die Großen folgten oft deprimierende Niederlagen gegen die sogenannten Kleinen. In den Spielen um die Süddeutsche Meisterschaft blieb der FFV 1912 allerdings gänzlich sieglos. Vor allem zwei 0:7-Klatschen gegen den Karlsruher FV schlugen aufs Gemüt. Dr. Paul von Goldberger, genannt Gilly, der den FFV als Kapitän anführte, baute nach nur anderthalb Jahren am Main seine Zelte aus beruflichen Gründen wieder ab - und hinterließ dennoch einen nachhaltigen Eindruck. Der promovierte Chemiker beendete seine aktive Karriere und kehrte nach Wien zurück. 1941 wurde von Goldberger, dem jüdischen Glauben angehörig, nach Litzmannstadt, dem Ghetto im polnischen Łódź, deportiert - und dort vermutlich kurz nach seiner Ankunft ermordet.

DENKBAR KNAPP

In den Endrunden um die Süddeutsche Meisterschaft belegte der FFV sowohl 1913 als auch 1914 Rang zwei. Vor allem 1913 scheiterte er denkbar knapp. Im letzten Spiel bei den Stuttgarter Kickers hätte ein Remis gereicht - doch Frankfurt strauchelte kurz vor dem Ziel und verlor vor 7.000 Zuschauern knapp mit 0:1. Die Süddeutsche Meisterschaft flutschte aus den Händen, und der Titel wanderte ins Schwabenland, eine Geschichte, die sich Jahrzehnte später recht ähnlich wiederholen sollte.

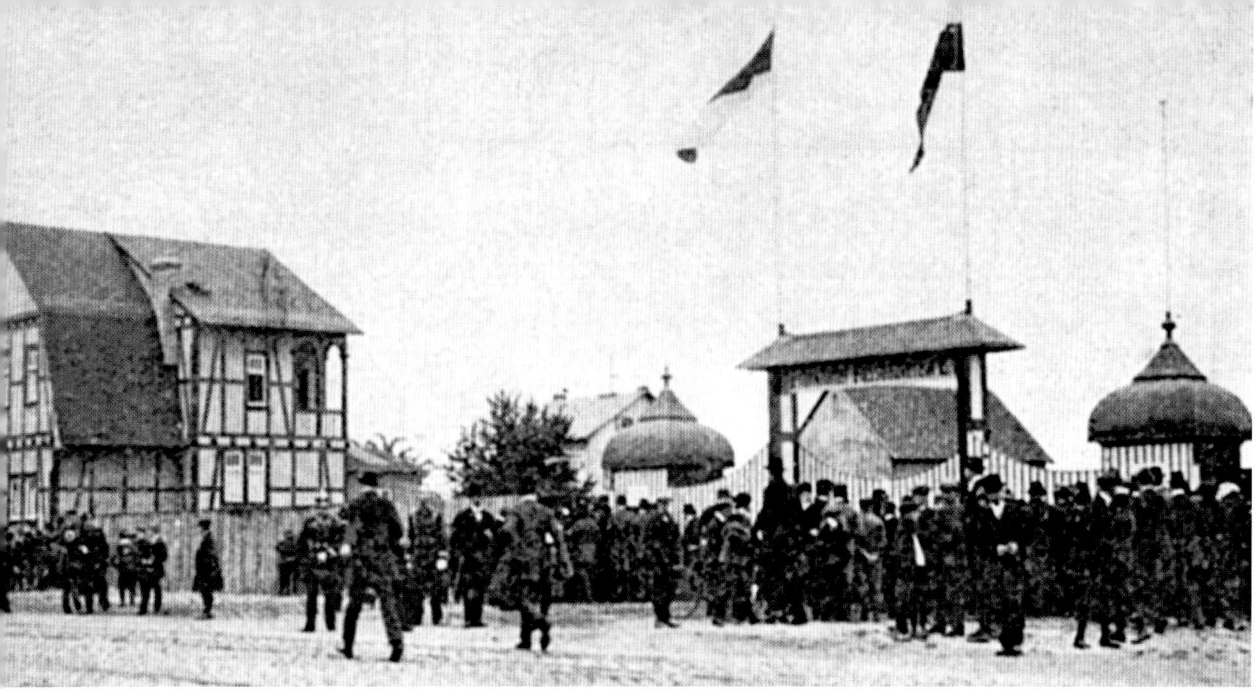

Der Eingang zum FFV-Sportplatz an der Roseggerstraße, mit dem Vereinshaus links

Skandale und Skandälchen

Das Verhältnis zum FSV Frankfurt, ohnehin auf Grund eines Zanks um den Ausschluss zweier FSV-Spieler, die sich dem Vorwurf des „Berufsspielertums“ ausgesetzt sahen, vorbelastet, steuerte am 29. September 1912 auf einen vorläufigen negativen Höhepunkt zu. Die Partie am neuen Sportplatz des FFV an der Roseggerstraße artete zu einer regelrechten Fußballschlacht aus, an deren Ende es Verletzte und Platzverweise zu beklagen gab. Resümee des zufällig anwesenden Zuschauers Adam Oechner aus Lobeda bei Jena: „Rohlinge gehören nicht zum Sport.“ Wenigstens konnte der FFV das Spiel durch Treffer des heutigen Ehrenspielführers Jockel sowie Burkhardt mit 2:0 für sich entscheiden. Zwischenzeitlich sollte der FFV aufgrund einer vorgeblich fehlenden Spielgenehmigung des ungarischen Neuzugangs Fritz Weicz für vier Monate aus dem Verkehr gezogen werden, konnte jedoch erfolgreich Einspruch gegen diese Entscheidung einlegen.

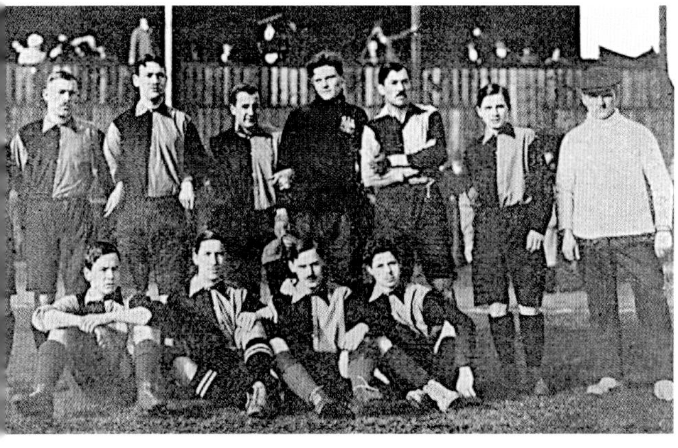

Der Frankfurter Fußball-Verein in ungewohntem Dress: Nordkreismeister 1912/13

Auch das Spiel bei Kickers Offenbach fand beim Stand von 2:1 für die Frankfurter ein vorzeitiges Ende; der FFV durfte die Punkte jedoch behalten, und der Offenbacher Protest verlief im Sande. Unterdessen lagen Anzeigen des FSV Frankfurt gegen die Spieler Becker und Pfeiffer wegen kleiner Vergehen vor. Becker sah sich mit einer Sperre konfrontiert (ein halbes Jahr nach dem Spiel), doch das Spielverbot galt als abgesessen. Der Heißsporn Willi Pfeiffer wurde zu einer Geldstrafe von 30 Mark wegen Beleidigung verdonnert und musste büßen.

Beim Rückspiel im Dezember 1912 verhielten sich beide Klubs wesentlich gesitteter, der FFV lieferte die sportliche Antwort auf die Querelen und siegte beim FSV an der Seckbacher Landstraße deutlich mit 4:1. Am Ende der Saison holte sich der FFV mit 13 Punkten Vorsprung vor dem FSV Frankfurt, der auf dem vierten Platz landete, ungeschlagen die zweite Nordkreismeisterschaft hintereinander.

1914 bis 1918 – Der Erste Weltkrieg

EHRENTAFEL

August Behr
Walther Bendix
Alfred Bertrand
Albert Braun
Alois Braun
Heinrich Beelte
Theodor v. d. Bergh
August Braunwarth
Oskar Brügge
Rudolf Dietrich
Adolf Dieth
Philipp Enninger
Wilhelm Euler
Ernst Fay
Georg Fahrenkamp
Eduard Grünewald
Hans Geyer
Fr. Hangarter
Karl Haxel
Wilhelm Höxter
Ludwig Hoffmann
Albert Jacob
Otto Koch
Hans Koltze
Georg Kullmann
Paul Kraus
Hans Kräuter
Julius Lehrberger
Hermann Levita
Franz Löffler
Heinrich Mann
Paul Mandel
Erich Menningen
Karl Müller
Bruno Nelte
Hermann Napp
Karl Neder
August Neumann
Karl Neureuther
Heinrich Pickel
Karl Pickel
Max Rebenschütz
Luwig Reinicke
Alfred Rothschild
Willi Schmidt
Jacob Schwind
Ludwig Strauß
Hans Theis
Alfred Tschee
Max Westerfeld
Theodor Wempe
Fritz Weisz
Norbert Wolf
Fritz Töpfer

+ + +

In der Heimat gestorben:

Georg Schwab
Georg Krebs sr.
Adolf Jung
August Scheurich
Julius Tantow.

+ + +

Die folgenden Jahre standen im Schatten des Ersten Weltkrieges. Zwar blieb Frankfurt im Gegensatz zur Katastrophe, die sich 25 Jahre später anbahnte, von Bombentreffern nahezu verschont, doch die jungen Männer tauschten das Trikot gegen eine Soldatenuniform und die Fußballschuhe gegen Militärstiefel. Der Fußballbetrieb wurde zunächst ausgesetzt. Die in Teilen der deutschen Bevölkerung grassierende Kriegsbegeisterung wich bald einer Ernüchterung, vor allem als sich abzeichnete, dass der Krieg so schnell kein siegreiches Ende finden sollte. Alleine der FFV musste im ersten Kriegsjahr 35 gefallene Vereinsmitglieder beklagen, darunter Karl Pickel, der beim Einweihungsspiel gegen Den Haag das erste Tor der noch jungen Vereinsgeschichte erzielt hatte. In einem Rundbrief an die Mitglieder fragte Fritz Becker im Juni 1915 flehend: „Wann wird endlich dieses Morden aufhören?" Und er betrauerte zudem den Tod von Fritz Weicz und Ernst Fay, die an der Front ihr Leben ließen.

Die Zuhausegebliebenen trafen sich derweil zu einigen Freundschaftsspielen; erst ab der Saison 1915/16 traten sie wieder um Punkte an. In der Herbstrunde des Nordkreises, Südmaingau Bezirk I, verlor der FFV kein einziges Spiel und feierte den Titel mit einer Mannschaft, die sich zumeist aus jüngeren Spielern sowie Kriegsheimkehrern auf Heimaturlaub zusammenfand. Auch die Frühjahrsrunde um den „Eisernen Fußball" konnte er als Meister abschließen.

Es sollte noch Monate dauern, bis der Krieg ein Ende fand. Und der FFV den Tod von 54 Vereinsmitgliedern, gefallen für Ehre und Vaterland, beweinen musste.

"Auf dem Felde der Ehre starben unsere treuen Mitglieder:

Alois Braun, Max Rebenschütz, Karl Muller, Heinrich Pickel,
Bruno Nolte, Heinrich Mann, Otto Koch, Karl Haxel,
Hermann Levita, /Inhaber des Eisernen Kreuzes/, Ludwig Strauss,
Alfred Tschee.

Ihnen allen, die für das Vaterland ihr Leben hingaben, werden dankbar ein ehrenvolles Andenken bewahren.

Frankfurter Fussball-Verein E. V.
Der Vorstand."

Auszug aus dem ersten Kriegsrundbrief vom 8. Dezember 1914 mit der Meldung verstorbener Vereinsmitglieder. Bis Kriegsende folgten weitere sechs Rundbriefe. Die Ehrentafel (oben) dokumentiert die Liste der gefallenen FFV-Mitglieder.

KOHLRÜBENWINTER

Gravierende Einschnitte trug der eisige Winter 1916 im Gepäck, der unter dem Namen „Kohlrübenwinter" in die Geschichte eingehen sollte. Frankfurt, zu jener Zeit vom Umland von der Versorgung abgeschnitten, wandelte in der Not Sportplätze in Ackerland um. Dennoch galt Fußball weiterhin als willkommene Abwechslung, selbst wenn kaum ein Spiel mit der gleichen Mannschaft absolviert werden konnte und Torhüter Gmelin zeitweise als Feldspieler aushelfen musste.

Über 300 Minuten Fußball

Die im Kriegsjahr 1918 begonnene Herbstrunde 1918/19 im Südmaingau des Nordkreises schrieb spektakuläre Derbygeschichten. Im Hinspiel trennten sich der Frankfurter Fußballverein und der FSV am Sportplatz an der Roseggerstraße 0:0. Das Rückspiel endete ebenfalls 0:0. Da dies die einzigen Punktverluste beider Mannschaften blieben, landeten sie nach dem letzten Spieltag punktgleich an der Tabellenspitze. Vor einer nicht näher spezifizierten „Rekordzuschauermenge" trafen sich die Kontrahenten am 2. März 1919 zum Entscheidungsspiel. Bald führte der FSV Frankfurt mit 2:0, doch ein von Jockel verwandelter Foulelfmeter sorgte für den Anschlusstreffer. Mit 1:2 aus Sicht des FFV ging es in die Kabine. In der regulären Spielzeit fiel der Ausgleich, einen Schuss Dornbuschs konnte der Bornheimer Keeper nicht festhalten - Becker war zur Stelle und drückte das Leder in die Maschen. 2:2. Da beide Klubs einen Platzverweis beklagten, ging es mit je zehn Mann in die Verlängerung. Auch diese brachte keine Entscheidung. Die damalige Regel besagte, dass so lange gespielt wird, bis eine der Mannschaften ein Tor erzielt. Die Abwehrreihen hielten allerdings weiterhin dicht. Allmählich legte sich die Dunkelheit über die Stadt - doch erst nach weiteren 40 Minuten erkannte Schiedsrichter Hanneck die Aussichtslosigkeit des Unterfangens und brach die Partie ab.

Das fällige Wiederholungsspiel wurde eine Woche später beim FSV an der Seckbacher Landstraße anberaumt. Am 9. März 1919, einen Tag nach dem 20. Geburtstag des Vorgängervereins des FFV, der Victoria, standen sich die Rivalen vor 2.000 Anhängern erneut gegenüber. Diesmal schien der FFV auf der Siegerstraße und führte mit 2:0, ehe der Fußball-Sportverein doch noch zum Ausgleich kam. Wieder ging es mit einem 2:2 nach 90 Minuten in die Verlängerung, die letztlich torlos blieb. So folgte eine weitere Nachspielzeit bis zum bitteren Ende. Oder dem glücklichen. Lassen wir den Reporter der *Frankfurter Nachrichten* den Schlusspunkt setzen: „Allmählich zeigte sich bei der Sportvereinsmannschaft eine Erschlaffung, die wohl auf den am vergangenen Abend stattgehabten Vereinsball zurück geführt werden darf. Die FFV Stürmer sind dauernd im Angriff und erzielen in der 155. Minute aus einem gut getretenen Eckball das gewinnbringende Tor."

Leider hat der gute Mann im Eifer des Gefechts vergessen, uns mitzuteilen, wer den Treffer erzielte. Womöglich war er zu aufgeregt - oder am Abend zuvor selbst auf dem Vereinsball des Fußball-Sportvereins versackt und einfach nur müde.

Nach zweimal 90 Minuten in der Punktrunde, nach aufgehobenen Sperren, Punkten, die am grünen Tisch mal zu-, mal aberkannt wurden, nach etlichen Platzverweisen und 315 gespielten Minuten in den beiden Entscheidungsmatches stand fest: Der Meister der Herbstrunde des Nordkreises, Südmaingau, hieß 1919: Frankfurter Fußballverein.

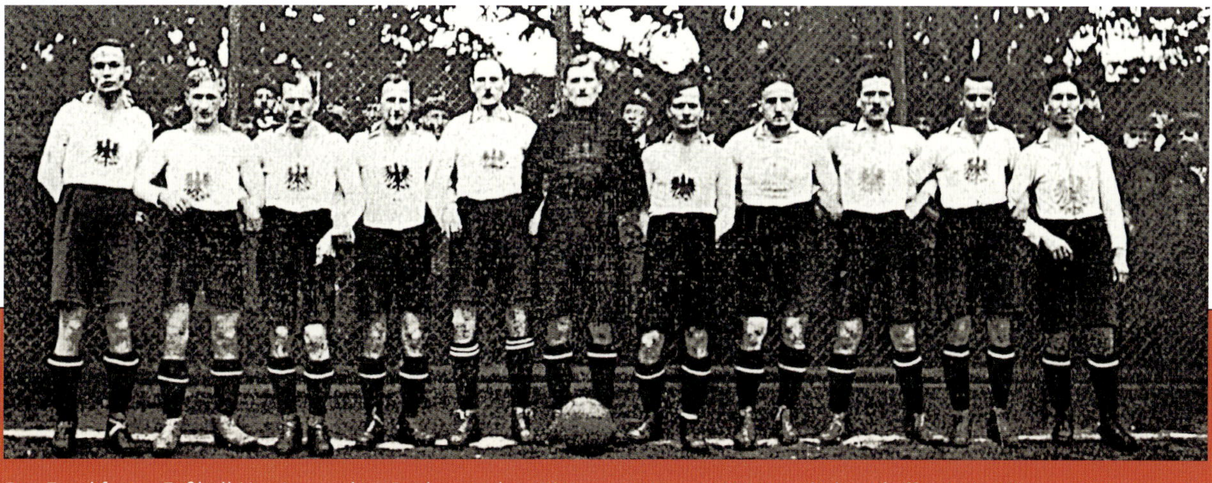

Der Frankfurter Fußball-Verein vor dem Derby mit dem FSV am 17. August 1919. Von links: Pfeiffer, Schneider, Jockel, Becker, Reußwig, Gmelin, Klemm, Neureuther, Knörzer, Imke, Dornbusch.

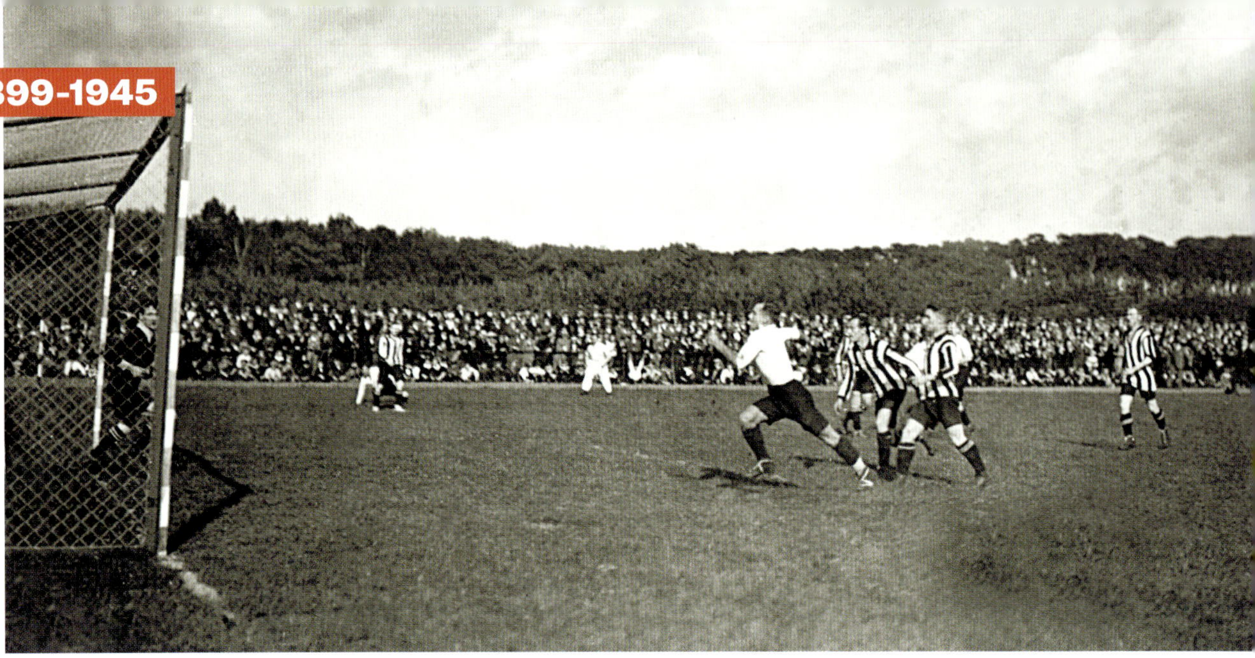

Keine Chance hatte Germania 94 (gestreifte Hemden) beim Meisterschaftsspiel am Riederwald. Die Eintracht siegte mit 3:1.

1920: Die Eintracht erblickt das Licht der Welt

Nach Ende des Ersten Weltkrieges, noch inmitten der anschließenden Revolutionswirren, begann der Fußball in Deutschland wie auch in Frankfurt zu boomen. Ehemalige Soldaten schätzten das Spiel, das zwecks Motivation selbst an der Front für willkommene Abwechslung gesorgt hatte. Zudem verschaffte die Einführung des Achtstundentages den Arbeitern erstmals etwas Freizeit. Tausende strömten an den Rosegger, um die Partien des FFV zu verfolgen. Doch der Zahn der Zeit hatte enorm an der Sportanlage genagt, zudem lasteten gewaltige Schulden auf dem Verein. Auch konnte der Reservesportplatz noch immer nicht bespielt werden. Selbst die Frankfurter Turngemeinde von 1861, die neben der Turnhalle am Oeder Weg auch einen Sportplatz am Riederwald betrieb, kämpfte mit finanziellen Problemen. Der geplante Ausbau des Platzes brachte die Turner an finanzielle Grenzen. Angedachte Zusammenschlüsse mit kleineren Fußballvereinen zerschlugen sich, so dass letztlich am 8. Mai 1920 die Vernunftehe zwischen der Frankfurter Turngemeinde und dem Frankfurter Fußballverein offiziell verkündet wurde. Der neue Verein gab sich den wohlklingenden Namen Frankfurter Turn- und Sportgemeinde Eintracht von 1861, zählte über 2.000 Mitglieder und avancierte auf Anhieb zum mitgliederstärksten Sportverein Frankfurts. Zum 1. Vorsitzenden bestimmte die Eintracht den von der Turngemeinde kommenden Dr. Wilhelm Schöndube. Die Traditionalisten wiederum konnten sich mit dem neuen Namen vorerst nur wenig anfreunden.

Das erste Pflichtspieltor der Eintracht erzielte Willi Pfeiffer zum zwischenzeitlichen 1:1 beim 3:4 gegen den TuSV Waldhof Mannheim in einem Spiel um die Süddeutsche Meisterschaft. Das 0:4 im Rückspiel, darunter zwei Tore von Sepp Herberger, besiegelte das Aus im Kampf um die Süddeutsche, nachdem die Eintracht zuvor noch als FFV erneut Nordkreismeister geworden war.

FRANKFURTS ERSTES LÄNDERSPIEL

Das erste Länderspiel in Frankfurt sah die ganze Stadt auf den Beinen, die am 26. März 1922 den Schweizer Gästen einen umjubelten Empfang auf dem Römer bot. Das anschließende Spiel im zwei Jahre zuvor feierlich eröffneten Riederwaldstadion meldete: Ausverkauft. 35.000 Zuschauer drängten sich am Riederwald, dessen mit Blumengirlanden geschmückte Tribüne aus allen Nähten platzte. Sie beklatschten eine deutsche Mannschaft, die 2:0 in Führung ging und sich am Ende noch mit einem 2:2 begnügen musste. Frankfurter Spieler suchte man vergeblich auf dem Rasen, doch der Riederwald bestand seine internationale Feuertaufe mit Bravour.

Am Abgrund

1921 und 1922 sicherte sich die Eintracht zwei Nordkreismeisterschaften, um anschließend peu à peu hinter den FSV Frankfurt zurückzufallen. Querelen in der Vereinsführung, Steuerschulden und die Abgänge etlicher namhafter Spieler, führten den Verein in der Saison 1924/25 fast an den Abgrund. Becker, Gmelin, Imke sowie Jockel hingen nacheinander die Fußballschuhe an den Nagel, Emil Schneider spielte seine letzte Saison. Gegen den FSV setzte es zwei herbe Derbyklatschen, die Eintracht taumelte dem Abstieg entgegen. Doch rechtzeitig zum vorletzten Spieltag der Saison berappelten sich die Riederwälder und wahrten durch ein 2:1 gegen Helvetia Frankfurt die Chance auf den so wichtigen Ligaverbleib. Beide Treffer erzielte der reaktivierte Paul Imke, der - nunmehr verantwortlich für Vereinspublikationen - „Annoncen-Imke" genannt wurde. Beim Stand von 1:1 verlor Willi Pfeiffer wieder einmal die Nerven - und verließ wütend den Platz. „Als das Spiel 1:1 stand ... verließ der Eintrachtsturmführer voller Ärger den Platz und ließ seine Kameraden im Stich. Trotzdem - oder vielmehr gerade deswegen gewann Eintracht dieses für sie so wichtige Spiel, denn sofort arbeiteten die Spieler in Einigkeit und Verständnis miteinander, während vorher fortwährend geschimpft wurde. Und mit Reden und Toben ist noch kein Spiel gewonnen worden!", kommentierte der Reporter des *Fußball* den Vorgang. Pfeiffer fing sich für seine Disziplinlosigkeit eine Sperre ein und fehlte eine Woche später, als die Eintracht ausgerechnet beim direkten Konkurrenten VfR 1901 Frankfurt antreten musste. Erst im letzten Moment wurde der Klassenerhalt in der Bezirksliga Main durch das 1:1 drei Tage vor Heiligabend eingetütet. Das Fest konnte kommen, die Eintracht war gerettet.

Am 6. Juni 1925 trifft die Eintracht auf UE de Sants (Barcelona, Ergebnis 1:4). Die Eintracht spielte in der Aufstellung Trumpp, Kirchheim, Grünerwald, Kübert, Egly, Bechtold, Block, Beuttler, Karoly, Stecher und Riegel.

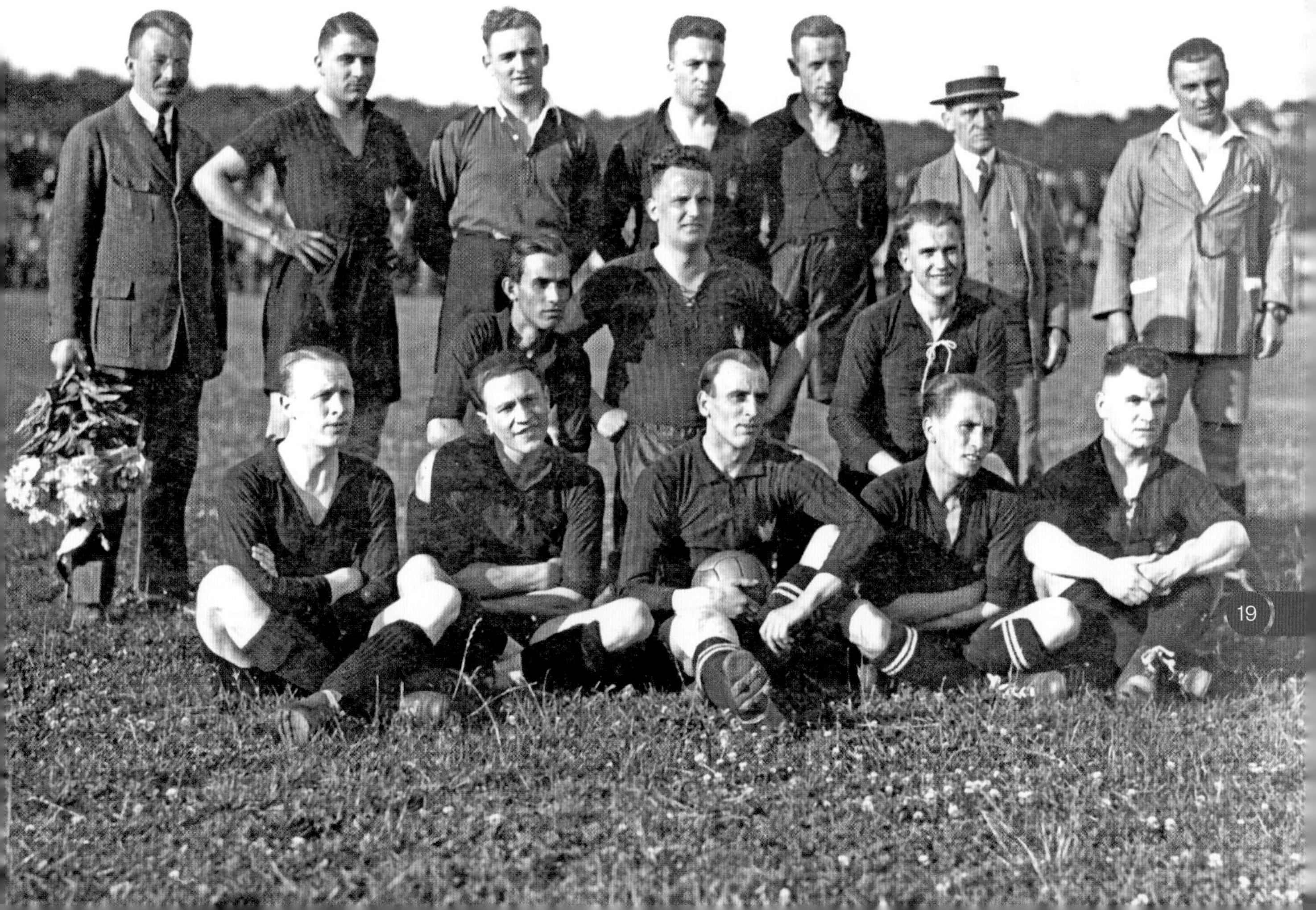

Das Skandalspiel: „Für diese Rotznasen war der Trubel Orgie“

Das Freundschaftsspiel zum Saisonabschluss 1926/27 geriet am 25. Juni 1927 im 1925 eröffneten Frankfurter Waldstadion zum handfesten Skandal. Als Hauptakteur auf Seiten der Eintracht zeigte sich - wie sollte es anders sein - wieder einmal Willi Pfeiffer. In Abwesenheit von Spielertrainer Walter Dietrich, der den Tod seines Vaters beklagte, ging der FSV als Favorit in die sommerliche Partie.

15.000 Zuschauer sahen bis zur Halbzeit ein halbwegs ausgeglichenes Spiel ohne größere Höhepunkte - oder wie der *kicker* salopp kommentierte: „Kickerei ist großer Mist, wenn sie nicht von Nürnberg ist.“ Doch nach Wiederanpfiff durch Schiedsrichter Schneider überschlugen sich die Ereignisse. Zunächst ging der FSV in Führung und erzielte wenig später sogar das 2:0. Da der Treffer Brücks trotz eines vorausgegangenen Handspiels Anerkennung fand, nahm das Drama seinen Lauf. Pfeiffer, dem wieder einmal die Sicherungen durchbrannten, wollte das Spiel abbrechen und konnte nur mit Müh und Not davon abgehalten werden. Im Anschluss entwickelte sich eine muntere Treterei, in deren Folge der FSVler Pache kurzzeitig zu Boden ging und der Vorsitzende des FSV, Dr. David Rothschild, wütend auf den Platz stürmte und die Eintracht wenig präsidial als „Lumpenbande“ beschimpfte. Da Willi Pfeiffer des unsauberen Trittes gegen Pache verdächtigt wurde, verwies ihn Schiri Schneider des Feldes - zudem noch einige Zivilisten, die die Gelegenheit nutzten, um auf dem Spielfeld handfest Meinungen auszutauschen.

„Der Schiedsrichter pfiff an und ab und aus und an. Das Publikum grölte und vollführte einen ohrenbetäubenden Lärm, wobei die Jugend sich mit besonderer Inbrunst beteiligte“, schrieb der *kicker* und widmete sich zudem den Szenen nach Abpfiff der Partie: „Nur einige ganz Besessene blieben da. Sie trotzten den Pferdebeinen. Sie beklatschten die Sportvereinsmannschaft und bewarfen die Eintrachtspieler mit Dreck, woraus man schließen kann, daß der Stadtteil Bornheim einige seiner wackersten Streiter in den wüsten Kampf entsandt hatte ... Für diese Rotznasen war der Trubel Orgie.“ Langweilig war es jedenfalls nicht.

Dass der FSV mit 4:0 gewann, interessierte nach Schlusspfiff niemanden mehr. Ludwig Isenburger hingegen, der die Eintracht schon lange journalistisch begleitete, behielt die Übersicht und schrieb Klartext:

„Gerade in den mißlichsten Lagen des Kampfes muß die sportgerechte Denkungsweise in die Erscheinung treten, das ist doch gewißlich bis zum Ueberdruß schon gepredigt worden.“

Hätte Willi Pfeiffer nur auf ihn gehört: Für seine Entgleisungen sperrte ihn der Verband im Nachgang für ein ganzes Jahr und ließ ihm reichlich Zeit, über sein ungebührliches Verhalten nachzudenken.

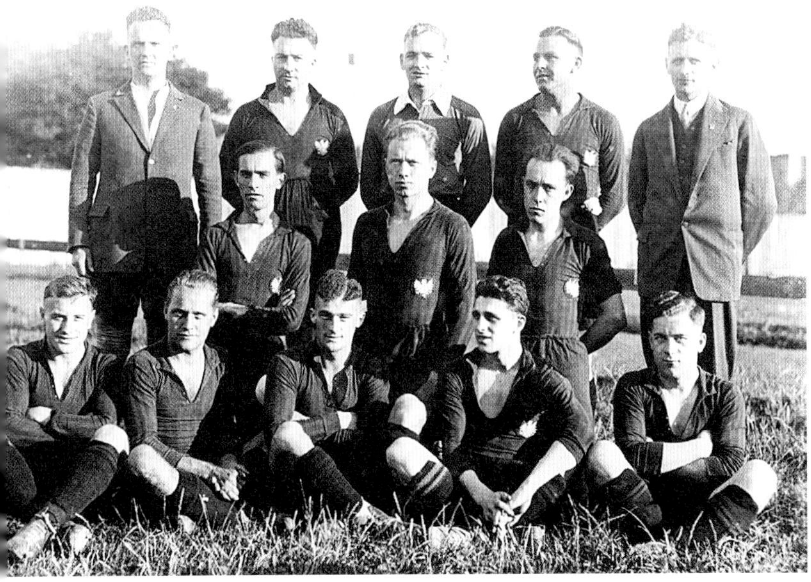

Die Eintracht 1926/27, stehend von links: Egly, Kirchheim, Trumpp, Schütz und Zimmer. In der Mitte Kübert, Goldammer und Müller. Vorne Döpfer, Dietrich, Schaller, Kellerhoff und Weber.

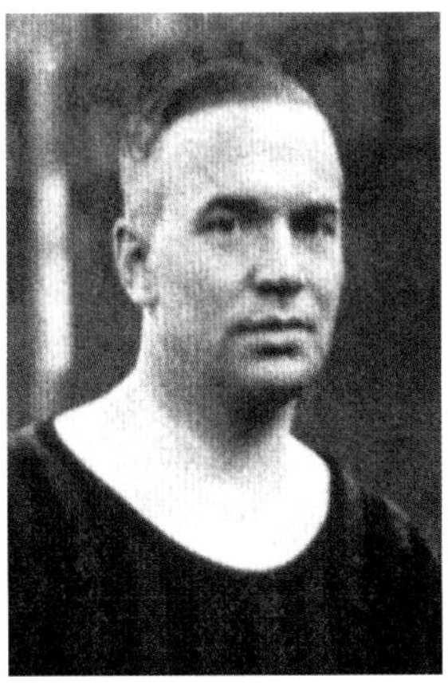

Willi Pfeiffer macht häufiger von sich reden.

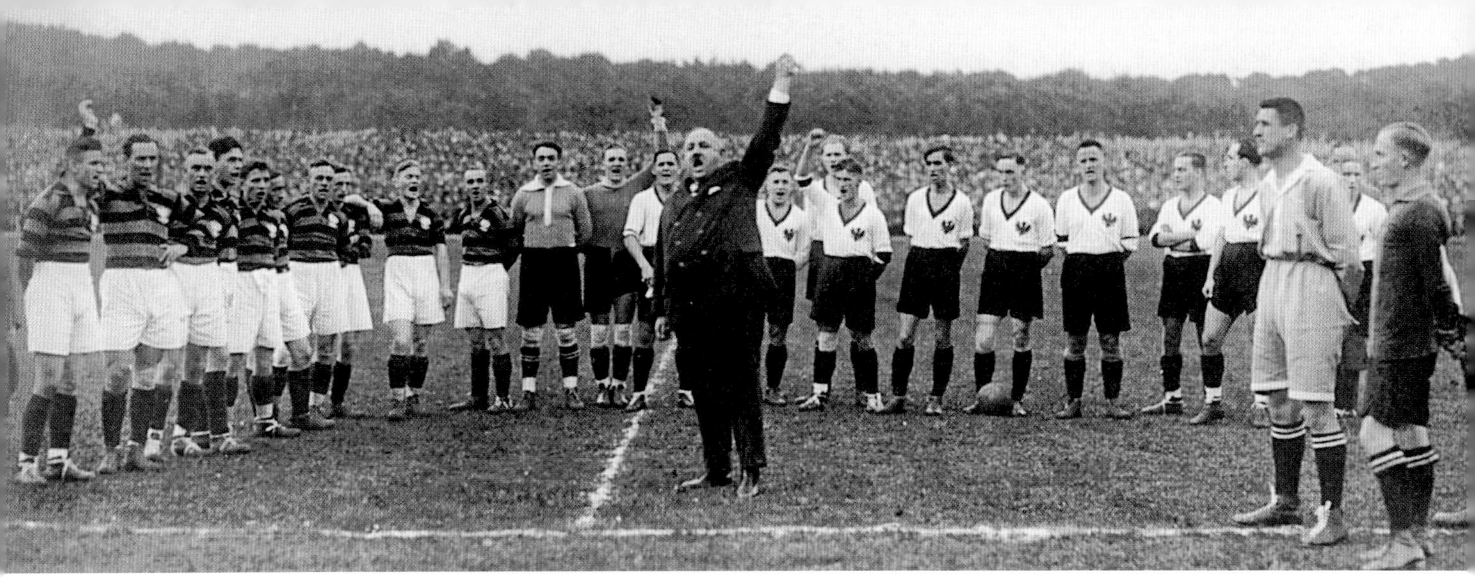

Eröffnungszeremonie beim Derby zwischen Eintracht und FSV am 2.10.1927. Vorne: Emil Flasbarth, Bankdirektor, Gründungsmitglied der Frankfurter Kickers und Vorsitzender des Frankfurter FV von 1913 bis 1915

1927: Die „reinliche Scheidung"

Schon in früheren Jahren war der konservativen Deutschen Turnerschaft (DT) der Wettkampfcharakter der anderen Sportler ein Dorn im Auge. Die Folgen des Ersten Weltkrieges ließen Fußballer und Turner zunächst näher zusammenrücken. Doch bereits Ende 1922 führten Zuständigkeitsdebatten zwischen der DT und dem Deutschen Reichsausschuß für Leibesübungen (DRA), der alle Sportarten vertrat, zu einer Anordnung, welche letztlich die reinliche Scheidung zwischen Turnern und anderen Sportlern vorsah. Dies führte in Frankfurt 1924 zu der Konsequenz, dass die Turner zwar noch formal zur Eintracht gehörten, konkret aber eigene Wege in die Unabhängigkeit beschritten. Als überdies der DRA entschied, an den Olympischen Spielen 1928 in Amsterdam teilzunehmen, die DT hingegen vehement dagegen votierte (solange auch nur ein Feind auf deutschem Boden stünde), fand die Eintracht zwischen Sportlern und Turnern in Frankfurt am 11. Juni 1927 ein vorläufiges Ende. Aus der Frankfurter Turn- und Sportgemeinde Eintracht von 1861 erwuchs nun die Sportgemeinde Eintracht Frankfurt (F.F.V.) von 1899 - ohne die Turner, die nun unter dem Namen Turngemeinde Eintracht Frankfurt von 1861 firmierten. Erst Ende 1967 sollten sich die Dinge erneut grundlegend ändern.

Die Süddeutsche Vizemeisterschaft 1928

Mit nur einer Niederlage bei Rot-Weiss Frankfurt sicherte sich die Eintracht 1927/28 bei fünf Punkten Vorsprung vor dem FSV die Meisterschaft in der Bezirksliga Main. 93:13 Tore sprachen für sich. Alleine 34 Treffer gingen auf das Konto von Karl „Erdbeer" Ehmer. Zu den Stützen des Teams zählten neben Ehmer, dem Schweizer Dietrich und Franz Schütz auch Willy Trumpp, noch vor Dr. Peter Kunter in den 1970er-Jahren der erste Zahnarzt im Tor der Eintracht, sowie der wieselflinke Stürmer Fritz Schaller, der nach Abschluss seiner Karriere bei der Eintracht noch bis ins biblische Fußballalter von 57 Jahren im Taunus spielen sollte.

In der Endrunde um die Süddeutsche Meisterschaft zog sich die Eintracht achtbar aus der Affäre. Trotz einer Auftaktniederlage gegen die Bayern blieben die Riederwälder stabil und verloren von den folgenden 13 Spielen nur noch ein einziges beim 2:3 gegen Fürth. Am Ende sicherten sie sich drei Punkte hinter den Bayern und noch vor der ruhmreichen SpVgg Fürth die Süddeutsche Vizemeisterschaft. Und wer weiß, wie es ausgegangen wäre, hätte Ehmer nicht im Auftaktspiel einen Feldverweis kassiert, der ihm eine zweimonatige Sperre eingebrockt hatte.

Endrunde zur Deutschen Meisterschaft 1928

Immerhin bedeutete die Vizemeisterschaft im Süden erstmals die Qualifikation für die Endrunde um die Deutsche Meisterschaft. Mit großen Hoffnungen machte sich der Klub im D-Zug auf die vierstündige Fahrt nach Köln. Gegner im Achtelfinale war der Westdeutsche Meister, die SpVgg Sülz 07, einer der Vorgängervereine des 1. FC Köln. Doch die Eintracht konnte den Ausfall von Rechtsverteidiger Schütz nicht kompensieren - und unterlag vor 35.000 Zuschauern, darunter 700 Gästen, der Spielvereinigung mit 1:3. Das Frankfurter Tor, wie sollte es anders sein, erzielte Ehmer. Wenigstens hatte eine Stadtrundfahrt vorbei am Kölner Dom mit „Höchstenbachs Kölner Fremden-Rundfahrt" noch vor dem Spiel für gute Laune gesorgt. Dennoch: Die Eintracht spielte trotz der Niederlage ihre bislang erfolgreichste Saison seit ihrer Gründung.

Süddeutscher Meister 1930

Der Meister der Bezirksliga Main hieß 1930 zum dritten Mal hintereinander Eintracht Frankfurt; die einzige Niederlage setzte es erst am letzten Spieltag bei Union Niederrad - trotz zwischenzeitlicher 2:0-Führung. In dieser Saison liefen zwei Spieler erstmals auf, die den Verein über Jahre und Jahrzehnte prägen sollten. Hans Stubb, genannt Hennes, und Rudolf Gramlich. Trainer der Eintracht war zu dieser Zeit Paul Oßwald, der 1928 im Alter von 23 Jahren zum Klub stieß.

Im Kampf um die Süddeutsche Meisterschaft zeigte sich Eintracht Frankfurt mit allen Wassern gewaschen - und absolvierte spektakuläre Spiele. 4:4 hieß es am Ende beim FK Pirmasens trotz 3:0-Führung, das Rückspiel endete 7:2 für die Hessen. Nur beim 1:5 in München gegen die Bayern schien der Verein von allen guten Geistern verlassen. Aber auch diese Scharte konnte im Rückspiel ausgewetzt werden. Das 3:2 vor 25.000 Zuschauern bescherte der Eintracht erstmals den Titel des Süddeutschen Meisters und damit verbunden die Teilnahme an der Endrunde um die Deutsche Meisterschaft.

Die siegreiche Elf gegen die Bayern:

Trumpp - Schütz - Stubb - Gramlich - Goldammer - Mantel - Schaller - Trumpler - Ehmer - Dietrich - Kellerhoff, Trainer: Oßwald

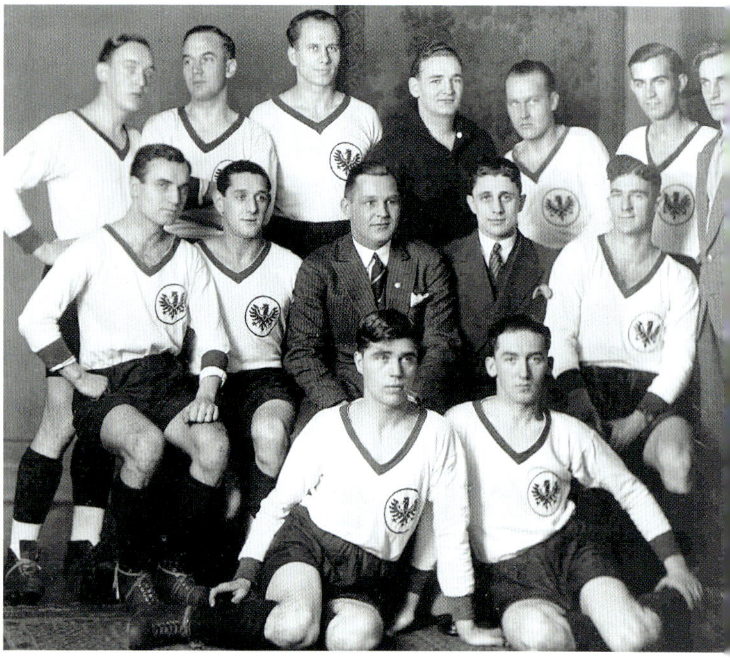

Süddeutscher Meister 1930: Ehmer, Pfeiffer, Goldammer, Trumpp, Dietrich, Kübert, Trainer Oßwald (hinten von links), Mantel, Stubb, Schütz, Kellerhoff, Schaller (Mitte), Leis, Gramlich

Die alte Tribüne im Waldstadion erinnerte an ein antikes Theater. Hier bildet sie die Kulisse beim Länderspiel gegen Italien, 1930.

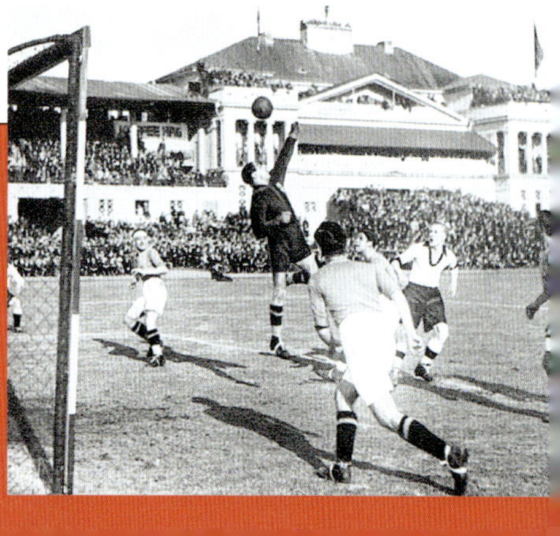

INTERNATIONAL

Auch international sorgte die Eintracht für Furore. Beim Länderspiel der deutschen Nationalmannschaft am 10. Mai 1930 in Berlin, bei dem die Deutschen den Engländern ein 3:3 abtrotzten, standen mit Mantel, Schütz und Stubb gleich drei Eintrachtler auf dem Rasen. Ein vierter Frankfurter hütete das Tor: Willibald Kreß von Rot-Weiss.

Endrunde 1930

Diese begann mit einem 1:0 gegen den VfL Benrath. Gegen den Westdeutschen Vizemeister zeigte sich die Eintracht auffällig anfällig; sogar Trumpp ließ sich im strömenden Regen anstecken und lieferte ungewohnte Unsicherheiten. Benrath hingegen rüpelte sich durch die 90 Minuten, kassierte zwei Platzverweise und ein Tor durch Ehmer, den Verlässlichen. Der einzige Treffer reichte für den Einzug in die nächste Runde.

Diesmal hieß der Gegner Holstein Kiel. Zwar gingen die Riederwälder als Favorit ins Rennen, lagen aber, ehe sie sich versahen, mit 0:3 hinten und schlichen nach 90 Minuten trotz zweier Tore von Trumpler mit 2:4 geschlagen vom Platz. Wieder einmal verlor die Eintracht ein Spiel, das sie nie und nimmer hätte verlieren dürfen. Trainer Oßwald musste sich den Vorwurf fehlerhafter taktischer Einstellung gefallen lassen. Zudem ging sein Schachzug, den schwächelnden Trumpp durch den jungen Schüler zu ersetzen, nicht auf. Für Schüler blieb es der letzte von drei Einsätzen im Trikot der Eintracht. Auch Trumpp hängte die Schuhe an den Nagel und kümmerte sich fortan hauptberuflich um Zähne. Das Ehrenmitglied der Eintracht verstarb hochbetagt im Alter von 95 Jahren.

Süddeutscher Meister 1932

Die Saison 1931/32 sollte zur bislang erfolgreichsten in der Historie der Eintracht avancieren. Zunächst konnte sich der Klub zum fünften Mal in Serie die Bezirksliga-Meisterschaft am Main sichern. Auch die Runde um die Süddeutsche Meisterschaft geriet zum Triumphzug. In der Gruppe Nord-West setzte man sich von Beginn an vor dem FSV an die Spitze. Durch eine 3:5-Niederlage bei Wormatia Worms am vorletzten Spieltag spitzte sich die Angelegenheit noch einmal zu. Das 1:0 gegen Pirmasens beruhigte jedoch alle Zweifler; die Eintracht hatte sich endgültig für das Finale um die Süddeutsche Meisterschaft gegen die Bayern qualifiziert.

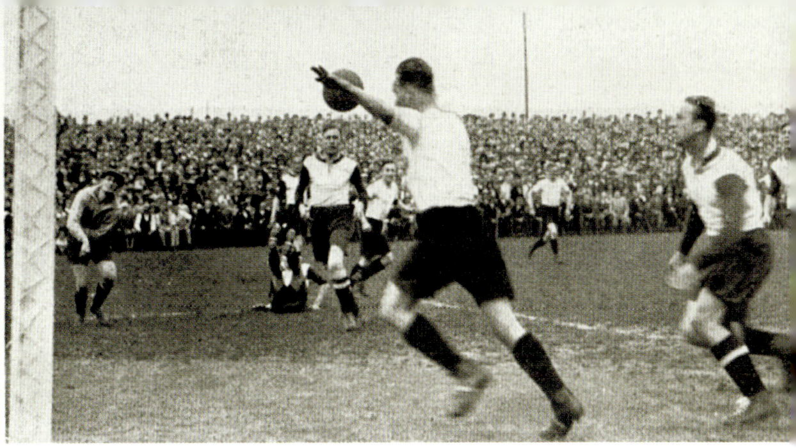

Das Endspiel um die Süddeutsche Meisterschaft 1932 zwischen der Eintracht und Bayern München endet 2:0. Dietrich erzielt per Kopf den Frankfurter Führungstreffer.

In Stuttgart warteten 20.000 Zuschauer gespannt auf den Anstoß. Anschließend schoss Dietrich die Eintracht mit zwei blitzsauberen Toren in Führung. Das Spiel dämmerte bereits seinem Ende entgegen, als Schiedsrichter Glöckler mit drei strittigen Entscheidungen das Gerechtigkeitsempfinden sowohl der Bayern als auch das der neutralen Stuttgarter Beobachter arg strapazierte. Dreimal hätte er Elfmeter für die Bayern pfeifen können. Dreimal blieb die Pfeife stumm. In Folge stürmten aufgebrachte Fans den Rasen und verliehen ihrem Zorn Ausdruck, indem sie den Schiedsrichter bedrängten und mit Stöcken und Stühlen argumentierten, worauf dieser unter Polizeischutz in die Kabine flüchtete und nach einigem Hin und Her die Partie vor der Zeit abbrach. Der Spielstand von 2:0 hielt der Überprüfung am grünen Tisch stand, und somit gab es nichts mehr zu rütteln: Die Eintracht freute sich zum zweiten Mal nach 1930 über den Titel des Süddeutschen Meisters - in folgender Aufstellung:

Schmitt - Schütz - Stubb - Gramlich - Leis - Mantel - Trumpler - Möbs - Ehmer - Dietrich - Kellerhoff, Trainer: Oßwald

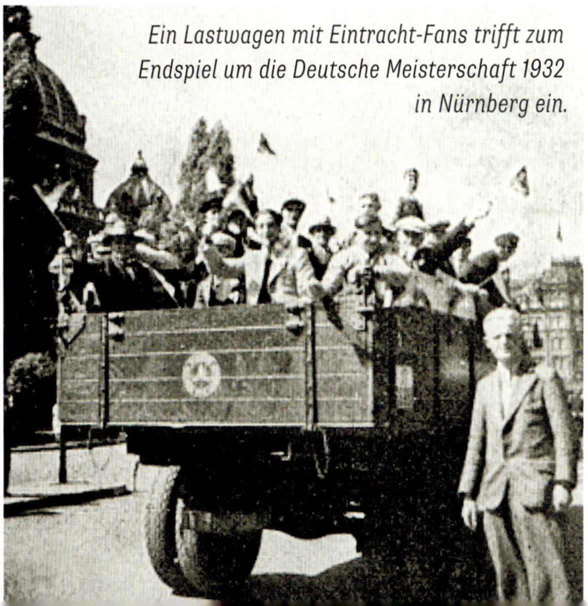

Ein Lastwagen mit Eintracht-Fans trifft zum Endspiel um die Deutsche Meisterschaft 1932 in Nürnberg ein.

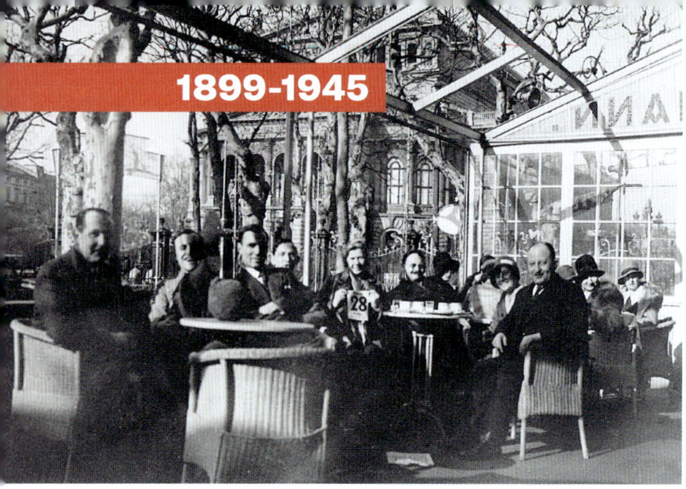

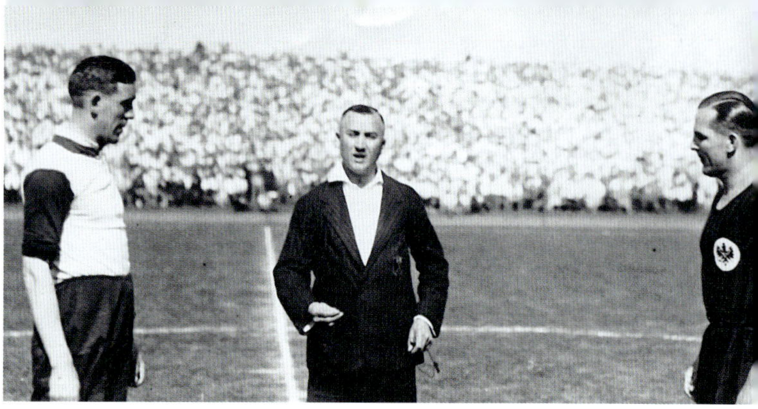

Links: Ende der 1920er Jahre war das Café Hanselmann an der Oper Treffpunkt der Eintracht.

Rechts: Platzwahl vor dem Anstoß zum Endspiel zwischen Bayern-Kapitän Conny Heitkamp und dem Eintrachtler Franz Schütz

Deutscher Vizemeister 1932: Eintracht Frankfurt

Die Eintracht und die Bayern qualifizierten sich auch für die Endrunde um die Deutsche Meisterschaft - und marschierten bis ins Finale. Auf dem Weg ins Endspiel besiegte die Eintracht nacheinander Hindenburg Allenstein (6:0 in Königsberg), Tennis Borussia Berlin (3:1 im Stadion), sowie Schalke 04 (2:1 in Dresden). Damit kam es am 12. Juni 1932 in Nürnberg zu einem Wiedersehen der beiden süddeutschen Kontrahenten. Tausende Frankfurter machten sich auf den Weg nach Nürnberg. Gemeinsamer Treffpunkt in Frankfurt war das Café Hanselmann an der Oper. Von dort setzte sich der Konvoi in Bewegung. Auch wenn die Inflation Deutschland bereits im Griff hielt, Massenarbeitslosigkeit und Verarmung gewaltig drückten und infolgedessen die Zuschauerzahlen im Sinken begriffen waren: Das Endspiel im Süden elektrisierte die Massen.

Diesmal sollten die Bayern vor annähernd 60.000 Zuschauern ihren Elfmeter bekommen. In der 35. Minute sprang Stubb der Ball im Strafraum an die Hand, und Schiedsrichter Alfred Birlem zögerte nicht im Geringsten, dies zu ahnden. Ossi Rohr, der Großonkel des späteren Kurzzeit-Sportdirektors Gernot Rohr, zimmerte den Ball unhaltbar für Schmitt, dem eine Wolke aus Kreidestaub die Sicht vernebelte, in die Maschen. Zwar hielt die Eintracht wacker dagegen, doch das 0:2 durch Krumm versetzte ihr endgültig den Knockout. Wer weiß, wie es gekommen wäre, hätte Kellerhoff nicht verletzungsbedingt gefehlt. Diesmal stürmten Münchner Fans voller Freude den grünen Rasen und trugen ihre Helden auf Schultern vom Platz, den die Eintrachtler bedröppelt verließen. Immerhin, die deutsche Vizemeisterschaft bedeutete bislang den größten Erfolg der Vereinshistorie - und bis heute schaffte es nur eine einzige Eintracht-Mannschaft, dieses Resultat zu überflügeln. Aber bis dahin sollte es noch 27 Jahre dauern - und die Welt eine andere sein.

Die Aufstellung der Eintracht in Nürnberg 1932:

Schmitt - Schütz - Stubb - Gramlich - Leis - Mantel - Schaller - Trumpler - Ehmer - Dietrich - Möbs, Trainer: Oßwald

Schlappekicker

Die Erfolge des Jahres 1932, die Main-Meisterschaft, die Süddeutsche Meisterschaft und der Einzug ins Finale um die Deutsche Meisterschaft wären in Zeiten des vermeintlich reinen Amateurfußballs nicht realisierbar gewesen, hätten nicht auch in Frankfurt Mäzene die Eintracht unterstützt. Allen voran die Schuhfabrik J. & C. A. Schneider, ge-

MARTHA WERTHEIMER

Martha Wertheimer, Jüdin und Eintracht-Mitglied seit den 1920er-Jahren, begleitete die Eintracht nach Nürnberg und berichtete über das Finale für die *Offenbacher Zeitung*. Schon früh vertrat die aktive Fechterin selbstbewusst ein starkes Frauenbild, kämpfte für das Frauenwahlrecht und mahnte in den Vereinsnachrichten: „Es wird in Deutschland wohl genug getanzt und sich vergnügt, aber es wird nicht genug gedacht und Gutes gewollt." Wie recht sie damit hatte, sollte die nahe Zukunft beweisen. Gleich Kurt Landauer, damals Präsident der Bayern, fiel sie nach der

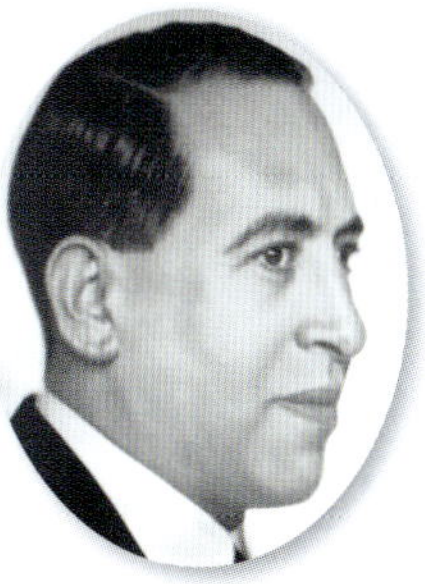

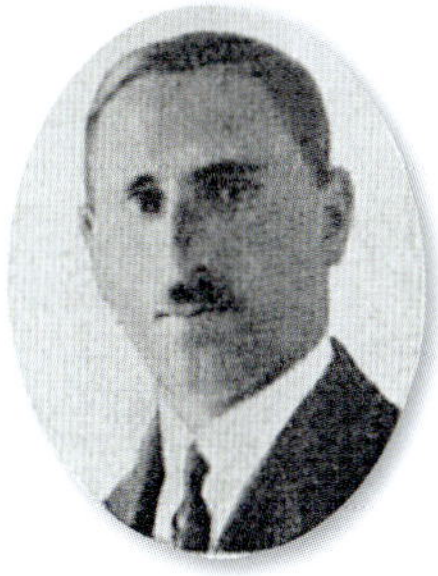

Ende 1933 verkaufte der „Schlappe-Stinnes" Walter Neumann (links) unter Druck seine Anteile an der Firma Adler & Neumann. Der am 21. Juni 1894 geborene Hugo Reiss verwaltete seit 1924 als Schatzmeister der Eintracht sorgfältig die Finanzen des Vereins. Beide emigrierten nach der Machtübernahme der Nazis.

führt in diesen Tagen von den Brüdern Fritz und Lothar Adler sowie deren Cousin Walter Neumann. Neumann galt als großer Gönner und inoffizieller Präsident des Vereins. 3.000 Beschäftigte produzierten in der Fabrik pro Jahr zigtausende Hausschuhe (im Frankfurter Volksmund „Schlappen" genannt). Unter ihnen etliche Fußballer der Eintracht, denen man nachsagte, dass die Anwesenheit am Arbeitsplatz von überschaubarer Dauer gewesen sei. Alleine zehn Spieler der Vizemeistermannschaft von 1932 verdienten hier in unsicheren Zeiten gutes Geld. Im Frankfurter Volksmund setzte sich für die Spieler der Eintracht bald der Begriff „Schlappekicker" durch - der noch heute in aller Munde ist. Walter Neumann aber war wie Fritz und Lothar Adler Jude. Mit der sogenannten Machtergreifung der Nationalsozialisten brachen für sie dunkle Zeiten an. Neumann musste seine Firmenanteile weit unter Wert verkaufen und emigrierte 1935 in die Niederlande, später nach England. Dort änderte er seinen Namen in Newman und baute erfolgreich eine neue Schuhfabrik auf. Fritz Adler wurde nach der Pogromnacht 1938 nach Buchenwald verschleppt und unter Druck gesetzt, die Fabrik zu verkaufen. Unter dieser Last veräußerten die Gebrüder Adler zwangsweise die Firma für drei Prozent des eigentlichen Wertes und flohen nach der Freilassung von Fritz in die USA. Auch Hugo Reiss, seit 1924 Schatzmeister der Eintracht, wirkte in der Schuhfabrik als Prokurist. Er musste unmittelbar nach der Machtübernahme sein Amt bei der Eintracht niederlegen und emigrierte über Italien nach Chile.

Abschied vom Enfant terrible Pfeiffer

Nach über 20 Jahren und hunderten von Spielen verließ das Enfant terrible Willi Pfeiffer 1932 den Verein und wechselte als Spielertrainer zu Union Niederrad. Trotz aller Eskapaden ehrte ihn die Eintracht für seine Verdienste als Ehrenmitglied und Ehrenspielführer. Sie konnte ihm anscheinend verzeihen, dass er 1922 im Streit für zwei Monate zu den Offenbacher Kickers wechselte und noch so einiges mehr. Als er im März 1966 starb, würdigte ihn der Verein jedoch mit keinem Sterbenswörtchen.

Kleider machen Leute: In ihrer Glanzzeit Anfang der 1930er Jahre trat die Eintracht mit ihren schicken Klubjacken auch als modebewusstes Team auf.

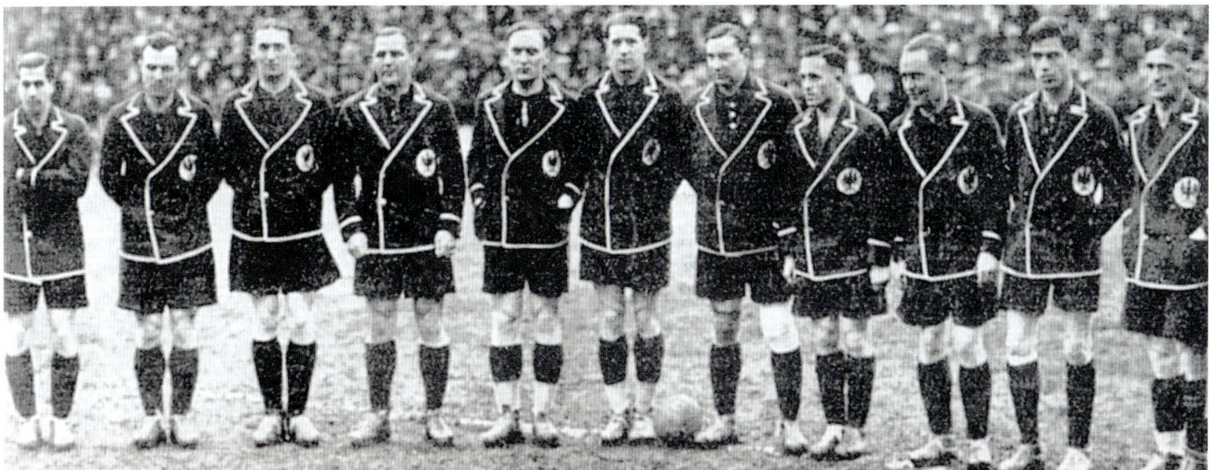

Machtübernahme der Nationalsozialisten in Ungnade und musste bald ihre journalistische Arbeit beenden. Am Horizont dräuten nicht nur für diese beiden finstere Wolken. Landauer konnte nach der NS-Zeit nach München zurückkehren und die Bayern noch einmal als Präsident führen. Martha Wertheimer wurde 1942 vermutlich in Sobibor ermordet.

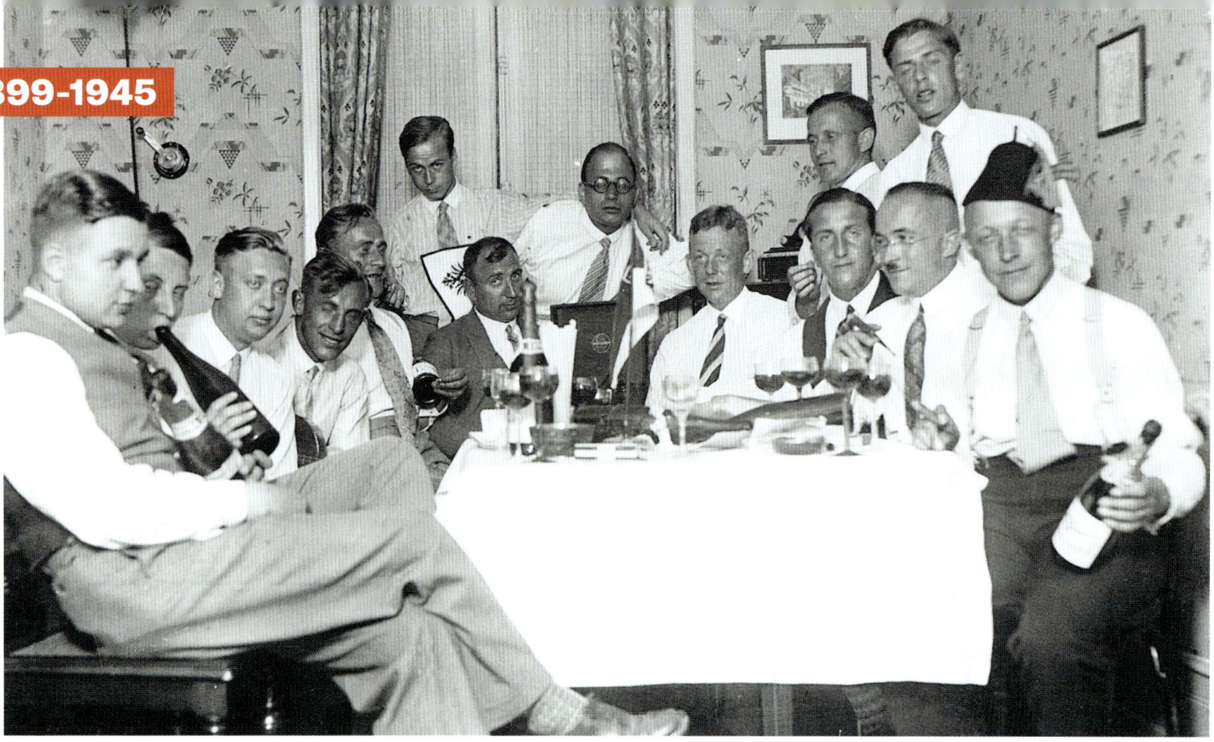

Bowleabend im Kreis von Eintrachtlern, darunter Fritz Cahen-Brach (8. von links).

Unheil

Am 30. Januar 1933 kamen die Nationalsozialisten, die bei den Reichstagswahlen im November 1932 landesweit 33,1 Prozent der Stimmen erhielten, an die Macht. Der greise Reichspräsident Hindenburg ernannte an jenem Tag Adolf Hitler zum Reichskanzler. In Frankfurt wehten am 13. März 1933 erstmals die Hakenkreuzfahnen am Römer. Zwölf Jahre später lag die Welt in Trümmern.

Mit der Machtübernahme der Nationalsozialisten änderte sich alles. Bereits am 9. April 1933 unterzeichnete die Eintracht neben 13 weiteren Vereinen aus dem Süden, darunter auch der FSV, in vorauseilendem Gehorsam und ohne Not die „Stuttgarter Erklärung“, in der sie anbot, sich „freudig und entschieden“ der nationalen Regierung zur Verfügung zu stellen und „insbesondere in der Frage der Entfernung der Juden aus den Sportvereinen“ mitzuwirken. Zwar dauerte es noch einige Jahre, bis mit Julius „Jule“ Lehmann auch der letzte aktive Jude den Verein verlassen musste, doch Schatzmeister Hugo Reiss, Dr. Paul Blüthenthal (Leiter der Leichtathletikabteilung) und der Obmann der Boxer, Fritz Cahen-Brach, legten unter Druck ihre Ämter nieder. Immerhin drückte die Eintracht in den Vereinsnachrichten ihr Bedauern über den Rücktritt Blüthenthals aus. Der langjährige Vorsitzende der Eintracht Egon Graf von Beroldingen – keiner kommunistischen oder jüdischen Umtriebe verdächtig – durfte sein Amt behalten. Er starb überraschend am 25. Oktober 1933, der Nationalsozialist Hans Söhngen ersetzte ihn.

Auch die demokratischen Strukturen der Ligen wurden zerschlagen. Anstelle der sieben DFB-Landesverbände rückten nun 16 regionale Gaue. Fußball, auch in der Jugend, diente nun der nationalen Sache.

Aus dem „kicker“ vom 19. April 1933

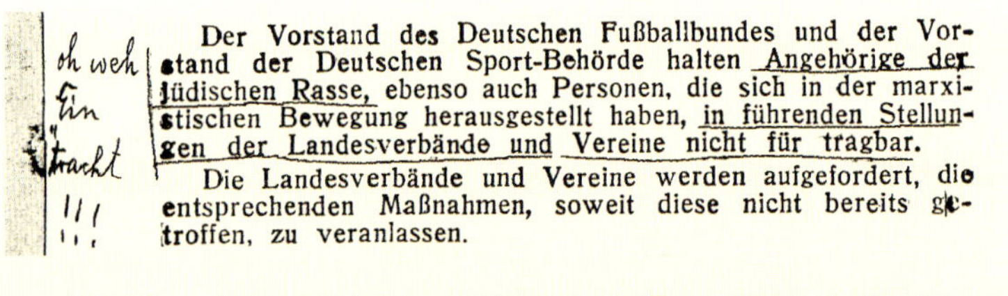

Der Vorstand des Deutschen Fußballbundes und der Vorstand der Deutschen Sport-Behörde halten Angehörige der jüdischen Rasse, ebenso auch Personen, die sich in der marxistischen Bewegung herausgestellt haben, in führenden Stellungen der Landesverbände und Vereine nicht für tragbar.

Die Landesverbände und Vereine werden aufgefordert, die entsprechenden Maßnahmen, soweit diese nicht bereits getroffen, zu veranlassen.

DAS KAUFHAUS WRONKER

Hermann Wronker, der seit 1910 ein für Frankfurter Verhältnisse hochmodernes Warenhaus auf der Zeil führte, trug sein Scherflein zum Erfolg der Eintracht bei und annoncierte regelmäßig im Vereinsheft. Wronker, ebenfalls jüdischen Glaubens, unterschätzte mit seiner Frau Ida die drohende Gefahr und floh erst 1938 – als die Synagogen bereits brannten – nach Frankreich. Selbst dort konnten sie den Schergen der Nationalsozialisten nicht entkommen. Ihre traurige Reise endete in den Gaskammern von Auschwitz. Die Annoncen erschienen selbst dann noch, als die Nationalsozialisten das Kaufhaus Wronker, spä-

Die Gauliga Südwest

1933 verließ Erfolgstrainer Oßwald die Eintracht und schloss sich nach einem Jahr beim DFB dem FSV Mainz 05 an. Eintracht Frankfurt zählte neben dem FSV Frankfurt und Kickers Offenbach zu den drei Teams aus der einstigen Bezirksliga Main, die in der neuen Gauliga Südwest antreten durften. Den ersten Titel unter der Herrschaft der Nationalsozialisten sicherten sich die Kickers. Die Eintracht lief auf dem vierten Platz ein, zwei Ränge dahinter der FSV, dessen jüdischer Präsident Alfred J. Meyers seinen Verein ebenfalls verlassen musste. Eine Blinddarmoperation Ehmers, die ihn für weite Strecken der Saison 1933/34 außer Gefecht gesetzt hatte, verhinderte eine bessere Platzierung. Hennes Stubb brachte es hingegen in die Schlagzeilen, da er im Länderspiel gegen Ungarn am 14. Januar 1934 im Frankfurter Stadion in der 55. Minute einen Freistoß aus 60 Metern im gegnerischen Netz unterbrachte. Neben ihm stand mit Gramlich noch ein zweiter Eintrachtler auf dem Feld.

HUGO MANTEL

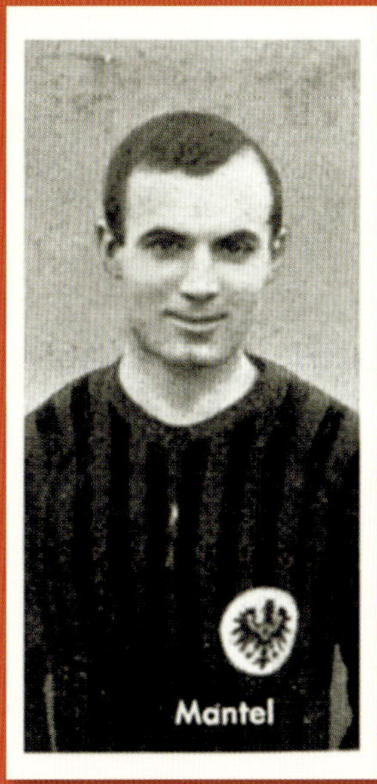

Die Pläne Mantels, einem weiteren Nationalspieler der Eintracht, nach sechs Jahren im Verein Anfang Januar 1934 in Richtung Norditalien zu Ambrosiana-Inter Mailand zu wechseln, zerschlugen sich hingegen. Ohne ein Spiel für Inter absolviert zu haben, kehrte er nach wenigen Wochen an den Riederwald zurück, wurde, professioneller Umtriebe verdächtig, für ein paar Monate gesperrt - und blieb der Eintracht letztlich bis 1938 treu. Anschließend wechselte er zu Germania 94, fungierte dort als Spielertrainer und starb 1942 an der Ostfront in Russland. Von Mantel ist die Geschichte überliefert, dass er, der als ebenso sparsam wie geschäftstüchtig galt, sich während eines wichtigen Spiels verletzte und zwecks Behandlung in die Kabine begab. Auswechslungen waren in dieser Zeit bei Pflichtspielen noch nicht gestattet. Was sich anschließend zutrug, schilderte der Frankfurter Journalist Richard Kirn:

„Das Spiel der Eintracht kam ins Wanken. Ein Mann wie Mantel konnte nicht fehlen, ohne dass man es spürte. Dem Reisebegleiter der Eintracht trat langsam der Angstschweiß auf die Stirn. Er starrte verzweifelt auf die graue Kabinentür. Sie rührte sich nicht. Kein Mantel kam zurück. Dem Mannschaftsbetreuer wurde angst und bange. Er sah eine Meisterschaft davonschwimmen, wenn Hugo nicht bald wiederkehrte. Er riss die Kabinentür auf und kam gerade recht, um zu erleben, wie der Sanitäter den Namen unter eine Lebensversicherungspolice setzte. Denn Hugo Mantel war damals der Vertreter einer angesehenen Lebensversicherung."

Immerhin hatte die Eintracht das Spiel noch gewonnen.

ter Hansa, seinem einstigen Eigentümer längst abgefuchst hatten. Die Anzeigen unterschieden sich indes nur im verräterischen Detail. Aus dem Kaufhaus Hansa wurde zunächst ein „christliches" und anschließend ein „arisches". Das Kaufhaus auf der Zeil lag nach dem Krieg in Trümmern und beherbergt nach dem Wiederaufbau heute erneut eine Bekleidungskette. Auf der rückseitigen Fassade am Holzgraben finden wir noch Sandsteine des ursprünglichen Gebäudes. Und gegenüber mahnen die letzten Reste eines im Krieg zerstörten Obergeschosses als stumme Zeugen der Vergangenheit.

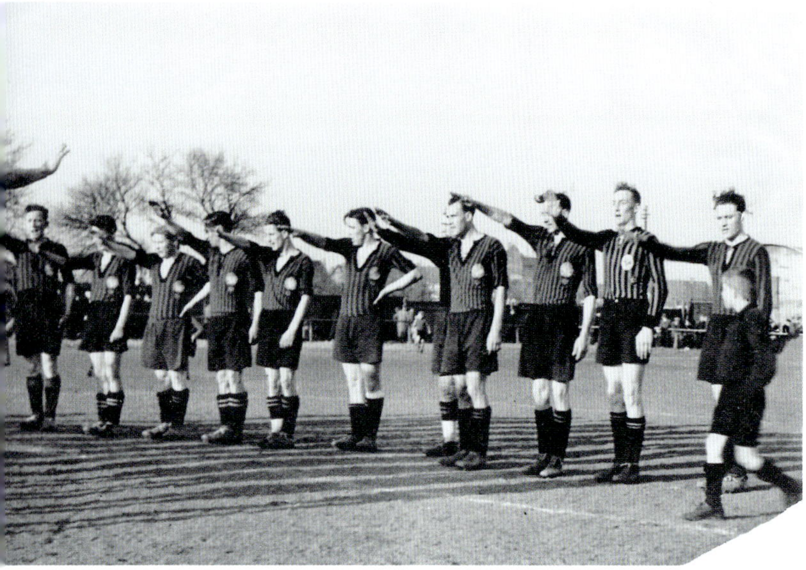

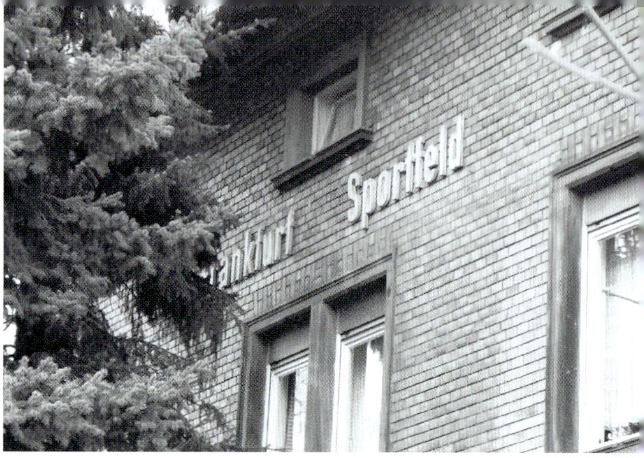

Rückschritt

Sportlich fiel die Eintracht bis 1936 trotz der Rückkehr Oßwalds 1935 hinter den FSV und sogar Union Niederrad zurück. Sie beendete die Saison trotz eines miserablen Starts, der sie in den Tabellenkeller stürzen ließ (der erste Sieg glückte erst am vierten Spieltag gegen die Offenbacher Kickers), auf Rang sieben in der Gauliga Südwest. Somit war die Eintracht selbst in Frankfurt nur noch das dritte Rad am Wagen. Auch die Partie im neu geschaffenen Tschammer-Pokal, dem Vorläufer des DFB-Pokals, ging mit 1:3 gegen Opel Rüsselsheim verloren. Der Wettbewerb, der bis 1943 ausgespielt werden konnte, trug den Namen des Reichssportführers Hans von Tschammer und Osten, eines Faschisten, dessen Hauptaufgabe zunächst darin bestand, die Sportpolitik der Nationalsozialisten innerhalb der Vereine umzusetzen. Er trug die Verantwortung für den Bruch der bisherigen demokratischen Strukturen und ersetzte diese durch das nationalsozialistische Führerprinzip. Dazu zählte auch der Hitlergruß bei allen Sportveranstaltungen.

Unterdessen ersetzte die Stadt Frankfurt den Begriff „Stadion“ auf Initiative des NSDAP-Oberbürgermeisters Krebs durch „Sportfeld“. Das Wort „Stadion“ schien ihm nicht deutsch genug. Noch bis 2006 stiegen die Fans an der nahe gelegenen S-Bahn-Haltestelle Sportfeld aus. Erst dann änderte die Stadt anlässlich der WM 2006 die Bezeichnung wieder in Stadion. „Die Welt zu Gast bei Freunden“ lautete das Motto dieser WM, und diese Welt gleich bei Ankunft mit einem Begriff zu konfrontieren, den die Nazis geprägt hatten, war dann doch des Guten zu viel.

Endstation Sülz

Der in der Jugend der Eintracht groß auftrumpfende Albert Wirsching bestritt sein erstes Pflichtspiel in der Saison 1936/37 für die Eintracht - vier Wochen nach seinem 16. Geburtstag - beim 2:4 in Neunkirchen. Die langjährigen Stützen Trumpler und Tiefel sagten hingegen dem Verein 1936 Adieu.

Nach einem verheerenden Tribünenbrand am Riederwald fand die Eintracht vorerst beim FSV am Bornheimer Hang Unterschlupf, während sich

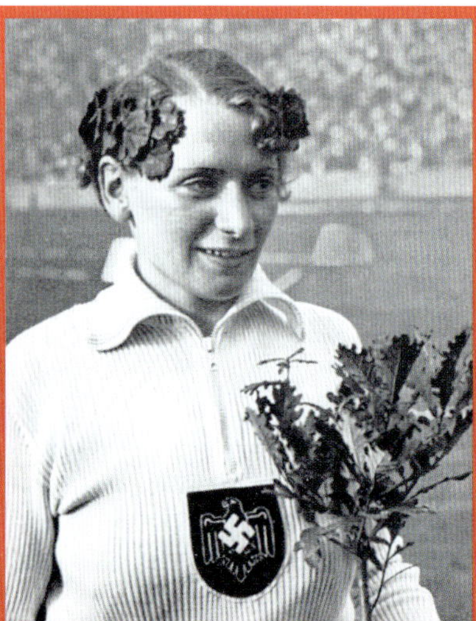

OLYMPIA 1936

Besser lief es für Eintracht-Sportlerinnen und Sportler bei den Olympischen Propagandaspielen in Berlin. Tilly Fleischer, die sich auch den Titel einer Süddeutschen Meisterin im Handball an ihre Brust heften durfte, sicherte sich im ersten Wettbewerb des Turniers die Goldmedaille im Speerwerfen. 45,18 Meter reichten zum Titel. Dafür erhielt sie nicht nur die Medaille,

Walter Dietrich als Architekt mit dem Neubau der Tribüne beschäftigte. Diese konnte bereits 14 Monate nach dem Feuer am 5. September 1937 eingeweiht werden. 10.000 Zuschauer freuten sich über ihr neues Dach über dem Kopf und erlebten dabei ein verblüffendes 1:5 gegen die Düsseldorfer Fortuna. Zuvor schrammte die Eintracht denkbar knapp am Titel des Gaumeisters Südwest vorbei. Punktgleich landete sie hinter Wormatia Worms auf dem zweiten Platz, wobei das Torverhältnis für die Wormser sprach. Hätte die Eintracht zwei Wochen zuvor ihr Spiel gegen Worms gewonnen, dann... Das enttäuschende 1:1 aber war zu wenig. Zum Abschluss der Runde feierte die Eintracht zwar noch einen 2:0-Auswärtssieg bei den Offenbacher Kickers - doch für den Titel hätte es noch acht weitere Treffer gebraucht. Zudem setzte sie mit Beginn der neuen Saison das Erstrundenmatch der Schlussrunde im Tschammer-Pokal in den Sand. Wieder einmal hieß die Endstation, wie schon neun Jahre zuvor in der Meisterschaft, SpVgg Sülz 07.

Ein Jahr später rückte die Eintracht die Verhältnisse im Südwesten wieder gerade und sicherte sich erstmals die Meisterschaft in der Gauliga. Zwar unterlag sie noch am vorletzten Spieltag dem designierten Vizemeister aus Neunkirchen mit 0:3, doch der 4:2-Auswärtssieg beim FV Saarbrücken (bei dem der 17-jährige Wirsching zwei Treffer erzielte) sorgte für Klarheit.

JULIUS „JULE" LEHMANN

Julius „Jule" Lehmann ist der letzte dokumentierte Jude in Reihen der Eintracht. Ein stets heiterer Geselle, der es zwar nicht bis in die erste Fußballmannschaft packte, dafür aber erstaunlich oft in der Vereinszeitung Erwähnung fand. Er musste den Riederwald 1937 verlassen. Ein Jahr später deportierten ihn die Nationalsozialisten als „Aktionsjuden" nach Buchenwald. Erst drei Monate später kehrte er aus der Haft zurück. Im Mai 1942 erfolgte die erneute Deportation, diesmal Richtung Osten. Wenige Tage danach verliert sich seine Spur. Es ist anzunehmen, dass er unmittelbar darauf entweder in Majdanek oder in Sobibor ermordet wurde. Sein Bruder Max überlebte den Krieg. Für beide liegen zur ewigen Erinnerung Stolpersteine am 1952 eingeweihten neuen Riederwaldstadion.

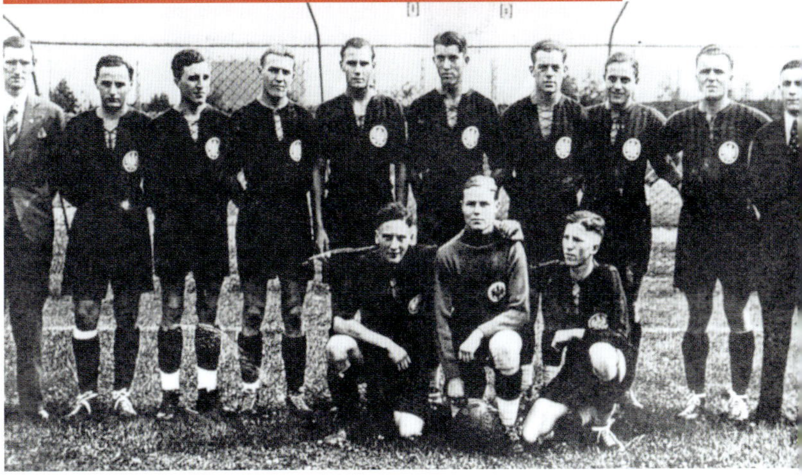

1937 musste Jule Lehmann (vorne links) seine Eintracht verlassen. In der Folgezeit wurde er von Mannschaftskameraden unterstützt.

Die 1936 abgebrannte Tribüne (links) wird am 5. September 1937 beim Spiel gegen Fortuna Düsseldorf in neuem Glanz wiedereröffnet (rechts).

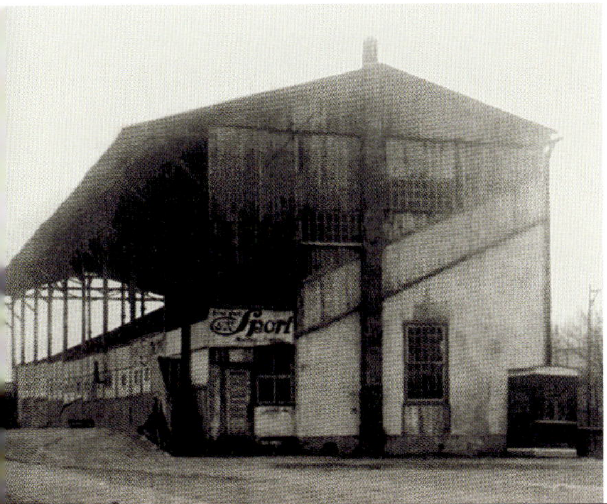

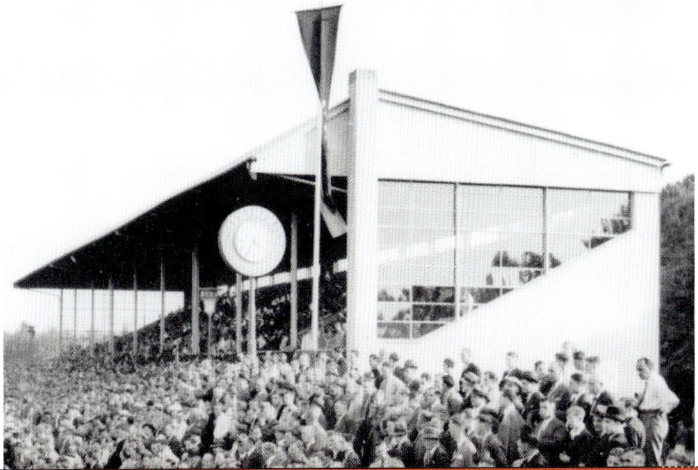

sondern zudem eine kleine Eiche, die im Frankfurter Stadion eingepflanzt wurde. Rudolf Gramlich führte die olympische Fußballmannschaft als Kapitän aufs Feld. Nach einem 9:0 gegen Luxemburg erfolgte das Aus für den Favoriten bereits in der zweiten Runde, als der Underdog aus Norwegen vor den Augen Hitlers die überheblichen Deutschen demontierte und mit 2:0 aus dem Rennen um die Medaillen warf. Das vermeintliche Flaggschiff war gesunken, und der Führer stürmte samt seiner Entourage noch vor Abpfiff wutentbrannt aus dem Stadion.

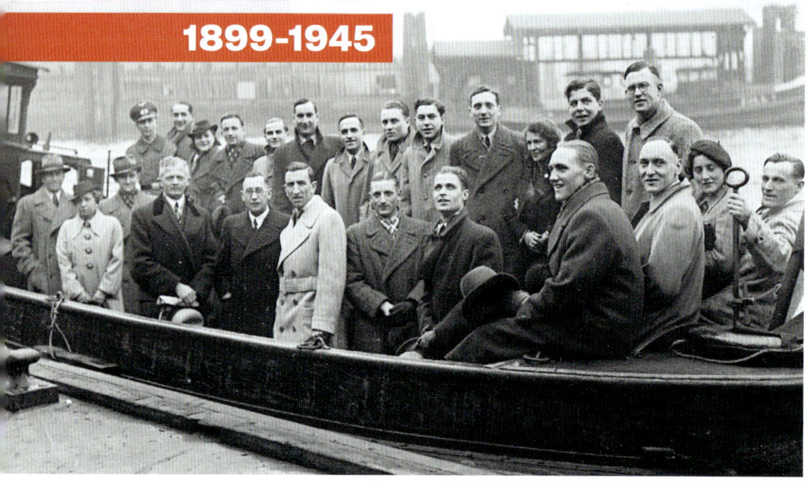

Bei der Hafenrundfahrt vor dem Spiel um die Deutsche Meisterschaft in Hamburg blickte die Mannschaft noch optimistisch in die Zukunft.

Es wird vogelwild: Endrunde 1938

Nach drei vergeblichen Anläufen qualifizierte sich die Eintracht endlich wieder für die Endrunde zur Deutschen Meisterschaft, in der es phasenweise vogelwild zuging und die „5" zur mythischen Zahl avancierte. Zunächst siegte Eintracht Frankfurt beim Gaumeister Ostpreußens, Yorck Boyen Insterburg, mit 5:1. Anschließend kassierte die Eintracht fünf Tore in Stettin, dem Gaumeister Pommerns. Da sie allerdings deren sechs erzielte, leuchteten die Sterne recht freundlich, obgleich es nach der 6:2-Führung noch einmal unnötig spannend zuging. Anschließend reiste die Eintracht zum dritten Mal in den Norden Deutschlands, diesmal zum HSV. Wieder kassierten die Riederwälder fünf Tore, trafen dabei kein einziges Mal ins Netz und sahen ihre Felle schon in der Elbe davonschwimmen. 25.000 Hamburger waren schier aus dem Häuschen. Immerhin folgten nun drei Heimspiele in Serie. 5:0 hieß es am Ende im Rückspiel gegen den Stettiner Sport-Club. Die Anhänger zeigten sich dennoch betrübt, gab man eine bessere Ausgangslage durch die mangelnde Chancenverwertung leichtfertig aus der Hand. Ebenfalls mit 5:0 verfrachtete die Eintracht Yorck Boyen Insterburg auf die Heimreise nach Ostpreußen. Die Eintracht erwies sich dabei als fairer Gastgeber und stellte nach einer guten Stunde das Toreschießen einfach ein. Somit musste im finalen Spiel gegen den HSV ein 6:0 her, um doch noch in die Endrunde einziehen zu können. Gleich nach fünf Spielminuten zappelte der Ball durch Karl Röll im Netz. Die Eintracht führte und war voller Hoffnung auf ein Fußballwunder, ehe sie der Ausgleich unsanft auf den Boden der Tatsachen zurückholte. Am Ende notierten die Reporter zwar 11:3 Ecken für drückend überlegene Frankfurter, die immerhin mit 3:2 gewinnen konnten (fünf Tore!), aber dennoch ob des schlechteren Torquotienten bei Punktgleichheit mit Platz zwei vorliebnehmen musste. Anschließend verließ Oßwald die Eintracht ein zweites Mal.

Kriegserinnerungspokal

1940/41 trat Eintracht Frankfurt in der Bereichsklasse Südwest, Gruppe Mainhessen an - doch noch ehe man diesen Namen ausgesprochen hatte, war die Saison schon wieder vorbei und die Eintracht Dritter. In der anschließenden Stadtrunde gewannen die Riederwälder keinen Blumentopf und kassierten unter anderem zwei empfindliche Niederlagen gegen Heddernheim und Höchst. Sie verspielte zudem traditionell einen hohen Vorsprung. Diesmal beim 4:4 bei Viktoria Eckenheim - nachdem die Eintracht nach einer guten Stunde mit 4:1 in Führung gelegen hatte. Auch an einem Wettbewerb mit dem durchaus irritierenden Namen „Kriegserinnerungspokal der Stadt Frankfurt" nahm der Verein teil und konnte den Pott nach etlichen Spielen und einem finalen, aber sehr einseitigen 9:1 gegen die SpVgg Griesheim 02 am zweiten Weihnachtsfeiertag 1940 in Empfang nehmen.

KRIEG

Mit dem Überfall auf Polen am 1. September 1939 legten die Nationalsozialisten einen weiteren Grundstein für ihren Untergang, der zuvor die Welt in einen Abgrund reißen und Millionen Todesopfer fordern sollte. Bereits nach den Olympischen Spielen 1936 und vor allem den Pogromnächten 1938 begann das Vertreiben und Ermorden der zuvor schon ausgegrenzten Juden.

Dennoch spielte Fußball auch in Frankfurt bis 1945 eine zentrale Rolle. Vor allem in den letzten beiden Jahren bis Kriegsende jedoch unter immer stärkeren Erschütterungen. Die einen

Frankfurter Kriegserinnerungspokalsieger 1940:

Fischer - Kolb - Moog - Heider - Heilig - Schädler - Röll - Wirsching - Arheilger - Hütter - Wiegand, Trainer: Szabó

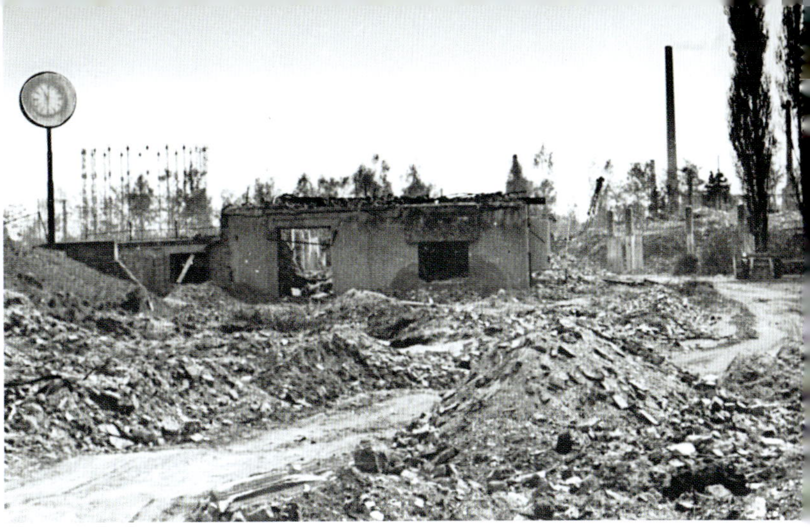

Durch einen Bombenangriff am 4. Oktober 1943 wurde das Stadion am Riederwald fast völlig zerstört. Unversehrt blieb lediglich die berühmte Uhr.

Die Lage spitzt sich zu

1942/43 stolperte die Eintracht von Niederlage zu Niederlage in der Gauliga Hessen-Nassau und musste aufpassen, den Anschluss nicht völlig zu verlieren. Immerhin schaffte sie es, den Serienmeister jener Jahre, die Offenbacher Kickers, am heimischen Riederwald zu schlagen. Dennoch landete sie abschlagen auf dem fünften Rang - hinter den Kickers, dem FSV, Reichsbahn TSV Rot-Weiß Frankfurt und sogar Hanau 93. Rund 50 Spieler kamen zu Einsätzen im Trikot der Eintracht, darunter Ludwig During aus der Rugbyabteilung, Träger der Ehrennadel von Eintracht Frankfurt. Wenige Wochen später verlor die Eintracht durch Bombentreffer am 4. Oktober 1943 nicht nur ihre neue Tribüne, sie verlor ihre sportliche Heimat. Kurz zuvor feierten die Handballerinnen die Deutsche Meisterschaft.

Die Lage in Frankfurt entwickelte sich immer katastrophaler. Zwar nahm die Eintracht noch an der Punktrunde 1943/44 teil, musste aber auf den Bornheimer Hang ausweichen, bevor die letzten Heimspiele am Rosegger ausgetragen wurden. Derweil lag die historische Altstadt Frankfurts in Trümmern. Der Ligabetrieb indes ging unverdrossen weiter. Neun Spiele blieben die Adler ungeschlagen und schielten bereits in der Tabelle nach oben. Dann reiste die Eintracht am 21. Mai 1944 auf den Bieberer Berg nach Offenbach. Und dort setzte es die heftigste Klatsche aller Zeiten: 0:10 hieß es beim alten wie neuen Meister, und wir können froh sein, dass nur 1.500 Zuschauer das Elend vor Ort mitbekamen. August Möbs, Vizemeister von 1932 und neun Jahre lang unverzichtbarer Antreiber der Eintracht, starb unterdessen wie Willi Lindner, der es bis zum Nationalspieler gebracht hatte, an der Ostfront.

Die letzten Spiele vor dem endgültigen Zusammenbruch absolvierte die Eintracht mit den verbliebenen Recken des einstigen großen Rivalen FSV Frankfurt in einer gemeinsamen Kriegsspielgemeinschaft (KSG). Am 7. Januar 1945 besiegte die KSG die Viktoria aus Eckenheim mit 16:0. Dann ruhte der Fußball.

Am 27. Januar 1945 befreite die Rote Armee Auschwitz, im März rollten amerikanische Panzer in Frankfurt ein, und am 8. Mai kapitulierte Nazi-Deutschland. Der Krieg ging zu Ende, doch dessen Nachwirkungen dauern bis heute an. Viel zu viele Fragen wurden entweder gar nicht oder viel zu spät gestellt. Nur die Toten blieben tot. Für immer.

durften schon lange nicht mehr mitspielen. Sie wurden zu Millionen ermordet. Andere fielen im Krieg - wie Ludwig Schmitt, der Torhüter, der noch 1932 mit der Eintracht Vizemeister wurde und in sowjetischer Gefangenschaft starb.

1945-1963

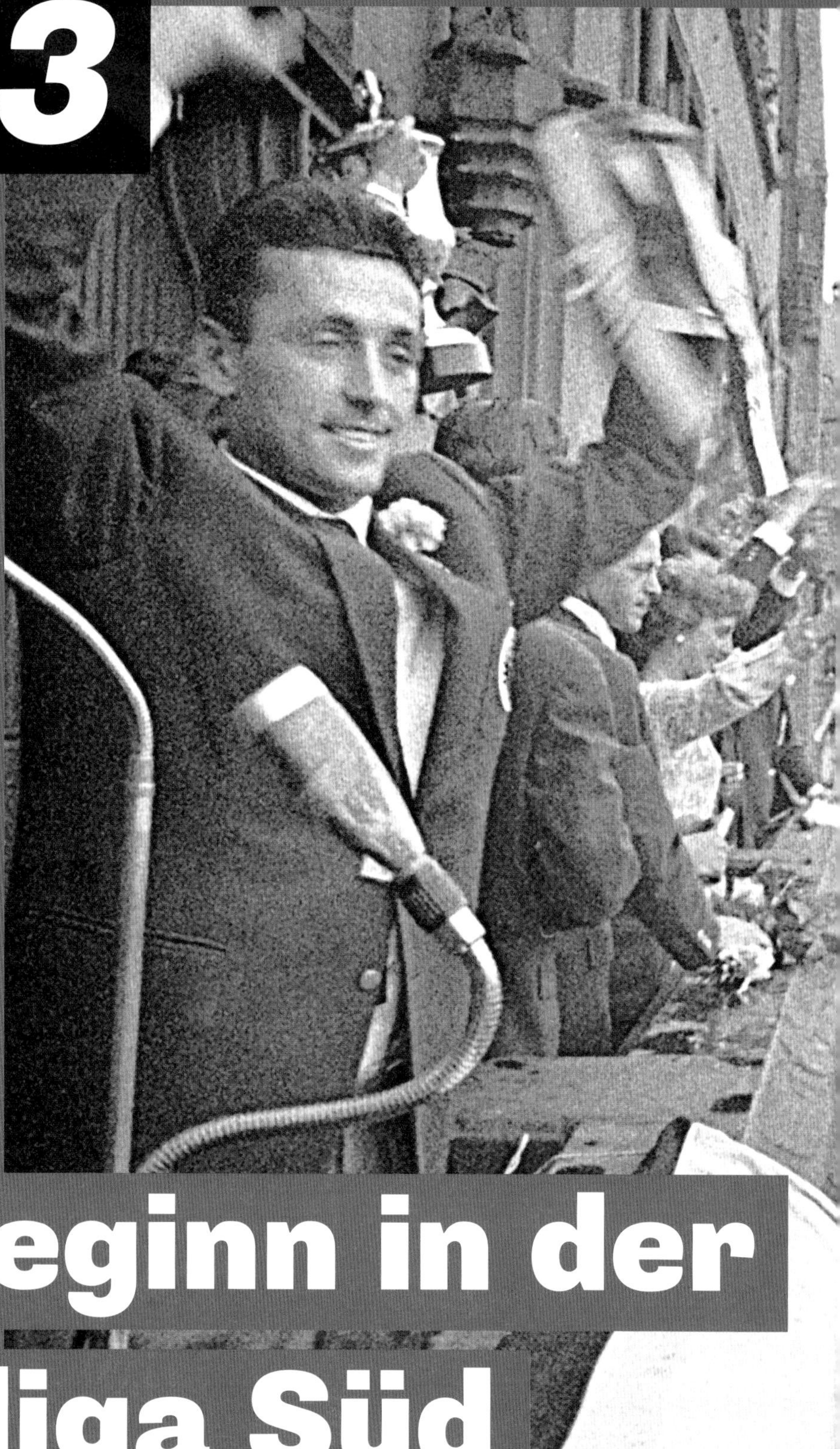

Neubeginn in der Oberliga Süd

1959: Nach der Meisterschaft wurde die Eintracht begeistert am Römer empfangen. Sztani genießt den Moment.

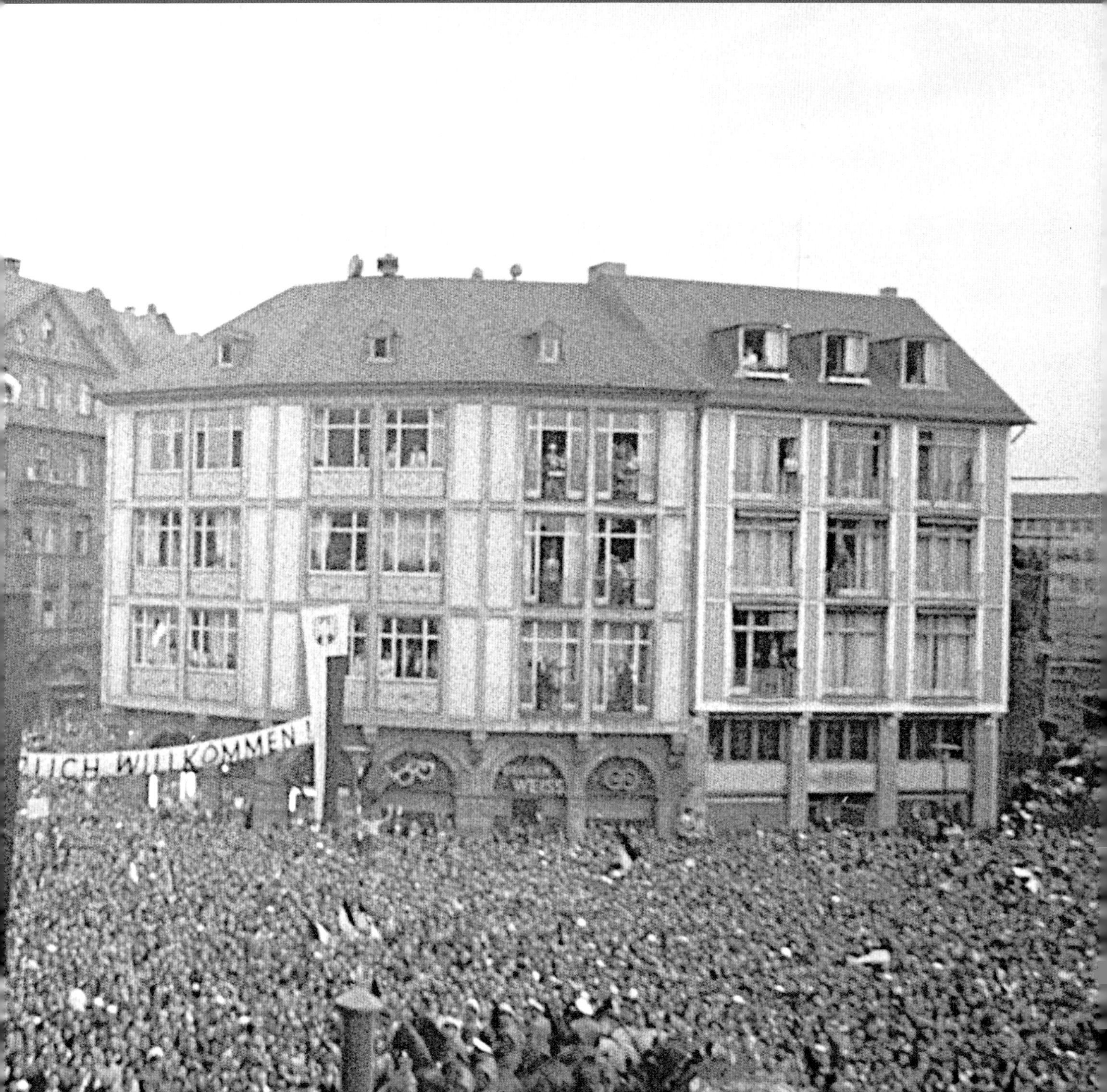

Süddeutscher Meister **1953, 1959**

Deutscher Meister **1959**

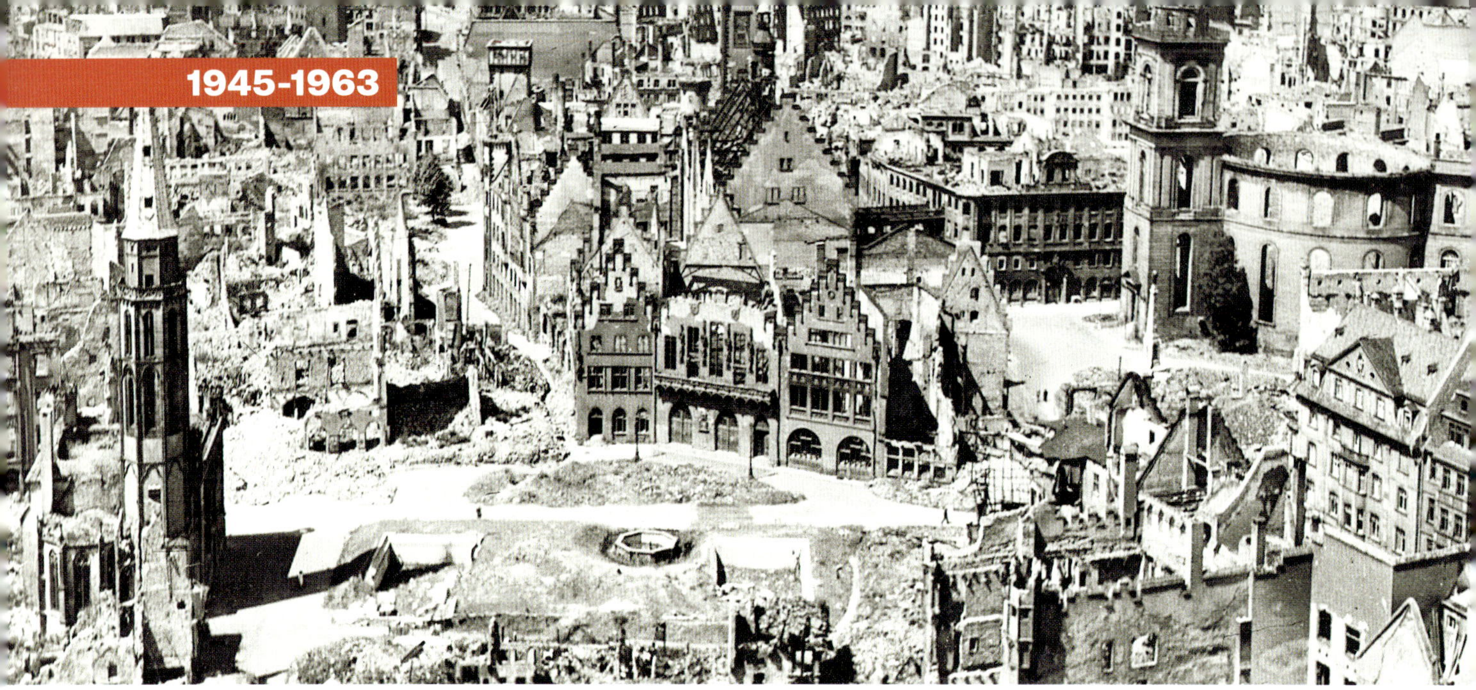

Frankfurt nach dem Krieg: die zerstörte Altstadt mit der Alten Nikolaikirche (links), dem Römer und der Paulskirche (rechts oben).

„Wir haben doch von nichts gewusst"

Knapp 30.000 Jüdinnen und Juden und lebten in der Stadt am Main und prägten diese und die Eintracht auf vielfältigste Weise. Nach Kriegsende hielten sich nur noch rund 200 von ihnen in der zerstörten Stadt auf und blickten auf die Wunden ihrer Existenz. Von insgesamt rund 550.000 Einwohnern Frankfurts vor dem Krieg verblieben nach der Kapitulation zunächst 270.000.

Der Sportplatz am Riederwald war dem Bombenhagel zum Opfer gefallen, auch am Bornheimer Hang zierten Krater das Spielfeld, und das Stadion hielten die Streitkräfte der US-Armee besetzt. Sie nannten es Victory Stadium und schwammen im benachbarten Victory Pool, dem ehemaligen Stadionbad - die Eintracht hingegen blieb zunächst heimatlos. Das erste Spiel absolvierte sie nach der verordneten Auflösung des Vereins unter dem Namen SG Frankfurt an den Sandhöfer Wiesen, ehe ehemalige Mitglieder den Klub im Oktober 1945 neu gründeten, Christian Kiefer zum kommissarischen Leiter bestimmten - und die finale Lizenz im Dezember des gleichen Jahres in den Händen hielten. Die Frankfurter Sportgemeinde Eintracht hatte den Krieg überstanden.

EMANUEL ROTHSCHILD

Emanuel Rothschild, der den Krieg und das Grauen in Frankfurt, aber auch das Konzentrationslager in Dachau überlebte, ist es zu verdanken, dass die Eintracht, nach Auflösung aller Sportvereine, im Dezember 1945 eine neue Lizenz beantragen durfte und diese von der amerikanischen Militärregierung nach einem Entnazifizierungsnachweis aller Mitglieder auch genehmigt bekam. Rothschild trat der Eintracht schon in den 1920er-Jahren bei. Ausgeschlossen während der NS-Zeit, wirkte er nach dem Krieg erneut im Vorstand des Vereins zum Vorteil der Eintracht. Als er im September 1975 starb, spielte die Eintracht mit Trauerflor gegen Borussia Mönchengladbach und gedachte seiner mit einer Schweigeminute.

DAS FEHLENDE TOR

Beim ersten Heimspiel in der Punktrunde unterlag die Eintracht am Rosegger vor 9.000 Zuschauern dem 1. FC Nürnberg mit 1:4. Eigentlich nichts Besonderes, hätte nicht der Schütze des einzigen Frankfurter Tores in keinem einzigen auffindbaren Spielbericht Erwähnung gefunden. Eintracht-Historiker setzten im Laufe der Jahrzehnte alle Hebel in Bewegung, um die Statistiken mit dem alleinig fehlenden Tor der Nachkriegszeit zu ergänzen, allen voran Ulrich Matheja, dem die Eintracht die umfassendste Aufarbeitung ihrer

Oberliga Meiſterſchaftsſpiel
Sportgemeinde Eintracht-Frankfurt
Frankfurter Stadion
Sonntag, 1. Dezember 1946, 14 Uhr

Soccer Football Game
(Championships)
Victory Stadium, Sunday, December 1st, 1946
1400 hours

Werbung für das „Club"-Spiel am 1. Dezember 1946 im Stadion

Fußball in der amerikanischen Besatzungszone: Die Oberliga Süd

Am 28. Oktober 1945 trat Eintracht Frankfurt zum ersten Pflichtspiel in der neu installierten Oberliga Süd an, die in der amerikanischen Besatzungszone den sogenannten Zonenmeister ausspielte. Auch die anderen Zonen etablierten in den folgenden Jahren ein ähnliches System, aus dem sich ab 1948 die fünf regionalen Oberligen als höchste deutsche Spielklassen entwickeln sollten. Die französische Besatzungszone bildete die Grundlage der Oberliga Südwest, aus der britischen schälten sich die Oberligen im Norden und Westen heraus, und Berlin blieb Berlin. Die sowjetische Besatzungszone scherte bald ganz aus und gehörte ab 1948 nicht mehr richtig dazu. Die Meister und Zweitplatzierten der Oberligen spielten von 1948 bis 1963 in einer Endrunde die Finalteilnehmer aus, welche in einem Endspiel den Deutschen Meister ermittelten. Erst 1963 sollte dieses Modell durch die Einführung der Bundesliga abgelöst werden.

Das erste Oberliga-Spiel der Eintracht endete bei Phoenix Karlsruhe 2:2, das allererste Nachkriegstor von Bedeutung schoss dabei Karl Röll mit dem 1:2-Anschlusstreffer.

Die Farben der Frankfurter Eintracht vertraten im ersten Nachkriegspflichtspiel:

Fischer - Lehmann - Hammer - Schädler - Lindemann - Farschon - Heilig - E. Trapp - Grigutsch - Schmidt - Röll, Trainer: Pfeiffer

1946: Großhessischer Pokalsieger

Noch bevor die Oberliga-Saison 1946/47 ihrem Anpfiff entgegensah, trat die Eintracht im frisch aus der Taufe gehobenen Großhessischen Pokal an und spielte sich nach sechs Siegen am 22. September 1946 ins Finale gegen Rot-Weiss Frankfurt. Vor 12.000 Zuschauern am wieder bespielbaren Bornheimer Hang, darunter der spätere Weltmeister Fritz Walter, schenkten sich beide Teams nichts. Die Eintracht siegte knapp, aber verdient durch Tore von Muth und Motsch (2) mit 3:2 und durfte sich fortan Großhessischer Pokalsieger nennen, wobei folgende Elf für den Titel sorgte:

Balzer - A. Bechtold - Liesem - Farschon - Gärtner - Schädler - Muth - Wirsching - Motsch - A. Schmitt - Heilig, Trainer: Melcher

Wenige Wochen zuvor öffnete das Victory Stadium zum „Tag der Eintracht" erstmals seine Pforten für die Zivilbevölkerung. Welchen Stellenwert der Fußball bereits besaß, dokumentieren 40.000 Zuschauer, die das Freundschaftsspiel gegen den Zonenmeister VfB Stuttgart sehen wollten. Die Eintracht schlug sich tapfer und unterlag höchst unglücklich mit 0:1.

Geschichte zu verdanken hat. Doch alles Nachfragen blieb vergeblich. Als niemand mehr damit rechnete, meldete sich Rudolf Litzinger, Jahrgang 1922, im Eintracht-Museum und gab sein Wissen preis: „Ei, das war doch der Adolf Schmidt, den werde ich nie vergessen, denn er hatte Schuhgröße 48." So konnte eines der letzten Rätsel der Nachkriegsgeschichte 77 Jahre später doch noch gelöst und die Statistik endlich vervollständigt werden.

ADOLF BECHTOLD

Schon in den Kriegswirren debütierte der aus der Eintracht-Jugend stammende gebürtige Frankfurter Bechtold in der ersten Mannschaft. Rund 20 Jahre später, nach 711 Spielen für die Eintracht, alleine 381 davon in der Oberliga Süd, beendete Bechtold seine Karriere als Frankfurts Oberliga-Rekordspieler. Gegen Ende seiner aktiven Zeit warfen ihn langwierige Verletzungen immer wieder zurück. Tragisch für ihn, dass er ausgerechnet in der Endrunde zur Deutschen Meisterschaft ausfiel und beim großen Finale 1959 nicht spielen konnte. Deutscher Meister durfte er sich dennoch nennen, in sechs Spielen der Oberliga-Runde 1958/59 war Bechtold dabei. Ein Jahr später vertrat er den gesperrten Höfer beim Spiel gegen den Wiener SC im Europapokal der Landesmeister. Zeit seines Lebens blieb der zweifache Süddeutsche Meister der Eintracht treu, trainierte die Jugend und zeigte als mehrfacher Hessenmeister, dass er auch auf dem Tennisplatz eine hervorragende Figur abzugeben vermochte. Als der Ehrenspielführer am 8. September 2012 verstarb, verlor die Eintracht einen ihrer Größten.

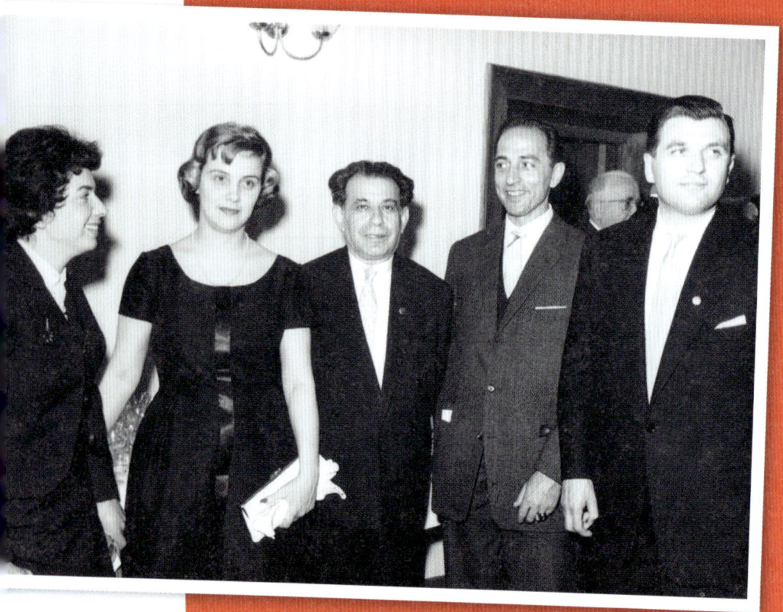

Frau Kast, Frau Heilig, Emanuel Rothschild, Adolf Bechtold und Werner Heilig feiern 1959 den 60. Geburtstag der Eintracht.

Achtungserfolge

Als Großhessischer Pokalsieger startete die Eintracht in die zweite Nachkriegssaison. Zum Auftakt gastierten die Münchner Bayern am Rosegger, gegen die seit 15 Jahren kein Punktspiel mehr gewonnen werden konnte. Tausende belagerten den Sportplatz, drängten sich am Spielfeldrand und sogar auf dem Dach des nahen Holzschuppens. Sie sollten ihr Kommen nicht bereuen, die Eintracht lieferte ein großes Spiel und schlug den Favoriten mit 2:1. Muth und Heilig gaben sich gegenseitig die Vorlagen zu ihren Toren.

Bereits zum nächsten Heimspiel gegen Schwaben Augsburg trat die Eintracht am Bornheimer Hang an, und dieser erwies sich vorerst als glückliches Geläuf. Nach dem Auftakt gegen die Bayern und dem hart umkämpften Auswärtserfolg beim VfR Mannheim gewann die Eintracht auch diese Partie. Von Beginn an setzte sich Eintracht Frankfurt im oberen Tabellendrittel fest, sollte während der Saison nie schlechter als auf Rang sieben stehen und feierte am Ende einen kaum für möglich gehaltenen dritten Platz. Bemerkenswert die Rückkehr für zwei Partien ins Frankfurter Stadion, welches immer noch unter der Verwaltung der US-Militärregierung stand. Zigtausende beklatschten das 1:1 gegen den unangefochtenen Tabellenführer Nürnberg: „In Hochzeitskutschen und auf Rollfuhrwerken, auf seltsamen klapprigen Gefährten jeglicher Art - und Unzählige zu Fuß im klatschenden Regen: so trippelte und kapriolte Frankfurt zum ‚großen Spiel'", hieß es später in der Zeitung.

Ähnlich viele Anhänger fanden sich auch zum Spiel gegen Kickers Offenbach im Stadtwald ein. Adamkiewicz und Wirsching drehten die Partie und ließen die Frankfurter als strahlenden Sieger vom Platz marschieren. Aber die Eintracht

DIE TURNHALLE

Als eines der vordringlichsten Nachkriegsprobleme schien vielen Frankfurtern der Wiederaufbau der Stadt. Die Wohnungsnot lastete ebenso schwer wie der Mangel an Baumaterial. Dennoch sollte als symbolisches Prestigeobjekt zunächst die ruinierte Paulskirche wieder instand gesetzt werden, der Hort der deutschen Demokratie und Gastgeber der ersten Nationalversammlung 1848. Trotz des Widerstandes aus Teilen der Bevölkerung, die den Material- und Kostenaufwand lieber im Wohnungsbau investiert gesehen hätten, setzte wäre nicht die Eintracht, hätte sie im Laufe der Saison nicht auch für höchst eigentümliche Enttäuschungen gesorgt. Konnte man das 2:7 beim VfB Stuttgart noch als Ausrutscher bezeichnen, so rieben sich die Fans verwundert die Augen, als es bei der Eintracht aus Bamberg nach dem überzeugenden 6:1 im Hinspiel auswärts ein 0:4 setzte. Auch die Heimniederlage gegen den Neuling aus Aschaffenburg am letzten Spieltag sorgte für Stirnrunzeln.

Die Postkarte zeigt die Mannschaft vor dem 1:1 gegen den 1. FC Nürnberg am 1. Dezember 1946.

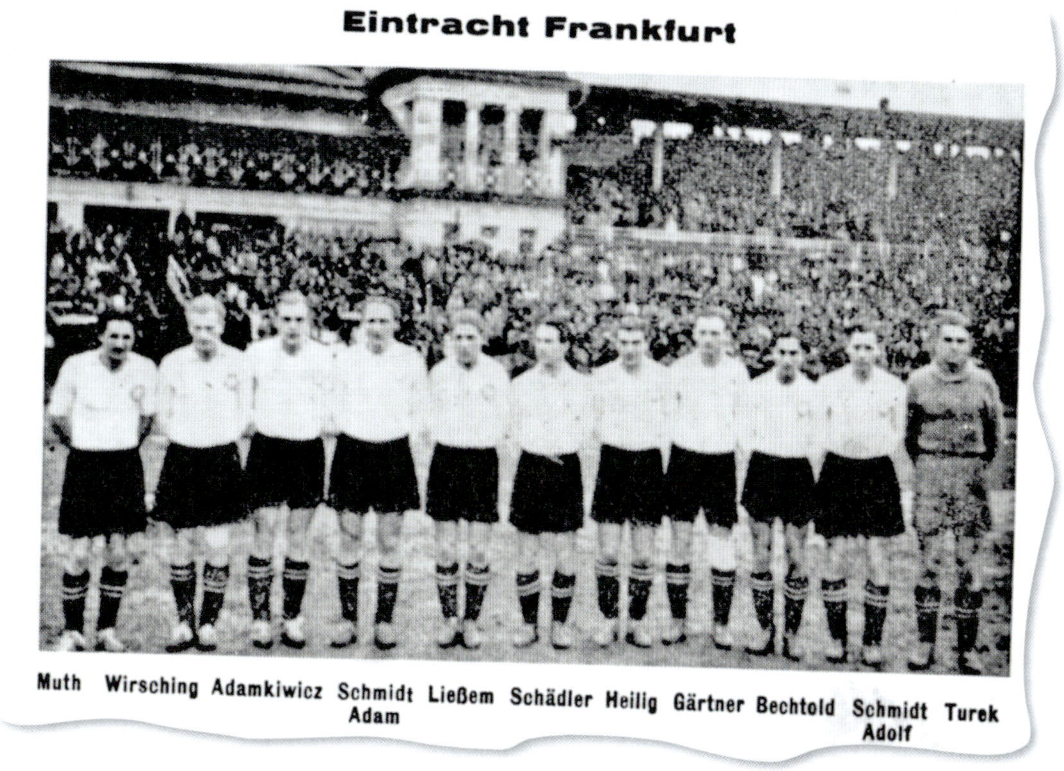

1948: Sieg gegen den Deutschen Meister

1947/48 tauchten gleich drei Frankfurter Mannschaften in der Oberliga Süd auf. Neben der Eintracht und dem FSV schaffte auch Rot-Weiss den Aufstieg in die höchste Spielklasse. Während die Eintracht von den Frankfurter Derbys kein einziges verlor, holten sie in den Mainderbys gegen Kickers Offenbach nicht einen Punkt. Vor allem das Rückspiel im Stadion am 6. März 1948 geriet fast zur Blamage. 35.000 Hoffnungsvolle fanden sich ein und trauten ihren Augen nicht, als es beinahe minütlich im Kasten von Henig einschlug. 0:5 aus Sicht der Eintracht, so das Halbzeitresultat. Immerhin gab sich die Eintracht nicht völlig auf und erzielte in Hälfte zwei noch drei Tore, so dass gegen Ende sogar noch einmal Spannung aufkam. Doch mit dem 3:5 zeigte sich kein Frankfurter zufrieden.

Letztlich schob sich die Eintracht zum Ende der Saison durch drei Siege am Stück noch auf den 10. Rang; damit konnte und musste man leben. Das letzte Spiel, der 3:1-Sieg gegen den 1. FC Nürnberg, fand aufgrund von Terminschwierigkeiten erst Ende August statt. Da standen die Clubberer schon längst als Deutscher Meister fest.

Oberbürgermeister Walter Kolb das Projekt durch. Davon profitierte letztlich auch die Turngemeinde, deren Bau im Oeder Weg 34 durch Bomben irreparable Schäden davontrug. Mit dem Wissen des Oberbürgermeisters schlichen die Turner nachts klammheimlich zur Baustelle und zwackten Baumaterial für den provisorischen Neubau der Turnhalle ab. Diese ruht noch heute, wenn man so möchte, fest auf demokratischen Wurzeln. Allerdings begann erst in den 1950er-Jahren der geregelte Alltagsbetrieb.

1950: Spektakel bei Atlético

Mit der Verpflichtung des Trainers Kurt Windmanns für die Saison 1950/51 wehte ein frischer Wind bei der Eintracht, doch die üblichen Rückschläge blieben nicht aus, so trieb einem das 0:7 bei der SpVgg Fürth die Tränen in die Augen. Noch ärger das 1:4 beim SSV Reutlingen, der als Aufsteiger satte 109 Gegentore kassierte und gleich wieder nach unten rauschte. Womöglich war der Eintracht die winterliche Auslandsreise nach Spanien zu Kopf gestiegen. Dort schlugen sie am Heiligabend 1950 spektakulär Atlético Madrid mit 4:3 und zogen sich auch in Sevilla einen Tag später beim 3:5 achtbar aus der Affäre. Und während das Spiel bei Atlético noch in Spaniens Kinos die Zuschauer begeisterte, verlor unsere Diva in Reutlingen.

Zum Saisonhöhepunkt flog der Eintracht-Tross in die Vereinigten Staaten. Vier Wochen lang tingelte die SGE durch das Land der unbegrenzten Möglichkeiten und erwarb sich viele Sympathien. Sie absolvierte acht Spiele, gewann deren sechs und verlor nur zwei, darunter die Partie gegen Celtic Glasgow, wobei die Schotten ihrem Ruf als Raubeine alle Ehre erwiesen und ordentlich hinlangten. Auch finanziell lohnte sich die Reise. August Steuer, der Vorsitzende des Deutsch-Amerikanischen Fußballbundes, drückte dem klammen Verein eine großzügige Spende von 50.000 Dollar in die Hände, so dass der geplante Tribünenneubau des neuen Stadions am Riederwald, dessen Spatenstich bereits zwei Jahre zurücklag, finanziert werden konnte.

Die Eintracht bei ihrer Ankunft in New York. Von ihrer Amerikareise wird auch in den Eintracht-Heften vom Juli 1951 berichtet.

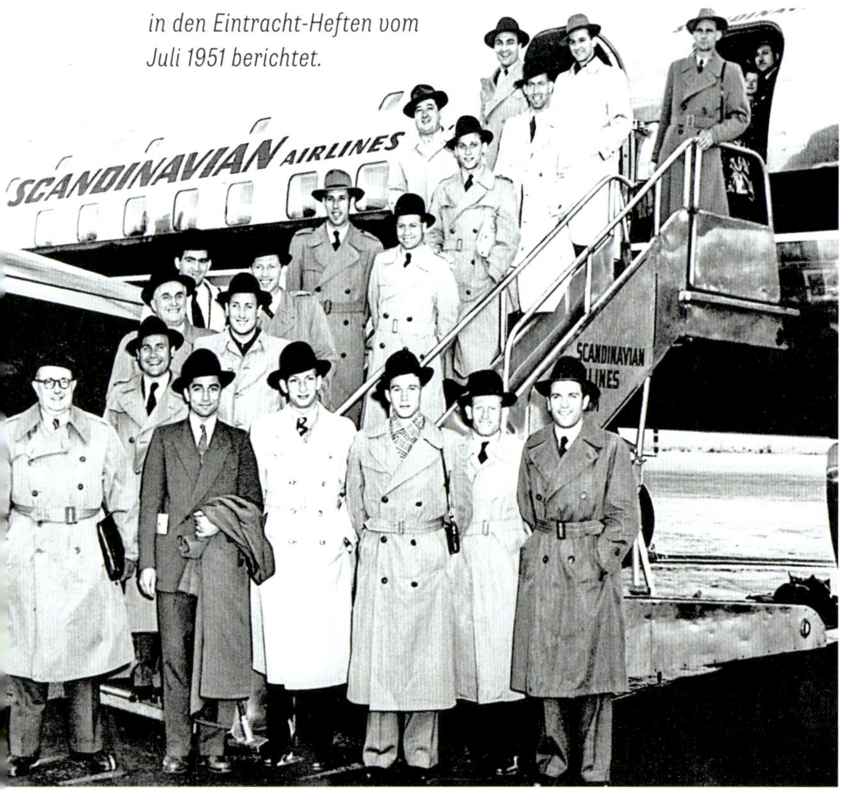

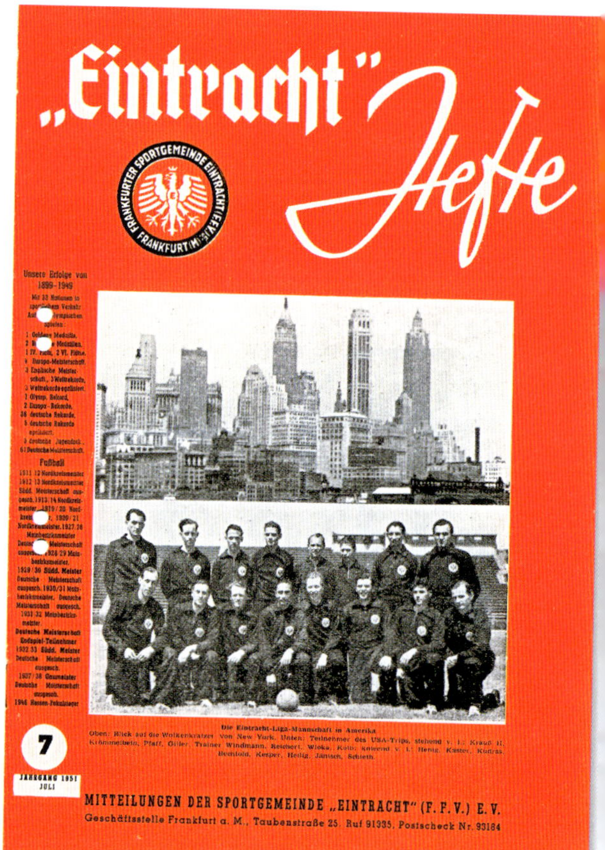

HEINZ ULZHEIMER

Einer der schnellsten Läufer des Landes war Heinz Ulzheimer, der am 27. Dezember 1925 in Höchst am Main das Licht der Welt erblickte. Die Frankfurter ahnten, dass da etwas Großes auf sie zukommt, und schlugen das beschauliche Städtchen 1928 der Stadt Frankfurt zu. Schon 1948 nahm Ulzheimer anlässlich der Einweihung der Paulskirche an einem Sternlauf der Länder teil und überbrachte Frankfurts Oberbürgermeister Kolb im „Hessischen Köcher" Grußbotschaften hiesiger Gemeinden. Als vier Jahre später Deutschland erstmals seit dem Krieg wieder Athleten zu

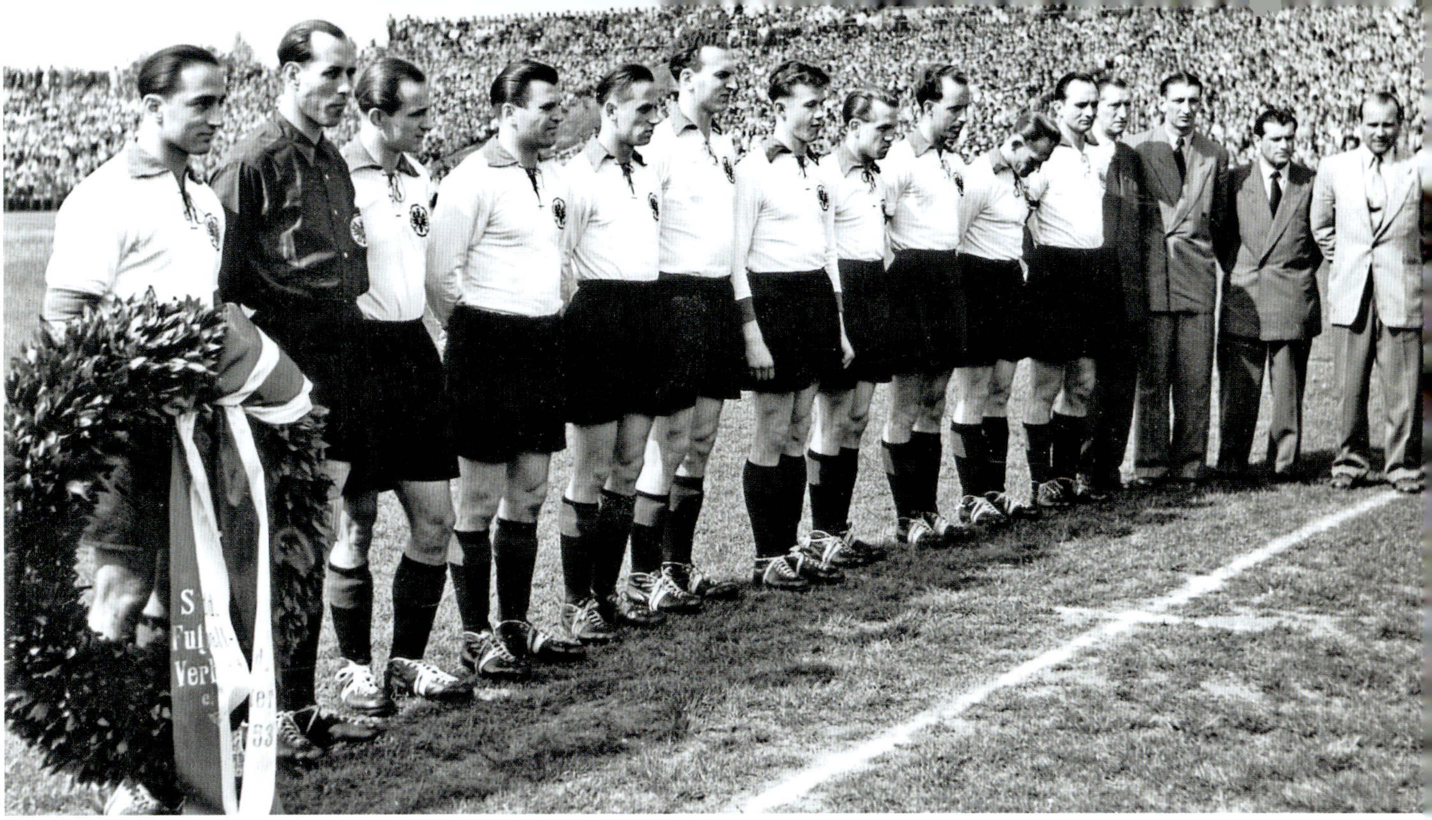

Die Eintracht vor dem letzten Saisonspiel am 26. April 1953 in Stuttgart.

1953: Süddeutscher Meister in der eigenen Hütte

Die Saison 1952/53 verlief für die Verhältnisse der Eintracht nahezu überragend, auch wenn der ganz große Wurf noch nicht gelingen sollte. Sie spielte sich trotz einer vermeidbaren 1:3-Niederlage bei den Bayern, der einzigen der gesamten Hinrunde, kontinuierlich an die Spitze und ließ sich auch durch ein 4:4 in Aschaffenburg nicht sonderlich irritieren. Immerhin hatten mit Kolb sowie Alfred und Willi Kraus, Vater des späteren Pokalsiegers Wolfgang Kraus, der den Spitznamen „Scheppe" der Einfachheit halber beibehielt, gleich drei langjährige Stützen der Eintracht den Rücken gekehrt.

Unvergessliche Erlebnisse bescherte den Eintrachtlern eine mehrwöchige Reise ins Land der Pharaonen rund um die Weihnachtsfeiertage 1952. In vier Spielen blieben sie am Nil ungeschlagen. Die Mannschaft konnte von Glück reden, dass Ernst Kudrass mit dabei war. Dieser befand sich nach Kriegsende in Ägypten einige Jahre in britischer Gefangenschaft und machte sich in dieser Zeit mit den hiesigen Handelsgepflogenheiten vertraut. Dieses Wissen bewahrte seine Kameraden vor überteuerten Souvenirkäufen, wie er Jahrzehnte später lachend erzählte.

Der neue Riederwald geriet zur Festung, die sich beim 4:0 gegen den Club erstmals ausverkauft zeigte. Die Eintracht konnte zudem wieder ein Mainderby gegen die Kickers gewinnen. Dies trug dazu bei, dass Eintracht Frankfurt nach über 20 Jahren mit der Süddeutschen Meisterschaft 1953 endlich wieder einen nennenswerten Titel in den Händen halten konnte. Zwar leistete sie sich traditionsgemäß einige Sperenzchen wie die Auswärtsniederlage beim designierten Absteiger Ulm, ansonsten führte die Eintracht über weite Strecken der Saison die Tabelle an und feierte den Titel am vorletzten Spieltag - trotz eines 0:7 beim entthronten Vorjahresmeister VfB Stuttgart zum Ausklang.

Olympischen Spielen entsenden durfte, reiste Ulzheimer nach Helsinki und sicherte sich mit der 4-mal-400-Meter-Staffel die Bronzemedaille - ein Erfolg, den er im Finale über 800 Meter wiederholen konnte. Nach der aktiven Karriere legte Ulzheimer den Grundstein für das Frankfurter Sportmuseum und archivierte in der Radrennbahn am Waldstadion etliche Exponate und Dokumente, die 2007 einen Grundstock für das Museum der Eintracht bildeten. Als er am 18. Dezember 2016 kurz vor seinem 91. Geburtstag verstarb, trug die gesamte Eintracht Trauer.

Wer sollte diese Eintracht schlagen?

1953 knüpfte die Eintracht mehr oder minder nahtlos an die vergangene Erfolgssaison an und spielte sich nach dem 11. Spieltag an die Tabellenspitze. Die einzige Niederlage fingen sich die Riederwälder beim VfB Stuttgart, nachdem sie zuvor die drei hessischen Vertreter teils triumphal besiegen konnten. 2:0 hieß es gegen Hessen Kassel, 6:0 beim FSV und 2:1 gegen Kickers Offenbach. Vor allem das Auswärtsspiel in Bornheim geriet zum Spektakel. Wer sollte diese Eintracht in der Rückrunde schlagen?

Hessen Kassel, Kickers Offenbach und der FSV Frankfurt! Und binnen weniger Tage schmolz der schöne Vorsprung dahin. Zwar witterte die Eintracht nach dem 5:0 gegen den VfB noch einmal Morgenluft, doch das 2:5 beim KSC beendete alle Meisterschaftsträume. So blieb nur die Süddeutsche Vizemeisterschaft hinter Stuttgart. Auch in der Endrunde um die Deutsche Meisterschaft fehlte der Eintracht das notwendige Quäntchen Glück, und sie schied aus.

Wenige Wochen später kehrte Pfaff als strahlender Weltmeister aus der Schweiz zurück. Zwar musste er im Finale seinem Konkurrenten aus Kaiserslautern, Fritz Walter, den Vortritt lassen, doch konnte er beim taktischen 3:8 gegen Ungarn einen Treffer erzielen, genau wie sein Bornheimer Kollege Richard Herrmann. Frankfurt feierte seine Helden.

Heinz Ott: Klasse-Fußball - Klasse-Tore - Klasse-Schiedsrichter

Eintrachts Champagner-Fußball

FSV Frankfurt—Eintracht Frankfurt 0:6 (0:3)

Wir wissen nicht, ob am Samstagabend in Erich Dziwokis „Posthörnchen‘ und in Alfred Pfaffs „Sportklause“ die Sektpfropfen knallten. Aber wir wissen eines: Am Nachmittag hatte die Eintracht am Hang prickelnden, perlenden Champagner-Fußball serviert. Er betäubte Bornheim und berauschte das Volk.

„Der neue Sport“ schwärmt nach dem 6:0 beim FSV vom „Champagner-Fußball“ der Eintracht.

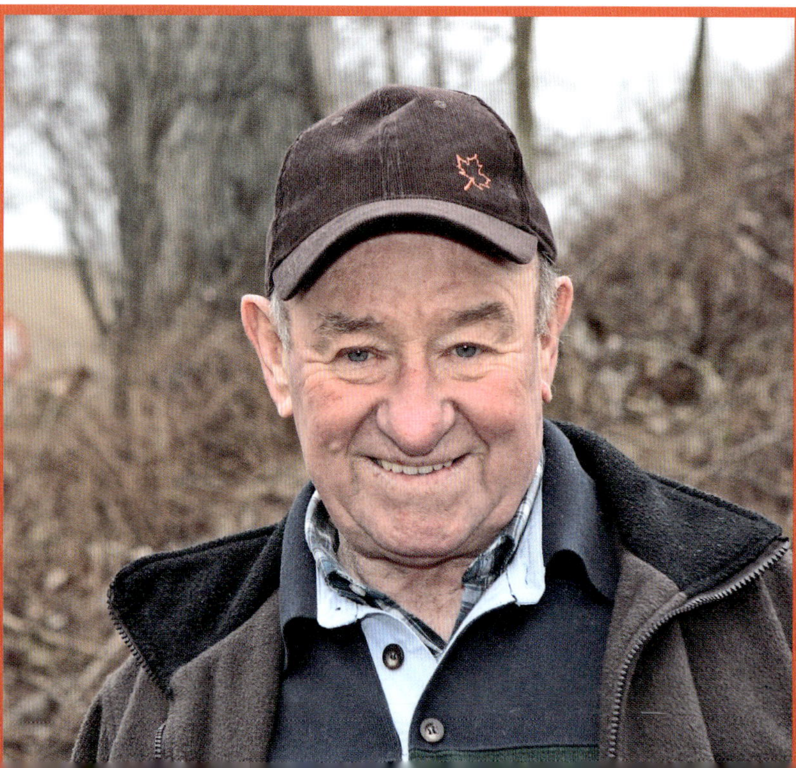

TONI HÜBLER

Das Problem des sumpfigen Untergrundes des neuen Eintracht-Stadions am Riederwald löste Landschaftsgärtner Anton Hübler zwei Jahre nach der Einweihung ökologisch effizient,

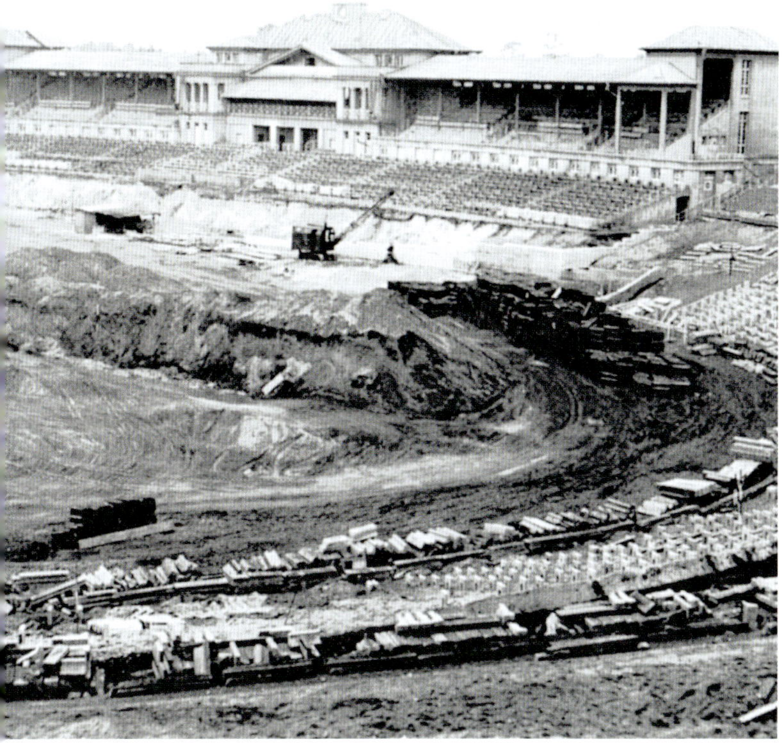

Durch Tieferlegung des Spielfeldes und Erhöhung der Gegengeraden wird die Kapazität des Stadions auf 87.000 erweitert.

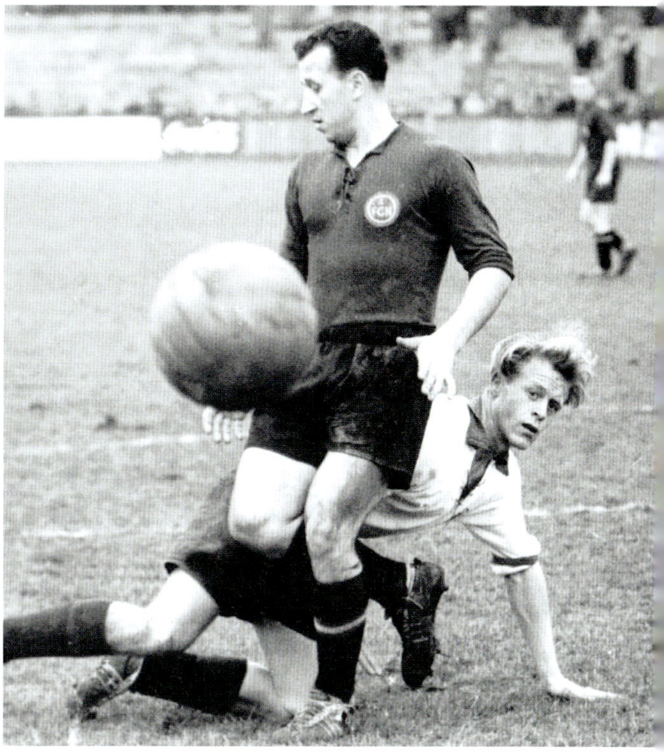

Ein Bild mit Symbolkraft: Die Eintracht hat das Nachsehen. Hier Weilbächer gegen den Nürnberger Ucko beim 0:1 am 11. Dezember 1955.

1955: Der letzte Pflichtspielsieg des FSV

Mit Hermann „Stift“ Höfer spielte sich in den vergangenen beiden Jahren ein Frankfurter Eigengewächs in den Vordergrund, das in der Saison 1955/56 wegen einer frühen Verletzung nahezu bis Saisonende ausfiel. Auch Torhüter Loy haderte mit einer schweren Knieverletzung und fand seinen Ersatz fürs Erste in Rothuber. Die Saison startete unter keinen guten Vorzeichen. Drei Auftaktsiege zu Beginn lieferten zwar Anlass zur Hoffnung, allerdings unterlag die favorisierte Eintracht dem FSV Frankfurt, dessen Anhänger den Sieg ausgiebig in den Kneipen Bornheims begossen. Vielleicht hätten sie ein Glas weniger getrunken (oder sogar eines mehr), hätten sie gewusst, dass es der letzte Pflichtspielsieg des FSV gegen die Eintracht für alle Zeiten (oder zumindest bis heute) gewesen sein sollte.

Letztlich sprang am Ende nur Platz sechs heraus - mit Konsequenzen für den langjährigen Trainer Windmann, dessen Vertragsverlängerung schon im Winter nicht mehr zur Debatte stand. Rudolf Gramlich, der in den 1930er-Jahren recht erfolgreich die Farben der Eintracht in der Nationalelf vertrat und dem Verein gemeinsam mit Adolf Metzner zwischen 1939 und 1942 vorstand, kehrte als Präsident an die Spitze zurück.

indem er Pappeln pflanzte, die mächtig Wasser sogen und auf natürliche Weise das Grundwasser halbwegs im Pegel hielten. Den Rest besorgten bei Baubeginn Tonnen von Kies sowie eine 105 Meter lange, 15 Meter breite und einen Meter dicke Betondecke.

Toni Hübler avancierte später zum „Mädchen für alles“, 1963 zum Zeugwart und beendete seine Tätigkeit erst 1995. Der gleichermaßen freundliche wie pfiffige Hübler fand die Zuneigung aller und freute sich schon zu Lebzeiten über einen nach ihm benannten

Fanclub. Als er im September 2016 starb, trauerte die Eintracht-Familie so aufrichtig wie nur selten zuvor. Zeit seines Lebens hatte er sich an sein Motto „Was in der Kabine geschah, bleibt in der Kabine“ gehalten.

RUDOLF GRAMLICH

22 A-Länderspiele, WM-Teilnehmer 1934, Olympia-Teilnehmer 1936, Süddeutscher Meister 1930 und 1932, Deutscher Vizemeister 1932, Chefledereinkäufer bei J. & C. A. Schneider, Vereinsvorsitzender, Spielausschussvorsitzender, Präsident von 1955 bis 1970, anschließend Ehrenpräsident der Frankfurter Eintracht, Träger des Bundesverdienstordens, Ehrenmitglied des DFB - eine beeindruckende Historie. Wäre da nicht ein kleiner Haken, den der einstige Inhaber der Schuhfabrik Schneider, der entrechtete und vertriebene Walter Neumann kurz und prägnant auf den Punkt brachte: „Der Gramlich war ein führender Nazi."

Und damit traf er ins Schwarze. Trotz seiner Mitgliedschaft in der NSDAP und der SS erfolgte 1947 die Einstufung Gramlichs nach zweieinhalbjähriger Internierung nur als minderbelastet und führte zu einer überschaubaren Geldstrafe. Damit war das Thema für alle, auch für die Eintracht, erst einmal erledigt. Als Präsident konnte er für seinen Ford Continental eine eigene Zapfsäule am Riederwald nutzen, unter seiner Ägide wurde die Eintracht 1959 Deutscher Meister und 1963 Gründungsmitglied der Bundesliga. Bei einem Unfall verlor er große Teile eines Ohres, was den Meisterspieler Friedel Lutz eines Tages dazu bewog, den Präsidenten um ein Gespräch unter drei Ohren zu bitten. Als Gramlich 1988 starb, schien einer der Größten die Eintracht verlassen zu haben. Dass er mit dem 8. SS-Totenkopf-Regiment in Polen in Gewaltverbrechen verwickelt war, belegen Bilder. Auch dass er von arisiertem jüdischen Besitz profitierte, ist erwiesen. Gramlich führte die Eintracht überdies 1939 zum Zeitpunkt des 40-jährigen Vereinsjubiläums, gemeinsam mit Adolf Metzner, der seine SS- und NSDAP-Mitgliedschaft nach dem Krieg gleich ganz unter den Tisch fallen ließ. Damals erschien unter ihrer Verantwortung eine Jubiläumsbroschüre, welche ehemalige verdiente jüdische Mitglieder mit keiner Silbe erwähnte. Doch von all dem wollte zunächst niemand etwas wissen.

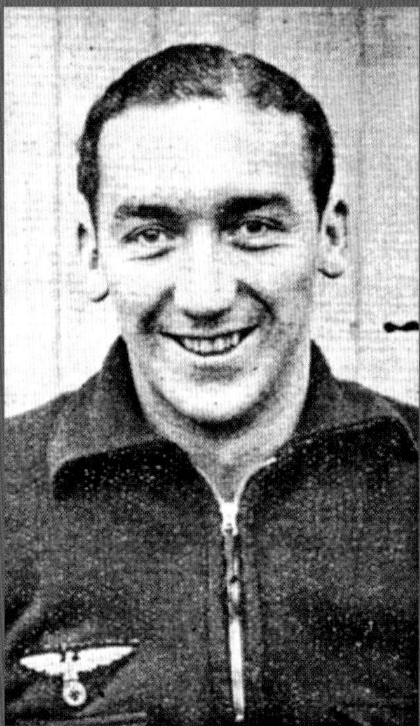

Selbst als Matthias Thoma in seiner 2007 erschienenen und viel beachteten wissenschaftlichen Aufarbeitung der Eintracht in der NS-Zeit „Wir waren die Juddebube" konkret auf die Vergangenheit Gramlichs einging, hielt sich der Verein, aber auch der DFB bedeckt. Erst als Peter Fischer, Eintracht-Präsident seit 2000, im Jahr 2016 die Unvereinbarkeit der Werte der AfD mit denen der Eintracht postulierte, kam Bewegung in die Angelegenheit. Die Eintracht beauftragte mit dem Frankfurter Fritz Bauer Institut eine unabhängige Instanz zur Aufarbeitung der Historie der Eintracht-Vorsitzenden während der NS-Zeit; eine Aufgabe, der sich Maximilian Aigner annahm. Dessen Forschungen ergänzten die vorhandenen Belege um die entscheidenden Details. Dem daraus folgenden Rat, Rudolf Gramlich die Ehrenpräsidentschaft postum abzuerkennen, folgten Ehrenrat und Präsidium und verkündeten diese Entscheidung auf der Mitgliederversammlung im Januar 2020.

1956: Flutlicht

Trotz einer verkorksten Saison gab es 1956 am Riederwald Grund zum Strahlen: Erstmals leuchtete in Frankfurt und vermutlich in ganz Deutschland während eines Abendspiels künstliches Licht. Die großen Scheinwerfer borgte sich die Eintracht von einem Wiesbadener Filmstudio. 12.000 Neugierige wohnten der Premiere bei und zeigten sich wie die *Frankfurter Neue Presse* begeistert: „Das Spiel hatte den Charakter einer Sensation. Die Doppel-Sonnen an den riesigen Galgen rissen das Feld in ein unwahrscheinliches Grün, die Laufbahn glänzte rötlich, dunkelblaues Gewölk

Programmheft zur Flutlicht-Premiere gegen die British Home Army am 4. Juni 1956

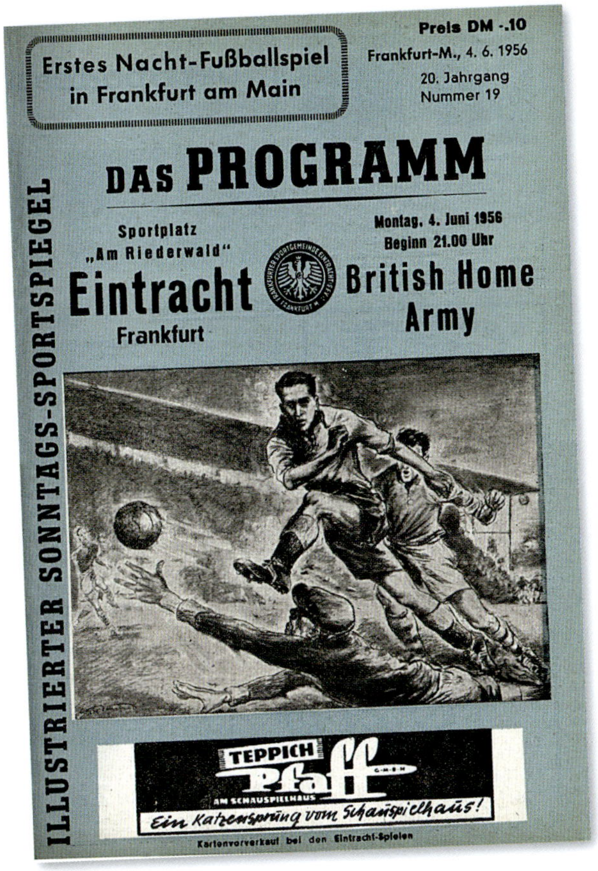

zog über den Himmel, und von den Hügeln blitzten die Lichter. Und in dieser ungewohnten Landschaft spielte die Eintracht frisch und feurig, aufgemuntert von 12.000 Zuschauern, unter denen man auffallend viele Damen sah.“ Zwei Tore von Pfaff sicherten kurz vor Abpfiff das 2:2 gegen eine Auswahl der britischen Armee. Wenige Wochen später freute sich die Eintracht sogar über eine fest installierte Flutlichtanlage.

Deutscher Flutlichtpokalsieger 1957

Zum Spektakel entwickelten sich die Spiele um den Flutlichtpokal. Eintracht Frankfurt setzte sich im Halbfinale gegen Preußen Münster durch und traf inmitten der anschließenden Saison in der Gelsenkirchener Glückauf-Kampfbahn auf Schalke. Das 3:3 nach 1:3-Rückstand erforderte ein Wiederholungsspiel am Riederwald, das 0:0 endete. Die Eintracht, die sich für Flutlichtspiele extra neue Trikots angeschafft hatte, freute sich über eine vor dem Spiel ausgehandelte Regel, dass bei Gleichstand unabhängig von den erzielten Toren die Anzahl der Ecken über den Titel entscheiden sollte. Und da sie in dieser Kategorie mit 8:6 vorne lag, durfte sie auch den Pokal in die Höhe recken. In dieser Zeit ging der Stern von Erich Meier auf, der unter dem Namen „Flutlicht-Meier“ seinen Platz in der Eintracht-Historie finden sollte.

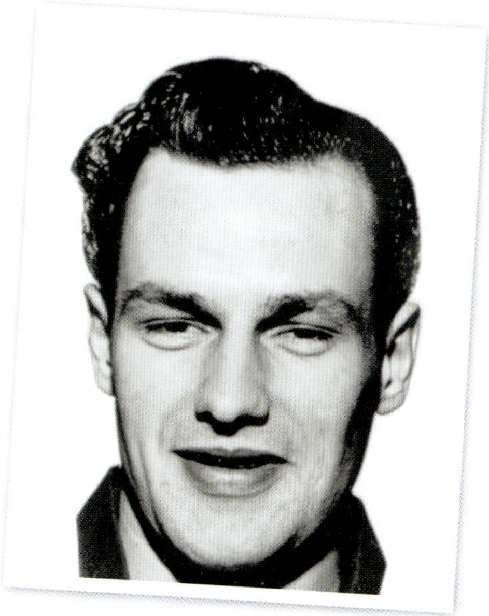

Erich Meier

Deutscher Flutlichtpokalsieger 1957:

Loy – A. Bechtold – Höfer – Schymik – Horvat – H. Weilbächer – Kreß – Lindner – Feigenspan – Pfaff – Bäumler (46. Meier), Trainer: Patek

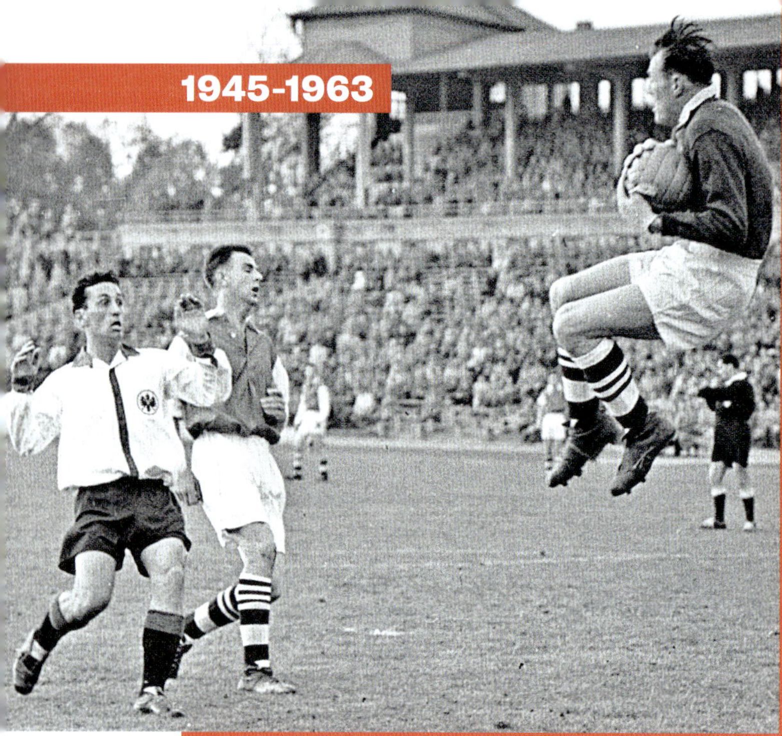

Sztani durfte gegen Arsenal mit einer Sondergenehmigung mitwirken, bleibt in dieser Szene aber zweiter Sieger gegen Torhüter Kelsey.

ISTVÁN SZTANI

Schon in der Vorsaison stießen drei Ungarn zur Eintracht, die 1956 mit der Junioren-Nationalmannschaft durch Europa reisten und durch den ausbrechenden Volksaufstand in ihrer Heimat vorerst nicht nach Ungarn zurückkehren konnten. Die Eintracht hatte János Hanek und Tibor Lörincz bereits verpflichtet, als István Sztani anfragte, ob auch er in Frankfurt bleiben könne. Eintrachts österreichischer Trainer Patek nahm ihn kurzerhand mit den Worten „Gemma, gemma" unter Vertrag. Die drei unterlagen jedoch zunächst einer Sperre und durften nur bei Freundschaftsspielen mitkicken. Während Hanek und Lörincz nach nur einer Pflichtspielsaison weiterzogen, spielte sich Sztani in die Herzen der Fans. Vor allem die Damen schwärmen noch heute von dem groß gewachsenen Stürmer. 1958, die Sperre war gerade abgelaufen, schoss er in elf Spielen gleich zehn Tore, das folgende Jahr sollte noch besser verlaufen.

Drama, Baby, Drama

Mit dem Hünen Horvat in der Abwehr und Sztani im Sturm spielte sich die Eintracht 1957/58 in neue Sphären. Drei Spieltage vor Saisonende führte sie die Tabelle an und galt als heißester Kandidat nicht nur für die Süddeutsche, sondern gar für die Deutsche Meisterschaft. In einem mitreißenden Spiel zerlegten die Adler auswärts den amtierenden Süddeutschen Meister 1. FC Nürnberg. Das Ergebnis von 5:3, darunter drei Treffer von Sztani, hatte bereits zur Halbzeit Bestand. Zwar verlor die Eintracht noch gegen starke Fürther trotz 15:2 Ecken mit 1:2 - und damit die Tabellenführung. Doch sollten am finalen Spieltag die bereits abgestiegenen Regensburger, die sich schon im Hinspiel eine 7:0-Watsche eingefangen hatten, keine allzu große Hürde mehr darstellen.

Natürlich kam alles anders: Die Eintracht-Sensibelchen befiel das große Nervenflattern, die Regensburger spielten unbekümmert drauflos und erzielten nach 20 Minuten die Führung. Die Eintracht mühte sich, aber sie zeigte nicht den Willen, der nötig gewesen wäre, um ein Spiel zu gewinnen, das gewonnen werden musste. Doch nach 67 Minuten hatte Schiri Tschenscher keine andere Wahl: Elfmeter für die Eintracht.

EIN ALTER BEKANNTER KEHRT ZURÜCK

Zwölf Jahre lang hatte Paul Oßwald als Trainer von Kickers Offenbach die Eintracht zur Verzweiflung gebracht - nun kehrte er zum dritten Mal an den Riederwald zurück. Mit ihm erschien 1958 Dieter Stinka aus Gelnhausen auf der Bildfläche, der sich eigentlich schon mit den Kickers einig war und nun doch seinem Wunschtrainer Oßwald nach Frankfurt folgte. Somit verfügte die Eintracht über alle Puzzleteile, die sie für ihr Meisterstück benötigte.

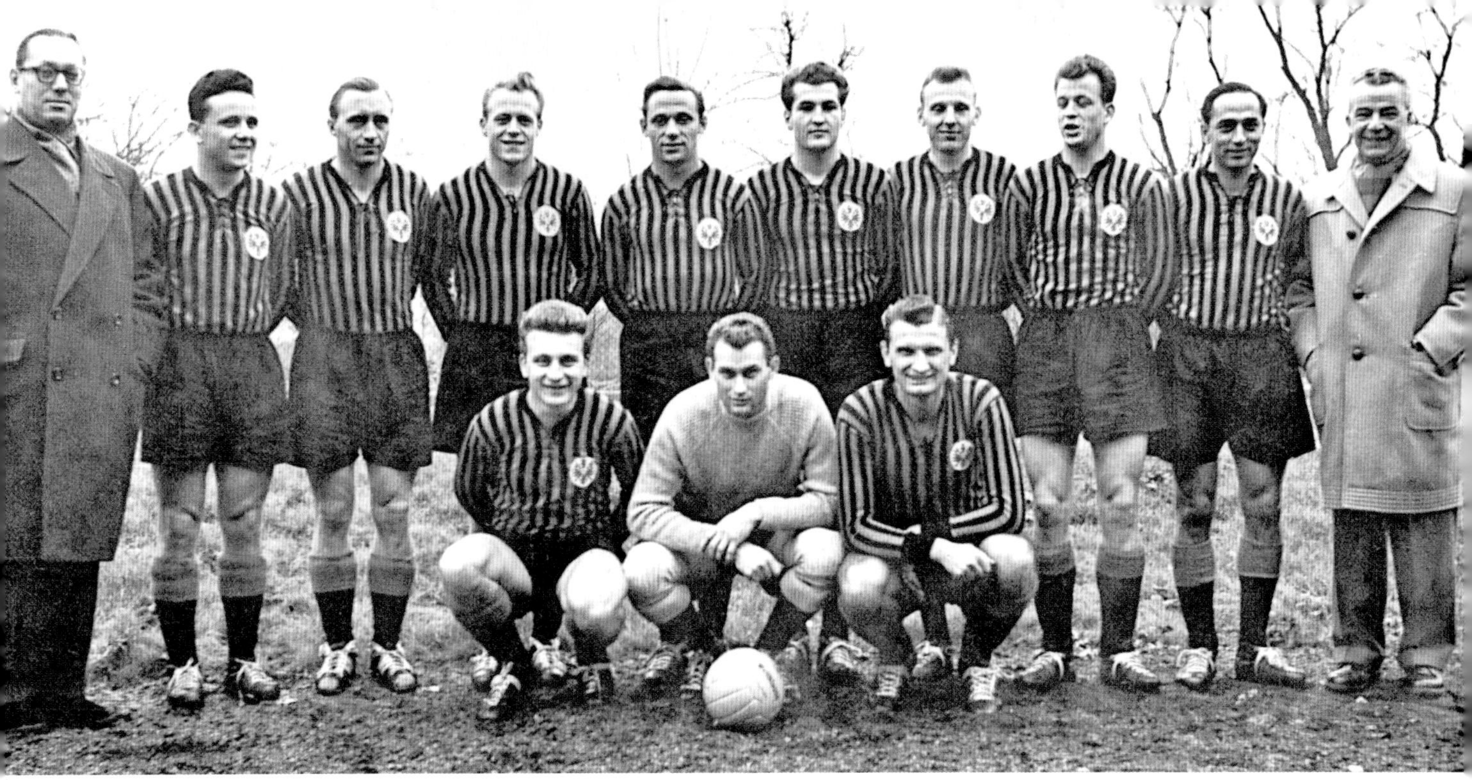

Die Eintracht 1957/58. Stehend von links: Spielausschussvorsitzender Berger, Bäumler, Kreß, Weilbächer, Pfaff, Schymik, Geiger, Höfer, Bechtold, Trainer Patek. Kniend: Feigenspan, Loy, Horvat.

Während der etatmäßige Schütze Höfer noch überlegte, wohin er die Kugel versenken sollte, schnappte sich Pfaff übermütig den Ball, lief an, stoppte, lief weiter. Und schoss.

Jahrzehnte später erklärte er, angesprochen auf die Szenerie, in schönster Frankfurter Mundart: „Isch habben net verschosse, der hadden gehalde." Jetzt, wo Don Alfredo schon lange unter der Erde weilt, können wir es zugeben: Nein, lieber Alfred, „der hadden net gehalde". Der Ball ging meilenweit am Tor vorbei.

Statt in der Endrunde um die Deutsche Meisterschaft spielte Eintracht Frankfurt in Freundschaft bei Germania Weilbach und verlor darüber hinaus noch das letzte Spiel um den Flutlichtpokal bei Viktoria Berlin (3:4 nach 2:0-Führung) - und da diese anschließend gegen Braunschweig den Kürzeren zogen, auch noch diesen Titel.

Süddeutscher Meister 1959

Mit dem 1:0 der Offenbacher am 27. Spieltag bei den Bayern war beiden hessischen Teams die Endrunde nicht mehr zu nehmen. Die Kickers führten seit Wochen die Tabelle an, die Eintracht lauerte dahinter, und München fiel durch die Niederlage aus dem Rennen. Am 29. Spieltag siegte die Eintracht gegen den BC Augsburg, die Kickers hingegen verloren nach Monaten ein Spiel - jetzt lag die Eintracht erstmals vorne. Da die Eintracht beim VfR Mannheim am letzten Spieltag nichts mehr anbrennen ließ und die Kickers auch beim VfB Stuttgart unterlagen, sicherte sie sich im Endspurt den Titel des Süddeutschen Meisters.

Die Endrunde

Mit der Eintracht und den Kickers erreichten beide hessischen Klubs die Endrunde um die Deutsche Meisterschaft. Die Eintracht traf dabei auf Werder Bremen, den FK Pirmasens und den 1. FC Köln. Im Vorfeld der Partie gegen Pirmasens vergaß die Eintracht, den Gästen ein entsprechendes Sitzplatzkontingent zukommen zu lassen. Nach deren Beschwerde errichteten die Frankfurter flugs eine Zusatztribüne, welche das Fassungsvermögen kurzfristig auf 81.000 schraubte und nicht nur die Pirmasenser Honoratioren befriedete, sondern auch der Eintracht einen neuen Zuschauerrekord bescherte.

Abschied von Horvat

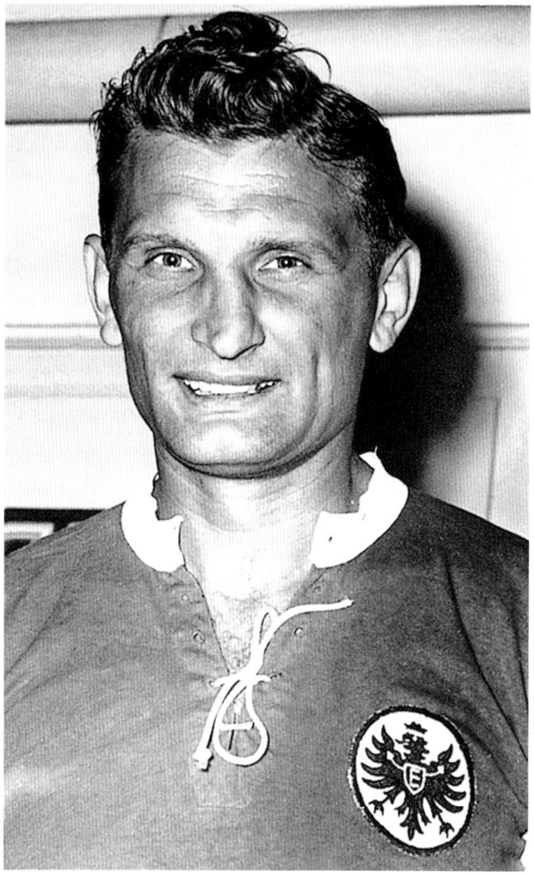

Stopper Horvat konnte in den letzten Spielen nicht mehr mitwirken. Erst setzte ihn die Verletzung aus dem Spiel gegen Köln außer Gefecht, dann fing er sich eine Tuberkulose ein, in deren Folge er seine Spielerkarriere beendete. Von nun an musste die Eintracht ohne ihren Fels in der Brandung zurechtkommen - sie tat es meisterlich. Doch Horvat blieb der Eintracht noch eine ganze Weile treu, assistierte später Trainer Oßwald in der Bundesliga und vertrat ihn als Chefcoach, als dieser erkrankte. Später trainierte er unter anderem Schalke 04. Horvat starb am 27. August 2012 wenige Tage vor seinem Mannschaftskameraden Adolf Bechtold. In der Woche darauf nahm die Eintracht beim Spiel gegen den HSV mit einer Schweigeminute würdevoll Abschied und ehrte beide auf dem Videowürfel in der Arena.

Endspurt II

Nach drei Siegen aus drei Spielen lag das Finale zum Greifen nah. Erst recht, als die Eintracht nach großem Kampf und ohne ihren Kapitän Pfaff die Partie in Köln mit 4:2 gewann und somit ohne Punktverlust nach Pirmasens reiste, die zuvor überraschend deutlich Werder Bremen mit 2:5 unterlagen. Diesmal verkraftete die Eintracht den Ausfall ihres Kapitäns besser, führte nach 22 Minuten mit 4:0, nach deren 90 gar 6:2 und sicherte sich zum zweiten Mal die Endspielteilnahme zur Deutschen Meisterschaft. Da der OFC einen 0:2-Rückstand gegen Tasmania Berlin drehen konnte, stand auch der OFC im Finale. Die Eintracht war gewarnt. Schon zuvor hatte der DFB den Endspielort zum Leidwesen aller auf Berlin festgelegt.

Kreß erzielt den zweiten Treffer im Endrundenspiel gegen den 1. FC Köln.

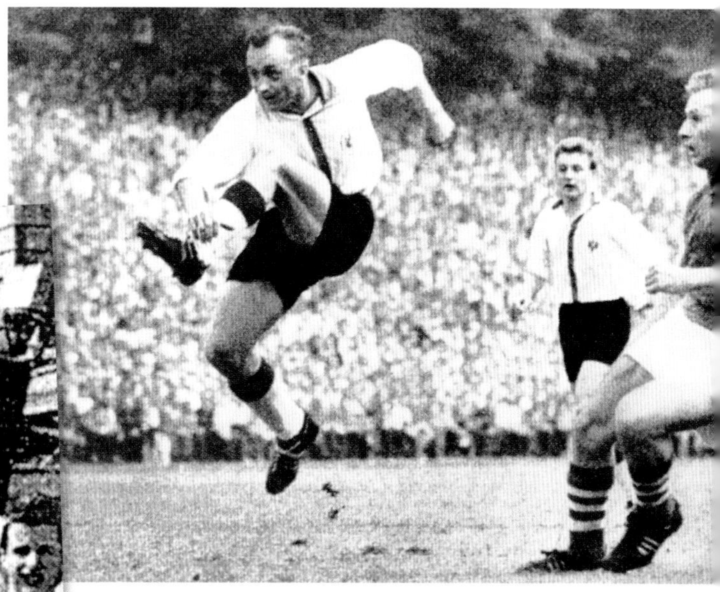

Eintracht-Fans klären die Bevölkerung über die Machtverhältnisse am Main auf.

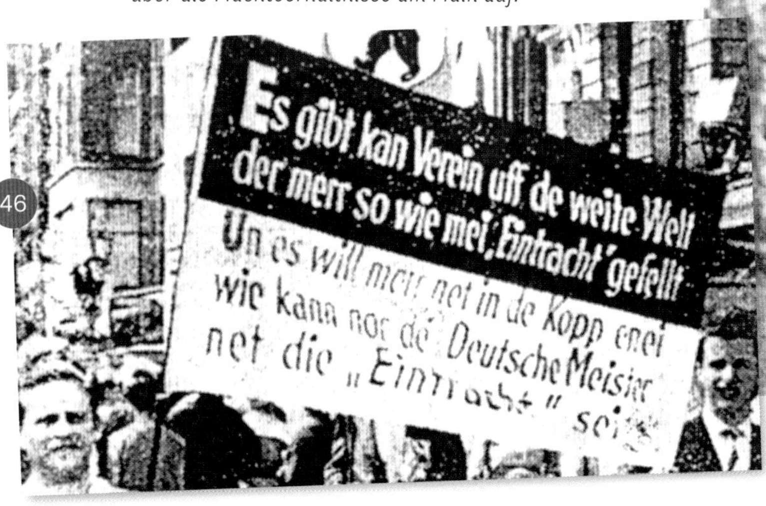

Sonny

Die Reisegruppe der Eintracht um Trainer Oßwald quartierte sich am kleinen Wannsee ein, derweil sich ein schmächtiger junger Mann aus Frankfurt in einen klapprigen Käfer setzte, um seinen Verein wie schon das ganze Jahr über auf allen Wegen zu begleiten. Nach dem letzten Oberliga-Sieg in Mannheim hatte er Kapitän Alfred Pfaff auf den Schultern vom Platz geschleppt. Jetzt trug Helmut Sonneberg, genannt Sonny, einen schwarz-weißen Zylinder auf dem Kopf und rasselte mit dem VW über die Zonengrenze durch die DDR. Was niemand wusste und jahrzehntelang niemand erfahren sollte: Sonny wurde als einer der letzten Frankfurter im Februar 1945, kaum 14 Jahre alt, ins Ghetto Theresienstadt verschleppt und überlebte das Lager mehr schlecht als recht. Ausgemergelt, krank und bis in die tiefsten Verästelungen seiner Seele verwundet, kehrte er nach Frankfurt zurück und entwickelte sich zum großen Fan der Eintracht. Als er vor einigen Jahren leise über seine Vergangenheit zu sprechen begann, zählte er weit über 80 Jahre. Sonny besuchte 2019 mit einer Eintracht-Delegation über 70 Jahre nach seiner Deportation erneut das einstige Ghetto im heutigen Tschechien. „Da, da hab ich gehaust. Und dort meine Mutter", rief er und wischte sich die Tränen aus den Augen, um gleich darauf trotzig zu lächeln: „Aber sie haben mich nicht kleingekriegt." Sonny trat aus dem Verein aus, als er von Gramlichs SS-Vergangenheit erfuhr und wurde nach dessen vom Verein initiierten Demission als Ehrenpräsident zum lebenslangen Mitglied bei seiner Eintracht ernannt. Helmut „Sonny" Sonneberg starb im Februar 2023 im Alter von 91 Jahren. Die Eintrachtseele trug schwarz.

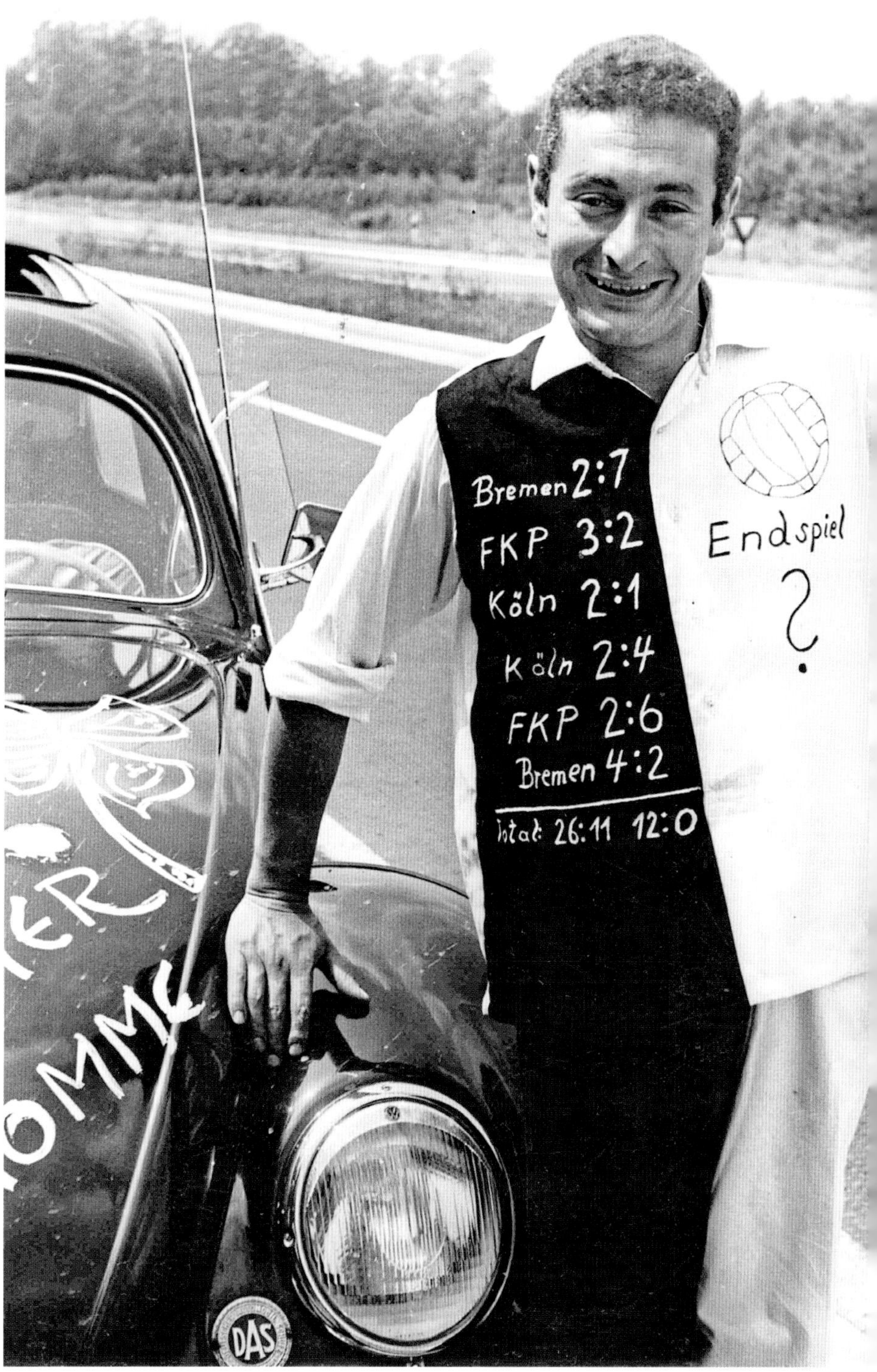

Der damals 28-jährige „Sonny" begleitete die Eintracht zu allen Spielen.

Am 28. Juni 1959 standen sie nur ein paar Meter entfernt und doch Welten auseinander. Der mächtige Eintracht-Präsident Gramlich und Helmut „Sonny" Sonneberg, der sich kurz zuvor bei einem Berliner Arzt noch einen Zahn ziehen lassen musste. Der eine wurde auf der Haupttribüne hofiert, der andere verlor sich stehend unter den 77.000 im weiten Rund des Olympiastadions und fieberte dem Anpfiff entgegen.

1959: Endlich Meister

Abertausende hatten sich wie Sonny auf den beschwerlichen Weg nach Berlin gemacht und sorgten vor Ort für eine prächtige Kulisse. Toni Hübler legte am Riederwald ein Blumenbeet mit der Aufschrift „Deutscher Meister 1959" an und deckte es brav ab. Dann brach er ebenfalls nach Berlin auf. Nicht ohne in der Heimat den Hinweis zu hinterlassen, im besten Falle nach Schlusspfiff die Abdeckung zu entfernen.

Als Schiedsrichter Asmussen das nicht ganz ausverkaufte Finale am 28. Juni 1959, Punkt 15:00 Uhr, anpfiff, saß ganz Frankfurt vor den wenigen TV-Geräten und drückte der Eintracht die Daumen. Offenbach in weinroten Jerseys gewann die Platzwahl, Kapitän Kaufhold entschied sich für leichten Rückenwind. Die Eintracht in weißen Hemden mit roter Knopfleiste und schwarzen Hosen wartete mit Lindner, Feigenspan und Sztani entschlossen am Mittelkreis und stieß an. Um 15:01 schwenkte Sonny seinen Zylinder und fiel seinen Kumpels in die Arme. 15 Sekunden nach Anpfiff lag die Kugel im Netz. Sztani hatte nach Vorarbeit von Kreß und Feigenspan getroffen, die letzten Fotografen tummelten sich noch auf dem Spielfeld. Doch die Antwort ließ nicht lange auf sich warten, Kraus' strammer Schuss ließ Loy keine Chance. Es wogte hin und her, Lindners Ecke fand in der 14. Minute Feigenspan, dessen Kopfballaufsetzer unter die Latte die Kickers nicht zu verteidigen vermochten. Keine neun Minuten später jubelte der OFC. 2:2. So auch der Halbzeitstand.

Auch die folgenden 45 Minuten sollten vor den Augen des regierenden Bürgermeisters Berlins, Willy Brandt, keine Entscheidung bringen. Doch heute musste Klarheit her. Kaum war die Verlängerung angepfiffen, brachte Lichtl den heranstürmenden Kreß zu Fall, und Asmussen deutete ohne Zögern auf den Punkt, was die Offenbacher heftig erzürnte. Höfer legte sich das Leder zurecht, doch wie aus dem Nichts kam Feigenspan angerannt, konnte aber von Glück reden, dass Torhüter Zimmermann unglücklich agierte und den schwach geschossenen Ball über die Hände gleiten ließ. 3:2 für die Eintracht. Die einen buhten, die anderen schwenkten ihre Fahnen. Anschließend spielte der junge Lindner groß auf, marschierte stramm nach vorne und schob den Ball nach 108 Minuten scharf in die Mitte, woraufhin der Offenbacher Waldmann zaghaft und

Die Entscheidung im Berliner Olympiastadion: Sztani (rechts) erzielt das 4:2.

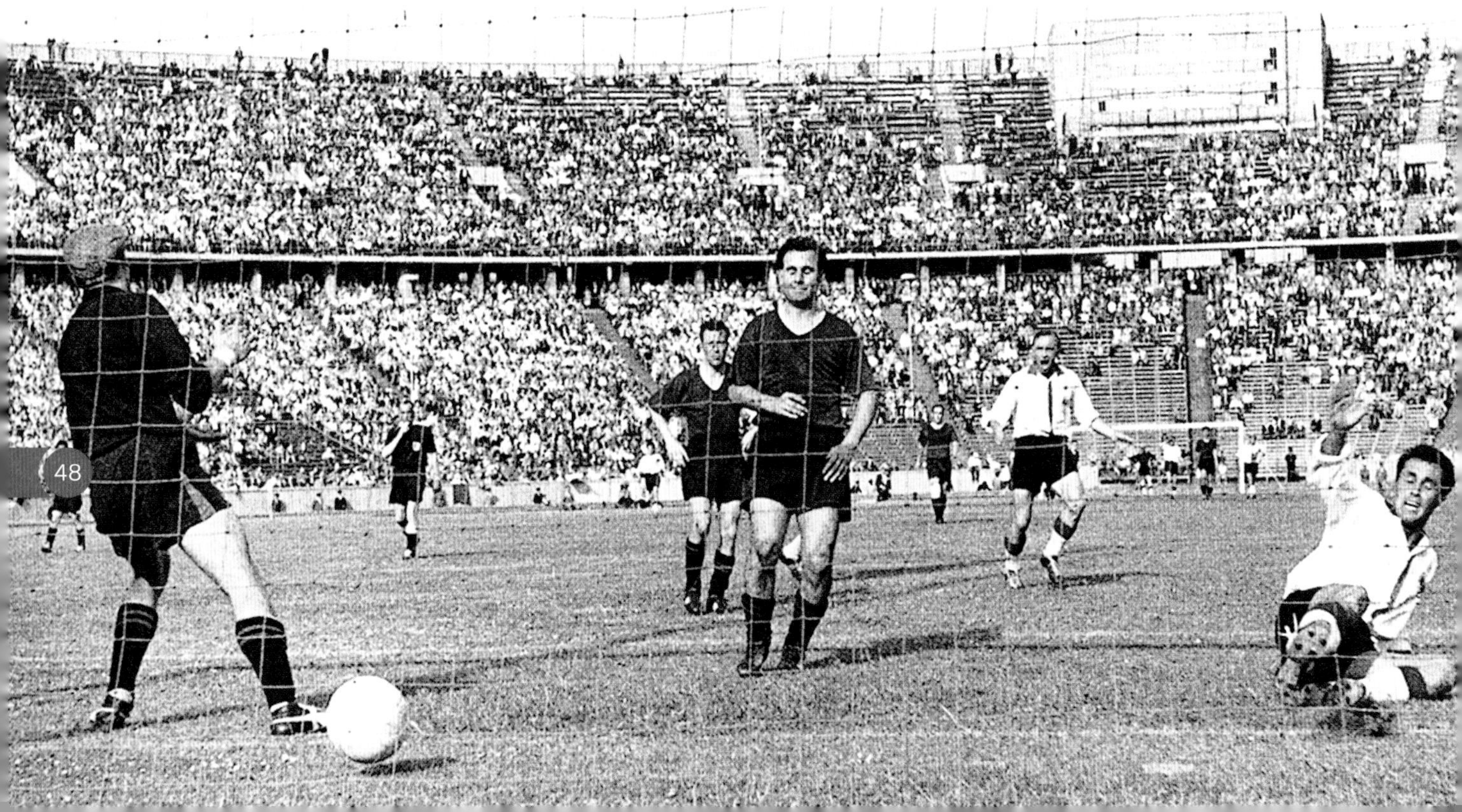

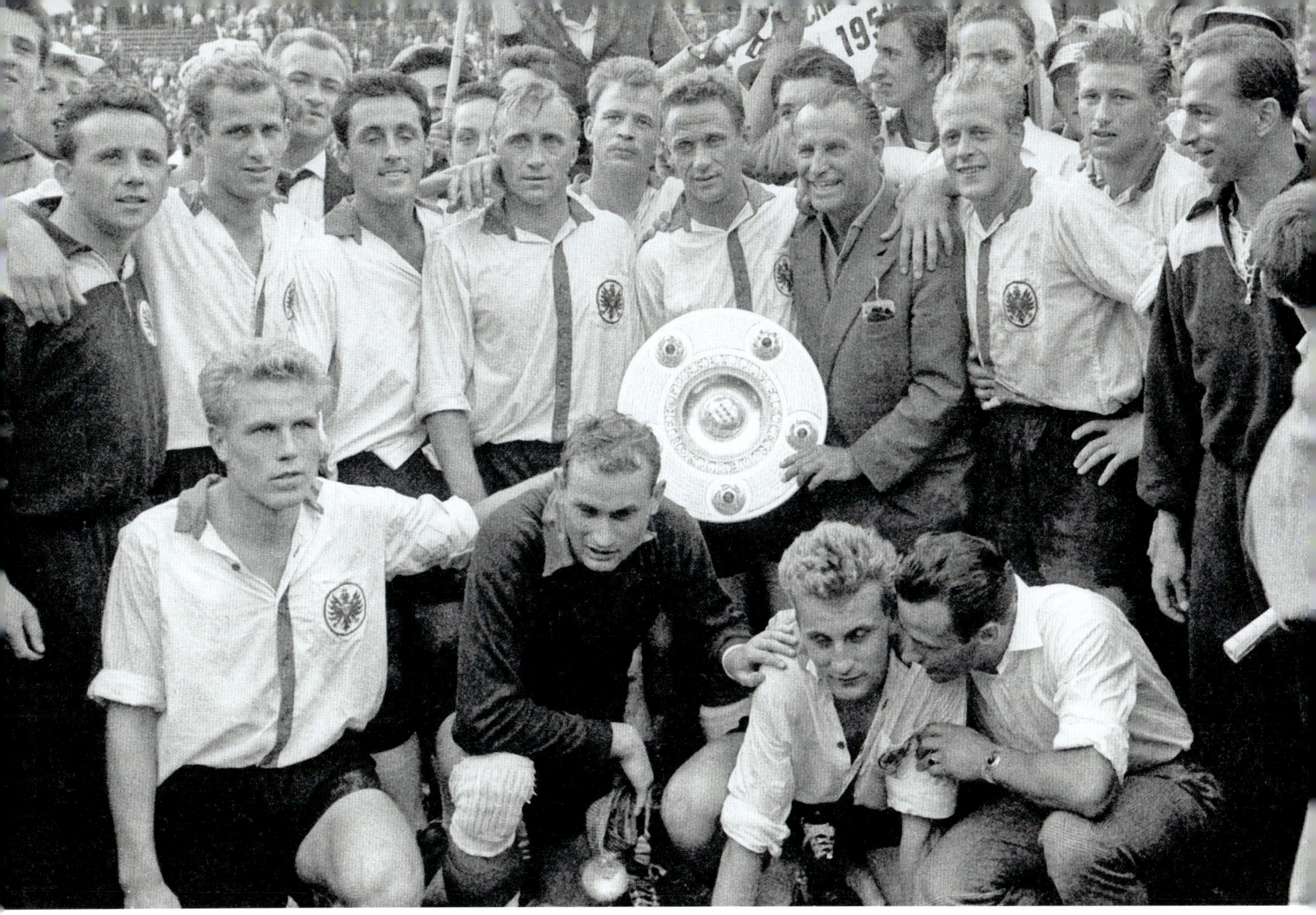

Die Meistermannschaft mit Bäumler (im Trainingsanzug), Stinka, Sztani, Kreß, Höfer, Pfaff, Eigenbrodt (von Trainer Oßwald verdeckt), Weilbächer, Lutz, A. Bechtold (im Trainingsanzug). Unten Lindner, Loy, Feigenspan und Meier (in Zivil).

der heranrutschende Sztani final das Leder ins Tor bugsierten. 4:2 für die Frankfurter Eintracht. Die Kickers verkürzten durch Gast noch einmal auf 4:3 - und gaben sich nicht geschlagen. Eine Minute vor dem Ende, die Kickers hatten alles nach vorne geworfen, überrannte Pfaff das Mittelfeld, spitzelte zu Kreß, der mutterseelenallein auf das Tor von Zimmermann zulief und statt zu schießen, quer auf Feigenspan legte, der mit dem Ball ins Tor spazierte. Zimmermann resignierte schon vorher. 5:3 - die endgültige Entscheidung.

Inmitten der jubelnden Eintracht-Fans konnte Sonny sein Glück kaum fassen. Der Fernsehreporter verkündete die historischen Worte: „Der deutsche Fußballmeister 1959 heißt Eintracht Frankfurt", und Kapitän Alfred Pfaff nahm aus den Händen von DFB-Präsident Peco Bauwens die Schale in Empfang. Sonny fuhr glücklich nach Hause. Am Riederwald zog jemand die Plane vom Blumenbeet und ließ Toni Hüblers Blumen sprechen.

Folgende Elf machte sich am 28. Juni 1959 in ihrer Heimatstadt am Main unsterblich:

Loy - Eigenbrodt - Höfer - Lutz -
H. Weilbächer - Stinka - Kreß - Sztani -
Pfaff - Lindner - Feigenspan, Trainer: Oßwald

Aber auch die Ersatztorhüter Abraham und Henig sowie Adolf Bechtold, Horvat, Schymik, Bäumler und Meier gehören zu der Mannschaft, die in Frankfurt für alle Zeiten als Legenden verehrt werden. Die Offenbacher Spieler nahmen die Niederlage mehr oder minder sportlich, deren Fans hingegen sind bis heute überzeugt, dass der Elfmeter niemals hätte gepfiffen werden dürfen. Doch der ehemalige Bundesliga-Schiedsrichter Lutz Wagner legte sich schon vor Jahren fest: „Wenn Lichtl den Frankfurter Spieler berührt, ist die Elfmeterentscheidung gerechtfertigt."

Tausende empfingen die Meisterelf bei ihrer Ankunft am Frankfurter Römer und diese präsentierte stolz die Meisterschale auf dem Balkon. Ganz Frankfurt schien auf den Beinen, während die Mainzer Hofsänger bei der abendlichen Feier „So ein Tag, so wunderschön wie heute" anstimmten - und alle, aber wirklich alle, sangen mit.

Im gleichen Jahr feierten auch die Tischtennis-Damen der Eintracht die Deutsche Meisterschaft.

1959: Premiere im Europapokal

In der ersten Runde des Europapokals der Landesmeister sollte die Eintracht auf das finnische Team von Kuopion PS treffen. Da die Finnen jedoch nach einigem Hin und Her verzichteten, feierte die Eintracht ihre Europapokal-Premiere am 4. November 1959 beim Schweizer Titelträger Young Boys Bern - und schoss in den Schlussminuten im Berner Wankdorfstadion einen souveränen 4:1-Sieg heraus. Das Rückspiel in Frankfurt, erstmals unter Flutlicht im Stadtwald, geriet zur Formsache. Das 1:1 reichte zum Einzug ins Viertelfinale gegen den Wiener SC. Erst im März des Folgejahres ertönte der Anpfiff in Frankfurt. Nach 90 Minuten und zahlreich vergebenen Chancen ließ das 2:1 alle Möglichkeiten, doch die Eintracht war noch lange nicht durch. Im Rückspiel glich das Wiener Praterstadion einem Hexenkessel. „Von dem Augenblick an, da die Mannschaften das Spielfeld betraten, gab es für die Wiener nur noch die weiße Elf. Die Frankfurter, ganz in Rot, existierten praktisch nur noch, um ausgepfiffen zu werden“, hieß es im Spielbericht von Ludwig Dotzert und Bert Merz. Die frühe Führung Wiens im beginnenden Regen machte es für die Eintracht nicht leichter, doch Erwin Steins Treffer zum 1:1 erlöste die tapferen Riederwälder, auf die nun im Halbfinale die Berufsspieler der Glasgow Rangers warteten.

1960: No, no, for Eintracht ...

Selbstbewusst und siegessicher reisten die Schotten am 13. April nach Frankfurt, wie geprügelte Hunde und ohne jede Chance auf das Finale traten sie den Heimweg an. Dabei sah es lange nicht danach aus. Keine acht Spielminuten signalisierte die Uhr, als Kreß einen Elfmeter verzielte. Die spätere Führung durch Stinka egalisierte Caldow im Gegenzug per Foulelfmeter, 1:1 der Halbzeitstand. Was sich dann abspielte, sucht seinesgleichen. Die Eintracht brannte gleich zwei Feuerwerke ab. Eines auf dem flutlichtbeschienenen Rasen, das andere auf den Rängen, was den Stadionsprecher nötigte, die Zuschauer zur Mäßigung aufzurufen, da es rund um das Stadion zu kleineren Waldbränden gekommen war.

Pfaff, der mit seinen 33 Jahren wieder zu überragender Form gefunden hatte, brachte mit einem Doppelschlag nach der Pause die Eintracht mit 3:1 in Front. Doch Glasgow hielt dagegen, scheiterte an der Latte und an Teufelskerl Loy im Tor der Frankfurter. Lindner, auch er nicht zu bändigen an diesem Tag, sorgte für Klarheit. Dessen Treffer zum 4:1 und 5:1 verwandelten das Waldstadion in ein Tollhaus. Mühsam versuchte ein schottischer Journalist seinem ungläubigen Gesprächspartner in der Heimat per Telefon zu erklären, dass es nicht 5:1 für Glasgow stünde: „No no, not for Rangers for Eintracht“. Da traf Stein zum 6:1.

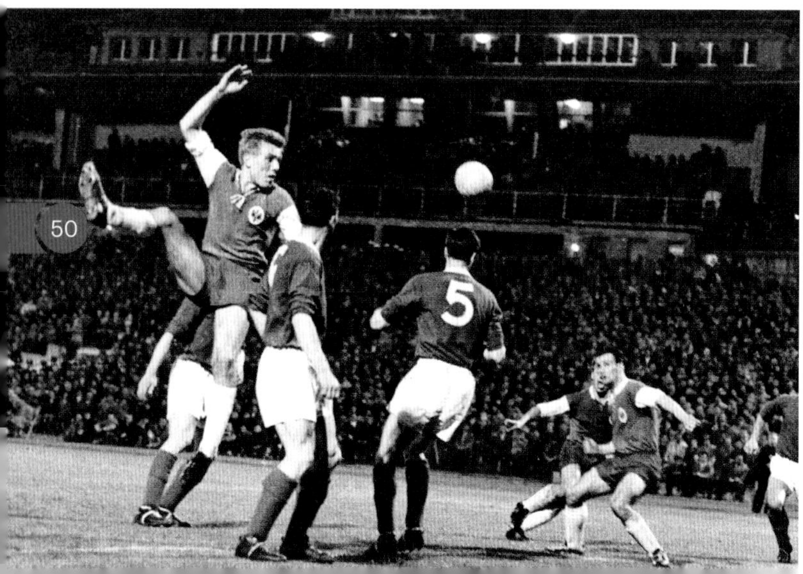

Einzug ins Finale

Auch im Rückspiel vor rund 70.000 im Ibrox Park ließ die Eintracht nichts anbrennen, Lindners früher Treffer erstickte alle Hoffnungen der Schotten im Keim. Dass die Eintracht jedoch erneut sechs Tore bei drei Gegentreffern erzielte,

Dieter Lindner köpft, im Hintergrund Erich Meier

riss auch die Gastgeber zu stehenden Ovationen hin, die Spieler der Rangers standen für die Eintracht Spalier. Glasgows Präsident überreichte beim Bankett dem überragenden Pfaff auf einem Silbertablett seinen „Koks“, eine schwarze Melone, mit der sich der Eintracht-Kapitän schon vor dem Spiel hatte ablichten lassen.

Eintracht Frankfurt, die als erste deutsche Mannschaft überhaupt das Endspiel erreicht hatte, traf wenige Wochen später - erneut in Glasgow - auf den Seriensieger Real Madrid.

Spektakel vor über 127.000

Real galt als klarer Favorit. Die über 127.000 Zuschauer im restlos ausverkauften Glasgower Hampden Park, die allermeisten fieberten mit den Frankfurtern, staunten nicht schlecht, als Kreß am 18. Mai 1960 die Eintracht in der 18. Minute in Führung brachte. Doch die ganz in Weiß spielenden Königlichen drehten das Spiel noch vor der Pause durch zwei Tore von Di Stefano und eines unmittelbar vor dem Halbzeitpfiff durch Puskás. Ein mehr als zweifelhafter Elfmeter, verwandelt von Puskás, zog der Eintracht endgültig den Zahn. Nun spielte das weiße Ballett groß auf, Puskás schraubte durch zwei weitere Treffer das Ergebnis auf 6:1, und Di Stefano ließ sich nicht lumpen und legte nach dem zwischenzeitlichen „Anschlusstreffer“ von Erwin Stein der Eintracht das siebte Ei ins Nest. Den Schlusspunkt setzte erneut Stein zum 3:7-Endstand. Real Madrid trug sich zum fünften Mal hintereinander in die Liste der Titelträger ein, und diesmal stand die Eintracht Spalier. Allerdings eher zähneknirschend, wie Erwin Stein später zugab: „Isch wär ihne am liebste an die Gurjel gegange.“

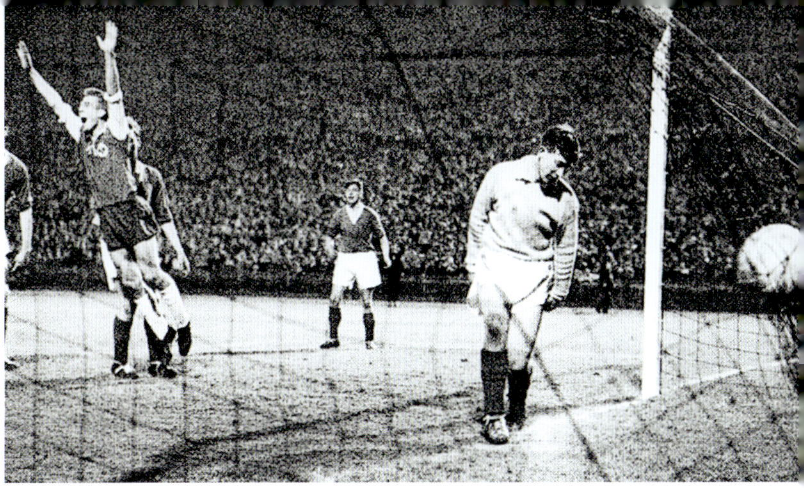

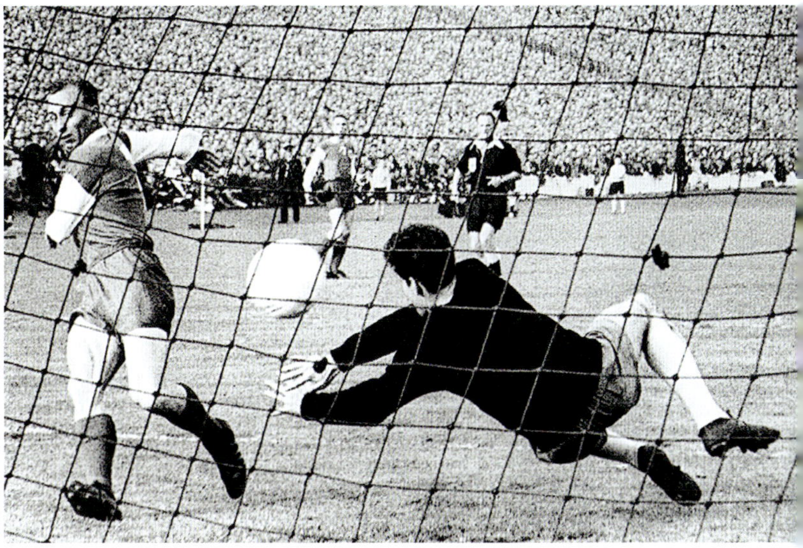

Lindner köpft gegen die Glasgow Rangers ein. Beim Spiel gegen Real geht die Eintracht dank Kreß zunächst ebenfalls in Führung.

Der Endspielball ist heute eine der Attraktionen des Frankfurter Vereinsmuseums - und das Spiel wurde noch Jahrzehnte später von Sportjournalisten zum besten Spiel des 20. Jahrhunderts gewählt.

Die Eintracht in Glasgow:

Loy - Lutz - Höfer - H. Weilbächer - Eigenbrodt - Stinka - Kreß - Pfaff - Lindner - E. Meier - E. Stein, Trainer: Oßwald

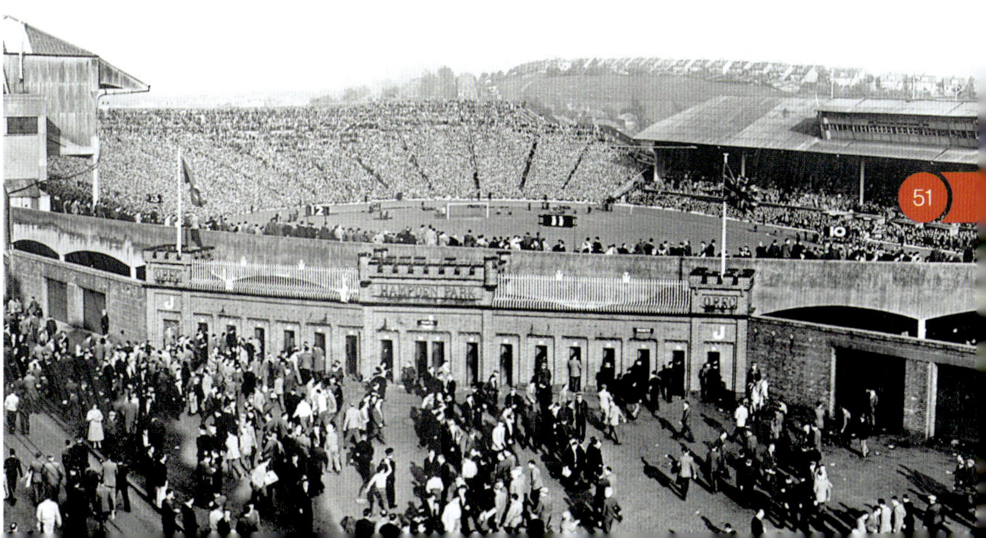

18. Mai 1960, Glasgow, Hampden Park: Das Stadion füllt sich vor dem Europapokalfinale der Eintracht gegen Real Madrid.

ALFRED PFAFF

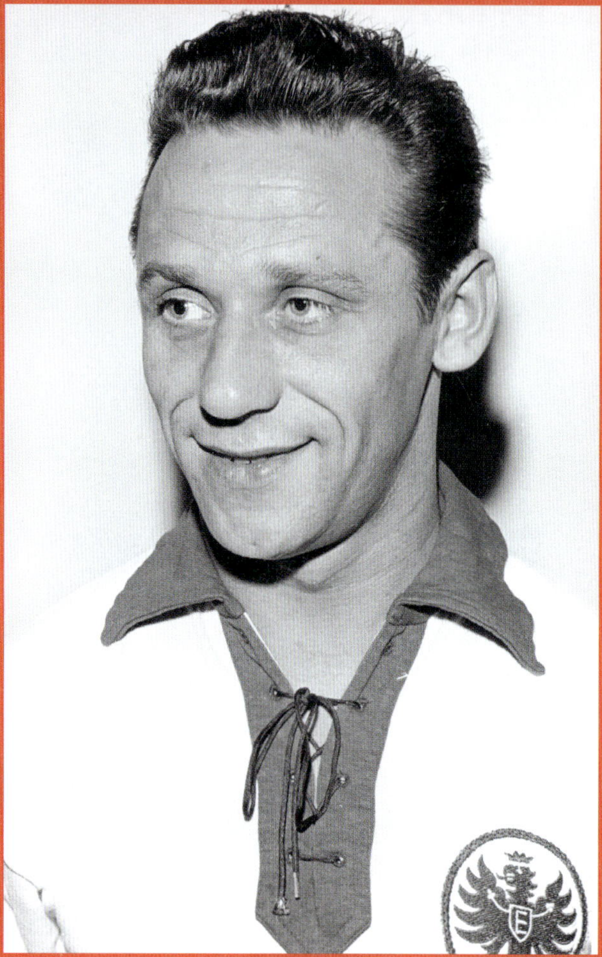

Schon als Jugendlicher kickte der waschechte Frankfurter für die Eintracht und hätte vermutlich noch wesentlich mehr Spiele absolviert, wäre ihm der Krieg nicht in die Quere gekommen, der ihn als Soldat nach Frankreich verschlug. Dort geriet er in Kriegsgefangenschaft, um nach drei Jahren im Westerwald zu landen, wo er für den SC Wirges spielte. Zurück in Frankfurt schnürte er in der Oberliga-Saison 1948/49 die Kickstiefel für den FC Rödelheim. Anschließend zog es ihn wieder zur Eintracht. Pfaff entwickelte sich zum alles überragenden Spieler der kommenden Dekade und zählte 1954 zum Weltmeisterkader. Insgesamt trug er bei sieben Einsätzen das Trikot der Nationalmannschaft. Er galt als begnadeter Techniker und Freistoßschütze, war aber auch dafür bekannt, sich hin und wieder eine Auszeit zu nehmen, um sich bei sommerlichen Temperaturen während des Spiels ein Schattenplätzchen zu suchen.

Selbstverständlich ehrte die Eintracht Pfaff nach dessen Karriereende mit dem Titel eines Ehrenspielführers und ernannte ihn zum Ehrenmitglied. Er lebte bis 1971 in Frankfurt und betrieb mit seiner Frau Edith seit 1956 die nunmehr dritte Gastwirtschaft im seinerzeit ältesten Parkhaus Deutschlands an der Hauptwache. Anschließend zog er ins beschauliche Zittenfelden im Odenwald, ein kleiner Ort, der weltabgeschieden in einer Sackgasse mündet. Dort leiteten die Pfaffs den Landgasthof Morretal - „ein kleines Haus am Ende der Welt", wie es in Pfaffs Lieblingslied besungen wird. Wobei das Pfaff'sche Häuschen gar nicht so klein war. Eintracht-Fans, die ihn bis zu seinem Tod immer wieder besuchten, konnten sogar im hauseigenen Pool baden. Weihnachten 2008 verstarb Alfred Pfaff. Zu dessen Trauerfeier in Amorbach erschien die gesamte Eintracht-Prominenz, um Abschied von dem Mann zu nehmen, der wie sonst nur Jürgen Grabowski die spielerische Klasse der Eintracht personifizierte. Zum Rückrundenauftakt gegen den 1. FC Köln im Februar 2009 stand für drei Minuten die Zeit still. Die Eintracht gedachte ihrem Ehrenspielführer, und die Fans ehrten ihn mit einem riesigen Transparent: „Wer mit dem Adler fliegt, der auch den Tod besiegt". Auch sie wussten, wen sie mit Alfred Pfaff verloren hatten.

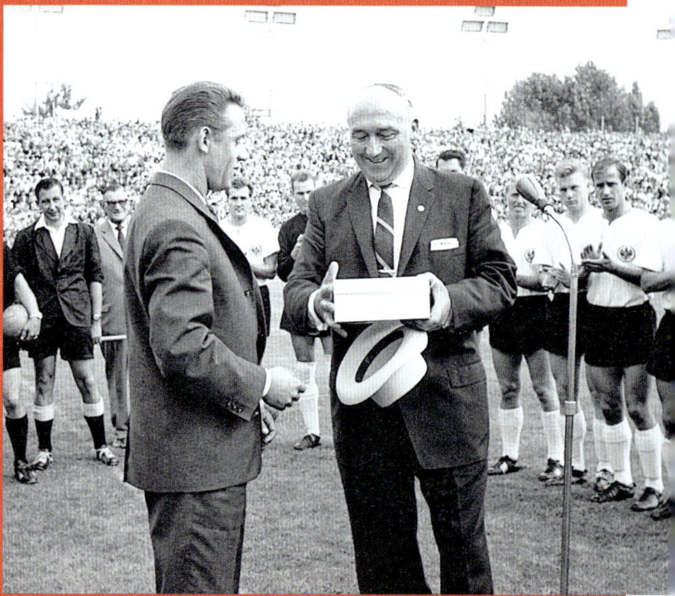

Abschied: Alfred Pfaff wird vor dem Heimspiel gegen Kickers Offenbach offiziell vom Eintracht-Vorsitzenden Rudi Gramlich verabschiedet.

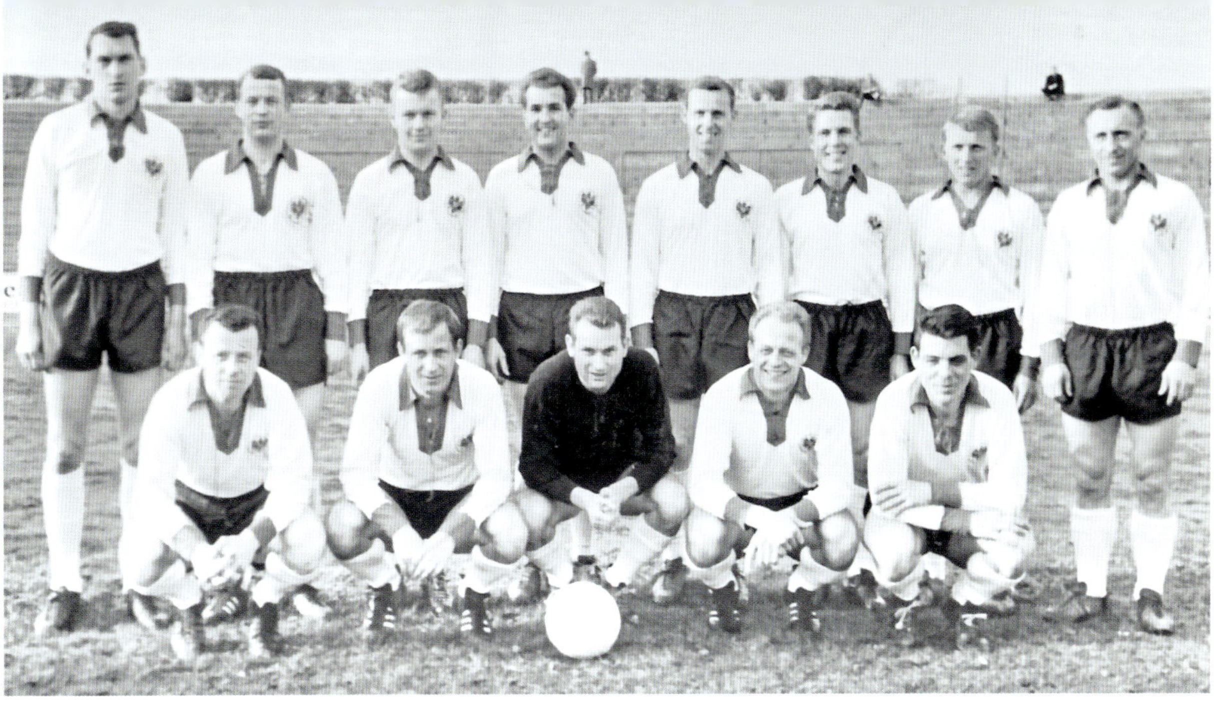

Die Eintracht 1961/62, stehend v. l. Kreuz, Höfer, Schämer, Schymik, Landerer, Lindner, Horn, Kreß. Kniend v. l. Stein, Stinka, Loy, Weilbächer, Eigenbrodt.

1961/62: Frankfurter Schicksal Schweinfurt

Der Start 1961/62 verlief verheißungsvoll: 6:1 bei 1860, 5:4 gegen die Kickers, 3:1 bei Waldhof Mannheim. Kurz: 16 Spiele blieb die Eintracht ungeschlagen, siegte am Bornheimer Hang mit 5:0 und gegen den VfR Mannheim gar mit 9:0. Die erste Niederlage setzte es, wenig überraschend, bei Kickers Offenbach und *Der Neue Sport* resümierte völlig zutreffend: „Daß es ausgerechnet auf dem Bieberer Berg geschehen mußte, wird zwar bei einigen Fanatikern Gallenkoliken ausgelöst haben. Um so mehr, als das entscheidende Tor von Berti Kraus haltbar war und Schiedsrichter Kreitlein der Eintracht kurz nach der Halbzeit einen Elfmeter hätte zusprechen müssen."

Aber es musste weitergehen. Und es ging weiter, allerdings bei Weitem nicht so souverän wie in der Hinrunde. Peu à peu verspielte die Eintracht ihren schönen Fünf-Punkte-Vorsprung, profitierte anschließend von Patzern der Konkurrenz und traf am vorletzten Spieltag in Unterfranken auf den designierten Absteiger aus Schweinfurt. In der Liga stand den „Schnüdeln" das Wasser bis zum Hals. Ein Sieg und die Eintracht hätte gleich zwei Frankfurter Vereine in den siebten Himmel geschossen. Einerseits wäre ihr der Titel des Süddeutschen Meisters kaum noch zu nehmen gewesen, andererseits hätte der FSV weiter für die Oberliga planen können.

Doch die Eintracht unterlag ohne nennenswerte Gegenwehr mit 0:3, Schämer verschoss einen Elfmeter, „der sogar als Fehlleistung noch Bewunderung erregte" *Der Neue Sport*, und fiel völlig überraschend auf Platz zwei zurück. Zwar siegte sie eine Woche darauf noch mit 2:1 gegen Nürnberg, doch für den Titel war dies zu wenig. Der FSV verlor auch sein letztes Spiel in Hof, musste mit einem einzigen Pünktchen Rückstand auf Schweinfurt erstmals den bitteren Gang in die Zweitklassigkeit antreten – und machte der Eintracht schwere Vorwürfe, die allerdings selbst mit sich haderte. Was damals noch niemand ahnen konnte: Erst 2011/12 sollten sich beide Vereine in einem Spiel um Punkte wieder gegenüberstehen.

SCHLUSSPFIFF

Die zunehmende Professionalisierung führte nach langen Debatten auch in Deutschland zur Einführung einer eingleisigen Bundesliga. Längst gängige Finanzpraktiken erhielten einen legalen Rahmen, und ab 1963/64 sollten die besten 16 Vereine Deutschlands regelmäßig gegeneinander antreten.

Die Eintracht beendete ihre letzte Saison in der Oberliga Süd hadernd auf Rang vier. Immerhin zählte sie bereits seit Längerem zu einem der 16 Vereine, die in der Bundesliga dabei sein sollten. Das letzte Kapitel der Oberliga-Geschichte ward geschrieben, die Bundesliga konnte kommen.

1963-1981

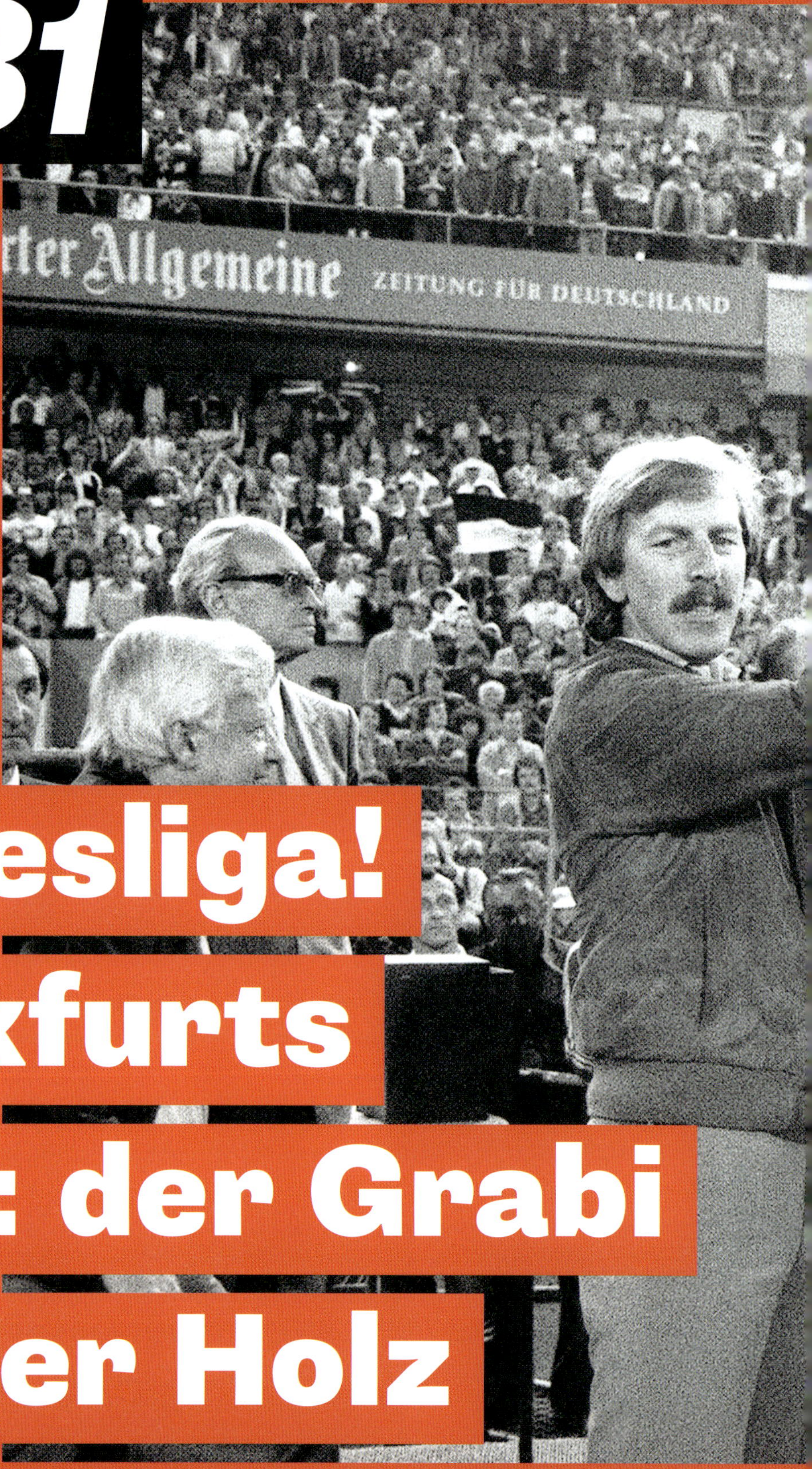

Bundesliga! Frankfurts Stolz: der Grabi und der Holz

1980: Schaubs Goldenes Tor besiegelte den ersten UEFA-Cup-Sieg. Bernd Hölzenbein präsentiert mit dem verletzten Jürgen Grabowski vor den Augen Bruno Pezzeys die Trophäe.

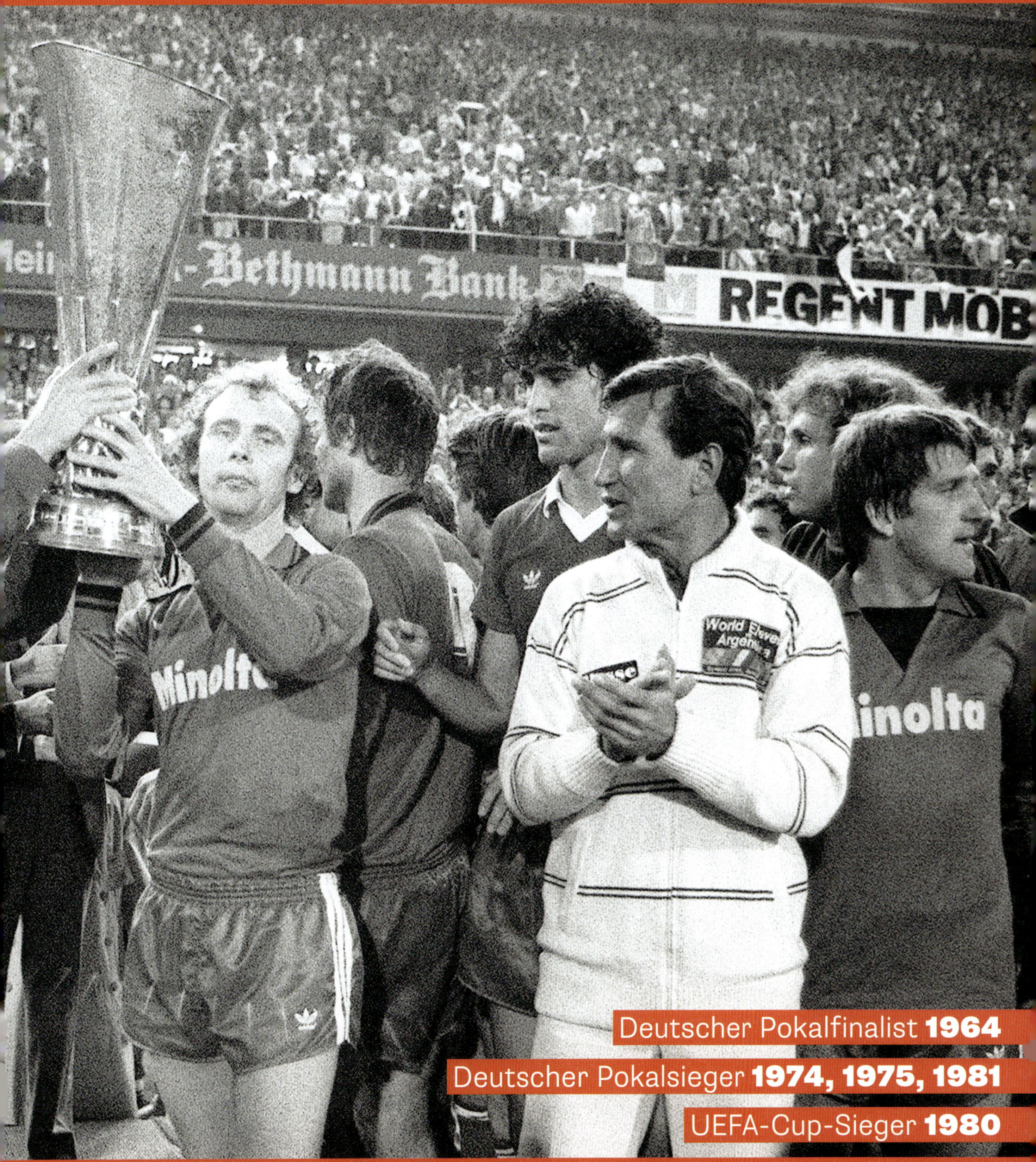

Deutscher Pokalfinalist **1964**

Deutscher Pokalsieger **1974, 1975, 1981**

UEFA-Cup-Sieger **1980**

1963: Anpfiff

Am 24. August 1963, Punkt 17:00 Uhr, pfiff Schiedsrichter Johannes Malka vor 30.000 Zuschauern das Spiel der Eintracht gegen den 1. FC Kaiserslautern im Waldstadion an. Dabei feierte Kreß sein Bundesliga-Debüt im Alter von 38 Jahren als ältester Spieler der Liga überhaupt. Bis heute absolvierte kein älterer Spieler seine Bundesliga-Premiere. Zwei Elfmeter führten anschließend zum 1:1-Endergebnis. Die Lauterer Führung glich Lothar Schämer per Handelfmeter aus und verewigte sich als erster Bundesliga-Torschütze in der Historie der Eintracht.

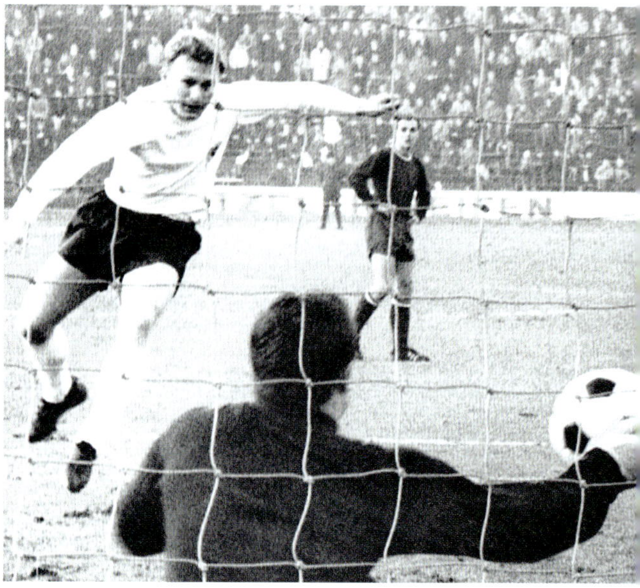

Lothar Schämer verwandelt zum ersten Bundesligator der Eintracht.

Die erste Bundesliga-Elf:

Loy - Eigenbrodt - Höfer - Horn - Landerer - Lindner - Kreß - Trimhold - H. Kraus - Huberts - Schämer, Trainer: Oßwald

RICHARD KRESS

1953 im hohen Fußballalter von 28 Jahren zur Eintracht gestoßen, beendete der „Blitz von Horas" seine aktive Karriere mit knapp 39 Jahren nach dem Spiel in Köln am 29. Februar 1964. An den handfesten Tumulten wegen eines Platzverweises (Kölner Fans drängten nach dem Schlusspfiff auf den Rasen und wollten Schiedsrichter Lutz an den Kragen) trug der gute Richard allerdings keine Schuld. Wenige Wochen zuvor hatte er gegen Schalke mit 38 Jahren sein allererstes Ligator erzielt, auch in dieser Hinsicht sollte ihn bislang niemand mehr übertrumpfen. Mit dem pfeilschnellen Rechtsaußen erlebte die Eintracht ihre bis dahin besten Jahre, holte sich den nationalen Titel und sorgte auch in Europa für Furore. Nach der aktiven Laufbahn unterhielt Kreß zwei Drogerien in Frankfurt, worin Fans all die Jahre den freundlichen Herrn im weißen Kittel um Autogramme baten. Neun Länderspiele absolvierte Kreß unter Sepp Herberger, wobei zwischen dem ersten und zweiten Einsatz sechs Jahre vergehen sollten. Die Entscheidung Herbergers, ihn trotz des Einsatzes in allen Qualifikationsspielen nicht mit zur WM 1962 nach Chile zu nehmen, verzieh Kreß dem damaligen Bundestrainer nie. Und sie sollte sich rächen. Deutschland durfte im Viertelfinale nach dem 0:1 gegen Jugoslawien die Koffer packen.

Am Tag, als Richard Kreß im Alter von 71 Jahren starb, verlor die Eintracht ihr Heimspiel gegen Borussia Mönchengladbach mit 0:2 - und stieg wenige Wochen später aus der höchstmöglichen Spielklasse ab. Kreß hatte die Eintracht niemals zweitklassig erlebt.

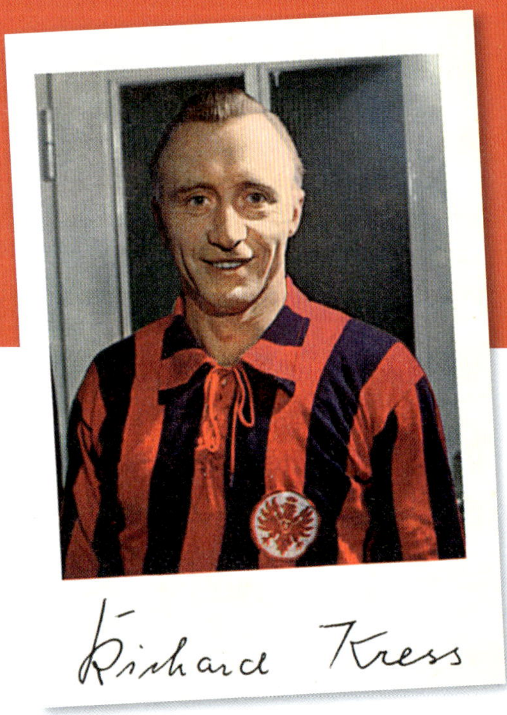

Bild rechts: Huberts, Kraus, Trimhold, Schämer und Lindner (v. l.) ist die Enttäuschung ins Gesicht geschrieben.

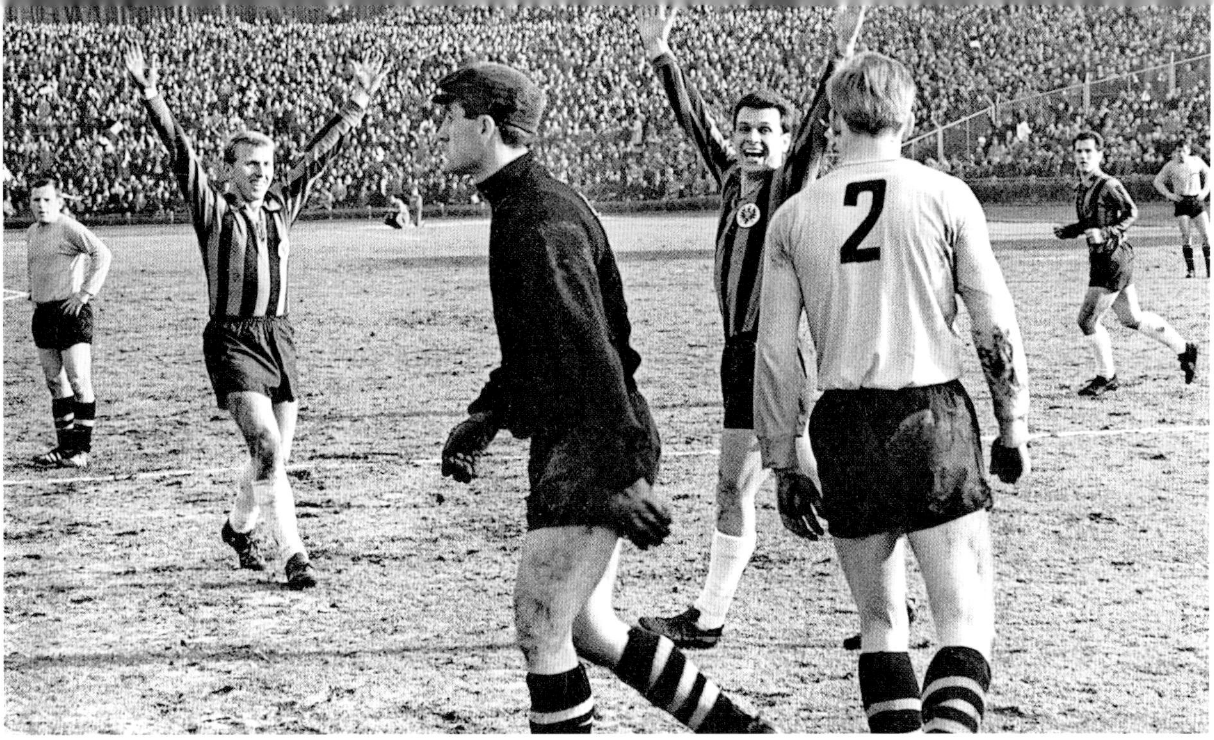

Am 22. Februar 1964 wird der Deutsche Meister Borussia Dortmund im Waldstadion mit 2:1 geschlagen. Willi Huberts erzielt hier das 1:0.

Holpriger Start

Der Bundesliga-Start verlief holprig. Erst am fünften Spieltag gelang der erste Sieg – 3:0 gegen die Braunschweiger Eintracht. Doch in der zweiten Saisonhälfte liefen die Frankfurter zu großer Form auf, weigerten sich standhaft zu verlieren und beendeten ihre Premierensaison auf dem beachtlichen dritten Tabellenplatz. Während der Runde musste Horvat für den erkrankten Trainer Oßwald einspringen. Den höchsten Saisonsieg feierte die Eintracht beim 7:0 gegen Werder Bremen, Neuzugang Willi Huberts schoss alleine vier Tore.

1964: Zu heiß für den Pokal

Am Ende der ersten Saison, die die Eintracht nach heutiger Torregelung sogar als Zweiter beendet hätte, zog sie ins Pokalendspiel ein. Der Gegner im Stuttgarter Neckarstadion hieß 1860 München, die sich in der Liga im gehobenen Mittelfeld wiederfanden, die Eintracht galt als Favorit. Während die Löwen ins Trainingslager reisten, blieben die Adler im Lande. Sie mussten sich ob der bevorstehenden Reise nach Südafrika einer Impfung unterziehen – und sahen in Stuttgart bei 35° C im Schatten kein Land. Das 0:2 nach 90 Minuten spiegelte den Spielverlauf wider, es gab nichts zu beschönigen. Die Löwen holten sich den Pokal, und die Eintracht schaute geknickt aus der Wäsche.

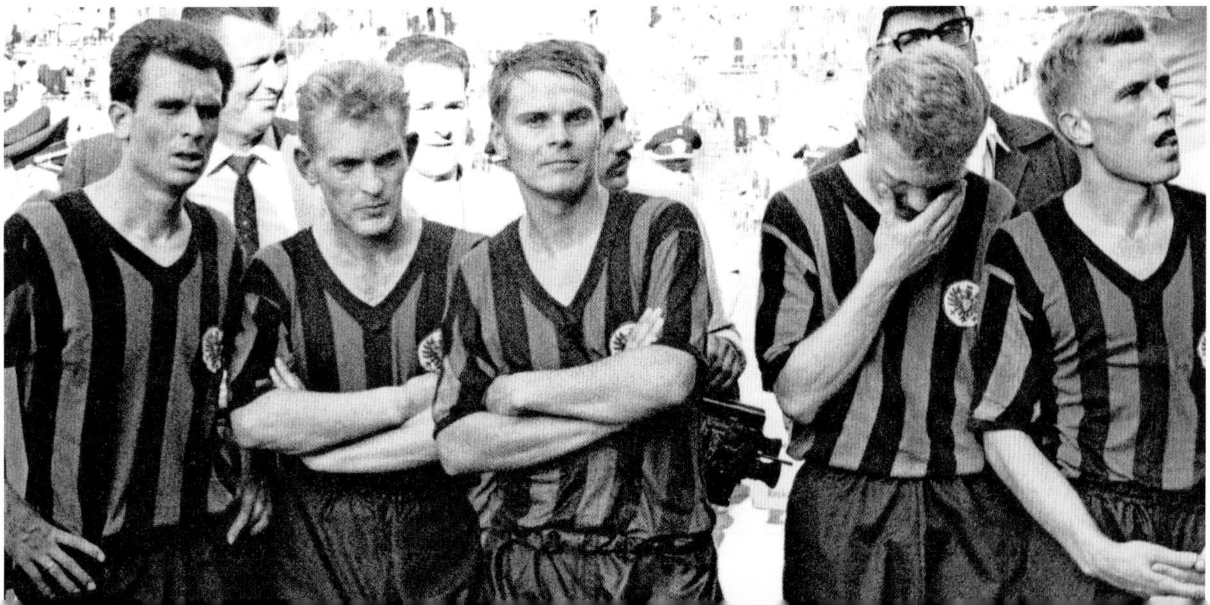

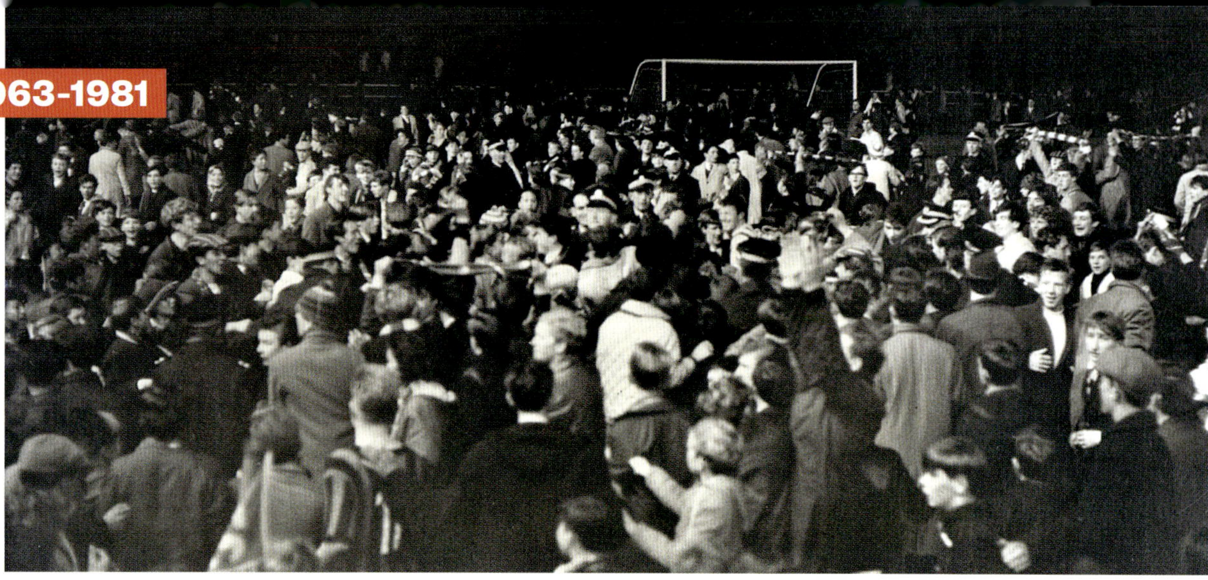

Nach dem Abpfiff im Messepokal-Rückspiel feierten die „Killie"-Fans ihre Mannschaft.

Messepokal

Erstmals nach dem Finale 1960 trat die Eintracht 1964 wieder auf nennenswerter europäischer Ebene im Messepokal an, der sich später zum UEFA-Pokal und zur Europa League mausern sollte. Gegen den schottischen Gegner FC Kilmarnock mühten sie sich mit einem 0:0 in die Pause, ehe Stein, Trimhold und Stinka ein beruhigendes 3:0 herausschossen. Das Rückspiel galt als Formsache. Irritierend nur, dass sich die Eintracht drei Tage zuvor vor heimischem Publikum ein 0:7 gegen den KSC geleistet hatte, die bis heute höchste Heimniederlage aller Zeiten. Unter den Zuschauern befand sich damals ein junger Kerl aus Dossenheim, der sich nach Abpfiff schwor, niemals zu solch einem desolaten Verein zu wechseln. Ein paar Jahre später überlegte er es sich doch anders. Als Charly Körbel 1991 nach 602 Bundesliga-Spielen für die Eintracht seine Karriere beendete, bedeutete dies ein Rekord für die Ewigkeit.

In Kilmarnock schoss Willi Huberts nach zwei Minuten die Eintracht in Führung. 4:0 stand es nun in der Addition beider Spiele. Was sollte da noch schiefgehen? Alles! Die Schotten drehten das Spiel bis zur Halbzeit, führten bis zur 80. Minute mit 3:1, ehe McInallys Treffer zum 4:1 das Hinspielergebnis egalisierte. Als alles auf ein Wiederholungsspiel hinauslief, traf Hamilton zum zweiten Mal. Mit dem 5:1 war die Eintracht hochkant aus dem Wettbewerb geflogen. Vier Tage darauf besiegte sie die Hertha in Berlin mit 3:1.

1965/66: Grabi kommt

1965 betrat ein Mann die Bundesliga-Bühne, der wie kein Zweiter über Jahre die spielerische Eleganz von Eintracht Frankfurt verkörperte. Jürgen Grabowski. Der schmächtige Fußballer aus Wiesbaden-Biebrich entwickelte sich auf Anhieb zum Stammspieler und reiste sogar gemeinsam mit Friedel Lutz zur Weltmeisterschaft nach England.

Peter Kunter, Student der Zahnmedizin, stieß vom FC Freiburg zur Eintracht und rückte Egon Loy, dem verdienten Torhüter der vergangenen Dekade, auf die Pelle. Für Schlagzeilen sorgte auch die Rückkehr Sztanis an den Riederwald, der allerdings nicht mehr an seine Meisterzeiten anknüpfen konnte. Mit Elek Schwartz begrüßte die Eintracht auch einen neuen Trainer.

Am Ende der Saison 1965/66 lief die Eintracht auf Rang sieben ein, nicht Fleisch nicht Fisch. Sie besiegte den kommenden Deutschen Meister

ABSCHIED VON TRAINER PAUL OßWALD

Im Januar 1965 musste Oßwald nach einem Herzinfarkt sein Traineramt bei den Hessen endgültig aufgeben und fand seinen Vertreter wie schon im Jahr zuvor in Horvat. Erstmals stand Oßwald 1928 als Coach der Eintracht an der Linie, letztmals beim Pokalspiel in Neunkirchen am 16. Januar 1965. Zur Saison 1968/69 übernahm er noch einmal den OFC, der frisch in die Bundesliga aufgestiegen war, siegte natürlich auf dem Bieberer Berg gegen die Eintracht und konnte den Klassenerhalt der Kickers im gleichen Jahr verhindern. Nach seinem endgültigen Ab-

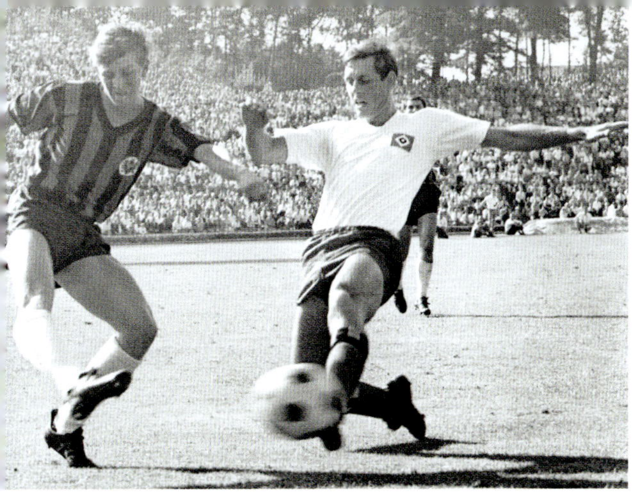

Jürgen Grabowski bei seinem Bundesligadebüt gegen den Hamburger Jürgen Kurbjuhn.

1860 München in einem mitreißenden Spiel mit 5:2. Und sie gab sich die Blöße, gegen den Absteiger Borussia Neunkirchen zu Hause zu verlieren. Anschließend scheiterte die deutsche Nationalmannschaft bei der WM 1966, die Grabowski durchgehend auf der Ersatzbank verbrachte, tragisch im Finale von Wembley. Lutz vertrat beim Halbfinalsieg gegen die UdSSR den Bremer Horst Höttges und wechselte daraufhin zu 1860 - um nach nur einem Jahr reumütig zur Eintracht zurückzukehren. Mit ihm verließen Höfer und Stinka aus der Meisterelf die Eintracht, auch Stein und Trimhold kehrten dem Riederwald den Rücken.

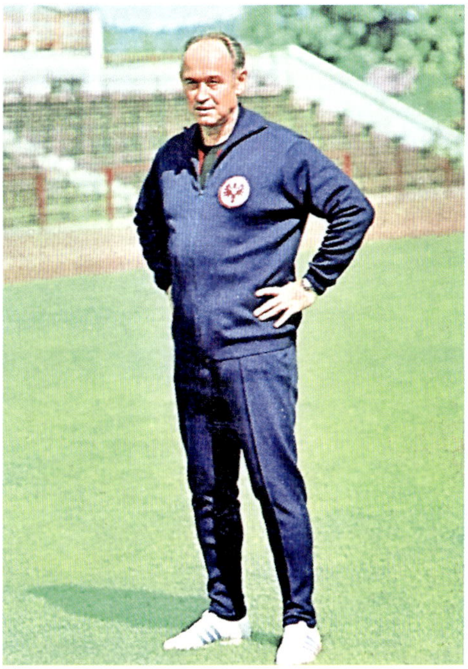

Trainer Elek Schwartz

schied als Trainer blieb er beiden Vereinen gewogen. Als er im November 1993 starb, verlor kein Offenbacher und kein Frankfurter ein schlechtes Wort über den Mann, der im Grunde 1959 gleich zwei Teams ins Endspiel um die Deutsche Meisterschaft geführt hatte.

1966/67: Überraschungen und Tumult

Dass am Ende der Saison 1966/67 die Eintracht die Schale in den Händen hielt, überraschte alle. Vor allem, dass es die Braunschweiger Eintracht war. Die Frankfurter klebten den Braunschweigern lange im Nacken, holten aber aus beiden Spielen gegen den Namensvetter keinen einzigen Punkt. Auch im denkwürdigen Spiel gegen Nürnberg, das die Eintracht trotz 20:1-Ecken mit 1:4 verlor, ließ sie wichtige Punkte liegen. Während des Spiels kam es zu Tumulten, Schiedsrichter Seiler musste unter Polizeischutz das Stadion verlassen. Nach Abpfiff zogen aufgebrachte Anhänger in die Innenstadt und zerstörten die Scheiben der Nürnberger Bank. Am letzten Spieltag verspielte die Eintracht die Vizemeisterschaft durch eine unnötige Niederlage bei 1860. Fahrudin Jusufi, der stürmende Verteidiger, hatte sich dennoch in die Herzen der Fans gespielt.

Messepokal II

Dramatisch ging es beim Halbfinale im Messepokal zu. Erst überfuhr die Eintracht NK Dinamo Zagreb mit 3:0, auf der Trainerbank der Gäste staunten Ivica Horvat und Branko Zebec nicht schlecht. Sieben Tage später erfolgte das Rückspiel, in dem Zagreb bereits nach 15 Minuten mit 2:0 führte. Es folgte ein Sturmlauf auf das von Kunter gehütete Tor, den Gucmirtl in der 87. erfolgreich abschloss - und die Verlängerung erzwang. Diese brachte einen zweifelhaften Elfmeter und damit das entscheidende Tor für die Jugoslawen. Horvat und Zebec konnten sich zufrieden zurücklehnen. Die Eintracht aber musste noch im Alpenpokal ran, gab sich keine Blöße und siegte nach der Sommerpause im finalen Spiel gegen Basel durch Solz und Walter Bechtold mit 2:1. Der unbesiegte Alpenpokalsieger 1967 hieß: Eintracht Frankfurt.

1967/68: Der Nickel und der Holz

Während der Saison 1967/68 feierten zwei Spieler ihre Bundesliga-Premiere, die noch heute ihren Platz in jeder Jahrhundertelf der Eintracht unwidersprochen finden sollten: Bernd Hölzenbein und Bernd Nickel. Der eine kam 1966 vom TuS Dehrn zu den Amateuren der Eintracht, der andere vom SV Eisemroth. Langsam nahm die Eintracht, die in den 1970er-Jahren für Furore sorgen sollte, Gestalt an, wobei Nickel noch bis 1972 offiziell als Amateur galt und bei den Olympischen Spielen in München die Farben Deutschlands vertrat. Erstmals standen sie am 9. März 1968 beim 0:3 in München gegen die Bayern gemeinsam auf dem Platz. Die Eintracht zeigte sich im Laufe der Saison, in der erstmals bei Pflichtspielen gewechselt werden durfte, janusköpfig, rangierte nach der Hinrunde mit Blick auf die Abstiegszone auf Rang 14, um anschließend hinter Werder Bremen die zweitbeste Rückrunde zu spielen. Das reichte für den 7. Platz. Ein noch besseres Ergebnis verspielte sie im letzten Spiel durch das magere 0:0 auf Schalke. Im Kasten stand Hans Tilkowski, der beim WM-Finale in Wembley 1966 das legendäre Wembley-Tor kassiert hatte. Doch er konnte die Erwartungen in Frankfurt nicht ganz erfüllen und musste Kunter wieder den Vortritt lassen. Im Alpenpokal schied die Eintracht ungeschlagen aus, wobei das 9:4 in Luzern nach 0:3-Halbzeit-Rückstand durchaus für Unterhaltung gesorgt hatte. Auch im Messepokal ward ihr kein gutes Los beschieden, da mit 0:1 und 0:4 gegen Nottingham Forest gleich beide Spiele in der ersten Runde verloren gingen. Insgesamt ließ die Saison noch viel Luft nach oben.

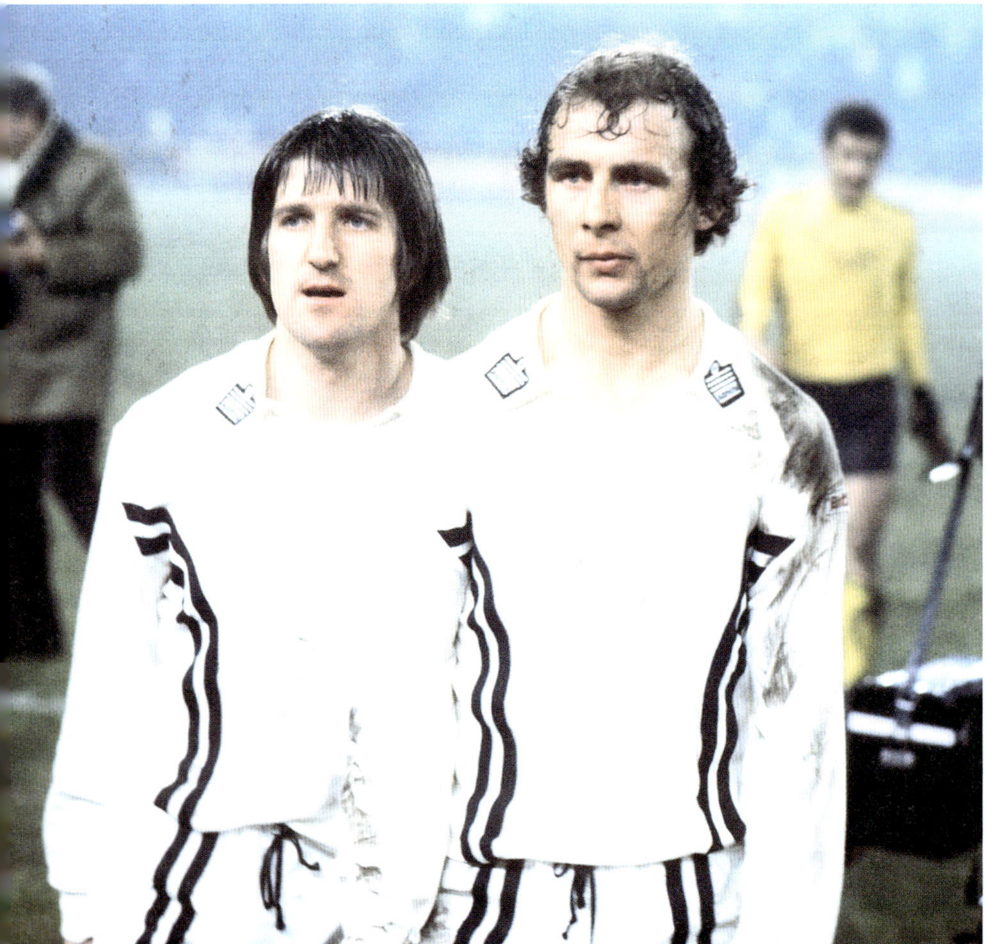

Bernd Nickel und Bernd Hölzenbein gehen nach dem Viertelfinale beim Europapokal der Pokalsieger gegen Sturm Graz vom Platz.

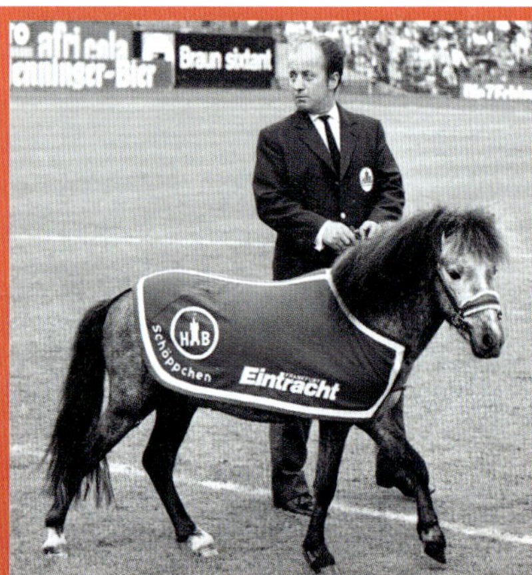

SCHÖPPCHEN

Anfang 1970 präsentierte die Eintracht in Zusammenarbeit mit Henninger, einer Frankfurter Brauerei, ihr neues Maskottchen, ein Zwergpony namens „Schöppchen". Fortan graste Schöppchen bei Heimspielen hinter dem Tor und wurde zum Star einer Karikaturenserie im Stadionheft. Eines Tages war es wieder verschwunden und fand seinen Nachfolger 2006 in Attila, einem lebenden Steinadler. Ein kleines Pferd hätte man zu diesem Zeitpunkt niemandem mehr bei der Eintracht unterjubeln können. „Schöppchen" wird übrigens im Frankfurter Dialekt ein kleines Glas Bier oder Apfelwein genannt.

1969: Die verlorene Tochter kehrt zurück

Im Jahr darauf verabschiedete sich die Eintracht mit einem achtbaren 8. Rang in die 1970er-Jahre. Am 10. Oktober 1969 kehrte auch die verloren geglaubte Tochter der Turngemeinde offiziell wieder in den Schoß der Eintracht zurück und entwickelte sich bald zur mitgliederstärksten Abteilung. Die Eintracht strich offiziell die „Sportgemeinde" aus ihrem Namen und hieß fortan schlicht: Eintracht Frankfurt e.V.

Der beste Einwechselspieler der Welt

Grabowski hatte sich trotz der für die Eintracht durchwachsenen Saison 1969/70 endgültig in die Nationalmannschaft gespielt - und avancierte bei der WM 1970 zum besten Einwechselspieler der Welt. Ein Titel, der ihm nicht so recht passte, hätte er doch liebend gerne von Beginn an gespielt. Aber an seinem Zimmernachbarn „Stan" Libuda kam auch ein Grabi nicht vorbei. Der großartige Autor Ror Wolf brachte seine Situation literarisch auf den Punkt:

Grabowski zeigt mit seinen Hexentänzen,
er war ein großer König auf der Bank,
das hört er zwar nicht gern, das macht ihn krank,
Herrn Bobby Moore energisch alle Grenzen.

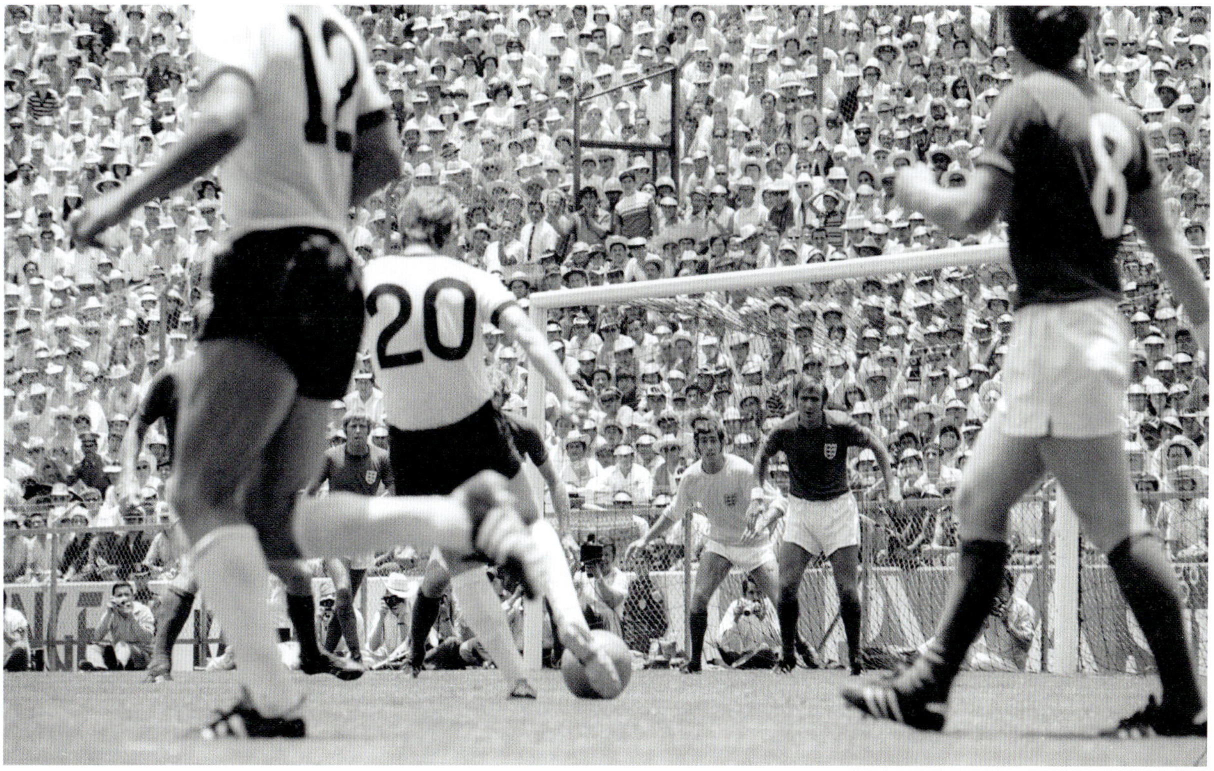

DAS TRIKOT DES GEORGE BEST

Die Saison klang mit einer Reise in die USA und nach Kanada aus, in Kalifornien traf die Eintracht dabei freundschaftlich auf Manchester United mit dem großen George Best in seinen Reihen. Jürgen Kalb hatte seinen Gegenspieler Best hervorragend im Griff. Voll gegenseitiger Anerkennung tauschten beide ihre Trikots. Als Frau Kalb Jahrzehnte später beim Aufräumen das unscheinbare rote Baumwoll-Leibchen Bests im Schrank fand, entsorgte sie es im Müll. Kalb, der eines Tages nach dem Verbleib seines Trikots fragte, traute seinen Ohren nicht, als seine Gattin mit der Wahrheit herausrückte.

1970/71: Klassenerhalt in Offenbach

Im Sommer 1970 mussten Huberts und Jusufi des Geldes wegen gegen ihren erklärten Willen die Eintracht verlassen. Im gleichen Jahr endete auch die Ära Rudolf Gramlichs bei der Eintracht, der die drückende Schuldenlast zu verantworten hatte. Ihm folgte Albert Zellekens aus der Turnabteilung ins Präsidentenamt.

Mit den Neuzugängen Peter Reichel und Thomas Rohrbach startete die Eintracht in die Saison, an deren Ende der Bundesliga-Skandal den deutschen Fußball in den Grundfesten erschütterte und die Eintracht die Klasse mit Ach und Krach halten konnte. Nach der Hinrunde zierten die Frankfurter das Tabellenende mit mageren drei Siegen und neun geschossenen Törchen, drei davon beim 3:0 gegen den OFC. Dieter Lindner wurde aus dem Ruhestand geholt - eine Entscheidung, die sich bezahlt machen sollte. Der Routinier hielt die löchrige Abwehr beisammen, die Eintracht riss fortan zwar keine Bäume aus, aber sich wenigstens zusammen und verschaffte sich am 32. Spieltag durch einen Sieg gegen Rot-Weiss Essen etwas Luft. Eine Woche später ging es zum vorentscheidenden Duell auf den Bieberer Berg. Den Kickers stand das Wasser ebenfalls bis zum Hals, während skurrile Ergebnisse in den anderen Duellen die Liga aufhorchen ließen. Der Verlierer des Mainderbys konnte getrost für die Zweite Liga planen, was Bernd Nickel auch machte und im Falle eines Abstiegs bei den Bayern im Wort stand. Der OFC hatte der Eintracht im Laufe der Jahrzehnte manch schmerzliche Niederlage zugefügt, doch immer wenn es darauf ankam, war auf die Eintracht wie 1959 Verlass. Ein Scherenschlag Nickels nach Vorarbeit von Hölzenbein sowie ein Kopfball von Holz entschieden das Mainderby zugunsten der Eintracht, der eine Zentnerlast vom Herzen fiel und die sich bei Kunter bedanken durfte. Da die Kickers auch das letzte Spiel in Köln verloren, spielte die 1:4-Heimniederlage der Eintracht gegen den Meister aus Mönchengladbach keine tragende Rolle mehr. Die Eintracht konnte die Klasse halten. Und Nickel blieb in Frankfurt.

Die Helden in Offenbach:

Kunter - Lindner - Lutz - Wirth - Reichel - Heese - Kalb - Hölzenbein - Grabowski - Trinklein (76. Rohrbach) - Nickel, Trainer: Ribbeck

Horst Heese wirft alles rein in der Partie gegen die Kickers Offenbach.

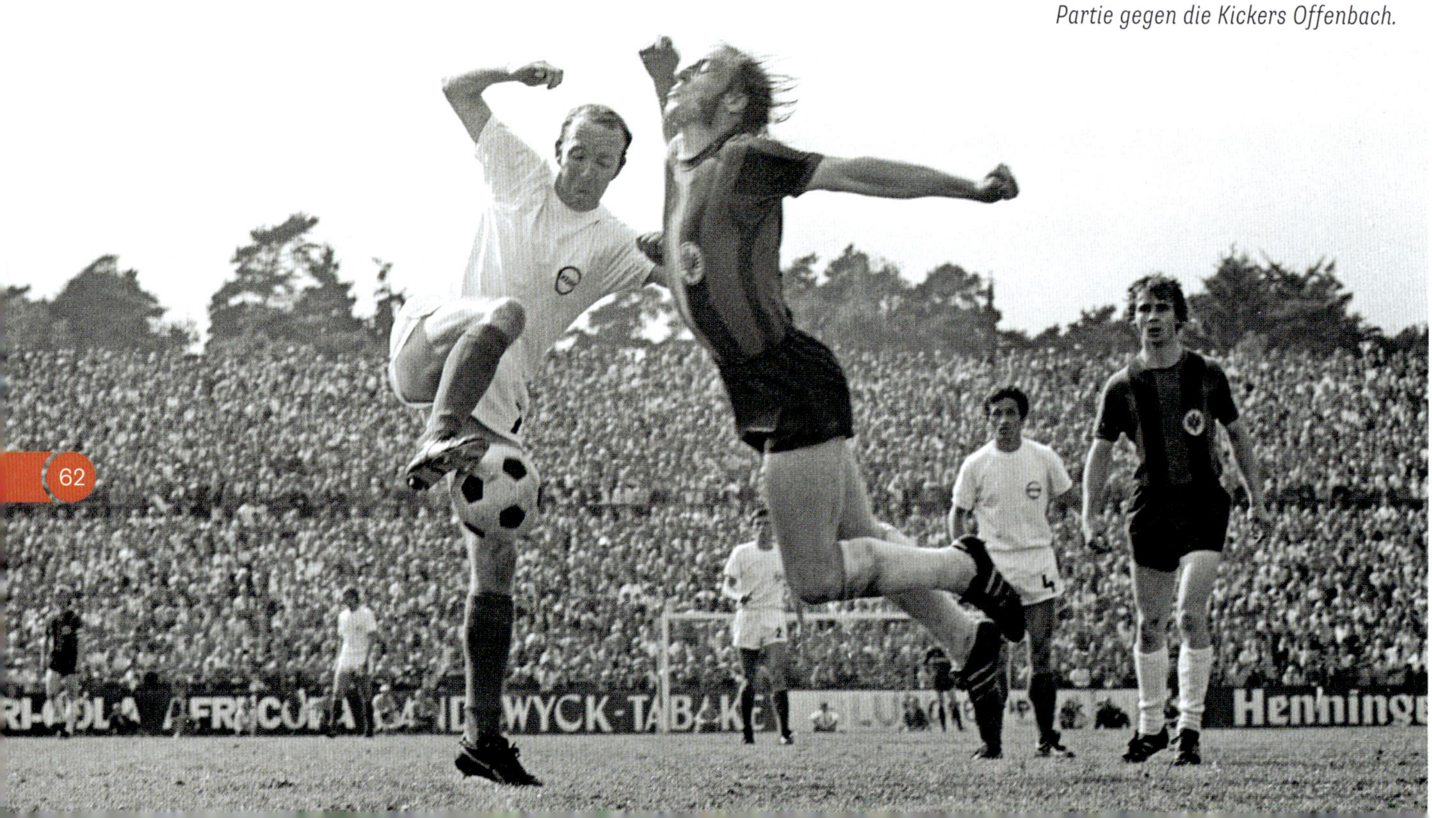

1971/72: Vom Fast-Absteiger in den UEFA-Cup

Am 6. Juni 1971 wurde die Fußballwelt durch einen Skandal erschüttert. Horst-Gregorio Canellas, seines Zeichens Präsident von Kickers Offenbach, präsentierte anlässlich einer Feier zu seinem 50. Geburtstag Tondokumente, die belegten, dass einzelne Spiele verschoben waren. Die Eintracht betraf dies allerdings nur am Rande.

Lindner beendete seine Karriere und wurde zum Ehrenspielführer geadelt. Zum Saisonauftakt 1971/72 fand sich Eintracht Frankfurt durch ein 1:5 beim HSV erneut im Tabellenkeller wieder, zeigte sich ansonsten aber äußerst treffsicher und spielte sich vom Fast-Absteiger bis in den UEFA-Cup. Das 4:4 in Stuttgart sollte der Auftakt zu einer Reihe höchst spektakulärer Auftritte gegen die Schwaben werden.

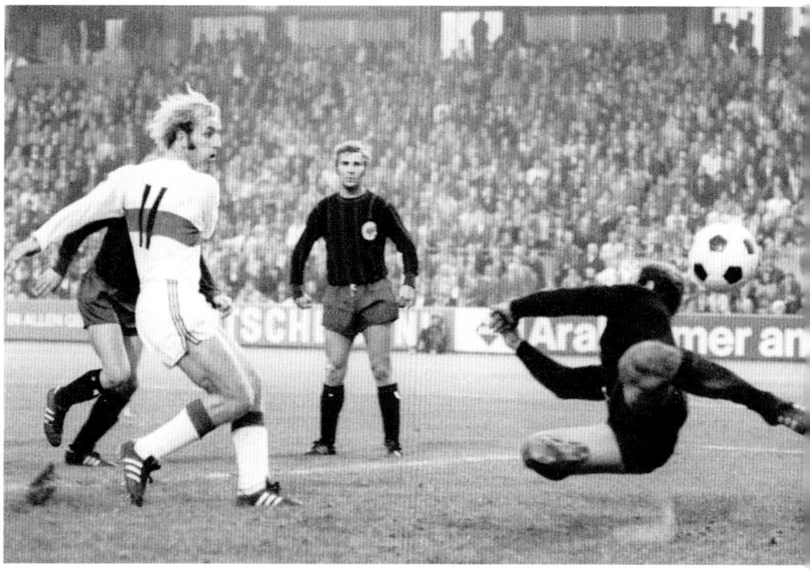

Die Fans sehen ein spektakuläres 4:4 gegen den VfB (oben) und verfolgen ein Jahr später den Aufstieg des jungen Charly Körbel (unten links, gegen Gerd Müller in weiß).

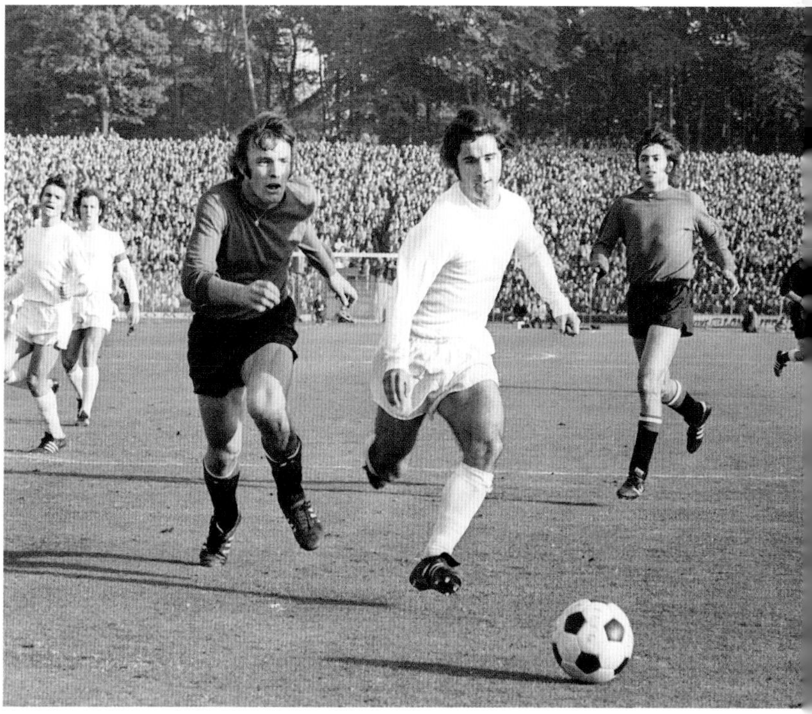

1972/73: La Coruña und Liverpool

Der erste Auftritt im Nachfolger des Messepokals, dem UEFA-Cup, bescherte der Eintracht mit dem FC Liverpool ein reizvolles Los. Nachdem sie sich in der Vorbereitung bei Deportivo La Coruña nach einer wüsten Treterei durch einen Treffer Ender Koncas die Trofeo Conde de Fenosa (einen reich verzierten, über 20 kg schweren und knapp 1,50 Meter hohen Pokal) sichern konnte, schien die Eintracht für internationale Aufgaben gerüstet. Zumal sich Neuzugang Uwe Kliemann als Turm in der Schlacht erwies. Die spanischen Gastgeber zeigten sich anschließend derart vergrätzt, dass sie kurzerhand das Flutlicht ausknipsten.

Das Aus in Runde eins gegen Liverpool war kurz und schmerzlos. Dem 0:2 an der Anfield Road folgte ein achtbares 0:0 im Waldstadion, und die Eintracht konnte sich wieder auf ihre Aufgabe in der Liga konzentrieren.

Dort drängte sich ein junger Spieler aus der A-Jugend ins Rampenlicht, der aufgrund einer Verletzung von Lutz kurzfristig ins kalte Bundesliga-Wasser geworfen wurde: Karl-Heinz Körbel, genannt Charly. Er bestand seine Feuertaufe mit Bravour und legte mit seinen 17 Jahren den überragenden Gerd Müller an die Kette.

Erwachsene Menschen

Mehr als ein mittelmäßiger achter Platz sprang in der Liga nicht heraus. Und wie so oft, wenn es um nichts außer der Ehre ging, schaute die Eintracht in beiden Mainderbys in die Röhre. Zwei Treffer Grabowskis setzte im Hinspiel Kostedde drei entgegen, zwei davon in den letzten fünf Minuten. Das Rückspiel geriet vollends zur Farce. Ohne die verletzten Grabowski und Hölzenbein sah die Eintracht im Waldstadion kein Land und verlor mit 0:3.

Da wegen der Weltmeisterschaft 1974 in Deutschland das Waldstadion umgebaut wurde, musste die Eintracht zum finalen Saisonspiel gegen das Kellerkind Duisburg ausweichen und fand ihre neue Spielstätte ausgerechnet am ... Bieberer Berg. Dass die Eintracht dieses Spiel nicht gewinnen konnte, lag auf der Hand, und sie fiel durch die 1:3-Niederlage gegen den MSV in der Tabelle erst- und letztmals in der Bundesliga hinter die Kickers zurück.

Am Ende der Saison tauschten Erich Ribbeck und Kaiserslauterns Trainer Dietrich Weise die Plätze. Die Eintracht hatte vorerst das große Los gezogen. Vor allem der sensible Hölzenbein wirkte erleichtert: „Dietrich Weise hat uns endlich wieder wie erwachsene Menschen behandelt."

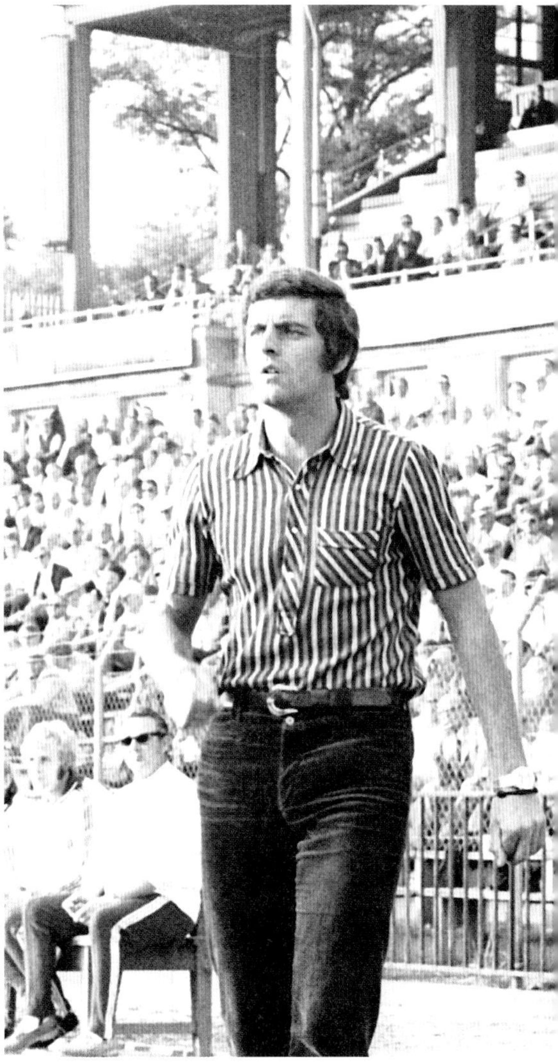

Trainer Erich Ribbeck

Jürgen Grabowski sucht die Lücke gegen den VfB.

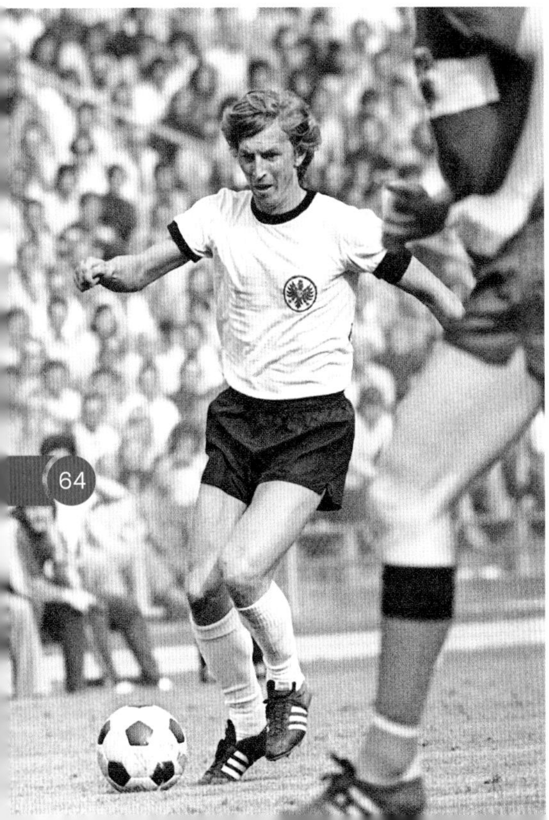

1973/74: Spiel gedreht

Mit Weise startete die Eintracht als einer der Titelfavoriten in die Saison 1973/74 und lieferte spektakuläre Ergebnisse - in jeglicher Hinsicht. Gegen den VfB Stuttgart drehten die Adler ein 0:3 binnen weniger Minuten und feierten durch Treffer von Nickel, Weidle und Hölzenbein (2) noch einen unfassbaren 4:3-Erfolg. Kliemanns unbändiger Willen, trotz gebrochenem Nasenbein die Mannschaft nach vorne zu treiben, wurde belohnt. Beim Aufsteiger Rot-Weiss Essen fing sich die SGE ein unerklärliches 3:6, und noch indiskutabler war das 2:5 beim OFC.

Die Eintracht ließ sich nicht hängen, bestrafte Essen im Rückspiel mit 6:0 und holte auch gegen die Kickers im Heimspiel noch einen Punkt. Natürlich durfte auch die obligatorische Niederlage bei einem Absteiger nicht fehlen: 2:3 beim Neuling Fortuna Köln. Am Ende landete die SGE auf dem vierten Platz, hatte gegen Meister Bayern München kein Spiel verloren und selbst damit ihr Pulver noch nicht verschossen.

Wettschulden

Nach Siegen über Tennis Borussia Berlin (8:1), Hessen Kassel (3:2) und einem hart umkämpften 4:3 n.V. gegen den 1. FC Köln trafen sich die Eintracht und die Bayern im Halbfinale des DFB-Pokals zum dritten Mal in dieser Saison. Im restlos ausverkauften Waldstadion, eine Rarität in diesen Jahren, sorgte Hölzenbein für das 1:0, das die Bayern binnen zwei Minuten drehen konnten. Breitners Elfmeter sollte nicht der letzte gewesen sein. Kurz darauf vergab Grabi einen für die Eintracht, dann traf Thomas Rohrbach aus dem Spiel heraus zum 2:2-Ausgleich. Die Verlängerung drohte. In der letzten Minute der regulären Spielzeit zeigte der bravouröse Schiedsrichter Aldinger erneut auf den Punkt. Hölzenbein war gefallen, die Bayern zeigten sich entsetzt. Diesmal trat Kalb an. Bevor es so weit war, gab es Diskussionen um die Position des Balles. Inmitten der Streitereien wettete Roland Weidle mit Torhüter Sepp Maier um 10 Mark, dass die Kugel reingeht. Kalb lief an - Maier ahnte die Ecke, konnte den Ball aber nicht parieren, verlor 10 Mark und das Spiel. Die Eintracht stand nach 1964 wieder im Endspiel. Dessen Anpfiff erfolgte wegen der WM erst zu Beginn der neuen Saison.

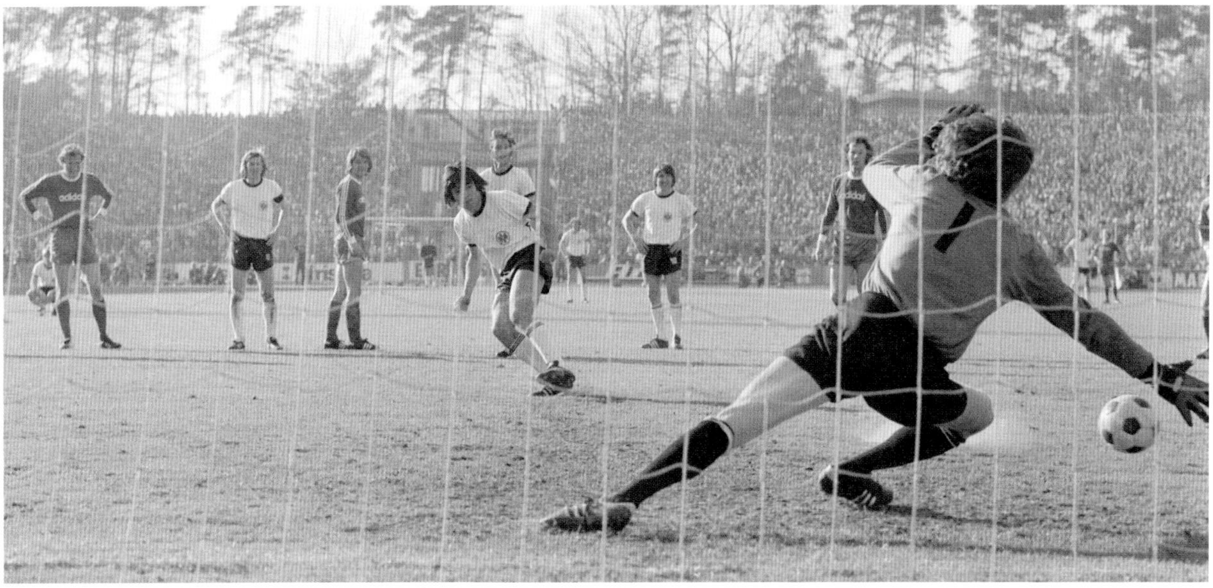

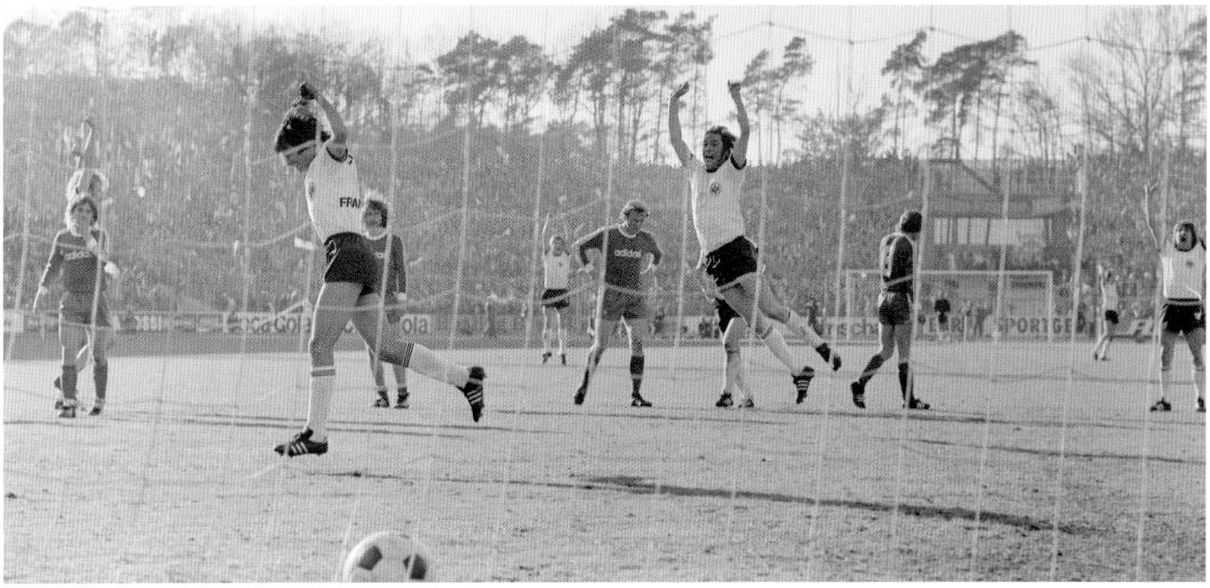

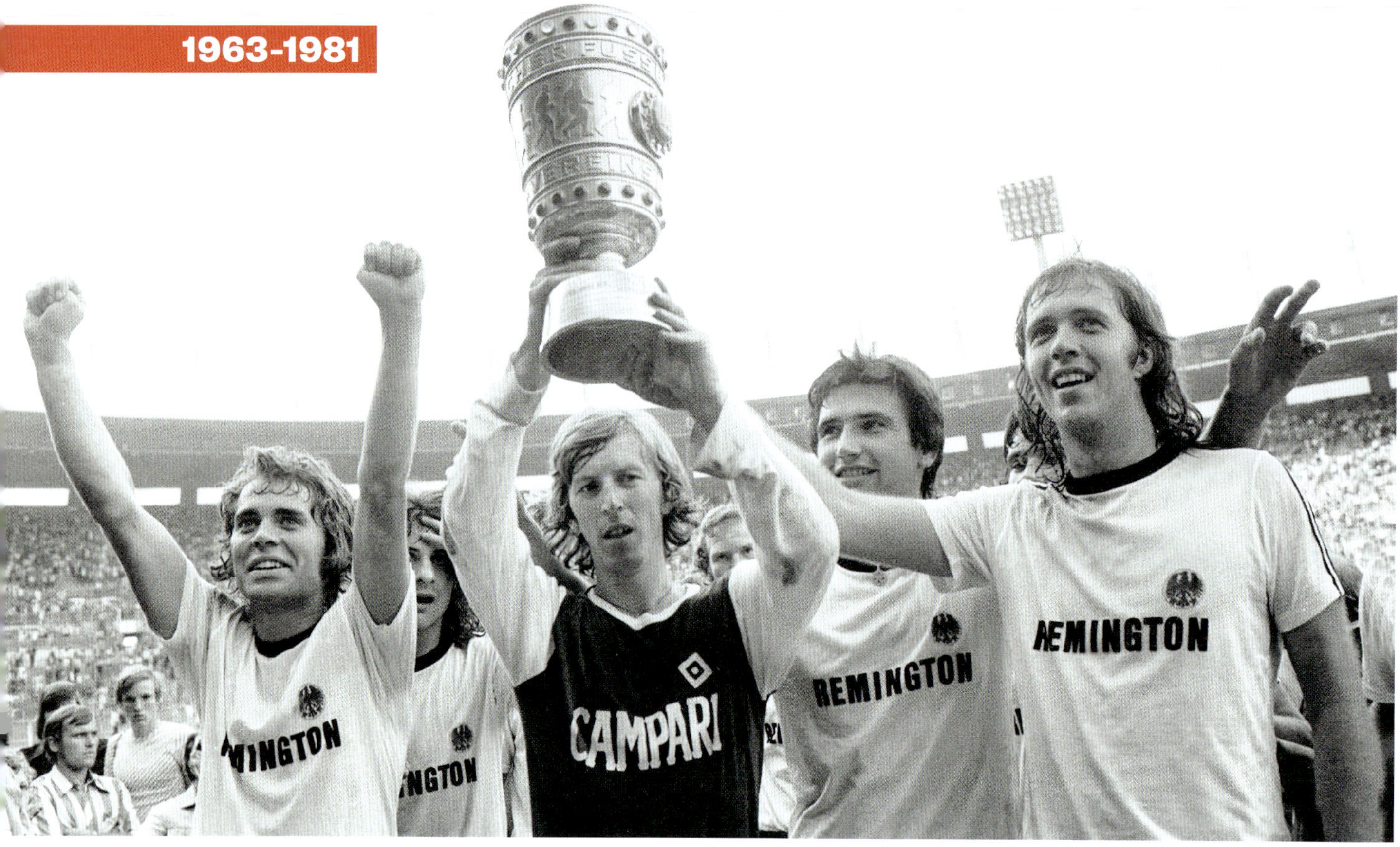

Wolfgang Kraus, Jürgen Grabowski, Klaus Beverungen und Gert Trinklein mit dem Pott

Deutscher Pokalsieger 1974

Im Sommer wechselte Kliemann zur Hertha, Beverungen hingegen kam von Schalke und absolvierte seinen ersten Pflichtspieleinsatz gleich vor großer Kulisse in Düsseldorf. Dort traf die Eintracht mit den frisch gebackenen Weltmeistern Grabowski und Hölzenbein auf den HSV.

Trinklein, der die Anweisung seines Trainers, die Mittellinie nicht zu überqueren, in der 40. Minute geflissentlich ignorierte, startete mit wehenden Haaren zu einem Sololauf, den er mit dem 1:0 krönte. Die Führung der Eintracht egalisierte Bjørnmose eine Viertelstunde vor Schluss. Verlängerung. Ein schnell ausgeführter Freistoß brachte die Vorentscheidung. Nickel passte zu Hölzenbein, dessen Heber sich unhaltbar für Kargus ins Netz senkte. Ein Kopfballtorpedo des eingewechselten „Scheppe“ Kraus sorgte für Gewissheit. Der Deutsche Pokalsieger 1974 hieß: Eintracht Frankfurt. Grabi tauschte sein Trikot unbedarft mit seinem Gegenspieler und nahm den Pokal vor laufenden Kameras entgegen. Dass er dabei an prominentester Stelle Werbung für den Sponsor des Gegners machte, kam ihm nicht in den Sinn. Der Eintracht aber schon, flugs wurde ein Eintracht-Trikot organisiert und erneut für Fotos posiert. Doch die Übergabe war gelaufen.

Deutscher Pokalsieger 1974:

Kunter – Reichel (106. H. Müller) – Trinklein – Körbel – Kalb – Nickel – Grabowski – Weidle (74. Kraus) – Beverungen – Hölzenbein – Rohrbach, Trainer: Weise

WERBUNG AUF DER BRUST

Bei dieser Begegnung trugen beide Teams erstmalig Werbung auf der Brust. Auf den blauen HSV-Leibchen prangte „Campari“, die weißen Trikots der Eintracht zierte „Remington“.

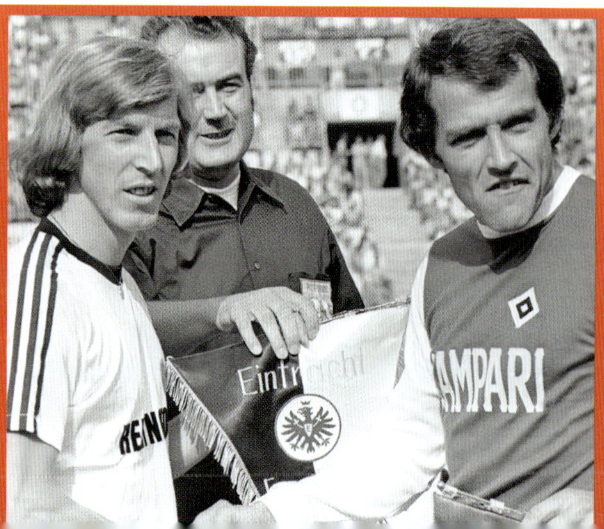

Tor Tor Tor

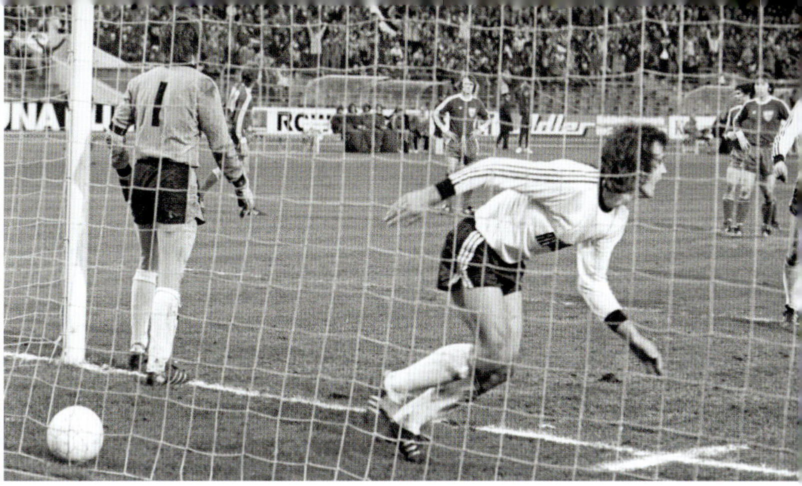

Karl-Heinz Körbel nach seinem Tor zum 4:3 gegen den VfB Stuttgart, Endstand 5:5

Die Geschichte des ersten Auftritts im Europapokal der Pokalsieger ist schnell erzählt. Nach dem Erstrundenerfolg gegen den AS Monaco scheiterte die Eintracht an Dynamo Kiew mit Superstar Oleg Blochin. In der Liga lief es zumeist wie am Schnürchen. 89 Saisontore - mehr erzielte die Eintracht weder davor noch danach in einer Saison. 5:1 gegen Kaiserslautern, 9:1 gegen Essen (höchster Eintracht-Sieg aller Zeiten), 4:0 gegen Düsseldorf. Beim 5:5 gegen den VfB trug Herbstneuzugang Willi Neuberger (der vom Interesse der Eintracht in der Badewanne erfuhr) erstmals das Eintracht-Trikot und läutete seinen dritten Frühling ein. Dr. Peter Kunter gab anschließend zu, „dass der Willi vorne gar nicht so oft treffen konnte, wie ich die Dinger hinten reinließ". In der Tat, Kunter wurde der schwarze Peter zugeschoben, er überließ den Platz im Kasten Wienhold und konzentrierte sich fortan auf seine Arbeit als Zahnarzt, kehrte aber noch einmal 1976 nach einer schweren Verletzung Wienholds ins Eintracht-Tor zurück. In der Liga ging es munter weiter: 5:0 gegen Wuppertal, 7:1 gegen Tennis Borussia, 4:1 gegen den MSV Duisburg, 1:2 gegen Kickers Offenbach ...

Letztlich erreichte die Eintracht den dritten Platz hinter Meister Bayern München und der Berliner Hertha mit dem „Funkturm" Kliemann in ihren Reihen, dem die Eintracht weiterhin hinterhertrauerte. Die Vizemeisterschaft verspielte sie am letzten Spieltag durch ein 0:2 in Braunschweig. Sie konnte es verschmerzen, stand sie als Titelverteidigerin erneut im Pokalendspiel. In Hannover wartete der MSV Duisburg.

Deutscher Pokalsieger 1975

In der Gluthitze des Niedersachsenstadions schnürte die Eintracht den MSV, bei dem acht Spieler schon damals mit roten Puma-Schuhen in der Startelf agierten, in der eigenen Hälfte ein, ein Treffer sprang dabei nicht heraus. Erst als der Regen einsetzte, lief es besser. Körbels 1:0 in der 57. Minute erlöste die Fans, die unverdrossen ihre Eintracht anfeuerten. Duisburg gab sich nicht auf, doch Wienhold im Tor behielt die Nerven. Das 1:0 reichte - die Eintracht hatte ihren Titel verteidigt, und Grabi nahm den Pokal, diesmal im richtigen Trikot, in Empfang. Trinklein, dessen Zeit sich bei der Eintracht zu seinem Leidwesen offensichtlich dem Ende zuneigte, verpasste den morgendlichen Flieger nach Frankfurt und fehlte beim Empfang im Römer. Kalb und Rohrbach standen ebenfalls vor dem Abschied bei der Eintracht, mit der sich Trinklein überraschenderweise doch noch auf einen neuen Vertrag einigen sollte.

Deutscher Pokalsieger 1975:

Wienhold - Reichel - Körbel - Trinklein - Neuberger - Weidle - Beverungen - Nickel - Hölzenbein - Grabowski - Lorenz, Trainer: Weise

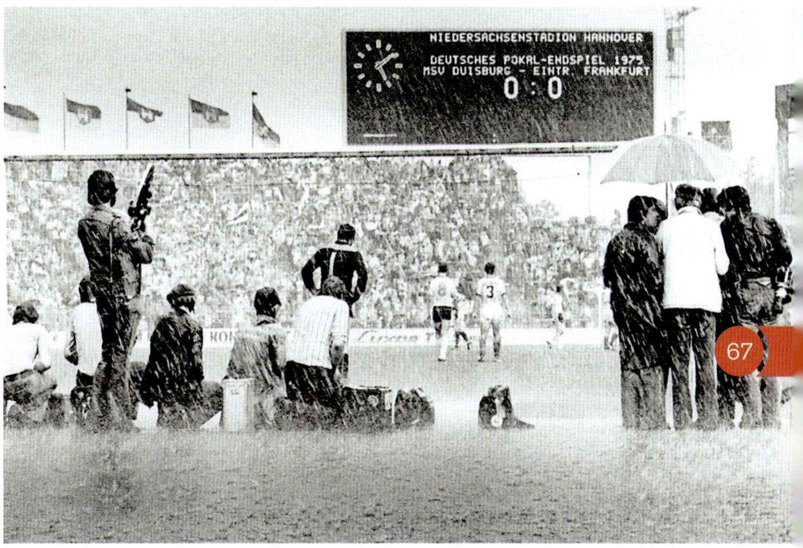

1976: Trotz Halbfinale mit leeren Händen

Ronald „Ronny“ Borchers aus der eigenen Jugend und Rüdiger Wenzel von St. Pauli erwiesen sich als die erhofften Verstärkungen, doch die Eintracht stotterte vor allem in der Liga mühsam durch eine Saison, die einige Highlights in petto hatte, ansonsten eher für Stirnrunzeln sorgte. 79 geschossene Tore, mehr als Meister Mönchengladbach, sprachen für eine durchschlagskräftige Offensive, 58 Gegentreffer zeigten hingegen, wo der Schuh drückte. Dr. Kunter rückte nach Wienholds Schienbeinbruch noch einmal in den Mittelpunkt, der blutjunge Friedl aus der A-Jugend debütierte als jüngster Spieler der Ligageschichte, doch erst die Verpflichtung Jupp Koitkas gegen Ende der Saison brachte Stabilität im Tor. Herausragend das 6:0 gegen den amtierenden Deutschen Meister Bayern München, bei dem Nickel eine Ecke zum 6:0 direkt verwandelte, deprimierend das 1:2 auf dem Bieberer Berg gegen die Kickers. Nach dem unglücklichen Aus im DFB-Pokal bei der Hertha platzte auch der Traum des Europapokal-Sieges trotz des 2:1-Hinspielerfolgs im Halbfinale gegen West Ham United. In der Londoner Rushhour steckte die Eintracht im Stau, die Spieler wärmten sich im Bus auf und erreichten gehetzt den Upton Park. Nach der Pause zog West Ham auf 0:3 davon, ehe Beverungens 1:3 trügerische Hoffnungen weckte. Der Treffer kam zu spät, die Eintracht schied aus - und stand am Ende der Saison mit leeren Händen da. Trainer Weise zog die Konsequenzen und bat um Vertragsauflösung.

Jürgen Grabowski kurz vor Anpfiff der Partie gegen West Ham United

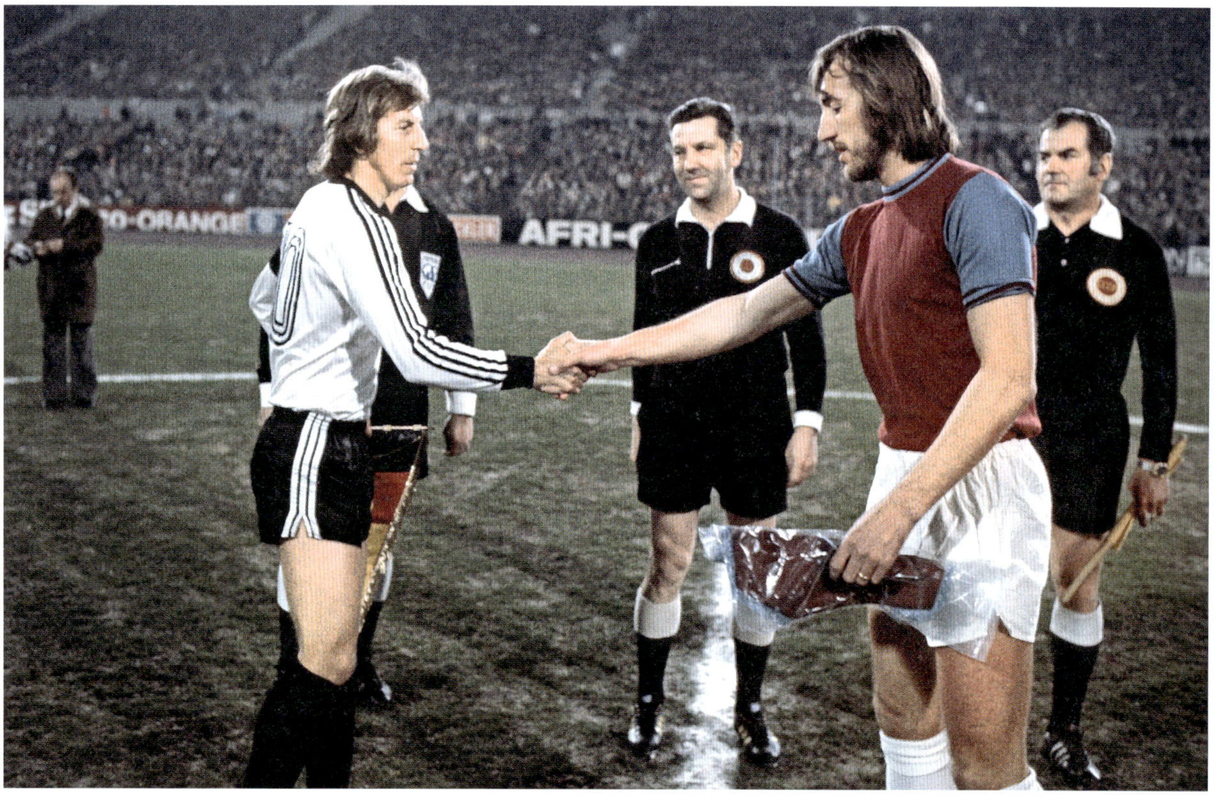

ABSAGEN

Im Frühjahr 1978 bekniete Bundestrainer Helmut Schön anlässlich der WM in Argentinien den überragenden Spielmacher Grabowski, der nach der WM 1974 seinen Abschied aus der Nationalmannschaft bekannt gegeben hatte, diese Entscheidung noch einmal zu überdenken. Grabi, der schon seit Langem, statt auf Rechtsaußen auf Bälle zu warten, die Fäden im Mittelfeld zog und dessen Stern heller leuchtete als je zuvor, rang lange mit sich. Letztlich erteilte er dem Bundestrainer in der gemeinsamen Heimat Wiesbaden eine Absage. Als Kolumnist der *Abendpost/Nachtausgabe* nahm er dennoch an der WM teil, die in Córdoba gegen Österreich ein desaströses Ende nehmen sollte. Hölzenbein nähr-

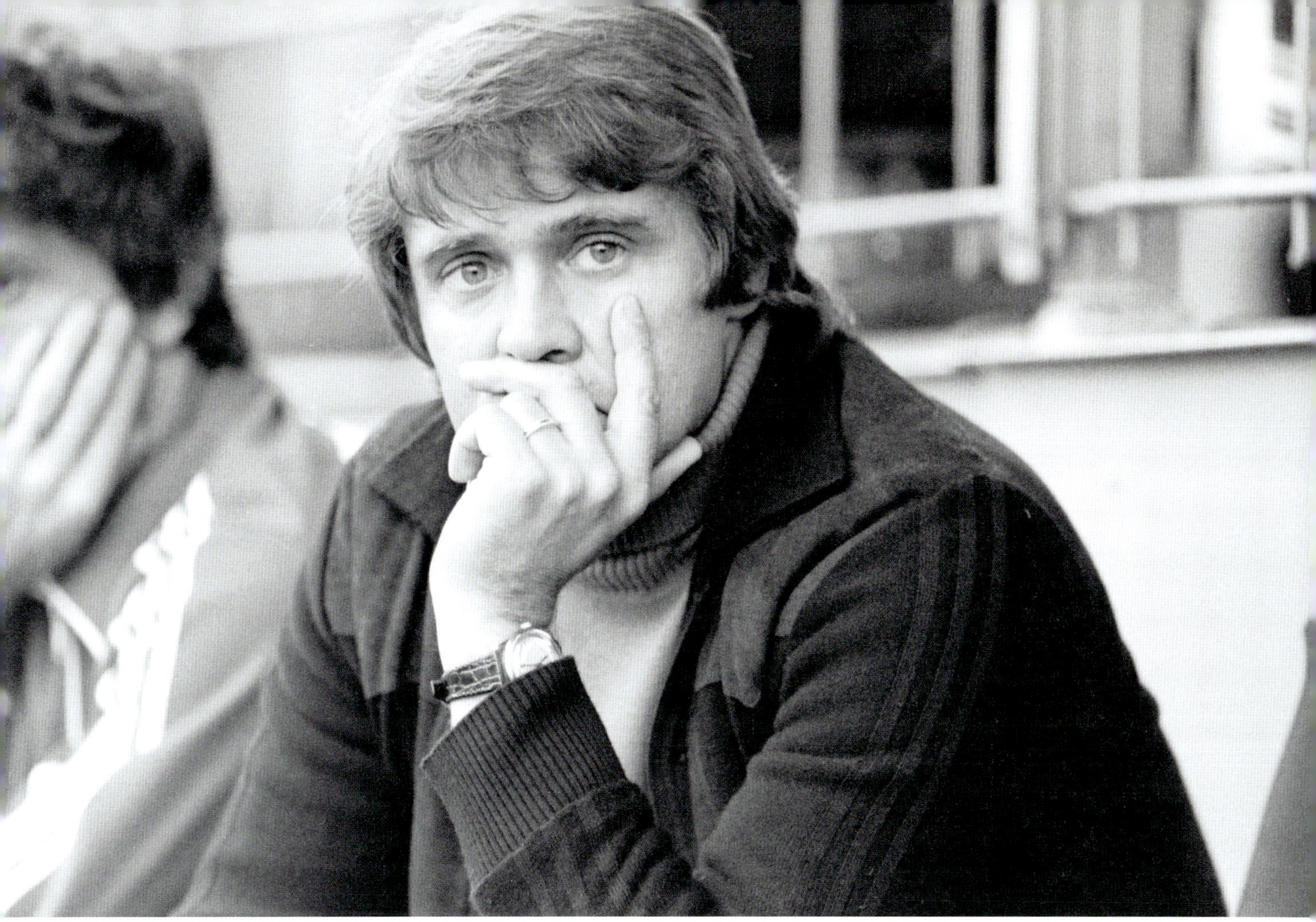

Friedel Rausch beim Spiel der Eintracht am 6. Oktober 1979 in Mönchengladbach

1978/79: Umbruch

Otto Knefler verunglückte kurz nach Amtsantritt 1978/79 und musste seine Trainertätigkeit nicht nur in Frankfurt beenden. Nach einem Intermezzo von Manager Udo Klug übernahm Friedel Rausch das Amt, der sich im Umbruch befindenden Eintracht. Da diese den schnellen Schweizer Rudolf Elsener von den Grasshoppers unter Vertrag genommen hatte und mit Pezzey ein weiterer Ausländer das „Ausländerkontingent" belegte (es durften seinerzeit nur zwei gleichzeitig auf dem Platz stehen), schickte sie Stepanović mit einer ordentlichen Abfindung Richtung Worms. Auch die Pokalsieger Trinklein, Weidle und Wienhold verabschiedeten sich. Peter Reichel ließ sich nach 224 Bundesliga-Spielen reamateurisieren und trat seine Stelle als Lehrer an. Dafür wechselte Werner Lorant an den Main, der im Folgenden fast alles wegbiss, was Grabi und Holz auch nur im Entferntesten in die Nähe kam. Das Minimalziel der UEFA-Cup-Qualifikation konnte die Eintracht meistern, der Finaltraum vom DFB-Pokal löste sich bei der Hertha durch das 1:2 in Berliner Luft auf.

te mit seinem Treffer im letzten Spiel gegen Österreich zum 2:2 noch einmal die Hoffnung auf einen versöhnlichen Abgang, doch Krankls Siegtor zerstörte die Träume der Deutschen. Hölzenbein tauschte nach dem Spiel sein Trikot mit Bruno Pezzey und beendete seine Karriere in der DFB-Elf, während Pezzey zur Eintracht wechselte.

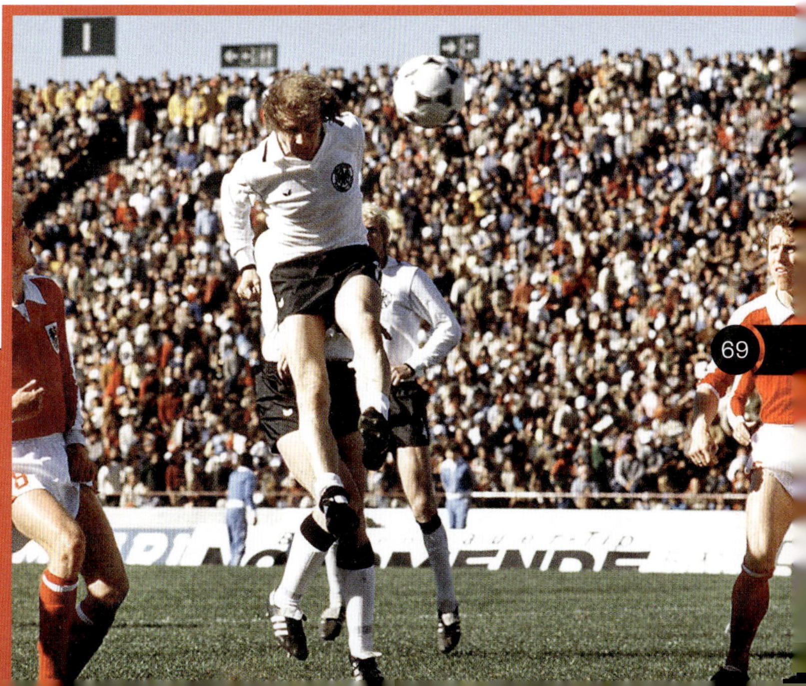

1979/80: Grabowski, ein Südkoreaner, ein Sitzkopfballtor und der UEFA-Cup

3:2 gegen den Meister aus München, 3:4 beim Absteiger aus Bremen, zwei monatelange Sperren für Bruno Pezzey, das ist der Stoff, aus dem ein neunter Platz gewoben wird. Die Geschichte der Saison 1979/80 wäre schnell erzählt, wären da nicht Grabowski, ein Südkoreaner, ein Sitzkopfballtor und der UEFA-Cup.

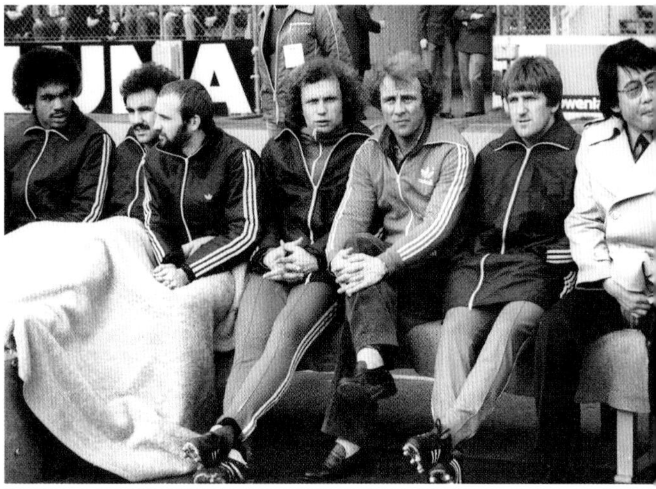

Ersatzbank Eintracht Frankfurt

Bum-kun Cha, südkoreanischer Nationalspieler, absolvierte 1978 ein Spiel für Darmstadt 98 und leistete anschließend seinen Militärdienst in der Heimat ab. Danach kehrte er nach Deutschland zurück und wurde den Lilien von der Eintracht abgeluchst, noch ehe diese einmal „Klassenerhalt" sagen konnten. Chas Wesen, seine Schnelligkeit und Schusskraft zeigten bald, dass der Eintracht ein Coup geglückt war, der sie weit tragen sollte. Am Horizont zeichnete sich hingegen ab, dass die Saison 1979/80 die letzte des Jürgen Grabowski werden sollte. Wie die großartige Karriere Grabis endete, stand nicht in den Planungen.

Sitzkopfball ins Glück

Während die Eintracht in der Liga am Ende der Hinrunde noch in Tuchfühlung mit dem Spitzenreiter aus München lag, konzentrierte sie sich in der Rückrunde auf den UEFA-Cup. In der ersten Runde kämpfte sie sich hartnäckig gegen den FC Aberdeen eines Alex Ferguson weiter und machte es in Runde zwei noch spannender. Nach dem 0:2 bei Dinamo Bukarest schien das Ausscheiden im Rückspiel trotz einer 1:0-Führung Sekunden vor dem Ende unausweichlich. Schiedsrichter Fredriksson aus Schweden hatte die Pfeife schon zum Abpfiff im Mund, als eine letzte Flanke Neubergers und deren Verlängerung durch Körbel eine sichere Beute des Bukarester Torhüters Ştefan zu werden schien. Hölzenbein rutschte unterdessen im Strafraum aus und hockte auf dem Hosenboden. Wie aus dem Nichts glitt Ştefan die Kugel aus den Händen, Hölzenbein reagierte geistesgegenwärtig und nickte den Ball im Sitzen zum 2:0 ein. In der Verlängerung machte Nickel den Deckel zu, die Eintracht hatte den Kopf aus der Schlinge gezogen.

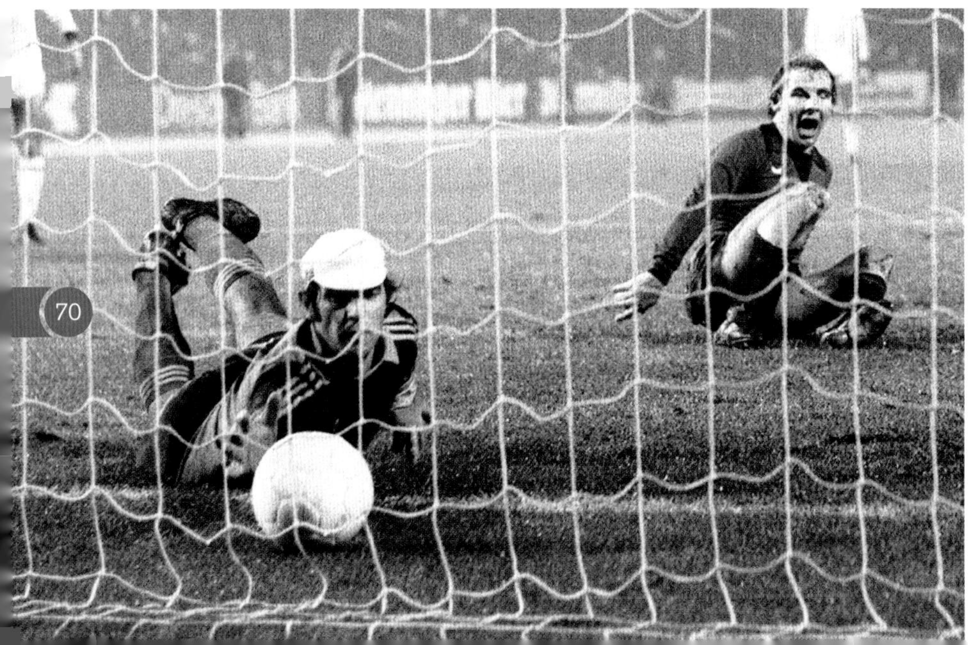

In Grün

Im Achtelfinale dropkickte Stefan Lottermann im ungewohnten grünen Trikot das 4:0 gegen Feyenoord Rotterdam, der Gegentreffer war ausschließlich kosmetischer Natur, ebenso das 1:0 Rotterdams im Rückspiel Sekunden vor dem Ende. Die Eintracht stand im Viertelfinale, und die Fans mussten zusehen, dass sie ohne bleibende Schäden in Frankfurt landeten. Die Rotterdamer Anhänger schwangen schwere Fahrradketten und warfen die Scheiben Frankfurter Fanbusse ein.

Waffenwerke Brünn

Friedlich dann die Spiele gegen Zbrojovka (Waffenwerke) Brünn aus der Tschechoslowakei. Mit dem 4:1 im Hinspiel lagen die Karten auf dem Tisch, zum Rückspiel reisten etliche Fans aus der DDR an, Informationen und Souvenirs wurden fröhlich getauscht. Nur Torwart Pahl, der sich in der Runde sowieso mit Klaus Funk abwechselte (beide zeigten Stärken wie Schwächen), blieb aus Angst vor Repressalien aufgrund seiner Flucht aus der DDR in Frankfurt. Norbert Nachtweih zeigte sich wahlweise nervenstärker oder leichtsinniger und spielte. Und noch einer reiste nicht mit nach Brünn: Jürgen Grabowski.

Harald Karger erzielt gegen Torwart Josef Hron (Brünn) das 4:1.

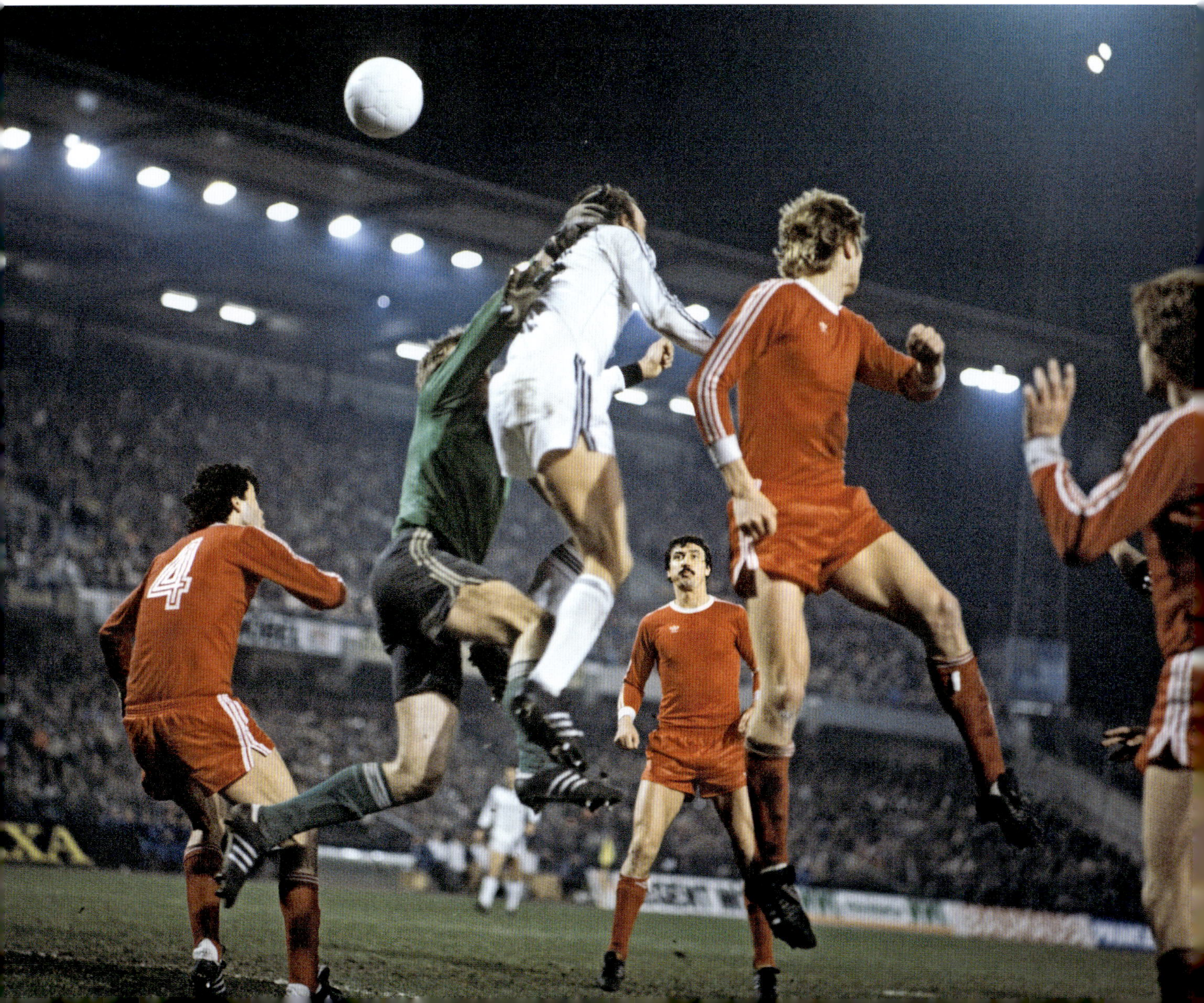

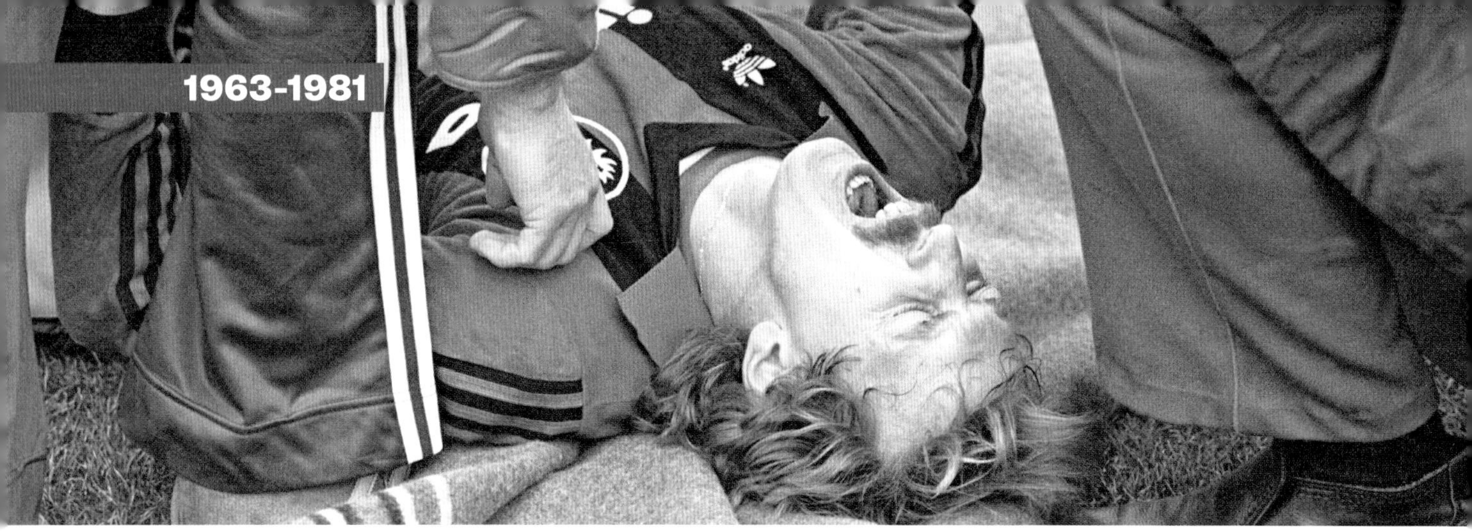

Ein Weltmeister verlässt den Platz

15. März 1980. Eintracht Frankfurt gegen Borussia Mönchengladbach 5:2. Was sich liest wie das Resultat eines ganz normalen Fußballspiels, besingt indes ein sportliches Drama. 80 Minuten waren gespielt, die Eintracht führte 3:2, als Jürgen Grabowski mit der 10 auf dem Rücken des rot-schwarz gestreiften Trikots den Ball zwischen dem Gladbacher Strafraum und der Außenlinie behaupten konnte. Ein blutjunger Spieler stürmte wie von der Tarantel gestochen auf ihn zu, setzte zu einer rücksichtslosen und völlig unnötigen Grätsche an und räumte Grabi rüde von der Seite ab. Jürgen Grabowski geht zu Boden, wird mit schmerzverzerrtem Gesicht vom Platz getragen. Der Mann, der ihn foulte, heißt Lothar Matthäus.

Sämtliche medizinische Bemühungen, ihn wieder auf den Platz zu bringen, schlugen fehl. Frankfurts Stolz, der Grabi und der Holz, ward auseinandergerissen.

Auf dem Weg ins Finale

Grabi verpasste nicht nur das Rückspiel in Brünn, das die Eintracht trotz 2:1-Führung in der 89. Minute noch 2:3 verlieren sollte, sondern auch das Halbfinale. Die Eintracht musste zu den Bayern, verlor 2:0 und setzte alle Hoffnungen auf das Rückspiel. Zwei Treffer Pezzeys, der zweite erst drei Minuten vor dem Ende, erzwangen die Verlängerung - in der die Eintracht durch Karger auf 3:0 davonzog. Dremmlers Tor ließ die Bayern jubeln, doch erneut Karger und Lorants Elfmeter machten den Sack zu, die Eintracht freute sich auf ein europäisches Finale. In zwei Endspielen wartete Borussia Mönchengladbach. Trainer der Borussen: Jupp Heynckes.

UEFA-Cup-Sieger 1980

Auf dem Bökelberg unterlag die Eintracht mit 2:3, das Rückspiel im Frankfurter Waldstadion musste es richten. 61.000 Zuschauer bangten 80 Minuten, dann erlöste sie ein Treffer des jungen Fred Schaub, der kurz zuvor für Nachtweih ins Spiel gekommen war. Da sie auch in den letzten zehn Minuten nichts anbrennen ließ, blieb es bei diesem Spielstand. In Hin- und Rückspiel stand es nun 3:3, die Auswärtstore sprachen für die Eintracht. Erstmals in ihrer Geschichte triumphierte sie in einem europäischen Wettbewerb und holte den UEFA-Cup an den Main, den Hölzenbein in Empfang nahm, um ihn unmittelbar darauf an den in Zivil neben ihm stehenden Grabowski zu überreichen. Zigtausende feierten zum letzten Mal ihren scheidenden Kapitän und skandierten dessen Namen. Tags darauf präsentierte die Mannschaft den Pokal den ausgelassenen Fans am Römer. Frankfurter Schulkinder bekamen frei, die Stadt spendierte Apfelwein, eine verhängnisvolle Kombination. Zwischenzeitlich suchte Geschäftsführer Jürgen Gerhardt verzweifelt die Trophäe. Hölzenbein hatte sie klammheimlich mit nach Hause genommen.

UEFA-Cup-Sieger 1980:

Pahl - Neuberger - Pezzey - Körbel - Ehrmantraut - Hölzenbein - Lorant - Nickel - Borchers - Cha - Nachtweih (77. Schaub), Trainer: Rausch

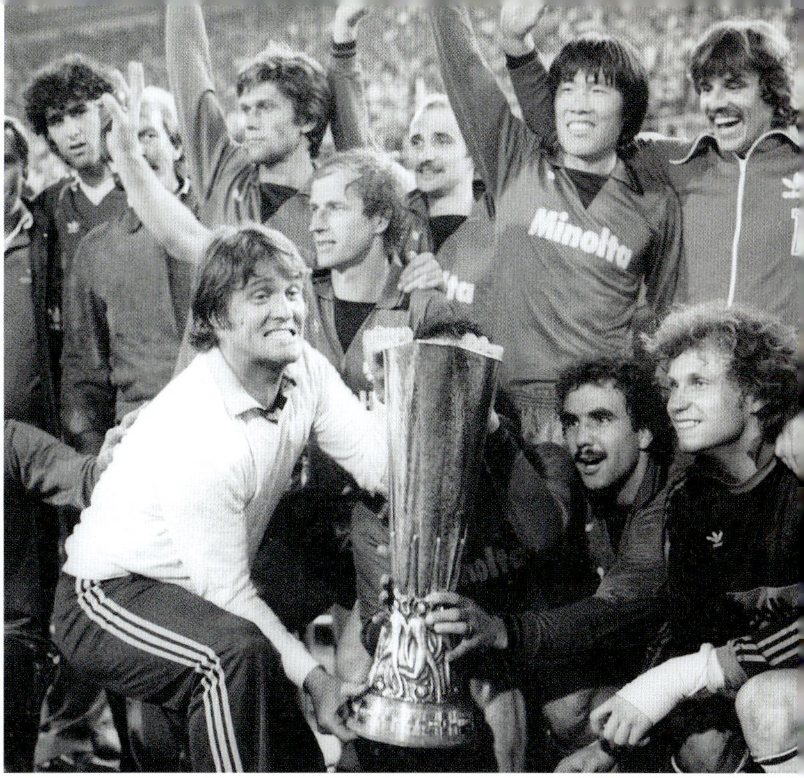

JÜRGEN GRABOWSKI

Von 1965 bis 1980 prägte Jürgen Grabowski durch seine unnachahmliche Weise den Stil von Eintracht Frankfurt, spielte sich in die Nationalmannschaft und nahm an drei Weltmeisterschaften teil. Er zählte auch zur Wembley-Elf, die im Viertelfinale der Europameister-Mannschaft 1972 das vielleicht beste Spiel Deutschlands aller Zeiten beim ersten Auswärtssieg in Wembley gegen England überhaupt ablieferte.

Bei der WM 1974 geriet Grabowski nach der 0:1-Niederlage gegen die DDR zum Sündenbock, musste gegen Jugoslawien auf die Tribüne, avancierte eingewechselt gegen Schweden zum Matchwinner und stand gemeinsam mit Hölzenbein in der Wasserschlacht gegen Polen wieder in der Startelf. Ausgerechnet in Frankfurt besiegten die Deutschen die technisch versierten Polen und zogen ins Finale ein. Auf der wenig geliebten Rechtsaußenposition eingesetzt, passte er zu Bonhof, dessen Flanke Gerd Müller zum vorentscheidenden 2:1 versenkte. Grabi wurde am Tag seines 30. Geburtstages Weltmeister, trat aus dem Nationalteam zurück und fand anschließend als Spielmacher der Eintracht zur Form seines Lebens. Nach 15 Jahren, 441 Spielen und 109 Toren in der Bundesliga, nach zwei Pokalsiegen und dem WM-Triumph beendete ein mieses Foul 1980 die Karriere des elegantesten Spielers, der je für Eintracht Frankfurt gespielt hat.

Übersicht und eine traumhafte Ballbehandlung zeichneten den bescheidenen Grabowski aus, der nach seinem erzwungenen Karriereende in Taunusstein eine Versicherungsagentur betrieb und mehr als jeder andere das Gesicht der Eintracht repräsentierte. Die Frankfurter Metal-Band Tankard widmete ihm einen Song, dessen Zeilen die Eintracht-Fans mit voller Inbrunst noch heute vor jedem Spiel schmettern: „Wir haben die Eintracht im Endspiel geseh'n, mit dem Jürgen, mit dem Jürgen."

Am 10. März 2022 verstarb Jürgen Grabowski nach schwerer Krankheit, die Fußballwelt zeigte sich erschüttert. Wolfgang Overath, sein Kölner Freund aus alten Tagen, würdigte ihn mit rührenden Worten bei der Trauerfeier, und Tausende nahmen im Stadion Abschied vom größten Fußballer der Eintracht. Die Fans gedachten seiner vor dem Europa-League-Spiel gegen den FC Barcelona mit einer gigantischen Choreografie. Und die Eintracht benannte ihm zu Ehren die Gegentribüne im Waldstadion in Jürgen-Grabowski-Gegengerade um.

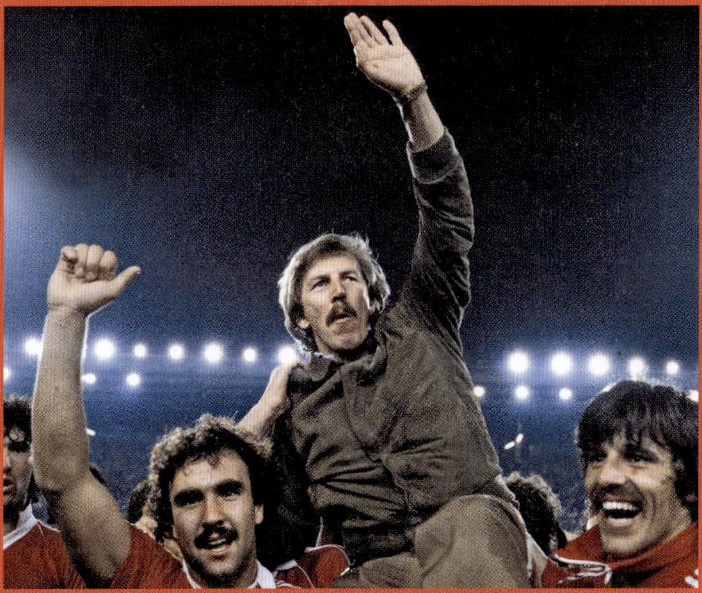

Die Abwehr wackelt

Trotz des Erfolges im Europapokal 1980 musste Trainer Rausch die Eintracht verlassen, Lothar Buchmann übernahm, und die Fans protestierten vehement gegen diese Entscheidung. Das Aus im Achtelfinale des Europapokals traf die Eintracht unerwartet; 4:0 führte sie bereits gegen den FC Sochaux aus Frankreich, doch zwei unnötige Gegentreffer brachten die Franzosen heran, die im Rückspiel gleich zwei weitere Tore dazusetzten und der Eintracht das Nachsehen ließen. In der Bundesliga erwies sich die Eintracht wie so oft in den letzten Jahren als treffsicher, 57 Gegentore allerdings waren des Guten zu viel. 1:4 beim Absteiger Uerdingen, 0:5 in Köln, 2:7 bei den Bayern. Mit Funk, Jüriens und Pahl versuchten sich gleich drei Keeper, die an guten Tagen alles und jeden hielten. An schlechten Tagen verzweifelten sie jedoch an sich selbst. Mehr als ein fünfter Platz war in dieser Saison nicht drin, nach der mit Bernd Hölzenbein auch der zweite Weltmeister Abschied von seiner Eintracht nahm und sich in Richtung Florida verabschiedete. Er ging nicht mit leeren Händen.

Deutscher Pokalsieger 1981

Der Riederwald, die glorreiche Spielstätte der Oberliga-Jahre, erlebte das letzte Pflichtspiel einer Profimannschaft der Eintracht am 4. Oktober 1980 in der zweiten Runde des DFB-Pokals vor sehr überschaubaren 2.500 Fans beim 6:0 gegen den VfB Friedrichshafen. Runde um Runde spielte sich die Eintracht weiter, besiegte die Hertha im Halbfinale und zog zum vierten Mal ins Pokalfinale ein. Gegen den 1. FC Kaiserslautern, dem sie 18 Tage zuvor noch unterlegen war, brannte die Eintracht in Stuttgart ein spielerisches Feuerwerk ab, führte souverän durch Treffer von Neuberger, Borchers und Cha mit 3:0, ehe Geye Sekunden vor dem Ende der Ehrentreffer gelang. Der Deutsche Pokalsieger hieß zum dritten Mal binnen weniger Jahre: Eintracht Frankfurt. Hölzenbein nahm den Pokal in Empfang, die Eintracht ließ sich traditionell am Römer feiern.

Deutscher Pokalsieger 1981:

Pahl - Pezzey - Sziedat - Körbel - Neuberger - Lorant - Borchers - Nachtweih - Nickel - Hölzenbein - Cha, Trainer: Buchmann

Willi Neuberger trifft zum 1:0 für die Eintracht, die am Ende den Pokal mitnimmt.

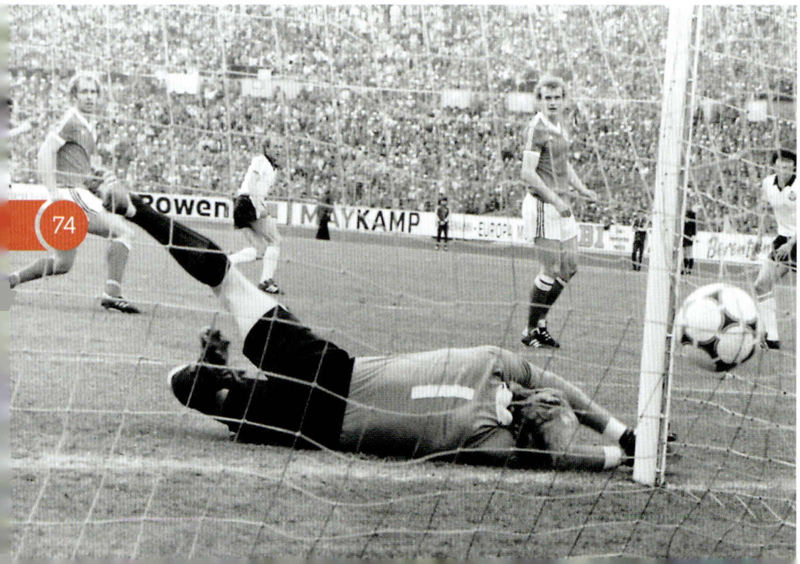

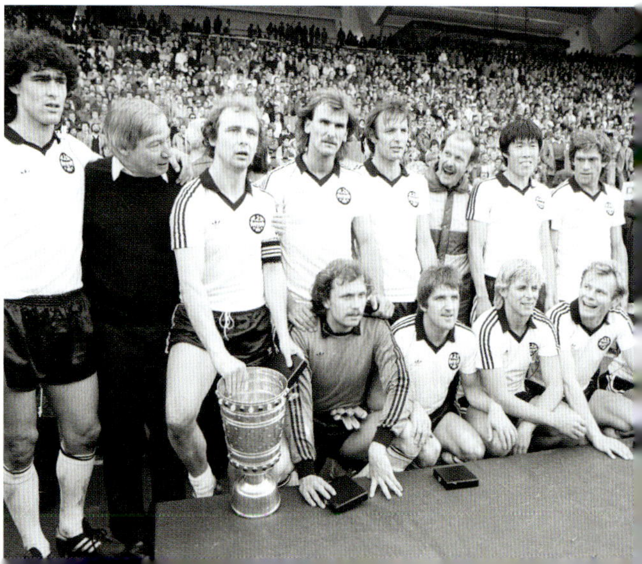

BERND HÖLZENBEIN

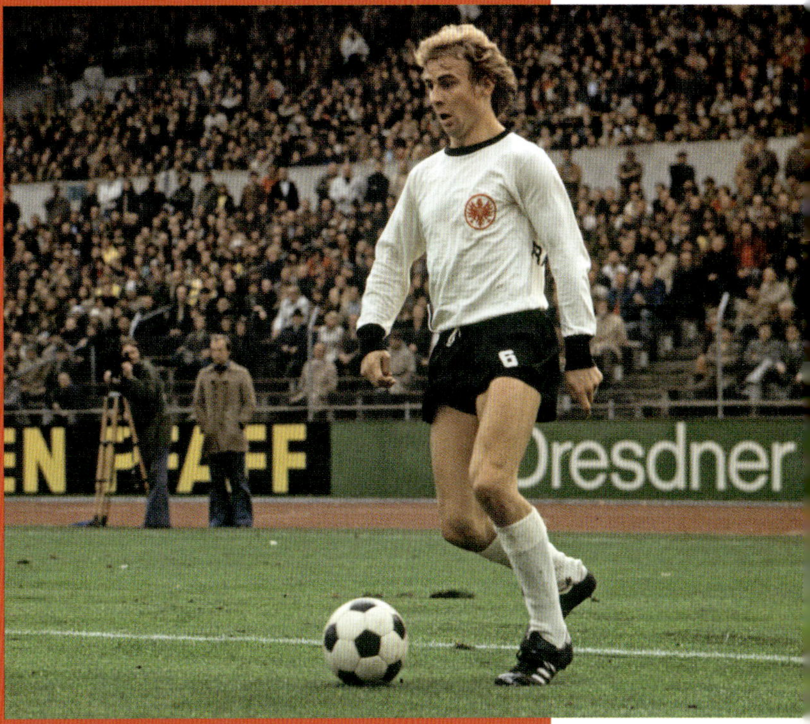

Rekordtorschütze der Eintracht in der Bundesliga, Weltmeister 1974, Pokalsieger 1974, 1975, 1981, UEFA-Cup-Sieger 1980 – die Liste der Erfolge von Bernd Hölzenbein ist lang. Und beinahe wäre auch der Titel des Deutschen Meisters dazugekommen. Als Architekt des „Fußball 2000" sorgte Holz, wie er von den Fans schon lange liebevoll genannt wurde, zunächst als Vizepräsident, später als Manager, für eine der besten Phasen der Eintracht zu Beginn der 1990er-Jahre. Mit Uli Stein, Manni Binz, Ralf Falkenmayer, Uwe Bein und Tony Yeboah spielte die Eintracht an guten Tagen alles in Grund und Boden. An schlechten verlor sie in Rostock und verspielte 1992 den schon sicher geglaubten Titel.

Weltberühmt wurde Hölzenbein am 7. Juli 1974 im WM-Finale gegen die Niederlande. Nach der frühen Führung der Niederländer drang der wieselflinke Außenstürmer in den Strafraum ein und wurde gelegt. Bis heute besteht Oranje darauf, dass es eine glasklare Schwalbe gewesen ist, die zum Elfmeter und Ausgleich durch Paul Breitner führte. Hölzenbein widersprach leise, aber bestimmt. Gerd Müllers 2:1 noch vor der Pause hatte bis zum Schlusspfiff Bestand, Deutschland holte sich zum zweiten Mal den Titel. Frankfurt feierte seine Weltmeister Bernd Hölzenbein und Jürgen Grabowski auf dem Frankfurter Römerbalkon.

1966 vom TuS Dehrn gekommen, spielte sich Hölzenbein von den Amateuren der Eintracht in die Bundesliga-Mannschaft und verließ den Verein nach 420 Bundesliga-Spielen mit 160 Toren, um seine Karriere 1981 in den USA ausklingen zu lassen. Besonders getroffen hat ihn der erste Abstieg 1996, für den er als Manager mitverantwortlich gemacht und anschließend von der Eintracht entlassen wurde. Heribert Bruchhagen holte Holz zur Eintracht zurück. Als Berater des Vorstands und Leiter der Scoutingabteilung konnte der Ehrenspielführer noch lange im Hintergrund weiter bei seiner Eintracht arbeiten und gab bis zu seinem gesundheitlich bedingten Rückzug wertvolle Ratschläge. Am 15. April 2024 verstarb Bernd Hölzenbein im Alter von 78 Jahren. Die Eintracht hatte einen ihrer Größten verloren und würdigte ihn mit einer Schweigeminute vor dem Spiel gegen Augsburg und wenige Tage später mit einer Trauerfeier im Stadion.

Heribert Bruchhagen und Bernd Hölzenbein im April 2010

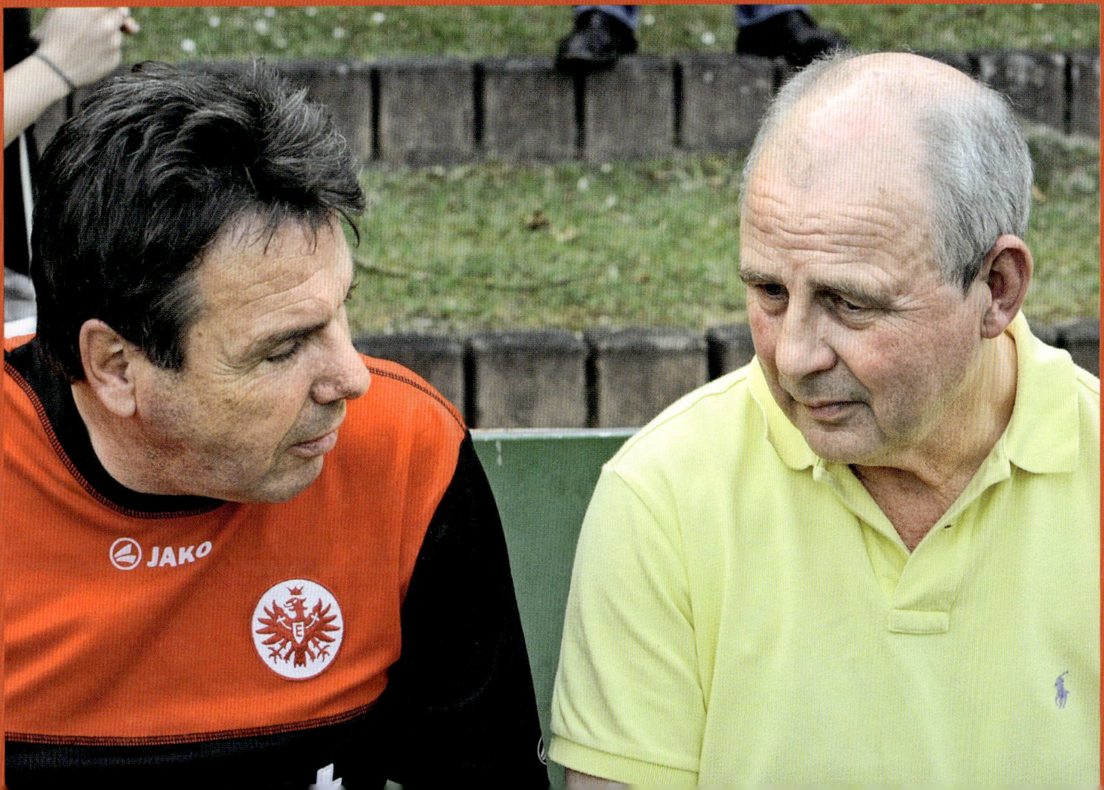

1981-2003

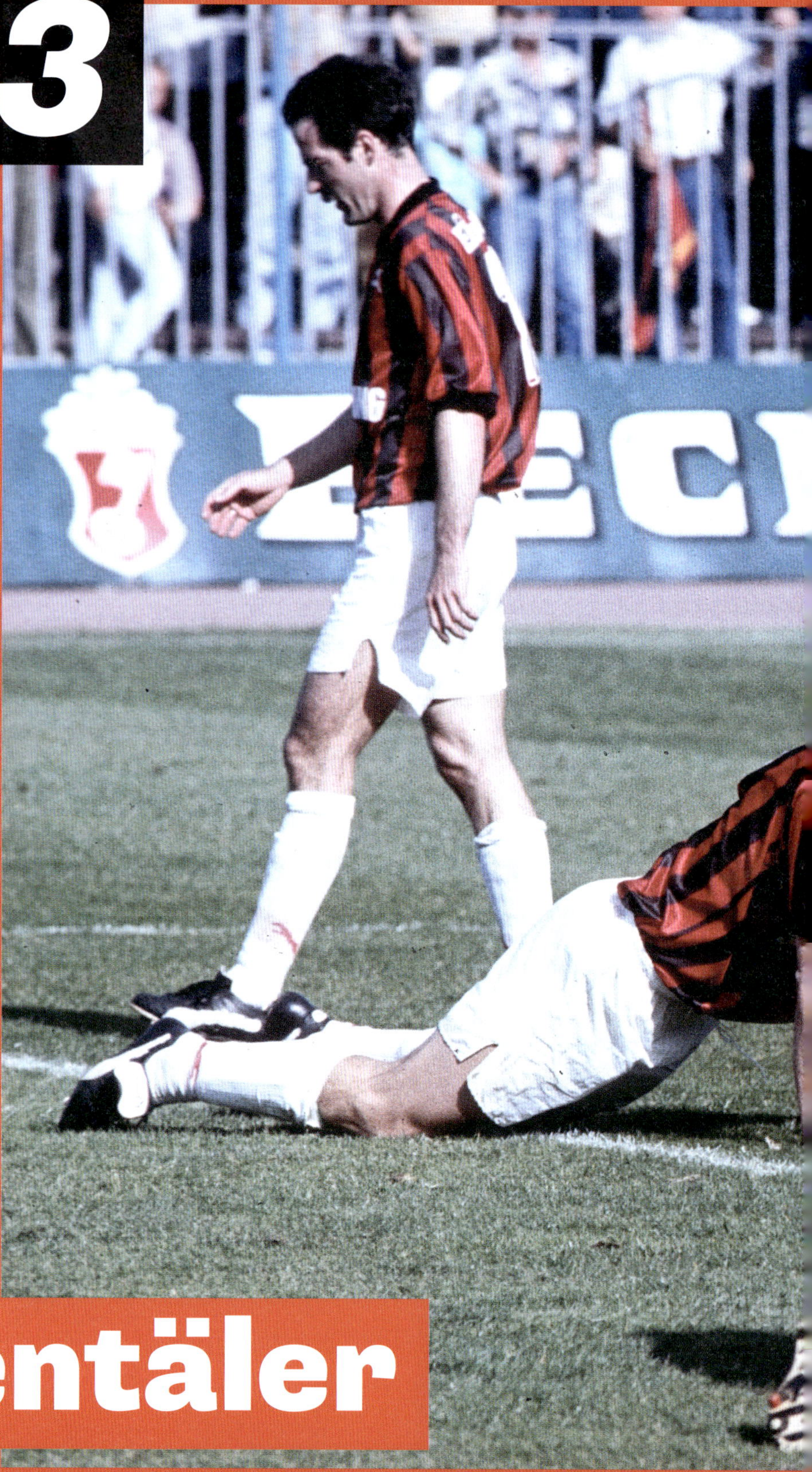

Wellentäler

1992 - Rostock. Ein Trauma ohne Worte.

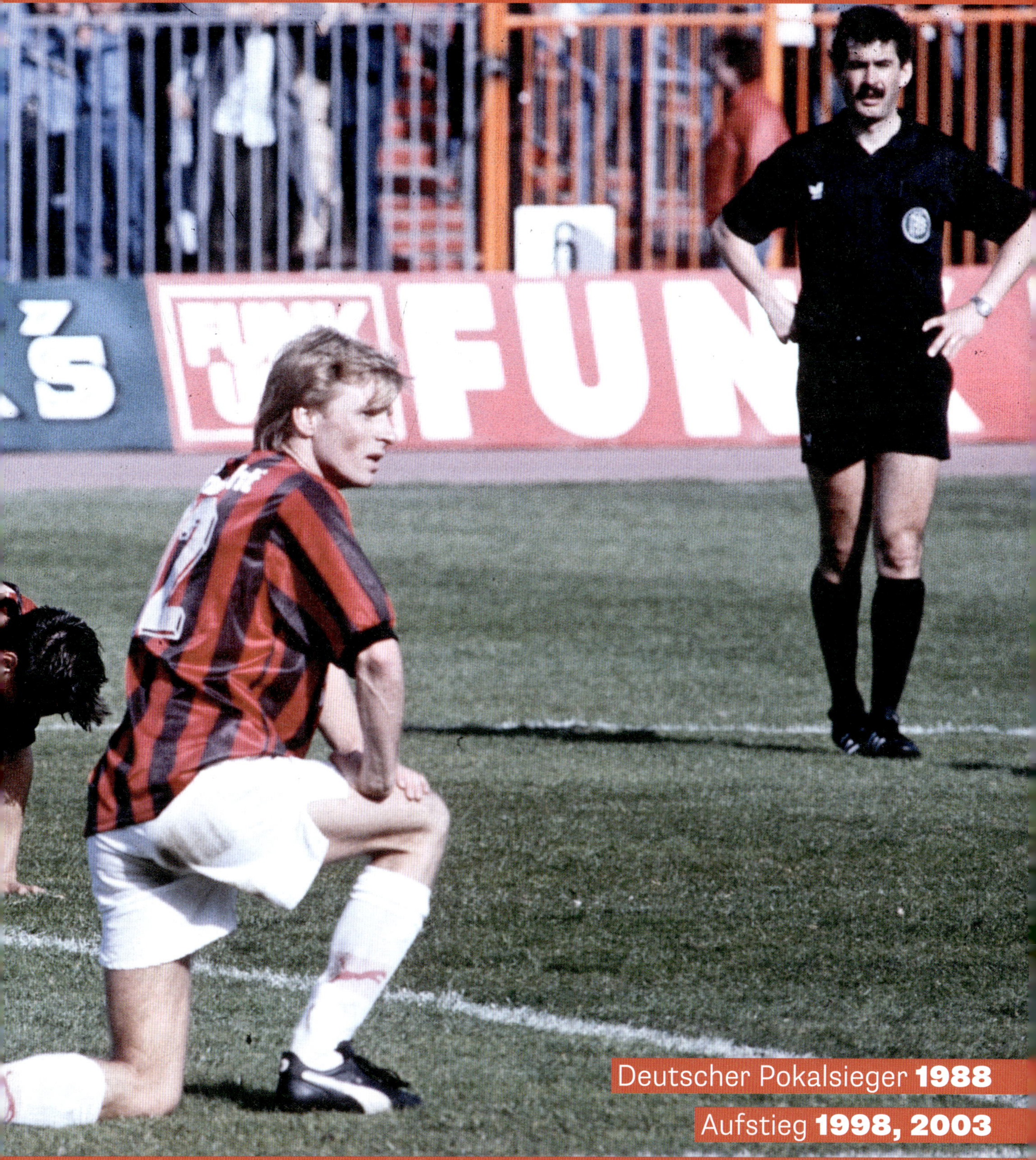

Deutscher Pokalsieger **1988**

Aufstieg **1998, 2003**

1981/82: Schleichender Niedergang

Die Saison 1981/82 endete ohne Hölzenbein mit einem Rekordtorverhältnis von 83:72, torreicher hatte noch kein Team die 34 Spiele hinter sich gebracht. Entsprechend die Ergebnisse: 9:2 gegen Werder Bremen, 2:6 in Kaiserslautern, 4:1 und 2:4 gegen Duisburg, 3:5 in Nürnberg, 2:5 in Stuttgart, 4:3 gegen die Bayern - und dies trotz Körbel, Neuberger, Pezzey und Sziedat in der Abwehr. Trainer Senekowitsch musste gehen, für ihn übernahm Branko Zebec. Der aus Stuttgart gekommene Joachim Löw zeigte sich indes nicht als die erhoffte Verstärkung im Sturm und zog nach nur einem Jahr weiter in Richtung Freiburg.

Im Europapokal hieß die Endstation Tottenham, im DFB-Pokal Fortuna Düsseldorf, und in der Bundesliga reichte der achte Rang nicht fürs internationale Geschäft. In den Kassen herrschte Ebbe, die Lizenz geriet in höchste Gefahr.

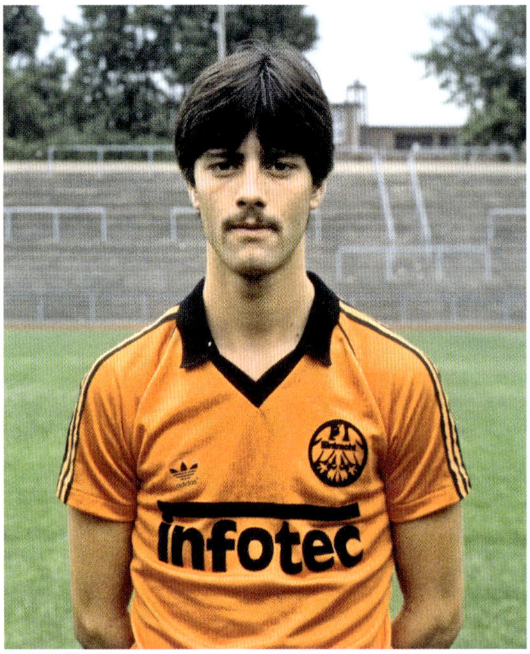

Joachim Löw in der Saison 1981/82

Meister

Die Jugend der Eintracht trumpfte hingegen groß auf und sicherte sich nach zwei Titeln in der B-Jugend 1977 und 1980 erstmals die Deutsche Meisterschaft mit der A-Jugend. Unter Trainer Klaus Mank besiegte die Eintracht den VfB Stuttgart im Karlsruher Wildpark durch zwei Tore von Harald Krämer mit 2:0.

Deutscher A-Jugend-Meister 1982:

Gundelach - Hofmann - Boy - Kahlhofen - H. Ernst - Kühn - Gabriel - Wöber - Krämer - U. Müller - Rieth (54. Berthold), Trainer: Mank

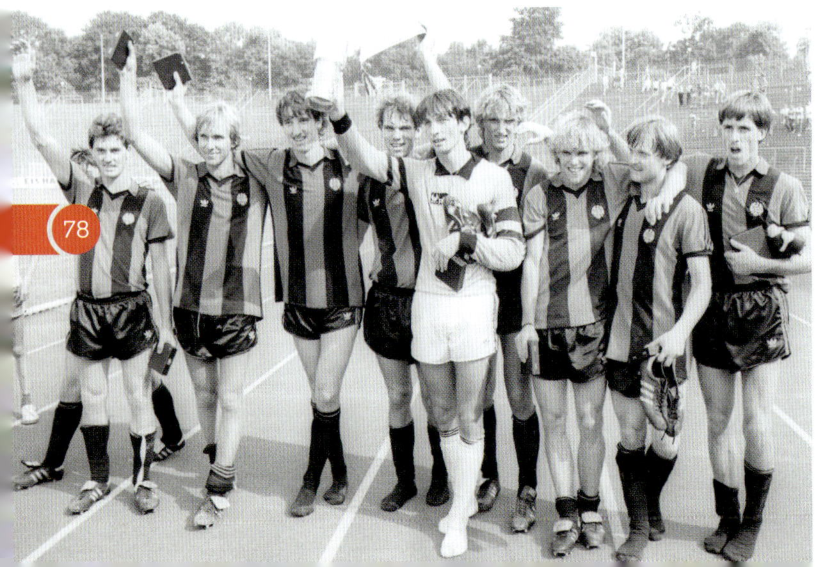

Abgänge

Bis 1983 verabschiedete sich die Eintracht von weiteren Leistungsträgern der vergangenen Jahre. Nachtweih wechselte zu den Bayern, Neuberger beendete seine Karriere, Nickel zog es eher widerwillig zu Young Boys Bern. Pezzey und Cha mussten verkauft werden, um überhaupt noch den Fußballbetrieb finanziell aufrechterhalten zu können. Von der überragenden Mannschaft der vergangenen Dekade verblieben einzig Charly Körbel und Ronny Borchers. Neben diesen verfügte nur Sziedat über nennenswerte Bundesliga-Erfahrung. Mangels Geld musste es nun die Jugend richten, die 1983 den Titel des A-Jugend-Meisters mit einem 2:0 gegen den 1. FC Köln verteidigen konnte.

Deutscher A-Jugend-Meister 1983:

Hollenbach - Trares - Klepper - Borkenhagen - Kraaz - Piesker - Binz (69. Conrad) - Rieth - Wöber (63. Völker) - Heider - Friz, Trainer: Mank

1983/84: Relegation und Klassenerhalt

Statt um die Meisterschaft spielte die junge Mannschaft um Berthold, Falkenmayer, und Kraaz ab 1983/84 gegen den Abstieg. In Offenbach kassierte sie kurz vor dem Ende das 1:2, Sziedat war vom Platz geflogen. In 16 Partien schaffte es die Eintracht, kein einziges Spiel zu gewinnen und taumelte in den Tabellenkeller. Trainer Branko Zebec musste krankheitsbedingt aufgeben, für ihn kehrte ein alter Bekannter an den Riederwald zurück. Über sieben Jahre nach seiner Demission übernahm Dietrich Weise erneut das Zepter bei der Eintracht. Interimsweise betreuten A-Jugend-Trainer Klaus Mank und Jürgen Grabowski beim Spiel in Köln die Mannschaft; das 0:7 bedeutete die höchste Auswärtsniederlage überhaupt. Aber auch Weise bewirkte keine Wunderdinge. Immerhin gelang im Rückspiel gegen Offenbach mit 3:0 der erste Sieg seit Monaten, auch wenn Sziedat erneut nach 70 Minuten mit Rot vom Platz musste. Der Klassenerhalt hing weiter am seidenen Faden. Beim 3:1 gegen den 1. FC Nürnberg brach sich zu allem Unglück Charly Körbel auch noch das Schien- und Wadenbein. Letztlich schleppte sich die Eintracht mit Ach und Krach auf Rang 16 - dies bedeutete Relegation gegen den Dritten der 2. Liga, den MSV Duisburg. Auch ohne ihren Kapitän besiegte die Eintracht den MSV im Wedaustadion mit 5:0. Das 1:1 im Rückspiel beseitigte alle Unklarheiten restlos.

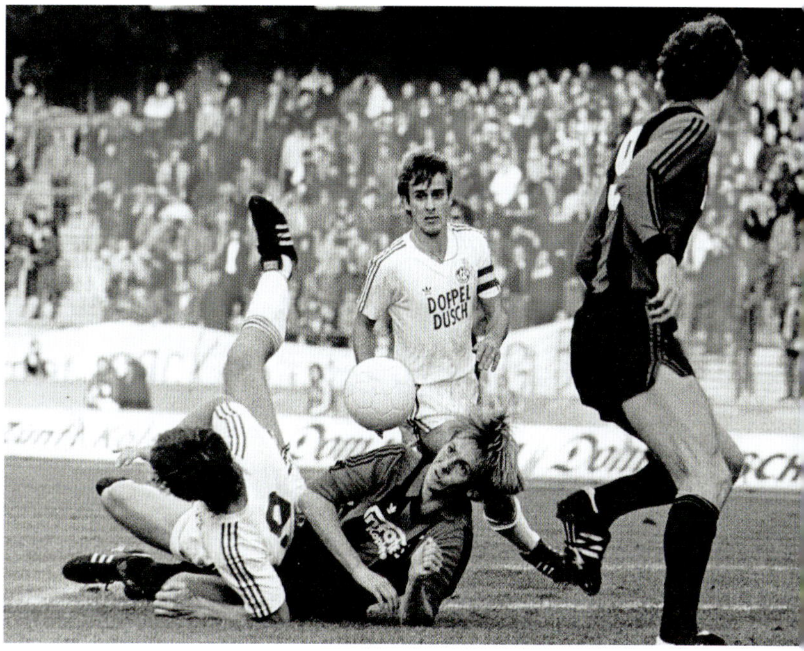

Armin Kraaz gegen Klaus Allofs und Pierre Littbarski bei der 0:7-Klatsche beim 1. FC Köln in der Saison 1983/84

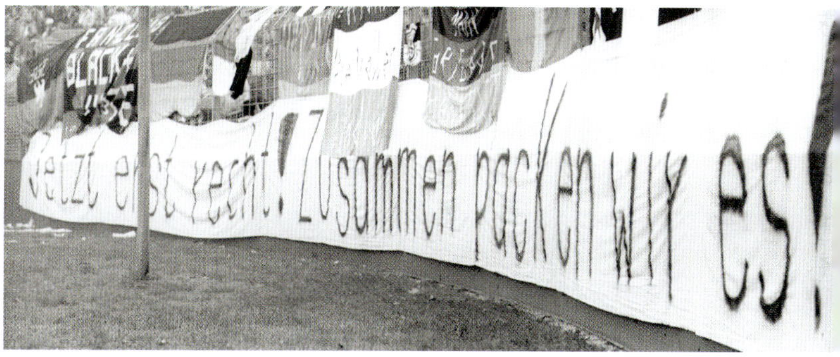

„Jetzt erst recht! Zusammen packen wir es!“ Banner vor dem Frankfurter Fanblock

A-Jugend-Meister 1985

Im Jahr drauf riss die Eintracht zwar keine Bäume aus, die „Weise-Bubis“ gerieten aber nie in ernsthafte Abstiegsgefahr. Dafür sorgte die A-Jugend für Schlagzeilen und feierte nach 1982 und 1983 erneut den Meistertitel. Hatte die Eintracht im Halbfinale gegen den VfB Stuttgart das 0:3 aus dem Hinspiel im Rückspiel mit 4:0 drehen können, zeigte sie sich auch im Endspiel beim 4:2 am 12. Juli 1985 in Mannheim gegen Bayer Leverkusen kämpferisch. 2:0, 2:2, 4:2 - so die Torfolge.

A-Jugend-Meister 1985:

Rogowski - Reusing (74. Pistauer) - Iglesias - Conrad - Dembowski - Möller - Völker (67. Gruner) - Hestermann - Vucak - Reubold - Walz, Trainer: Gerster

KICKERS OFFENBACH

Kickers Offenbach mit Uwe Bein in ihren Reihen musste 1983/84 absteigen - und kehrte nie wieder in die Bundesliga zurück. Nach dem FSV Frankfurt hatte die Eintracht auch ihren zweiten Derbypartner auf Dauer verloren.

1985/86: Deprimierend

Deprimierend gestaltete sich hingegen der Verlauf der Bundesliga-Saison 1985/86. Zwei magere Törchen lag die Eintracht am Ende besser als Borussia Dortmund und verhinderte mit Müh und Not die erneute Relegation. Auch 1986/87 verlief die Saison nicht viel besser. Platz 15 konnte niemanden zufriedenstellen. Mit Manni Binz und vor allem Andy Möller spielten sich zwei junge Spieler aus der A-Jugend in den Fokus der Bundesliga-Mannschaft. Doch die gestiegenen Erwartungen konnte die Truppe nicht erfüllen - auch wenn Neuzugang Wlodzimierz Smolarek sich auf Anhieb als Stammspieler etablierte. Noch vor der Rückrunde übernahm Co-Trainer Zahnleiter für den geschassten Dietrich Weise den Platz an der Seitenlinie. Nach der enttäuschenden Saison verließen Berthold, Falkenmayer, aber auch Pahl die Eintracht. Karl-Heinz Feldkamp sollte als Trainer das Ruder herumreißen.

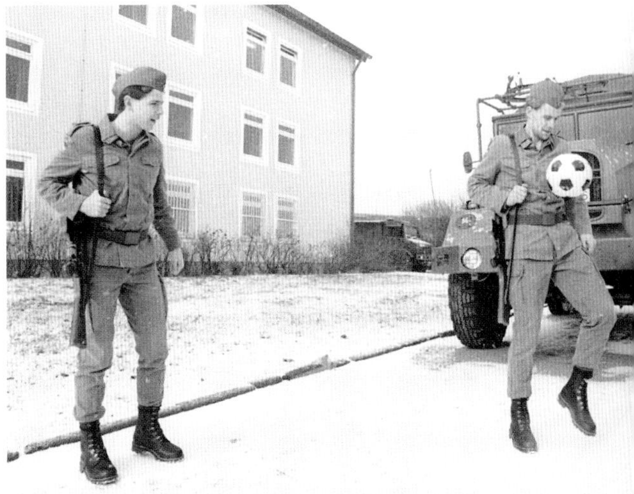

Andreas Möller und Manfred Binz leisten ihren Wehrdienst in der Kaserne Bexbach, Foto aus der Saison 1986/87.

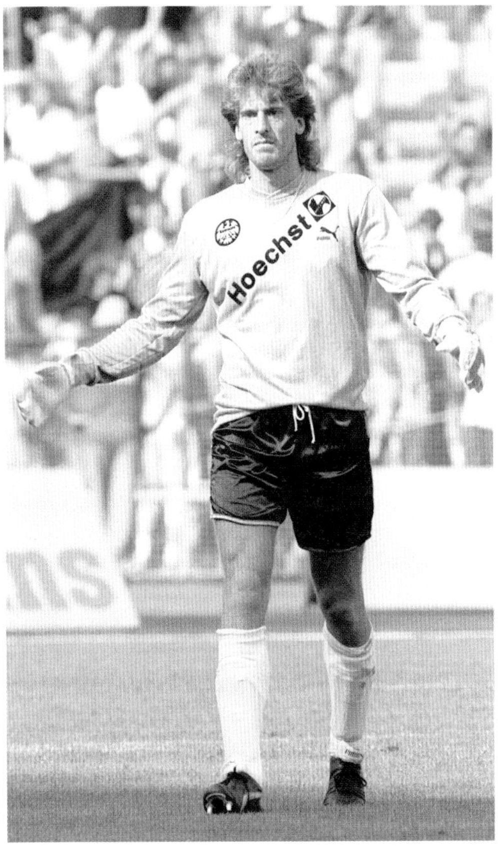

Torwart Uli Stein verläßt nach seinem Platzverweis den Platz. Die Partie Bayern München gegen Eintracht Frankfurt am 23. Juli 1988 endet 3:0.

1987/88: Alles neu

Für die Saison 1987/88 stellte die Eintracht die Weichen neu, statt der Jugend sollten es nun die Neuzugänge richten, allen voran der Ungar Lajos Détári, der für knapp vier Millionen Mark aus Budapest zur Eintracht stieß. Erst nach einer halbjährigen Eingewöhnungsphase startete er beim Hallenturnier im Winter richtig durch. Als Glücksgriff sollte sich die kurzfristige Verpflichtung des einstigen Nationaltorhüters Uli Stein erweisen, der wenige Wochen zuvor im deutschen Supercupfinale in Frankfurt - damals noch im Trikot des HSV - dem Bayern-Stürmer Wegmann einen Faustschlag verpasst hatte und von den Hamburgern gefeuert wurde. Andy Möller hingegen verließ die Eintracht während der Saison Richtung Dortmund. Eintracht Frankfurt spielte sich erstmals seit Jahren in der Liga auf einen einstelligen Tabellenplatz und sorgte im Pokal für Furore. Im Halbfinale bei Werder Bremen lieferte Stein ein überragendes Spiel, ein Konter über Schlindwein zu Schulz führte zum Tor des Tages, und die Eintracht stand zum fünften Mal im Finale.

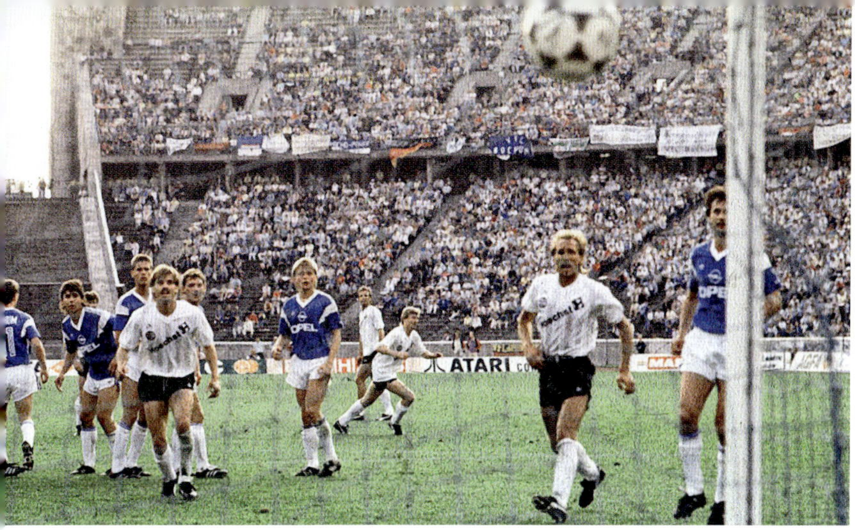

Lajos Détári erzielt per Freistoß das entscheidende Tor und dreht zum Jubel ab.

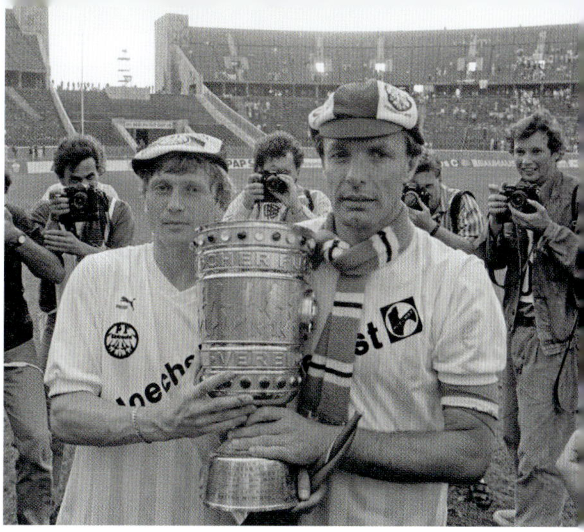

Eintracht Frankfurt ist Pokalsieger 1988 - der Torschütze und Karl Heinz Körbel (rechts) präsentieren die Trophäe.

Deutscher Pokalsieger 1988

Das Pokalfinale gegen den VfL Bochum am 28. Mai 1988 erwies sich als zähe, aber spannende Angelegenheit. Im Berliner Olympiastadion galt die Eintracht vor zahlreich angereisten Fans als Favorit, biss sich aber an den leidenschaftlichen Bochumern zunächst die Zähne aus und hatte Glück, dass ein vermeintliches Abseitstor Leifelds annulliert wurde. Letztlich entschied ein Geniestreich Détáris die Partie. Das weiße Höchst-Trikot lässig über der schwarzen Hose tragend, legte sich Détári in der 81. Spielminute den Ball 20 Meter vor dem Tor zum Freistoß zurecht. Anschließend malte er ihn über die Bochumer Mauer und den verdutzten Torhüter Zumdick, der dem Ball nur hinterhergucken konnte, zur 1:0-Führung ins Netz. Zehn Minuten später pfiff Schiedsrichter Heitmann die Partie ab, die Eintracht hatte es tatsächlich geschafft. Zum vierten Mal in der Geschichte wurde ihr Name in den goldenen Pokal eingraviert - und bei allen vier Pokalsiegen stand Charly Körbel auf dem Platz.

Deutscher Pokalsieger 1988:

U. Stein - Schlindwein - Binz - Körbel - Kostner (71. Klepper) - Sievers - Schulz - Détári - Roth - Friz (78. Turowski) - Smolarek. Trainer: Feldkamp

1988/89: Relegation II

Wer dachte, die Eintracht könne an die Erfolgszeiten der 1970er-Jahre anknüpfen, wurde enttäuscht. Statt nach den Sternen zu greifen, ging wieder einmal alles drunter und drüber. Zuerst verabschiedete sich Détári in einer Nacht- und Nebelaktion für kolportierte 16 Millionen Mark zehn Tage vor Saisonstart in Richtung Piräus - wobei aufgrund der komplizierten Vertragslage nicht alles bei der Eintracht hängen blieb. Dann verließ Trainer Feldkamp die Eintracht. Erneut übernahm Co-Trainer Zahnleiter, bis er von Pál Csernai abgelöst wurde, der in Frankfurt nie wirklich ankam und noch vor Saisonende in Jörg Berger seinen Nachfolger fand. Die Kündigung des ungeliebten Managers Wolfgang Kraus wurde fristgerecht durch ein offenes Klofenster zugestellt, und auf der Mitgliederversammlung flogen die Fäuste. Halbwegs Ruhe kehrte ein, als Matthias Ohms das Präsidentenamt übernahm. Erst im letzten Saisonspiel sicherte Körbels Tor in Hannover wenigstens die Relegation. In zwei umkämpften Spielen gegen den 1. FC Saarbrücken setzte sich die Eintracht hauchdünn mit 2:0 und 1:2 durch. Die Eintracht war wieder einmal dem Abstieg entronnen. Es hätte nicht viel gefehlt, da hätte ein junger Spieler aus Ghana die Eintracht vollends ins Tal der Tränen geschossen. Anthony Yeboah, der damals für Saarbrücken stürmte und von Eintracht-Fans rassistisch beschimpft wurde.

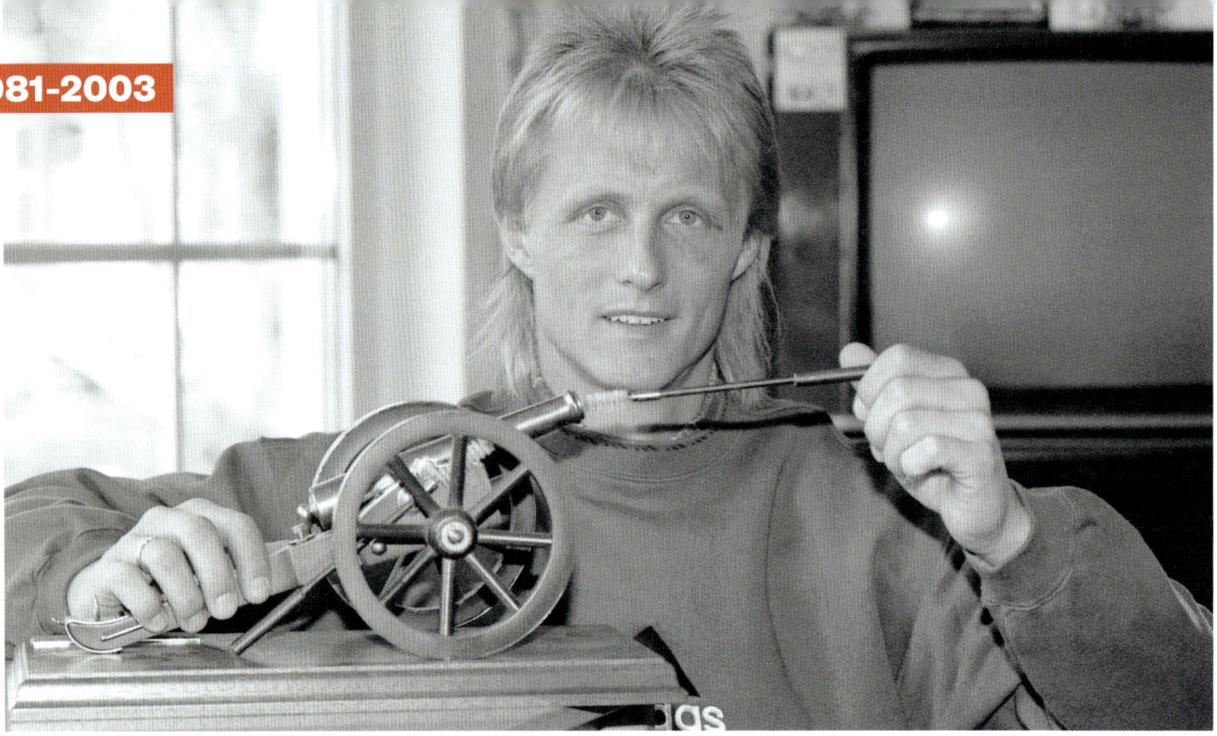

Jörn Andersen reinigt seine in der Saison 1989/90 mit 18 Toren erspielte „kicker" Torjägerkanone.

„Fußball 2000"

Unter den Zuschauern beim Relegationsspiel befand sich Uwe Bein, welcher der Eintracht kräftig die Daumen drückte - galt sein frisch unterschriebener Kontrakt im Zweifel auch für die 2. Liga. Mit dem Klassenerhalt der Eintracht blieb auch Bein in der Bundesliga. Dazu kehrte Falkenmayer zurück, und Ralf Weber wechselte vom Bieberer Berg zur Eintracht. Was kaum jemand für möglich hielt, trat ein: Die Eintracht entwickelte sich vom Abstiegskandidaten zum Titelaspiranten. Eine Niederlage bei den Bayern trotz phasenweise drückender Überlegenheit bedeutete zwar das Ende aller Titelträume, und sie beendete die Saison 1989/90 wie 1963/64 und 1974/75 auf dem dritten Tabellenplatz. Eine bessere Platzierung hatte es noch nie gegeben. Zudem sicherte sich mit Jörn Andersen zum ersten Mal ein Frankfurter und als erster Ausländer überhaupt mit 18 Treffern die Torjägerkanone. Im Sommer wurde Uwe Bein in Rom Weltmeister, auch wenn er im Finale auf der Bank Platz nehmen musste, genau wie Andy Möller, der anschließend zur Eintracht zurückkehrte. Auch Torjäger Anthony Yeboah aus Saarbrücken konnte an den Main gelotst werden. Beins Markenzeichen war der „tödliche Pass", das punktgenaue Zuspiel in die Tiefe, meist auf Yeboah, der mit Eleganz und Kraft die Bälle verwandelte. Falkenmayer hielt ihnen den Rücken frei, während der spielende Libero Manni Binz das Feld von hinten aufrollte. Uli Stein im Tor war meist ein sicherer Rückhalt, dessen Ehrgeiz berühmt, aber auch berüchtigt war.

Interne Querelen verhinderten letztlich den Sprung an die Spitze. Mit Möller kehrte Klaus Gerster zurück, dem als Manager der Eintracht sowie Berater von Möller und anderen Spielern ein Interessenskonflikt vorgeworfen wurde. Trotz des unübersehbaren spielerischen Potenzials scheiterte die Eintracht auf ein Neues an sich selbst. Nach dem 0:6 gegen den HSV im April 1991 musste Trainer Berger gehen. Überraschend zauberte Hölzenbein als Nachfolger Dragoslav Stepanović aus dem Hut. Der Mann mit dem Zigarillo brachte die Spielfreude zurück, der vierte Platz führte die Eintracht erneut ins internationale Geschäft.

602

Nur einer war traurig. Charly Körbel wollte beim Heimspiel gegen den VfB Stuttgart am letzten Spieltag mit seinem 603. Einsatz für die Eintracht nach 19 Jahren Abschied von der Bundesliga-Bühne nehmen. Doch Schiedsrichter Prengel zeigte ihm bei St. Pauli ohne Not die vierte Gelbe Karte - und Körbel musste das finale Spiel auf der Tribüne verfolgen, da die vierte Gelbe automatisch eine Sperre nach sich zog. Es blieb bei 602 Spielen für seine Eintracht - dennoch ein Rekord für die Ewigkeit. Körbel, der als Jugendlicher beim HSV gegen Uwe Seeler ein Probetraining absolviert hatte und sich trotzdem für Frankfurt ent-

Meister 1991/92?

Das Aus in der dritten Runde des DFB-Pokals gegen den KSC hätte ein Warnschuss sein können. Spielerisch konnte man der Eintracht keinen Vorwurf machen. Der Karlsruher Harforth verwandt erstmals den Begriff „Fußball 2000" für die Art und Weise, wie die Frankfurter ihr Spiel zelebrierten. Dass nicht alles rundlief, zeigte das Ausscheiden in der zweiten Runde des UEFA-Cups gegen den belgischen Underdog KAA Gent. In der Liga lief die Eintracht zu überragender Form auf: 5:0 gegen Schalke, 6:1 gegen die Stuttgarter Kickers, 6:3 in Duisburg, 3:2 gegen die Bayern. Es schien nur noch eine Frage der Zeit, an welchem Spieltag die Eintracht nach 1959 endlich wieder Deutscher Meister werden würde. Mehrere Unentschieden, darunter gegen abstiegsbedrohte Wattenscheider und betrunkene Bremer, die noch ihren Europapokal-Sieg wenige Tage zuvor feierten, vertagten die Entscheidung auf den letzten Spieltag. Ein Sieg am 38. Spieltag beim designierten Absteiger Hansa Rostock und die Eintracht wäre Meister.

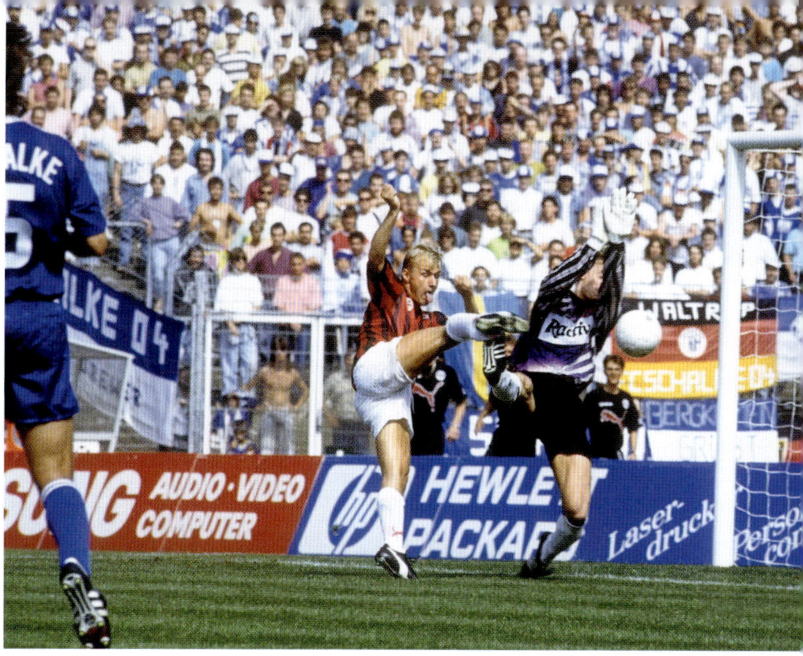

Axel Kruse erzielt gegen Torwart Jens Lehmann (FC Schalke 04) das Tor zum 1:0.

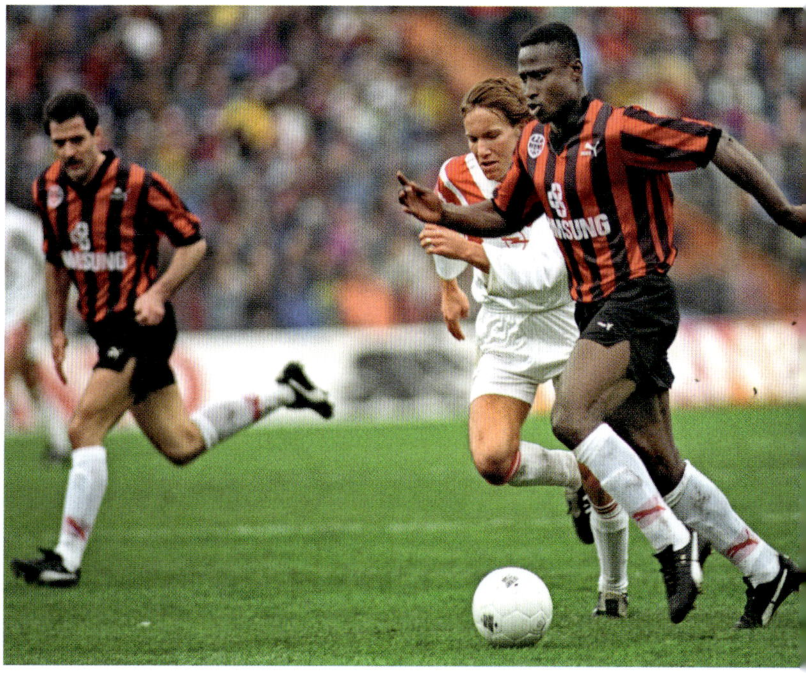

Anthony Yeboah gegen Michael Sternkopf vom FC Bayern München

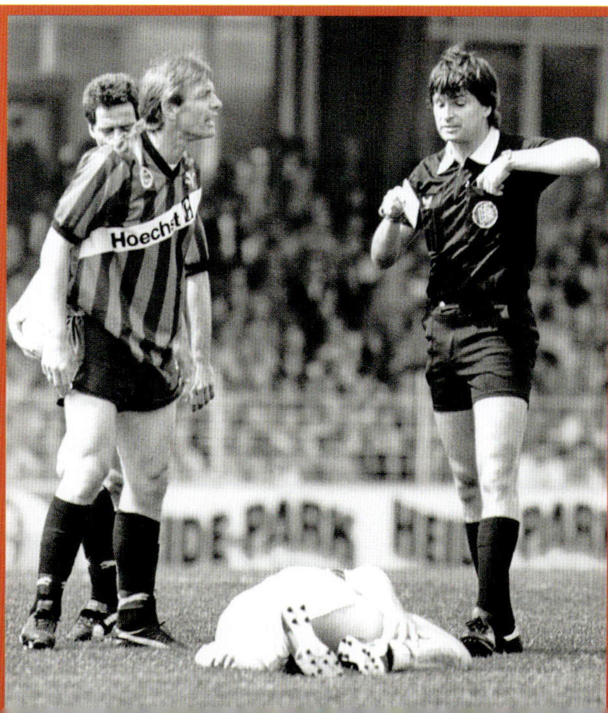

schied, stand bei vier Pokalsiegen wie auch beim UEFA-Cup-Triumph 1980 auf dem Platz - und absolvierte sechs Länderspiele. Beim 1:0-Sieg in Malta sogar gemeinsam mit Hölzenbein und Nickel.

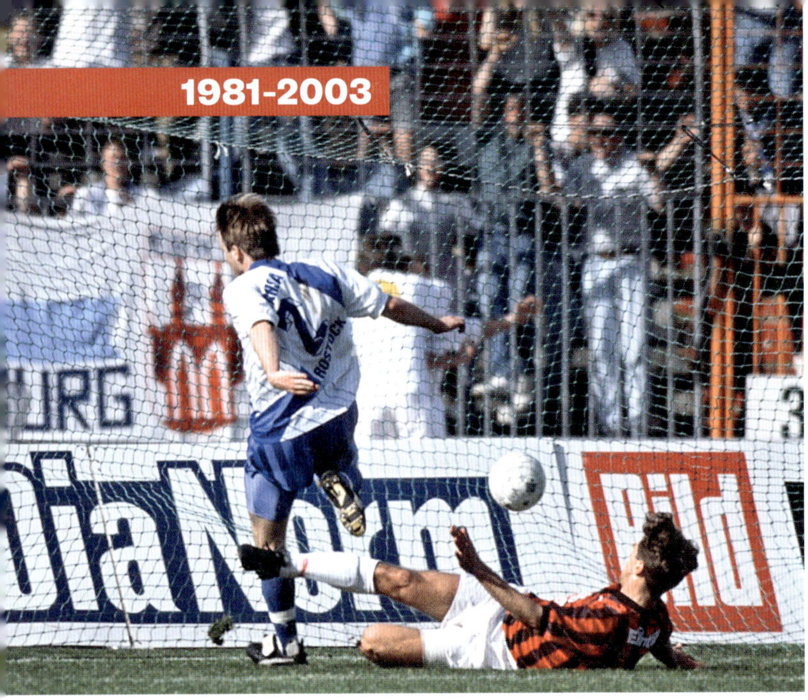

Stefan Böger (Hansa Rostock) erzielt vorbei an Uwe Bindewald das Siegtor zum 2:1 Endstand.

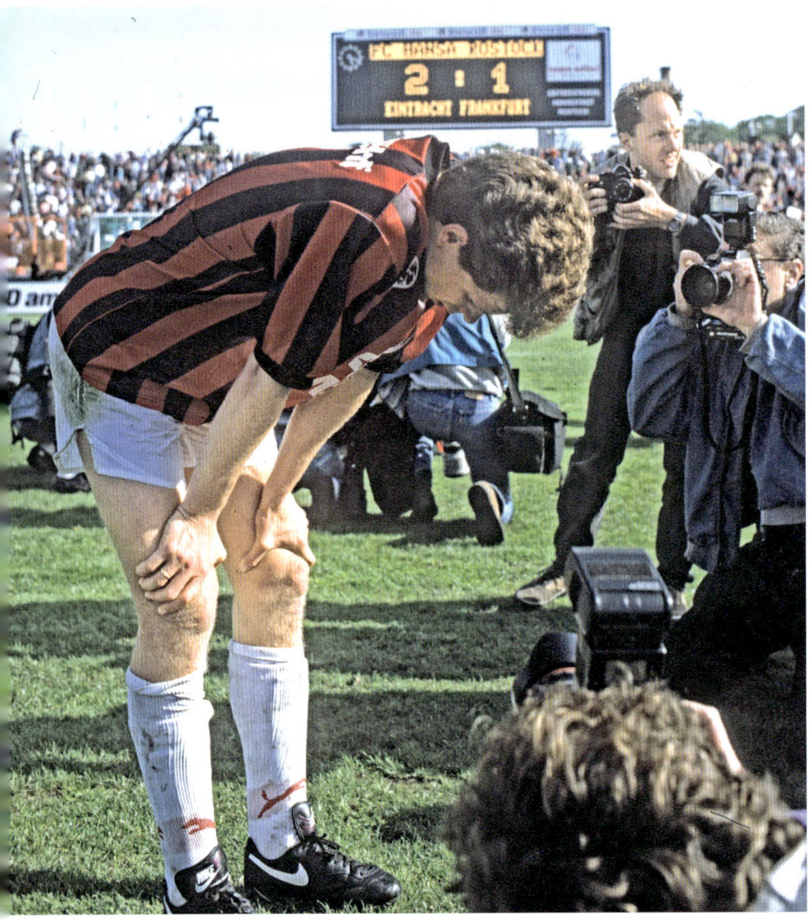

Andreas Möller niedergeschlagen

Rostock

Tausende Fans machten sich am 16. Mai 1992 auf den Weg an die Ostsee, Postkarten und T-Shirts mit der Aufschrift „Deutscher Meister 1992 - Eintracht Frankfurt" im Gepäck. Was sollte noch schiefgehen? Hier die Fußballer 2000 - dort die No Names aus Rostock. Zur Überraschung Heinz Gründels zog ihm Stepanović im finalen Spiel den relativ unerfahrenen Frank Möller vor. Auch Axel Kruse fand sich nach wenigen Kurzeinsätzen im Laufe der Saison in der Startelf wieder. Bei hochsommerlichen Temperaturen plätscherte das Spiel über eine Stunde vor sich hin. Nicht nur der wechselwillige Andy Möller blieb weit unter seinen Möglichkeiten, und so kam, was kommen musste. Rostock ging nach 65 Minuten in Führung, die Kruse postwendend ausglich. Erst jetzt fiel der Eintracht auf, dass sie Meister werden konnte, und sie bestürmte das Rostocker Tor. In der 77. Minute tauchte Weber alleine vor Rostocks Keeper Hoffmann auf, Stefan Böger zog dem einschussbereiten Frankfurter von hinten die Beine weg. Klarer Fall: Elfmeter für die Eintracht. Alle warteten auf den fälligen Pfiff von Schiedsrichter Alfons Berg aus Konz. Doch die Pfeife blieb stumm. Weber konnte nur mühsam von Gewalttätigkeiten abgehalten werden, das Spiel lief weiter, Edgar Schmitt traf den Pfosten. Das Klatschen des Balles ans Aluminium verfolgt ihn noch heute. Böger, der Mann, der Weber foulte, schloss Sekunden vor dem Ende einen Konter mit dem 2:1 für Rostock ab und stürzte die Eintracht in ein kollektives Trauma, von dem sie sich bis heute nicht vollständig erholt hat. Rostock stieg dennoch ab. Die Eintracht purzelte bis auf Rang drei und versank in einem Tränenmeer.

„LEBBE GEHT WEIDER"

Die Fans konnten ihr Unglück kaum fassen, geschweige denn nüchtern ertragen, Weber zertrat wütend eine Fernsehkamera, Stepi sprach auf der Pressekonferenz die historischen Worte „Lebbe geht weider", und Andy Möller wechselte zu Juventus Turin, woraufhin Uli Stein lapidar feststellte: „Wir sind die einzige Mannschaft, die durch einen Abgang stärker geworden ist."

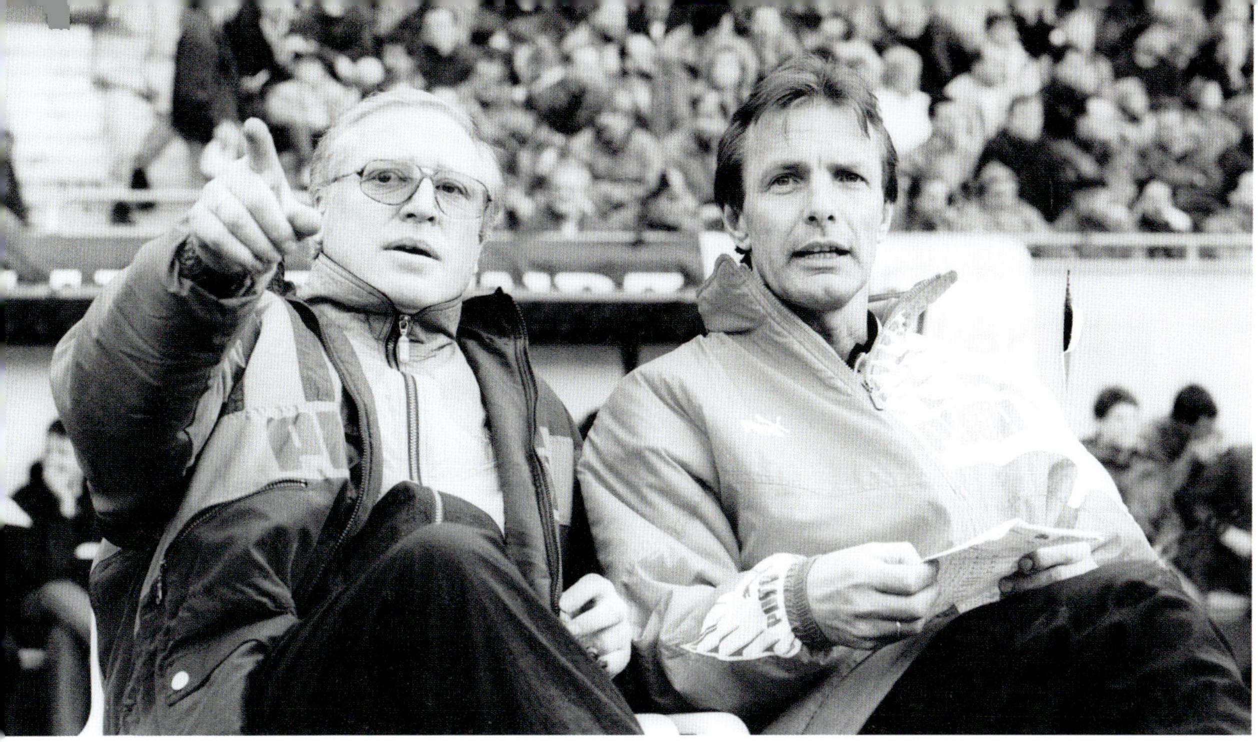

Trainer Horst Heese und Co-Trainer Karl-Heinz Körbel ahnen kurz vorm Wechselfehler noch nicht, welche Aufregung auf sie zukommt.

1992/93: Es sollte nicht sein

Natürlich zählte die Eintracht auch in der Folge zu den Titelkandidaten - und natürlich konnte sie die Erwartungen nicht erfüllen. In der Saison 1992/93 ging das Leben weiter, in der ersten Runde des UEFA-Pokals besiegte die Eintracht nach dem 2:2 bei Widzew Lodz die Polen im Rückspiel mit 9:0, dem höchsten Frankfurter Europapokal-Sieg aller Zeiten. Doch bereits in der zweiten Runde erfolgte das Aus gegen Galatasaray Istanbul. In der Liga blieb die Eintracht elf Spiele ungeschlagen, ehe sie das 1:4 in Karlsruhe unsanft auf den Boden der Tatsachen zurückholte. Dennoch beendete der Klub die Hinrunde einen Punkt hinter den Bayern auf Rang zwei - und träumte erneut vom Titel. Gegen Werder Bremen debütierte dabei ein junger Spieler, der sich in die Herzen der Fans spielen und zu Weltruhm gelangen sollte: Jay-Jay Okocha. Stepi kündigte überraschend im Januar an, die Eintracht zum Saisonende in Richtung Leverkusen zu verlassen. Nach dem 0:1 in München, einem 4:1-Strohfeuer gegen Wattenscheid und zwei weiteren Schlappen in Dortmund und gegen Mönchengladbach war der Trainer mit seinem Latein am Ende. Die 0:3-Halbfinalniederlage im Pokal gegen Leverkusen kostete Stepanović vorzeitig den Job. Ihn ersetzte bis Saisonende Horst Heese, der Anfang der 1970er-Jahre für die Eintracht auf Torejagd gegangen war - und er landete trotz eines Wechselfehlers gegen Uerdingen noch auf Platz drei. Yeboah sicherte sich gemeinsam mit Ulf Kirsten mit 20 Treffern die Torjägerkanone. Und die Eintracht hatte sich erneut fürs internationale Geschäft qualifiziert.

Der Okocha-Trick in Dresden

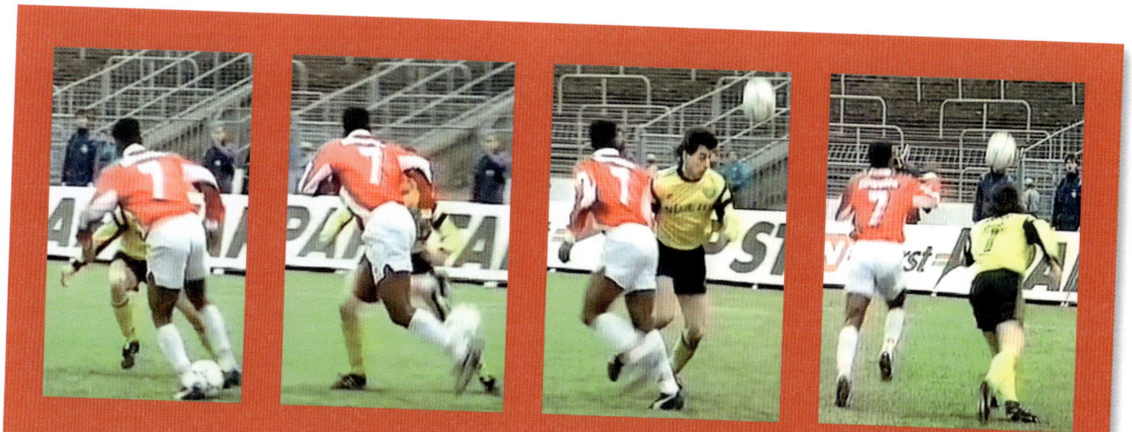

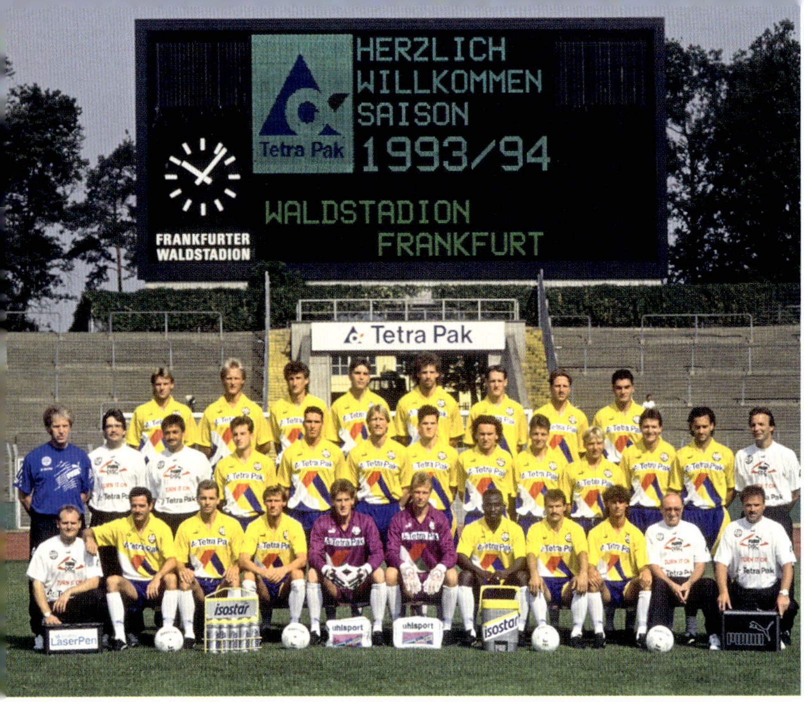

Mannschaftsbild Eintracht Frankfurt, Saison 1993/94

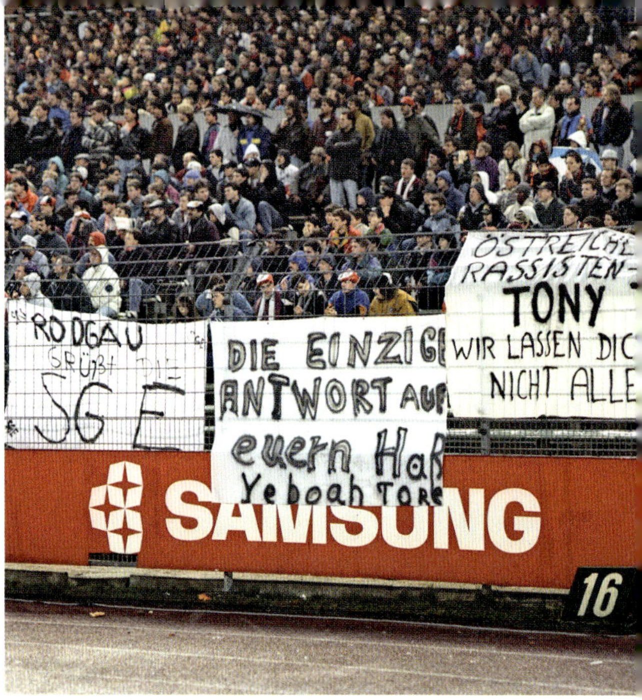

Die Reaktion der Frankfurter Fans beim UEFA Pokal Viertelfinale Eintracht Frankfurt gegen Austria Salzburg auf die rassistischen Entgleisungen der gegnerischen Fans beim Hinspiel.

1993/94: Bye-bye Bayern

In der Saison 1993/94 folgte einer großen Euphorie die Ernüchterung auf dem Fuß. Die Eintracht spielte zunächst Fußball wie von einem anderen Stern und triumphierte gleich zum Saisonauftakt in Mönchengladbach mit 4:0. Im Mittelfeld trumpfte Maurizio Gaudino groß auf, und Okocha verzauberte ganz Frankfurt mit seinem Traumtor gegen den KSC, als er Torhüter Oliver Kahn im Strafraum schwindlig spielte. Trotz einer schweren Verletzung Yeboahs, die er sich im Spiel gegen Dynamo Dresden zugezogen hatte, spielte sich die Eintracht zur Herbstmeisterschaft. Nach 20:2 Punkten ließ sich der neue Trainer Klaus Toppmöller, der zwecks Motivation einen lebenden Adler in die Kabine geschleppt hatte, zur Aussage „Bye-bye Bayern" verleiten, die ihm prompt auf die Füße fiel. Der Ausfall Yeboahs wog auf Dauer zu schwer. Die Eintracht kassierte jetzt Niederlage auf Niederlage, 0:3 hieß es hintereinander in Hamburg, gegen Köln und Mönchengladbach, und sie verabschiedete sich aus dem Meisterschaftsrennen. Im UEFA-Cup spielte sich der Verein immerhin bis ins Viertelfinale. Das Hinspiel gegen Austria Salzburg in Wien entwickelte sich zum Skandalspiel. Salzburgs Coach Otto Barić bespuckte Kachaber Zchadadse und wurde auf die Tribüne verbannt. Besonders übel waren die rassistischen Entgleisungen der einheimischen Zuschauer gegen Anthony Yeboah. Eintracht-Fans entwickelten daraufhin die Kampagne „United Colors of Bembeltown". Der spätere Eintracht-Trainer Adi Hütter erzielte zu allem Überfluss auch noch das Salzburger Siegtor. Im Rückspiel konnte die Eintracht zwar durch Gaudino den Salzburger Vorsprung egalisieren - unterlag aber unglücklich im Elfmeterschießen. Erneut hatte Hütter getroffen, den Frankfurtern Binz und Gaudino aber versagten vom Punkt die Nerven.

In der Liga leistete sich die Eintracht eine hochnotpeinliche 0:1-Niederlage beim VfB Leipzig, der überhaupt nur drei Spiele gewinnen konnte und als Tabellenletzter abstieg. Als Uli Steins Tonfall auch dem Letzten am Riederwald zu viel wurde, ereilte ihn im April 1994 die Kündigung. Toppmöller, der sein Schicksal mit dem Steins verknüpft hatte, ging gleich mit. Co-Trainer Körbel schaukelte das Eintracht-Schiff noch auf Rang fünf, und Yeboah krönte sich mit 18 Treffern erneut als Torschützenkönig, diesmal gemeinsam mit Stefan Kuntz. Meister wurden, wie sollte es anders sein, die Bayern.

1994/95: Ab heute gehen die Uhren anders

Mit dem neuen Trainer Jupp Heynckes sollten Disziplinlosigkeit und Egoismen endlich der Vergangenheit angehören. Selbstbewusst verkündete er vor seinem Antritt: „Ab heute gehen die Uhren anders." Die Uhren sollten tatsächlich anders gehen, jedoch ganz anders als geplant. Uwe Bein zog es nach Japan, statt seiner trug jetzt Thorsten Legat die 10 auf dem Rücken. Im Tor stand nun Andreas Köpke statt Uli Stein. Auch der Nationaltorhüter konnte den Absturz ins untere Mittelfeld nicht verhindern. Als Heynckes im Dezember die drei Stars Gaudino, Okocha und Yeboah zu einem Straftraining abkommandierte, fühlten sich alle drei für das nächste Spiel unpässlich. Es war der Anfang vom Ende. Yeboah wurde kurzerhand nach Leeds verkauft, Gaudino nach Manchester ausgeliehen. Einzig Okocha fand Gnade und durfte wieder für die Eintracht auflaufen. Auffallend viele Fans und Journalisten zeigten Verständnis für das harte Durchgreifen von Heynckes, doch es wurde offensichtlich, dass er und der Verein Eintracht nicht zusammenpassten. Zwar verabschiedete sich die Eintracht erhobenen Hauptes gegen Juventus Turin im Viertelfinale aus dem UEFA-Cup, am 2. April 1995 endete jedoch das Missverständnis zwischen der Eintracht und Don Jupp endgültig. Assistent Charly Körbel führte die Eintracht noch auf Platz neun und übernahm den Verein für die kommende Saison als Chefcoach.

Eintracht-Präsident Matthias Ohms schenkt Trainer Jupp Heynckes Apfelwein ein.

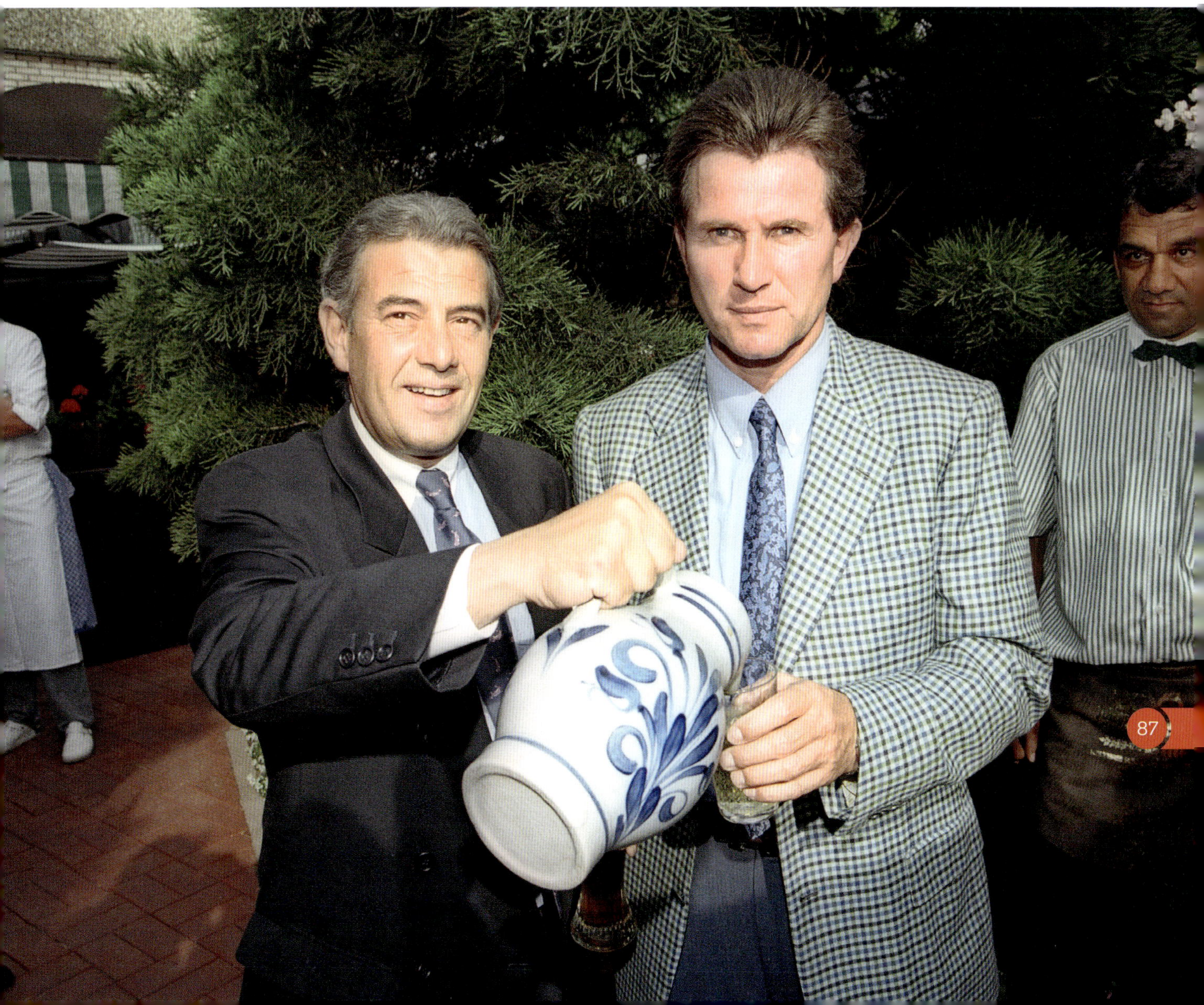

1995/96: Der Absturz

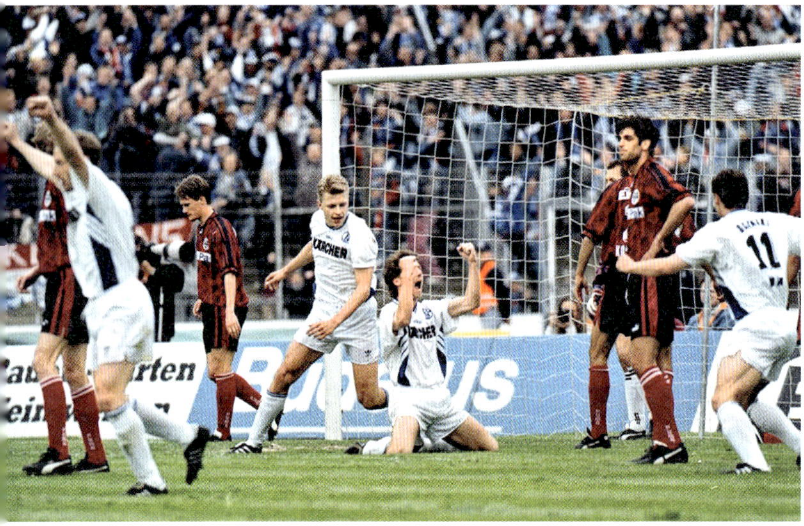

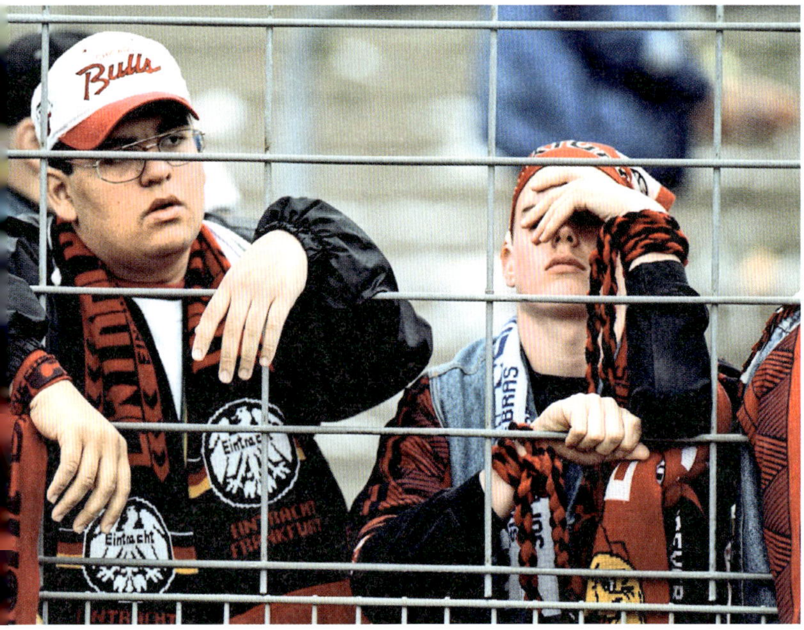

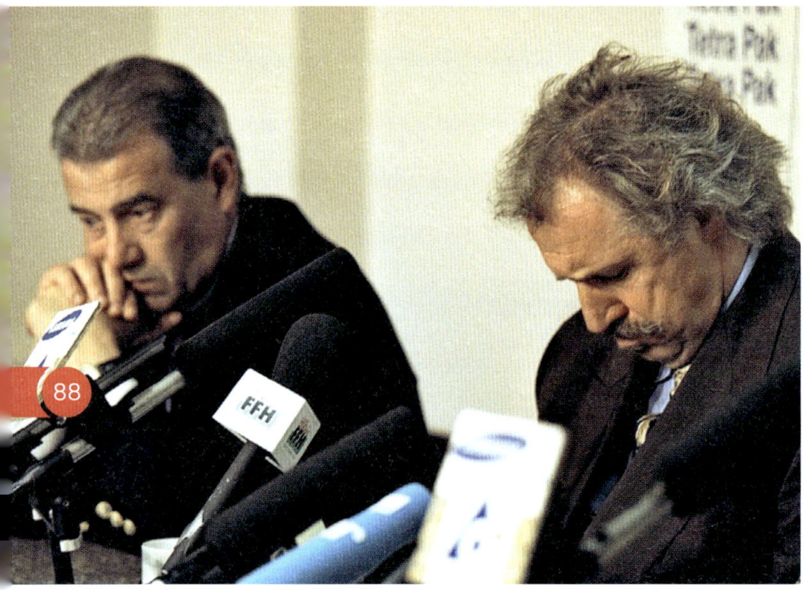

Nach der Hinrunde 1995/96 richtete die Eintracht den Blick Richtung UEFA-Cup - und ignorierte die Signale des 1:5 zum Jahresausklang beim HSV. In der Rückrunde brachte die Eintracht kein Bein mehr auf den Boden. Während Trainer Körbel noch treuherzig anmahnte: „Der größte Fehler, den wir jetzt machen könnten, wäre, die Schuld beim Trainer zu suchen", wurde trotz Treuebekenntnis hinter den Kulissen bereits sein Nachfolger gesucht, den die Eintracht letztlich in Stepanović fand. Auch er konnte den bodenlosen Absturz nicht mehr verhindern. Bereits vor dem vorletzten Spieltag stand die Eintracht durch das 0:3 gegen Schalke als Absteiger fest und musste erstmals in der Geschichte die höchste deutsche Spielklasse verlassen. Die Eintracht-Fans verstanden die Welt nicht mehr. Noch hatten sie das Trauma von Rostock nicht verdaut, sollten sie sich an den unfassbaren Gedanken gewöhnen, dass ihre Eintracht in der kommenden Saison nicht mehr in der Bundesliga spielen würde. Mit ihr rauschte der 1. FC Kaiserslautern - ein weiteres Bundesliga-Gründungsmitglied - in den Keller. Während dieser sich wenigstens noch den DFB-Pokal sichern konnte, stand die Eintracht mit leeren Händen da. Und es sollte noch schlimmer kommen.

Nach der Niederlage auf Schalke stand der Abstieg fest. Fans, Präsident Matthias Ohms und Trainer Dragoslav Stepanović sind enttäuscht.

1996/97: Desaströs

Gegenwart und Zukunft der Eintracht lagen in den Sternen. Die Ära Ohms, die so erfolgreich begonnen hatte, endete in Trümmern. Finanziell ächzte die Eintracht am Abgrund, von der Mannschaft, die eben noch am Titel kratzte, war kaum noch jemand da. Die Hoffnung lastete auf den Schultern des Heimkehrers Maurizio Gaudino. Bindewald und Roth verblieben bei der Eintracht, Binz und Falkenmayer, die Langzeitverletzten, erhielten keinen neuen Vertrag. Im Tor sollte Nikolov seinen Platz finden, Urs Güntensperger aus der Schweiz es vorne richten. Weber, der verletzungsbedingt 1995/96 kein einziges Spiel absolvieren konnte, fiel auch 1996/97 fast komplett aus. Alexander Schur von den Amateuren fuhr eigenmächtig mit ins Trainingslager und spielte sich peu à peu in die Mannschaft. Die Tabellenführung nach dem vierten Spieltag erwies sich indes als trügerisch. Dies zeigte das Pokal-Aus beim SV Meppen. 6:1 hieß es nach 90 Minuten für die Emsländer - eine Klatsche ungeahnten Ausmaßes. Der neue Präsident Otto samt Schatzmeister Thate traten nach wenigen Tagen - als sie das Ausmaß der Gesamtsituation erfasst hatten - ohne einen Funken Hoffnung wieder zurück. Erst als der Leiter der Fußballabteilung Rolf Heller das Amt übernahm und mit Gaetano Patella einen engagierten Schatzmeister fand, gelang es der Eintracht, das schlingernde Schiff wenigstens halbwegs seetüchtig zu halten. Sportlich desolater Höhepunkt bildete die 2:3-Heimniederlage vor 11.000 Unentwegten am letzten Spieltag der Hinrunde gegen das Kellerkind VfB Oldenburg. Die Eintracht lag in der 2. Liga auf einem Abstiegsplatz, Trainer Stepanović war nicht mehr haltbar.

Für die Rückrunde wurde mit dem UEFA-Cup-Sieger von 1980, Horst Ehrmantraut, ein alter Bekannter als neuer Trainer verpflichtet, Houbtchev, Janßen und Kutschera verstärkten die Defensive. Mit einer ordentlichen Rückrunde beendete die Eintracht ihre erste Zweitligasaison immerhin noch auf Platz sieben.

Die zur Rückrunde der Saison 1996/97 verstärkte Eintracht

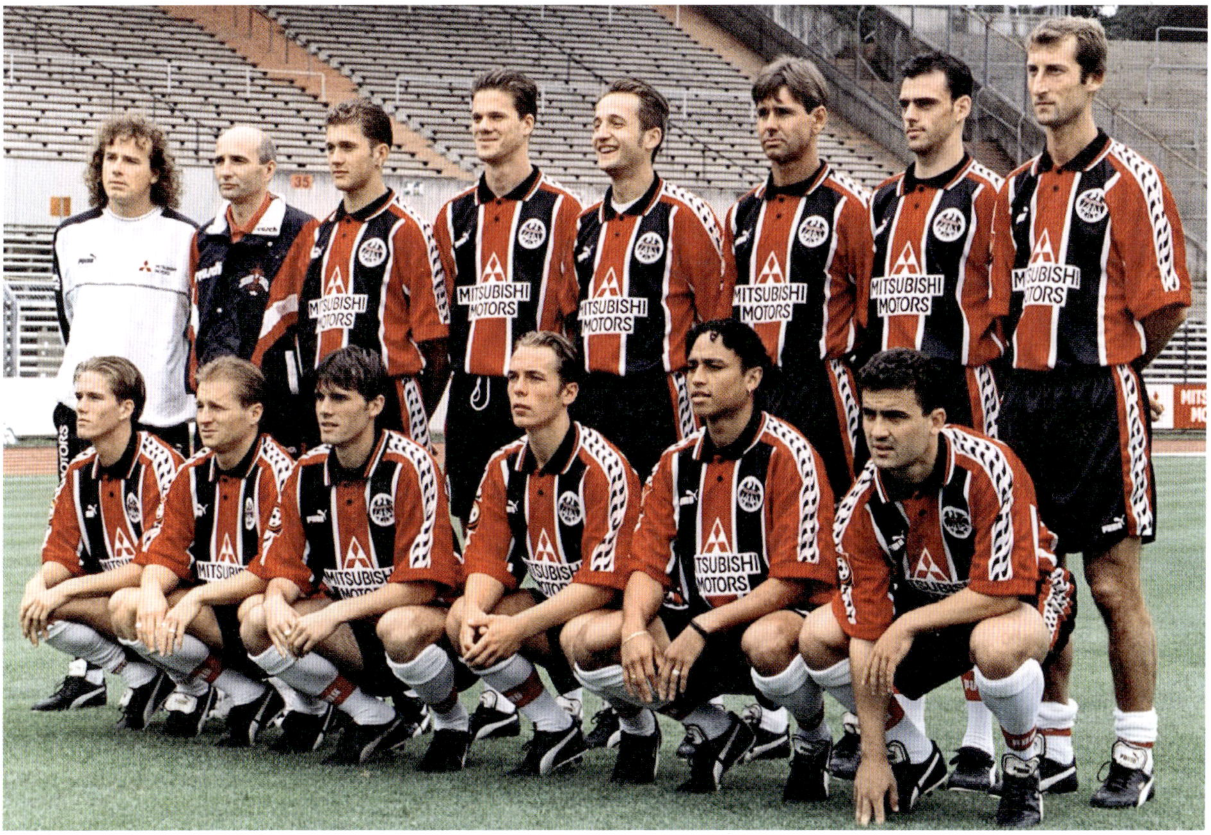

1997/98: Aufstieg!

Die folgende Saison brachte einen erneuten Umbruch. Nun sollten es gleichermaßen kostengünstige wie ambitionierte Spieler richten, darunter Thomas Zampach und der im Winter von der Ersatzbank der zweiten Mannschaft des BV Cloppenburg verpflichtete Ansgar Brinkmann. Und es funktionierte. Zwar hatte das Team bei Weitem nicht die Klasse des „Fußball 2000", doch über ihre mannschaftliche Geschlossenheit spielte sich die Truppe in die Herzen der Fans. Bereits am drittletzten Spieltag war der Eintracht der Aufstieg nicht mehr zu nehmen. Die Fans fluteten den Rasen und feierten ihre neuen Lieblinge. Erstmals machte eine Gruppierung auf sich aufmerksam, die auf den Rängen für neuen Schwung sorgte: Die Ultras, kurz UF 97, die sich im Sommer 1997 gegründet hatten. Nach zwei Jahren Abstinenz kehrte der Klub kurz vor dem 100-jährigen Jubiläum als Zweitligameister überraschend schnell in die Bundesliga zurück.

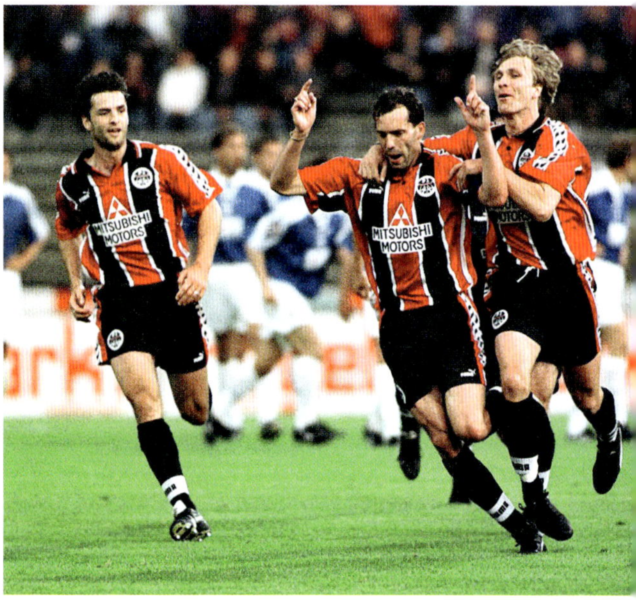

Die Eintracht-Spieler Ralf Weber (Mitte), Ansgar Brinkmann (rechts) und Alexander Schur jubeln über Webers Tor zum 1:0.

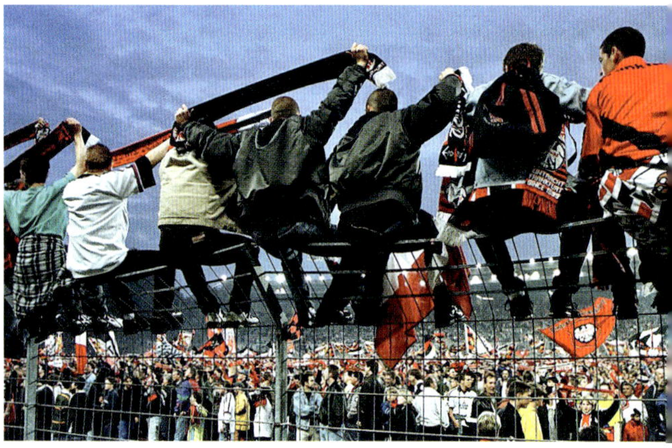

Die Eintracht-Fans feiern den Aufstieg in die 1. Bundesliga.

1998/99: Ohne Not

Das Ziel lautete ohne Wenn und Aber: Klassenerhalt. Ob der klammen Kassen nur punktuell verstärkt, darunter mit Bernd Schneider aus Jena, hielt sich die Eintracht wacker. Zwar gelang der erste Dreier erst am sechsten Spieltag gegen den 1. FC Nürnberg, doch vor allem der Heimsieg gegen die Bayern sorgte für Optimismus. Und noch etwas Erstaunliches geschah: Die Fans, die früher selbst Grabowski und Nickel ausgepfiffen hatten, wenn es mal nicht so lief, feuerten ihre Mannschaft an, selbst wenn der Ball nicht getroffen wurde. Im November verpflichtete die Eintracht einen relativ unbekannten Stürmer aus Norwegen, Jan Åge Fjørtoft. Der Verein machte sich dann ohne Not das Leben aus eigener Kraft wieder schwer. Der neue Sportdirektor Gernot Rohr sorgte für die Entlassung des allseits beliebten Trainers Ehrmantraut und ersetzte ihn durch Reinhold Fanz. Mit Tränen in den Augen verließ Ehrmantraut den Riederwald, die Fans griffen sich entsetzt an den Kopf. Unter Fanz gewann die Eintracht von den folgenden acht Spielen ein einziges, holte erbärmliche sechs Pünktchen und stürzte auf einen Abstiegsplatz. Das Präsidium zog die Reißleine, schasste Fanz und Rohr und verpflichtete erneut Jörg Berger, der sich mit Feuereifer an die Mission Klassenerhalt machte. Dem Unentschieden gegen Rostock folgte eine Niederlage in Freiburg. Vier Spieltage vor dem Ende betrug der Rückstand zum rettenden Ufer sechs Punkte, sieben gar auf Nürnberg. Keiner setzte mehr einen Pfifferling auf die Eintracht. Drei Siege in Folge, darunter ein 3:2 auf Schalke nach 0:2-Rückstand, ließen der Eintracht am letzten Spieltag gegen den 1. FC Kaiserslautern zumindest noch eine theoretische Chance auf den Klassenerhalt.

Übersteiger

Noch zitterten fünf Vereine um den Ligaverbleib, die schlechtesten Karten hielt die Eintracht in der Hand, die wenigsten Punkte, die mieseste Tordifferenz. Einzig ein Sieg mit mindestens fünf Toren Differenz hätte den sicheren Klassenerhalt bedeutet, da Nürnberg und Freiburg gegeneinander spielten und sich auf jeden Fall Punkte abnehmen würden. Da dies gegen den Champions-League-Aspiranten Kaiserslautern utopisch schien, musste mindestens einer der abstiegsbedrohten Klubs sein Scherflein für die Eintracht zum Nichtabstieg beitragen. Zunächst sah es nicht danach aus. Stuttgart führte früh gegen Werder durch Bobic mit 1:0 und war durch, auch Freiburg führte in Nürnberg sowie Rostock in Bochum. Zur Halbzeit war die Eintracht im ausverkauften Frankfurter Waldstadion bei 30° C im Schatten abgestiegen. Als Chen Yang unmittelbar nach Wiederanpfiff die Eintracht in Führung schoss, fehlten noch drei Tore auf Nürnberg,

Jan Åge Fjørtoft trifft zum 5:1 gegen Torhüter Andreas Reinke.

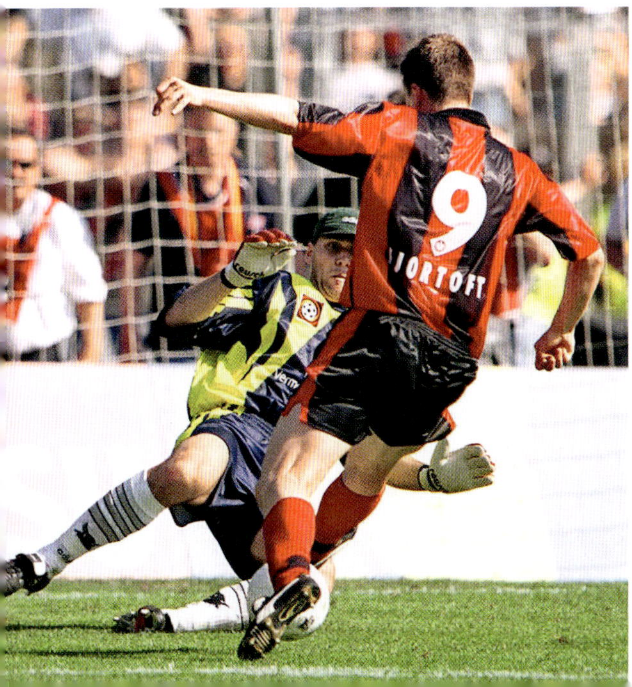

ein Elfmeter für Kaiserslautern, den Schjønberg sicher verwandelte, schien das Ende aller Träume zu bedeuten. Dann führte Bochum plötzlich gegen Hansa Rostock. Die Eintracht war wieder drin und warf alles nach vorne. Binnen 15 Minuten drehten Sobotzik, Gebhardt und Schneider das Spiel, ein Tor schöner als das andere. 4:1, jetzt lag sie aufgrund der mehr erzielten Tore vor Nürnberg. Rostock führte mittlerweile in Bochum und war damit durch. Als das Transistorradio den Anschlusstreffer der Nürnberger vermeldete, war der Club wieder drin. Eine einzige Minute verblieb der Eintracht noch, um das Unmögliche doch noch zu schaffen. Tausende peitschten die Eintracht nach vorne, der ausgewechselte Weber trommelte auf die Bande. Unterdessen vergab der Nürnberger Baumann eine tausendprozentige Chance und scheiterte an Freiburgs Torhüter Golz. Dirk Schmitt, Radioreporter des *Hessischen Rundfunks* kommentierte die letzten Szenen im Frankfurter Waldstadion:

„... und sie kommen jetzt wieder mit Christoph Westerthaler in der zentralen Position. Nur Sforza hat er noch vor sich. Dann ist es Fjørtoft, der ist im Strafraum. Und er trifft. Tooor, Toooor für die Frankfurter Eintracht, 5:1. Herrjeh, welche Leistung!“

Der Nürnberger Reporter Günther Koch antwortet mit trauriger Stimme: „Hallo, hier ist Nürnberg, wir melden uns vom Abgrund.“

Fjørtofts Übersteiger in der letzten Minute des Spiels bedeutete den Klassenerhalt der Eintracht, die schon sicher geglaubten Nürnberger mussten runter. Die Fans stürmten den Rasen, requirierten Erinnerungsstücke und machten die Nacht zum Tag. Jörg Berger hatte es tatsächlich geschafft – und die Eintracht gerettet.

29. Mai 1999
Eintracht Frankfurt – 1. FC Kaiserslautern 5:1:

Nikolov – Kutschera – Janßen (86. Westerthaler) – Bindewald – Zampach (69. Brinkmann) – Schur – R. Weber (58. Gebhardt) – B. Schneider – Sobotzik – Fjørtoft – Yang, Trainer: Berger

1999 bis 2001: Wie gewonnen, so zerronnen

Binnen eines halben Jahres sah die Eintracht-Welt schon wieder ganz anders aus. Den Abgängen von Bernd Schneider, Brinkmann und Sobotzik wurden Heldt, Guié-Mien, Kracht und der bis dahin mit rund sieben Millionen Mark teuerste Einkauf, Bachirou Salou, entgegengesetzt. Statt bescheiden den eingeschlagenen Weg fortzusetzen, warf die Eintracht das Geld, das sie nicht hatte, mit vollen Händen aus dem Fenster - und verspekulierte sich. Zwar führten zwei Siege zu Beginn an die Tabellenspitze, doch der Absturz folgte auf dem Fuß. Als Berger gegen Ende der Hinrunde sechs Spiele am Stück verlor und einen Negativrekord aufstellte, endete seine Zeit am Riederwald ein zweites Mal. Felix Magath übernahm und schaffte trotz 8-Punkte-Rückstand (sowie dem Abzug zweier weiterer wegen unlauterem Finanzgebaren) am letzten Spieltag noch den Klassenerhalt. Trotz des Last-Minute-Sieges gegen Ulm wollte keine überschäumende Freude aufkommen, es überwog die nackte Erleichterung. Ein halbes Jahr später stellte Magath den Negativrekord Bergers ein und durfte gehen. Weder Rolf Dohmen noch Friedel Rausch schafften es anschließend, das Ruder herumzureißen. Die Eintracht musste 2001 ein zweites Mal absteigen. Im kollektiven Gedächtnis ist auch das Aus im DFB-Pokal gegen den VfB Stuttgart verankert. In der ersten Runde verlor die Eintracht mit 1:6. Gegen die Amateure des VfB.

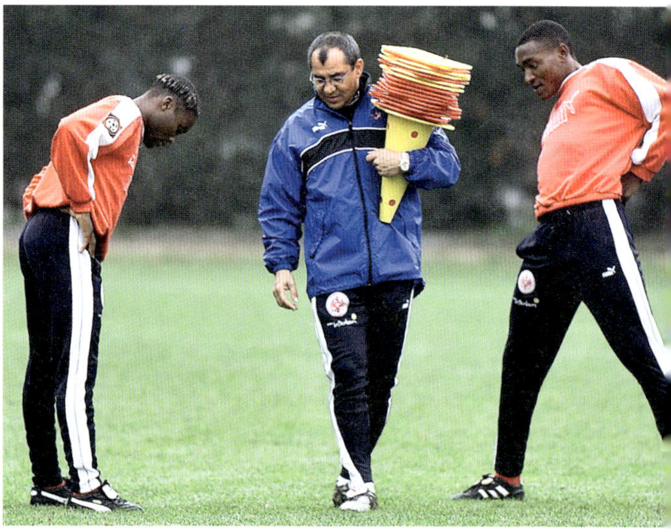

Trainer Felix Magath bei einer seiner sagenumwobenen Trainingseinheiten

Die Fußball AG

Auch die Struktur hatte sich geändert, aufgrund der prekären Situation hatte die Eintracht keine andere Wahl, als die Lizenzspielerabteilung aus dem Verein auszugliedern und in eine AG umzuwandeln. Octagon übernahm knapp die Hälfte der Anteile, und stellte mit Steven Jedlicki den ersten Vorstandsvorsitzenden, derweil der neue Präsident Peter Fischer im Verein zu retten versuchte, was zu retten war. Die Fans ahnten, dass Unheil auf sie zukommen würde und gründeten mit der Fan- und Förderabteilung eine eigene Abteilung innerhalb des Vereins, um im Sinne der Eintracht wenigstens den gröbsten Schaden abzuwenden. Dass dies bitter notwendig war, zeigte die nächste Saison. Sportlich landete die Eintracht im Mittelmaß der 2. Liga, doch viel gravierender war der Lizenzentzug. Für die kommende Saison 2002/03 vermeldete der *kicker* schon den Erstrundenauftakt gegen Jahn Regensburg - in der Regionalliga. So weit kam es letzten Endes nicht. Doch erst im allerletzten Moment hielt die Eintracht nach gerichtlichem Beschluss die Lizenz in den Händen, die abgegebene Bürgschaft hatte Bestand, die Klage Unterhachings hingegen nicht. Zumindest in der 2. Liga durfte die Eintracht wieder ran. Zwar stand mit Willi Reimann schon der nächste Trainer nach Martin Andermatt fest, eine Mannschaft hatte sie noch nicht, da bis kurz vor Saisonstart noch niemand wusste, in welcher Liga die Eintracht, wenn überhaupt, spielt. Mit Jens Keller, Henning Bürger, Ervin Skela und den Youngstern Jermaine Jones sowie Bakary Diakité kickte die Eintracht erstaunlicherweise um den Aufstieg mit. Nikolov, Bindewald und Schur hielten den Laden zusammen.

2002/03: Reutlingen

Am letzten Spieltag der Saison 2002/03 kam es auf der Baustelle des ob der bevorstehenden WM 2006 im Umbau befindlichen Waldstadions zum Fernduell um den Aufstieg gegen Mainz 05. Beide Teams standen punktgleich auf den Rängen drei und vier, nur die um ein Tor bessere Tordifferenz sprach für die Eintracht. Mainz musste in Braunschweig ran, die Eintracht gegen Reutlingen. Deren Stürmer Nico Frommer hatte für die kommende Saison schon in Frankfurt unterschrieben - und konnte sich selbst den Aufstieg verderben. Die Eintracht-Führung nach fünf Minuten durch Jones egalisierte ... Frommer. Doch Schur und Skela schossen noch vor der Pause die Eintracht in Front. Mainz lag durch zwei Tore von Auer ebenfalls vorn, noch war nichts verloren. Nach der Halbzeit zog Mainz durch zwei weitere Tore Auers auf 4:0 davon, die Eintracht fing sich binnen weniger Minuten den Ausgleich. Die ersten der 25.000 Zuschauer machten sich auf den regennassen Heimweg - und verpassten ein Frankfurter Tor durch Diakité, derweil zeitgleich Braunschweig das vermeintlich nutzlose 1:4 gelang. Die Eintracht warf alles nach vorne und schaffte tatsächlich durch Diakités zweiten Treffer das 5:3 in der 90. Minute. Jetzt fehlte nur noch ein Tor. In Braunschweig war das Spiel zu Ende, die Mainzer wollten schon feiern, als sie Trainer Jürgen Klopp darauf hinwies, dass die Partie in Frankfurt noch lief. 90.+ 3 Min.: Die letzte Ecke, Keller legte kurz auf Bürger - und dessen Flanke nickte der Frankfurter Bub Alexander Schur zum 6:3 ins Netz. 6:3 - der alte Abstand war wiederhergestellt, in letzter Sekunde hatte die Eintracht den Aufstieg doch noch gepackt, die Mainzer sackten zusammen.

Eintracht Frankfurt vs. SSV Reutlingen 05:

Nikolov - Bindewald - Tsoumou-Madza -
J. Keller - Streit - Schur - Bürger -
Skela - D. Toppmöller (62. Diakité) -
Beierle (59. Kryszalowicz) -
Jones (75. Montero), Trainer: Reimann

Alexander Schur trifft zum erlösenden 6:3.

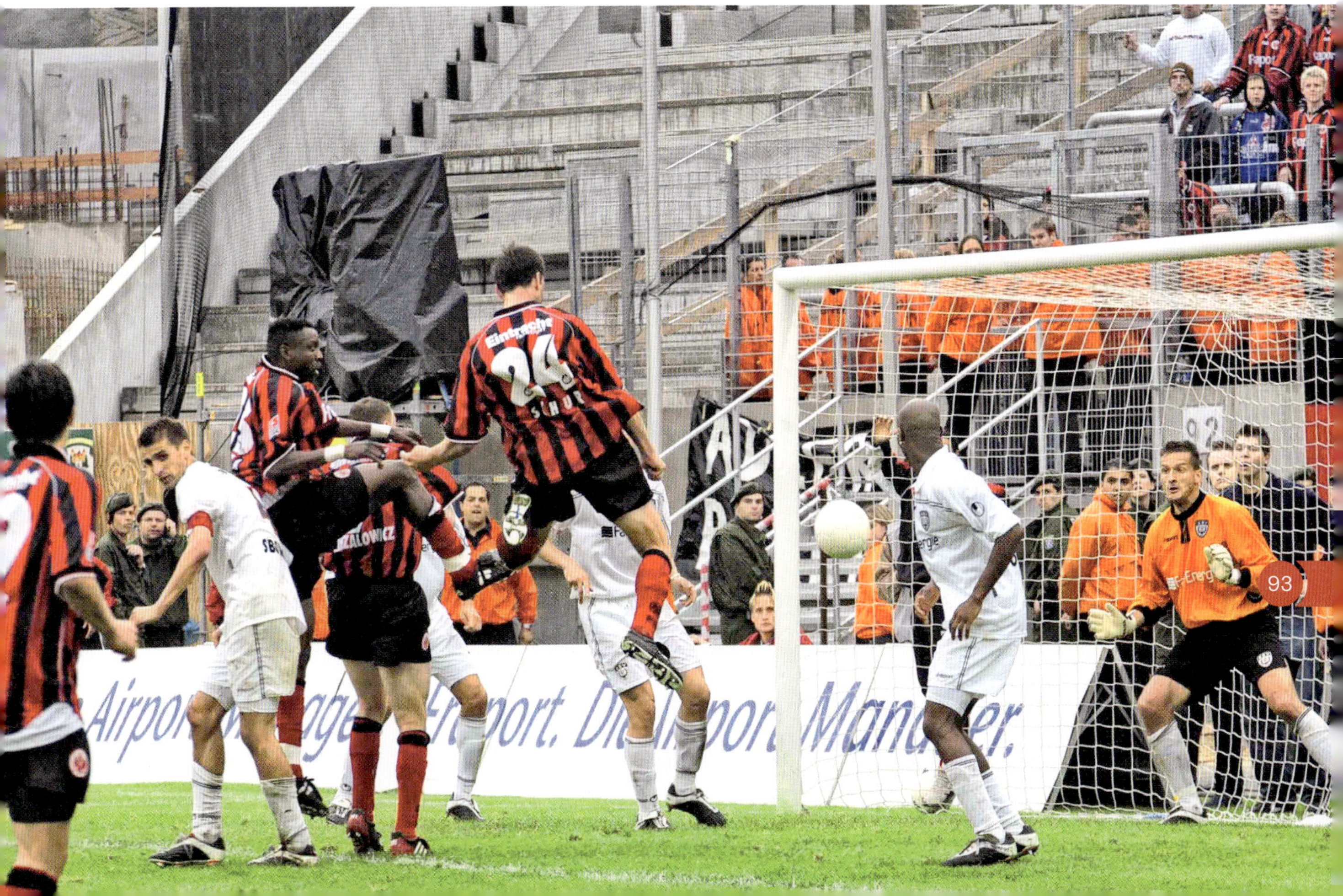

2003-2016

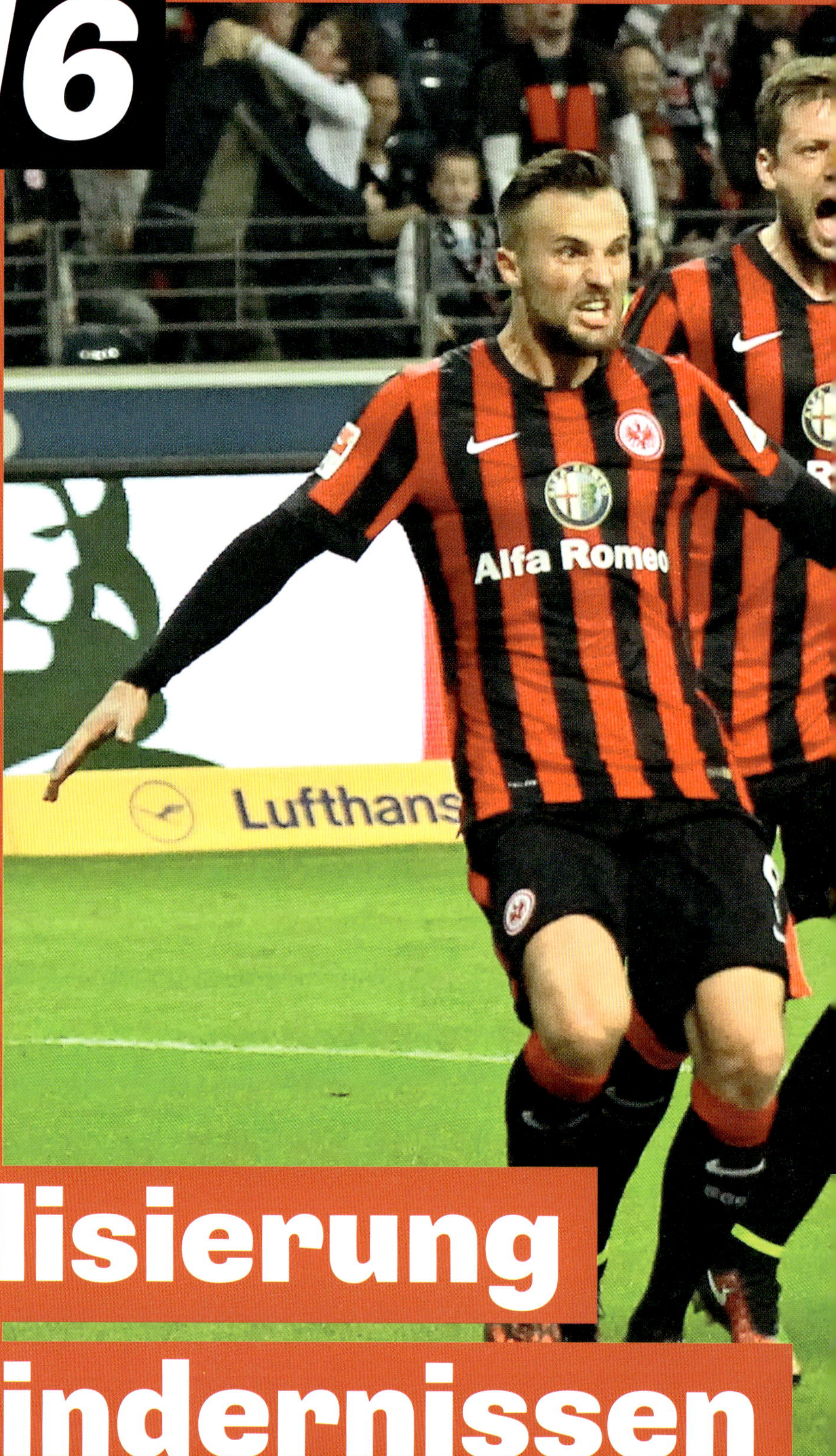

Stabilisierung mit Hindernissen

2014/15 wird Alex Meier (Fußballgott) Torschützenkönig. Haris Seferović und Marco Russ freuen sich mit ihm.

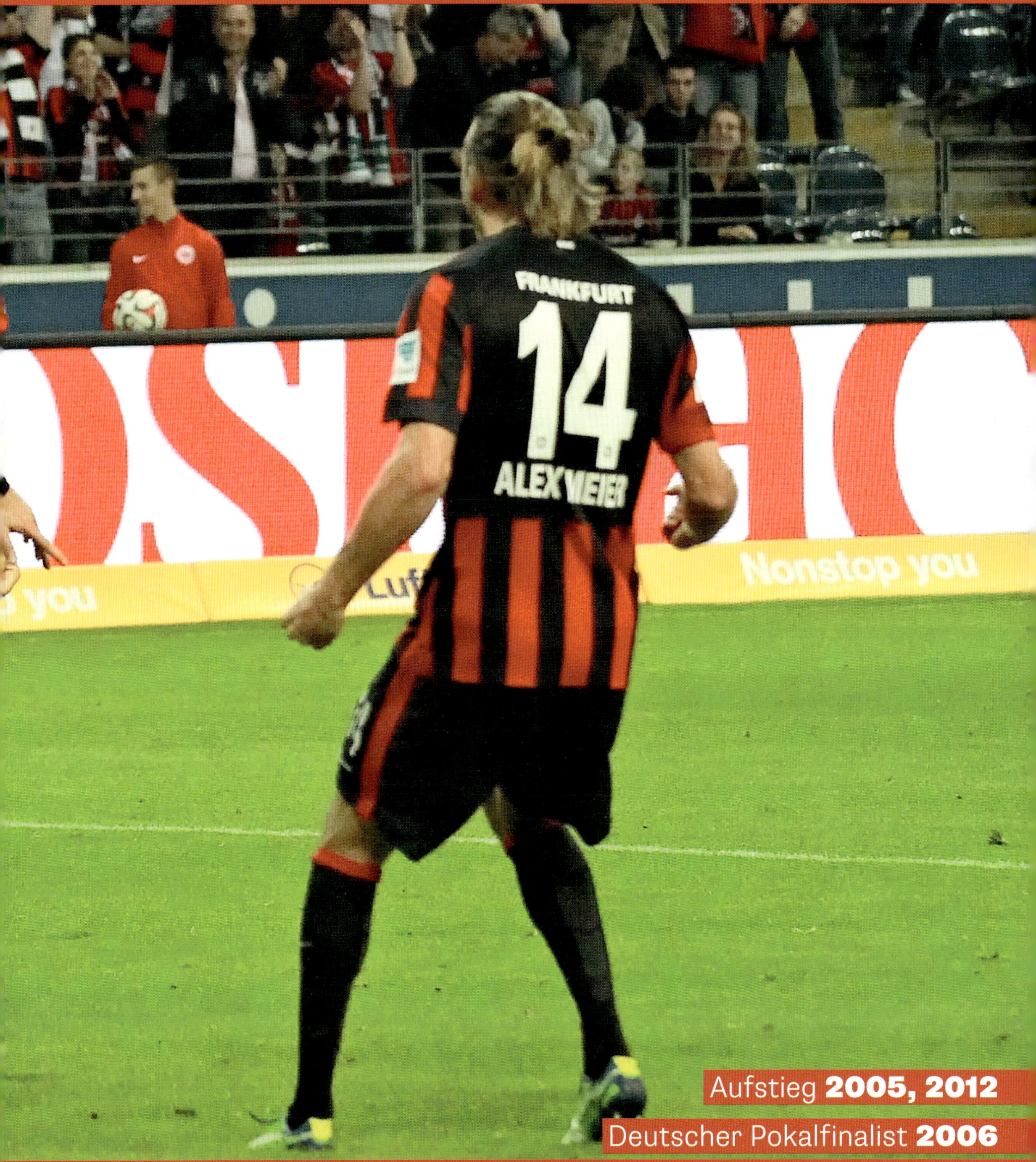

Aufstieg **2005, 2012**

Deutscher Pokalfinalist **2006**

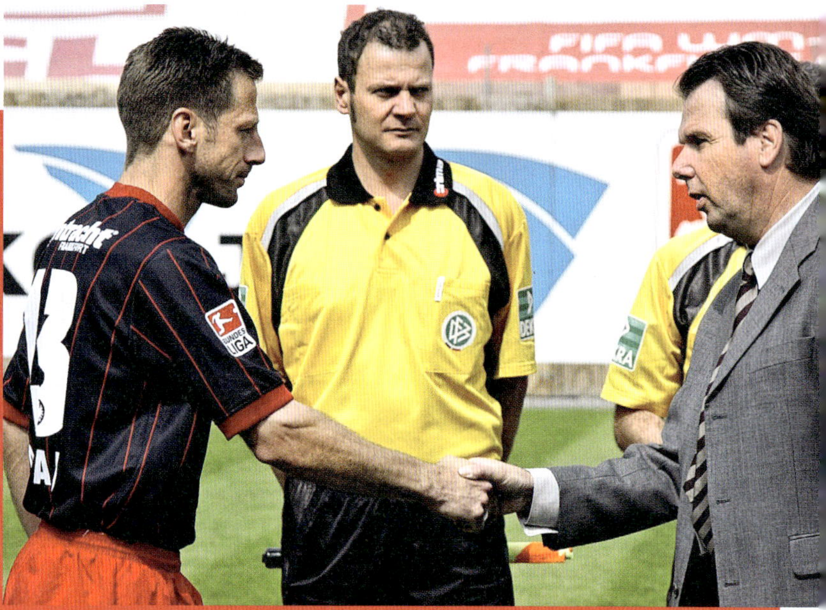

Uwe Bindewald wird vom Vorstandsvorsitzenden Heribert Bruchhagen verabschiedet.

HERIBERT BRUCHHAGEN

2003/04 war der schöne Aufstieg schon wieder Geschichte. Eintracht Frankfurt stieg zum dritten Mal aus der Bundesliga ab - und Mainz zum ersten Mal auf. Auch die Rückkehr Andy Möllers hatte keine Wunder bewirkt. Immerhin gelang der Eintracht in der Führung ein Glücksgriff. Nach turbulenten Jahren kehrte durch Heribert Bruchhagen wieder Seriosität im Vorstand ein.

Als Bruchhagen trotz vorheriger Absage seitens der Eintracht seinen Job als Vorstandsvorsitzender im Dezember 2003 antrat, hatte sich der Verein zwar aus dem Gröbsten herausgearbeitet, doch die Zukunft sah keineswegs rosig aus. Ein Darlehen aus dem Jahr 1999 belastete den Etat noch auf Jahre hinaus, das Geld war jedoch schon lange verbrannt. Ein ungünstiger Stadionmietvertrag mit der Stadt Frankfurt, eine schwächelnde Mannschaft, die trotz der Rückkehr von Christoph Preuß und Neuzugängen wie dem Brasilianer Chris sowie Ioannis Amanatidis, der im Winter gekommen war, die Klasse nicht halten konnte und dazu ein widerborstiger Trainer Reimann, der seine Nerven nicht im Griff hatte, machten die Sache nicht einfacher. Reimann hatte den Vierten Offiziellen beim Spiel gegen Dortmund geschubst und sich dadurch eine wochenlange Sperre eingehandelt, die er in einem Container in der Baustelle Waldstadion verbrachte. Zwar hoffte die Eintracht nach dem 3:2-Heimsieg gegen Bochum am vorletzten Spieltag noch auf den Klassenerhalt, doch die 1:2-Niederlage beim HSV beendete jegliche Illusion. Als Reimann nach dem Abstieg nicht mit dem Team nach Hause flog, zog Bruchhagen entgegen seiner Gepflogenheiten die Reißleine. Unterdessen ließ Uwe Bindewald, der sich in seinen letzten Jahren nicht nur zum unverzichtbaren Rückhalt der Mannschaft entwickelt hatte, sondern sich endlich auch die Anerkennung der Fans erarbeiten konnte, seine Karriere in Eschborn ausklingen. Und Hoffnungsträger Amanatidis verabschiedete sich genau wie Ervin Skela. Der eine ging nach Kaiserslautern, der andere wechselte zu Arminia Bielefeld.

Schiedsrichter Hermann Albrecht (links) schickt Trainer Willi Reimann nach einer Attacke gegen Ersatzschiedsrichter Thorsten Schriever (rechts) auf die Tribüne.

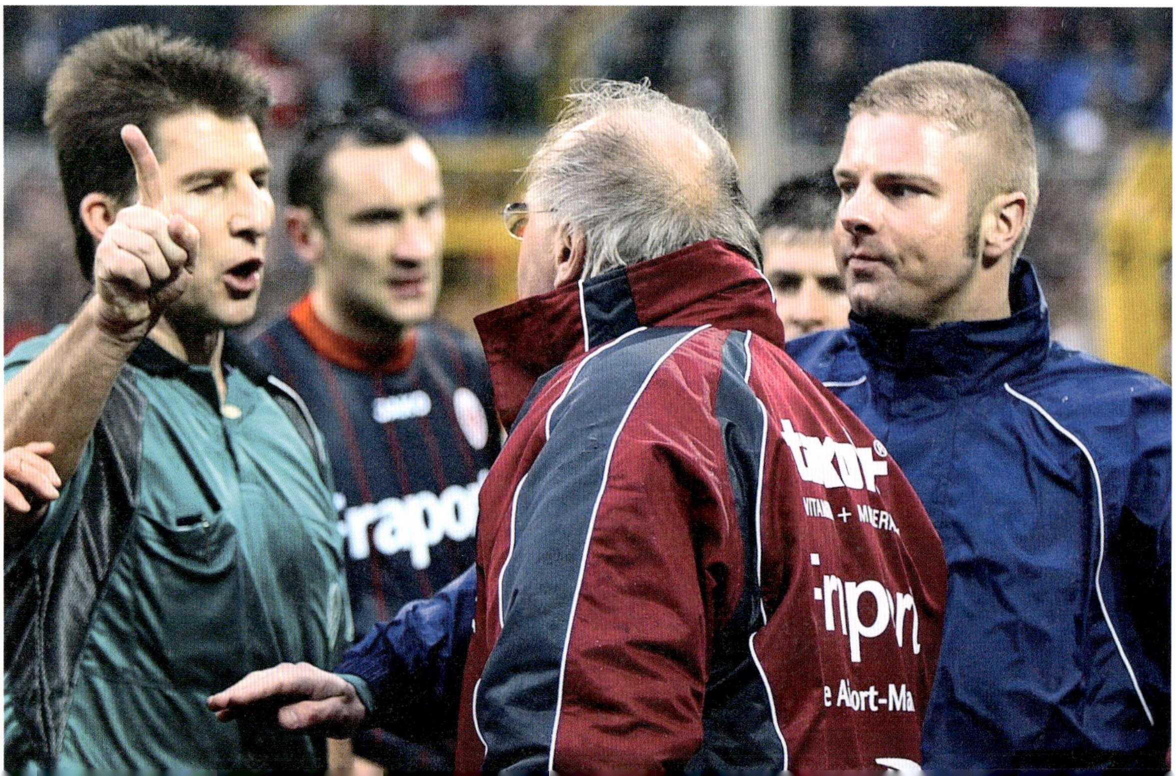

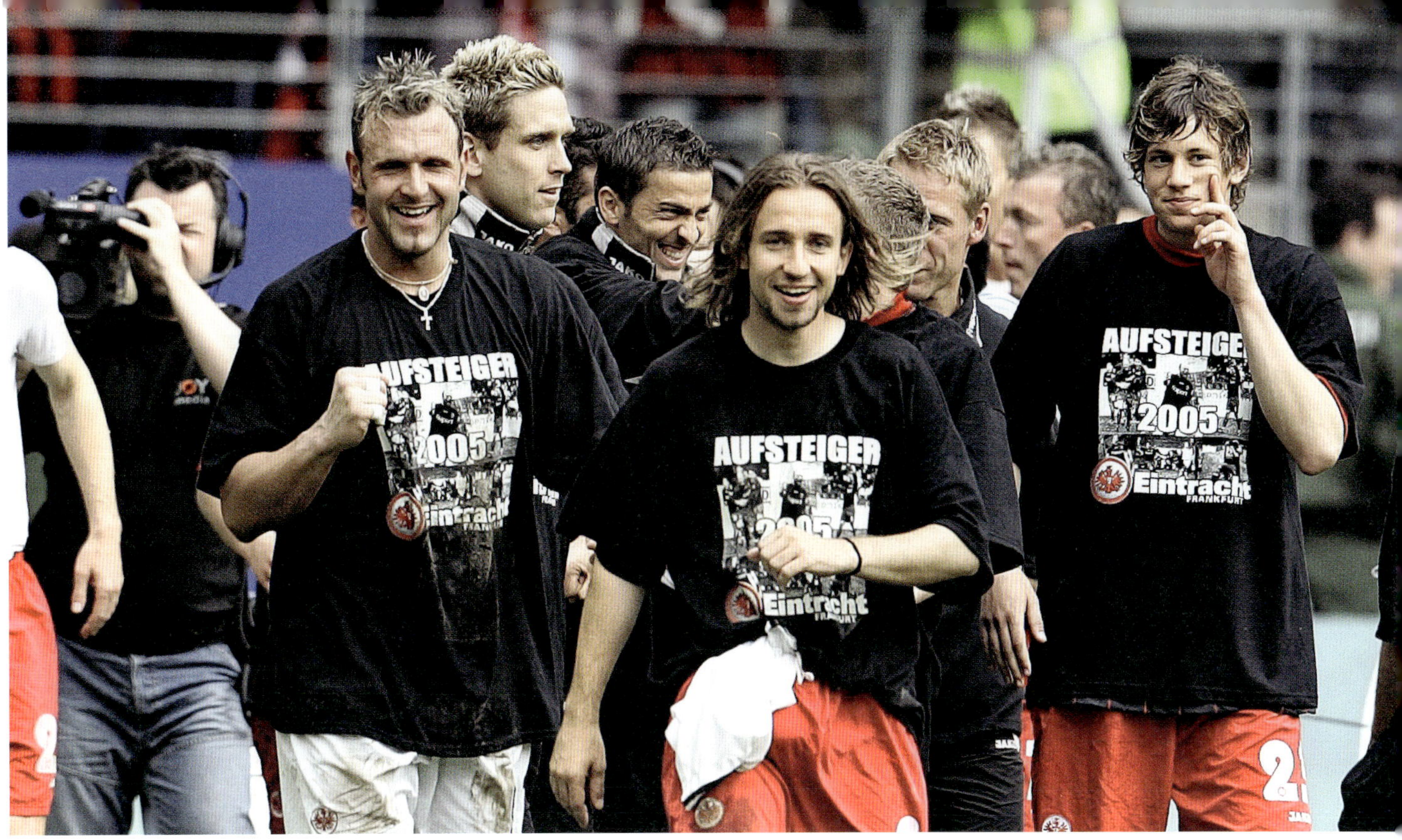

Frankfurt feiert den Aufstieg, u.a. Markus Pröll, Stefan Lexa und Marco Russ.

2004/05

Ein neuer Trainer musste her. Da der angefragte Ralf Rangnick der Eintracht nichts, aber auch gar nichts zutraute, übernahm Friedhelm Funkel und führte die Eintracht 2004/05 ohne viel Federlesens zurück in die Bundesliga. Markus Pröll hatte vorerst Oka Nikolov im Tor verdrängt. Vor allem die Rückrunde geriet bärenstark. Mit großem Respekt reiste die Eintracht zu den Spielen im Osten der Republik, mit jeweils drei Punkten kehrte sie aus Aue, Erfurt und Cottbus zurück. Das 2:3 am 27. Spieltag beim Tabellenletzten LR Ahlen bedeute zwar noch einmal einen Rückschlag und ließ die Eintracht auf Rang sieben zurückpurzeln, doch Trainer Funkel bewahrte die Ruhe. Mit dem ungefährdeten 3:0 gegen Wacker Burghausen am finalen Spieltag schoss sich Eintracht Frankfurt nach 1998 und 2003 endgültig zum dritten Aufstieg in die Bundesliga. Vor über 40.000 Zuschauern in der nahezu fertiggestellten neuen Commerzbank Arena hatte sich die Eintracht im Fernduell mit 1860 München keine Blöße gegeben. Stefan Lexa sicherte sich die Liebe der Anhänger, als er die kurz vor Spielende in den Fanblock einmarschierende Polizei bat, dies zu unterlassen.

Aufsteiger Eintracht Frankfurt
im Spiel gegen Burghausen:

Pröll - Husterer - Chris - Vasoski - Ochs - Jones (69. Cimen) - Wiedener - A. Meier (85. Weissenberger) - Du-Ri Cha - van Lent (82. Beierle) - Köhler, Trainer: Funkel

Torben Hoffman hatte zuvor schon seinen Wechsel zu 1860 bekannt gegeben. Die Fans sangen spöttisch: „2. Liga, Torben ist dabei." Hoffmann nahm es mit Humor.

Konsolidierung

Unter Bruchhagen und Funkel konsolidierte sich die Eintracht und lieferte verlässlich. Niederlagen gegen die Großen folgten Siege gegen Teams, gegen die die Eintracht unbedingt gewinnen musste, die Eintracht spielte um den Klassenerhalt und sie schaffte ihn regelmäßig. Ioannis Amanatidis kehrte nach einem Jahr aus Kaiserslautern zurück, Christoph Preuß aus Bochum, und Jermaine Jones wurde nach seiner Leihe aus Leverkusen fest verpflichtet. Zum Stabilisator der Abwehr reifte der von Young Boys Bern gekommene Christoph Spycher. Spielerische Akzente setzte Francisco Copado aus Unterhaching.

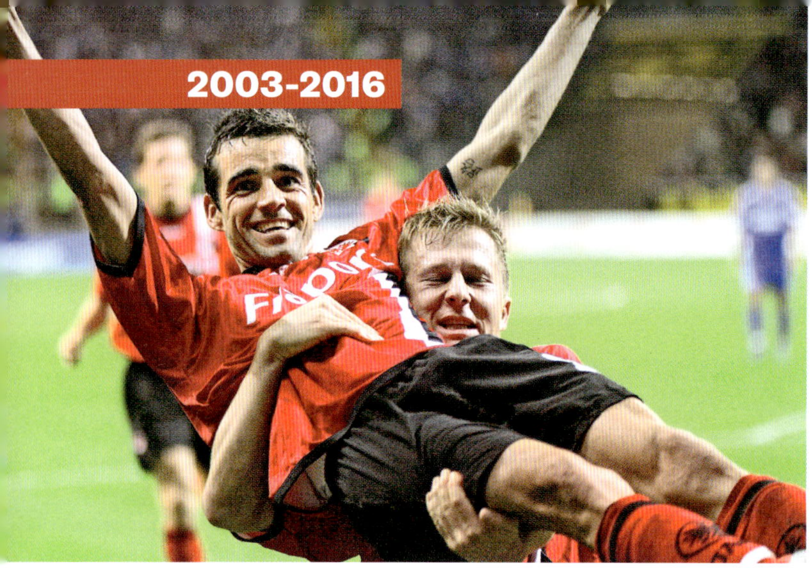

Nach dem 6:0-Sieg in der 2. Runde des DFB-Pokals gegen Schalke trug Christoph Spycher seinen Mitspieler Francisco Copado noch auf Händen. Im Finale trifft Claudio Pizarro dann per Kopf für die Bayern.

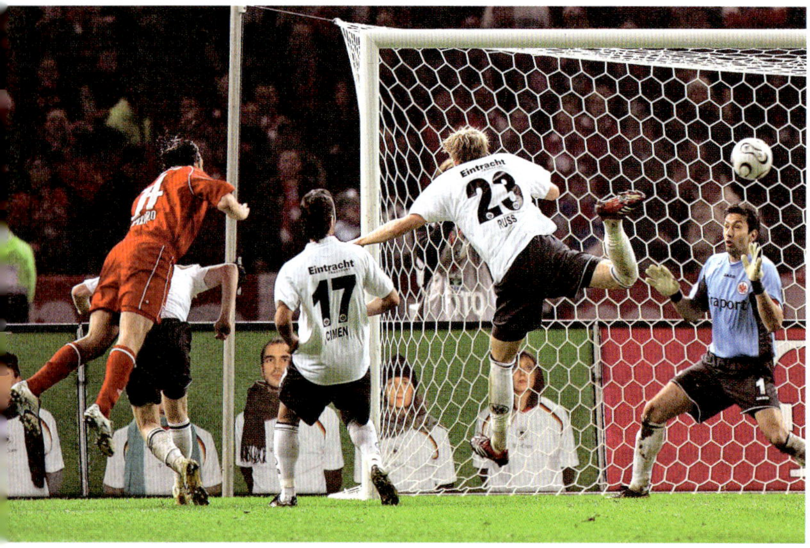

Pokalfinale 2006

Erstmals seit 1988 glänzte die Eintracht 2005/06 wieder im DFB-Pokal. Ein berauschendes 6:0 über die favorisierten Schalker erinnerte an die großen Fußballfeste im Frankfurter Waldstadion, das seit der Premiere im Confederations Cup 2005 ob der verkauften Namensrechte offiziell Commerzbank Arena genannt wurde und in einem gänzlich anderen Gewand daherkam. Die Laufbahn war Geschichte, die Zuschauer rückten so nah ans Spielfeld wie niemals zuvor, und Logen beherbergten jetzt die Sponsoren und bessergestellten Zuschauer. Die Fans der Eintracht machten statt im G-Block in der Nordwestkurve Remmidemmi, allen voran die Ultras, die fortan für mächtig Stimmung und hie und da auch mächtig Ärger sorgten. Die WM 2006 warf ihre Schatten voraus. Und die Eintracht spielte sich tatsächlich bis ins Pokalfinale. Nach dem 1:0-Sieg im Halbfinale gegen Arminia Bielefeld erklang zum ersten Mal über die Lautsprecher im Stadion der Song „Schwarz-weiß wie Schnee“. In Berlin hieß der Gegner Bayern München. Zigtausende Frankfurter machten sich auf in die verregnete Hauptstadt und feierten ausgelassen schon weit vor Anpfiff. Jetzt rockten Tankard auf der blauen Aschenbahn im Olympiastadion ihr „Schwarz-weiß wie Schnee“, und 25.000 Eintracht-Fans brüllten sich die Seele aus dem Leib. Erstmals hatte ein lebender junger Steinadler, den die Fans auf den Namen Attila taufen sollten, die Mannschaft als Maskottchen begleitet. Und die Eintracht hatte die Bayern am Schlafittchen. Doch ein Tor von Pizarro, eine Parade Oliver Kahns und ein Schiedsrichter Fandel, der der Eintracht einen möglichen Strafstoß verweigerte, verhinderten den fünften Pokalsieg. Trotz der 0:1-Niederlage hatte sich die Eintracht für den UEFA-Cup qualifiziert. Die Champions-League-Teilnahme der Bayern durch ihren Meistertitel im gleichen Jahr machte es möglich.

Pokalfinale 2006:

Nikolov - Rehmer (34. Cimen 83. Weissenberger) - Russ - Vasoski - Ochs - Lexa (72. Copado) - Huggel - Spycher - Meier - Amanatidis - Köhler, Trainer: Funkel

VERABSCHIEDUNG

Am Ende der Saison verabschiedete sich Alex Schur vorläufig von der Eintracht, ein Kreuzbandriss beim Zweitligaspiel in Aue hatte ihn für ein Jahr außer Gefecht gesetzt. Der Aufstiegsheld aus dem Spiel gegen Reutlingen ließ seine Karriere in Seligenstadt ausklingen.

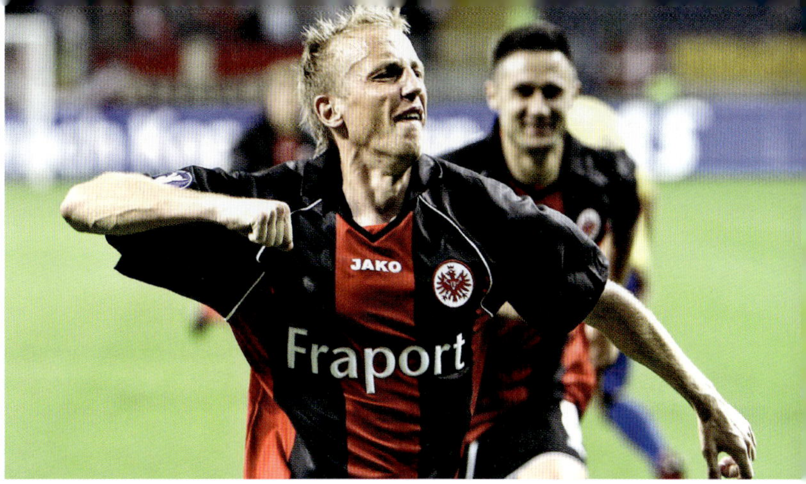

Im UEFA-Cup-Spiel gegen Bröndby IF Kopenhagen jubelt Michael Thurk über das 1:0.

2006/07: Europa I

In der Bundesliga erarbeitete sich die Eintracht 2006/07 mühsam ihre Punkte und hielt die Klasse. In die Herzen der Fans spielte sich der eisenharte Neuzugang Sotirios Kyrgiakos, der zwar bei seinem ersten Einsatz gegen Wolfsburg glatt Rot sah, ansonsten aber kompromisslos und unorthodox verteidigte. Im UEFA-Cup setzte die Eintracht ein internationales Ausrufezeichen. Durch drei Tore von Michael Thurk und eines von Benny Köhler besiegte Eintracht Frankfurt in der ersten Runde Brøndby IF mit 4:0 und überstand auch das Spiel in Dänemark schadlos. Zwei fabelhafte Kopfballtreffer von Vasoski sicherten das 2:2, die Eintracht hatte es in die Gruppenphase geschafft, die seinerzeit kein Hin- und Rückspiel vorsah. Und sie kratzte in Istanbul nach einer Niederlage gegen Palermo sowie zwei Unentschieden in Vigo und gegen Newcastle sogar am Weiterkommen, Takahara hatte die Eintracht zur Freude der mitgereisten Anhängerschar im Hexenkessel von Fenerbahçe mit 2:0 in Führung geschossen, doch Şanlı und Şentürk glichen noch aus und die Reise durch Europa fand ein Ende.

Lust auf mehr

Die Auftritte in Europa weckten Appetit auf mehr. Doch Sperenzchen waren weder mit Bruchhagen noch mit Funkel zu machen. Der eine wiederholte nicht ganz zu Unrecht, dass die Position in der Liga durch die finanziellen Mittel der Vereine quasi zementiert sei, der andere zeigte wenig Wagemut und vertraute eher erfahrenen Recken, statt zu Abenteuern zu neigen. Der Lizenzentzug steckte noch in den Knochen. Daran änderte auch das Traumtor von Christoph Preuß nur wenig, der im März 2007 per Fallrückzieher für den 1:0-Sieg gegen die Bayern gesorgt hatte. Als die Eintracht 2008 mit dem Brasilianer Caio doch einmal Mut zum Risiko bewies, weckte sie große Hoffnungen bei den Fans. Die einen forderten Caio auf dem Platz, die anderen wünschten sich stattdessen Meier, die Stimmung geriet in Wallung und richtete sich gegen Trainer Funkel und die vermeintlich seriöse Langeweile. Martin Fenin, dessen drei Tore zum Einstand im Februar 2008 bei der Hertha ein Versprechen auf bessere Zeiten zu sein schienen, konnte dies ebenso wenig einlösen wie Caio. Immerhin, Platz neun in der abgelaufenen Saison bescherte der Eintracht mit ausgeglichenem Punktekonto die beste Platzierung seit 1995. Zum Ärger der Fans verließ Jermaine Jones den Verein nach der Saison 2007/08 in Richtung Schalke 04 - nachdem er im Internetforum des Klubs nichts als die Wahrheit verkündete und alle Wechselgerüchte ins Reich der Fabeln verwiesen hatte. Er folgte Albert Streit, der sein Glück jedoch nicht in Gelsenkirchen finden sollte.

Auch die Zeit Friedhelm Funkels bei der Eintracht neigte sich ein Jahr später dem Ende entgegen. Selbst die Verpflichtung von Ümit Korkmaz, der sich bei der Europameisterschaft 2008 ins Rampenlicht gespielt hatte, änderte daran nichts. Die Stars jener Tage wie Amanatidis, Kyrgiakos oder Spycher waren gut. Aber sie waren für manch einen nicht gut genug.

Der erfolgreiche Fallrückzieher von Christoph Preuß gegen Oliver Kahn

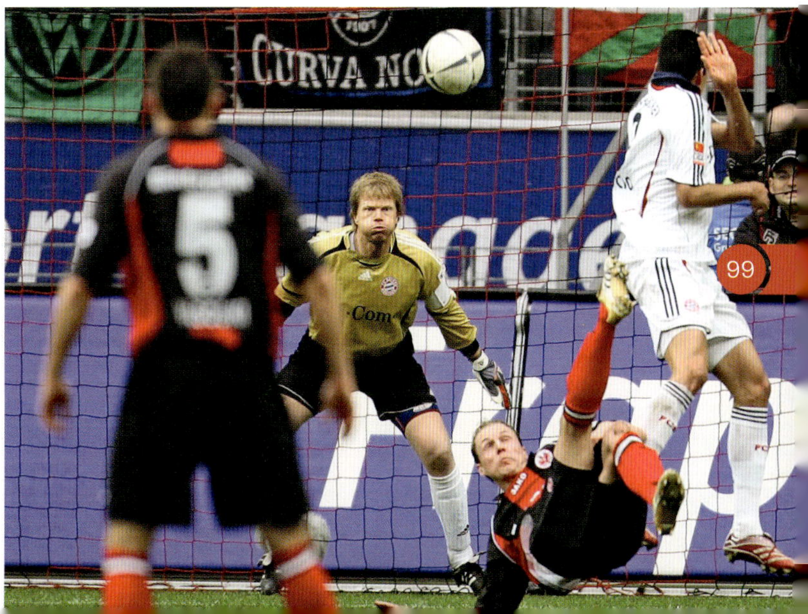

2009/10: Frischer Wind

Mit Michael Skibbe als Nachfolger Funkels wehte 2009/10 ein frischer Wind, erstmals konnten auch Spitzenteams wie Werder Bremen, gegen die es in den Funkelschen Jahren herbe Klatschen gesetzt hatte, wieder besiegt werden. Als Glücksgriff erwies sich die Verpflichtung Pirmin Schweglers aus Leverkusen. Sogar die Bayern mussten dran glauben, Tsoumou und Fenin drehten in den letzten Minuten das Spiel und versetzten die Arena am 20. März 2010 in einen Freudentaumel. Nur die alten Hasen waren gewarnt. Auch bei den ersten beiden Abstiegen hatte die Eintracht die Bayern besiegt, 1995/96 mit 4:1 und 2000/01 durch Fjørtofts Treffer sogar in München. Doch so weit sollte es 2010 nicht kommen. Die Eintracht belegte am Ende bar jeglicher Abstiegssorgen Rang zehn.

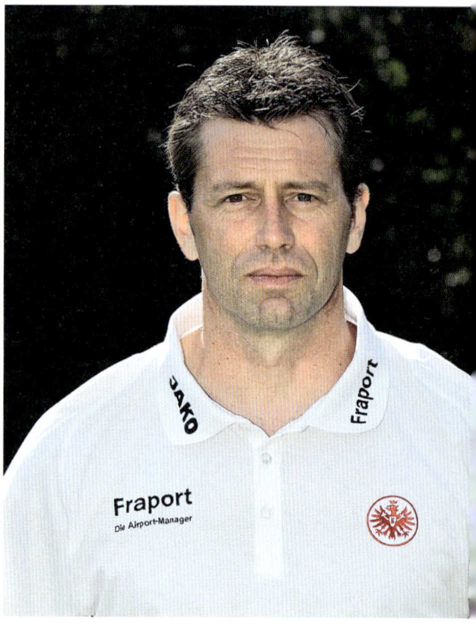

Michael Skibbe ist neuer Trainer der Frankfurter

Deutscher Meister 2010: Eintracht Frankfurt

Für den ganz großen Triumph sorgte die B-Jugend unter Trainer Schur. Nachdem sie sich im Halbfinale gegen Hertha BSC souverän durchgesetzt hatte, empfing sie am Bornheimer Hang zum Finale Bayer Leverkusen. Es sollte ein enges und hart umkämpftes Spiel werden. Der Treffer von Louis Goncalves in der Verlängerung sicherte der Eintracht nach vielen Jahren endlich wieder einen Meistertitel. Bei Leverkusen spielte mit Danny da Costa ein junger Kicker, der später bei den Profis der Eintracht landen sollte.

Deutscher Meister 2010:

Özer - Söder - Schorr - Hien - Dudda - Goncalves - Wille (88. Bartheld) - Demuth - Derici (100. D. Müller) - Kittel - Asta (61. Ehlert), Trainer: Schur

Im gleichen Jahr konnte auch das neue Leistungszentrum am Riederwald nach zweijähriger Bauzeit eingeweiht werden. Die alte Tribüne wich einem modernen Gebäude samt angrenzender Dreifelderhalle und Geschäftsstelle.

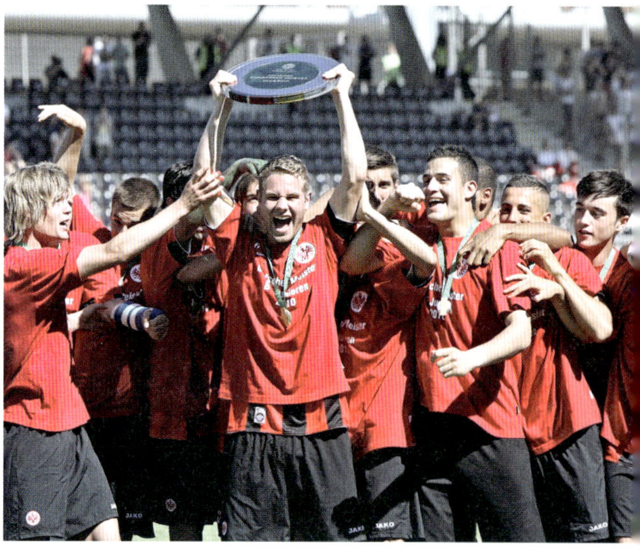

Die B-Junioren feiern nach einem 1:0 in der Verlängerung ihren Meistertitel

ABRISS AM RIEDERWALD

Definitiv kein gutes Erscheinungsbild gab der Riederwald mehr ab. Mit der Umwandlung zur Fußball AG im Jahr 2000 hatten die Profis endgültig die angestammte Heimat verlassen und trainierten seither im Waldstadion. Die Jugend sowie die Amateure spielten und trainierten - wie auch die Hockey-Teams - weiterhin am Riederwald. Doch das Stadion und die Funktionsräume waren nicht mehr vorzeigbar und dem Leistungszentrum eines Bundesligisten nicht würdig. Mit dem Aufstieg der Amateure in die Regionalliga Südwest 2008 musste die zweite Mannschaft der Eintracht ohnehin ihre Heimspiele am Bornheimer Hang

2010/11: Die Rückrunde der Schande

Im Jahr darauf spielte die Eintracht trotz zweier Auftaktniederlagen munter drauflos und stand nach der Hinrunde mit 26 Punkten auf Rang sieben. Neuzugang Gekas traf, wie er wollte; mit 14 Toren nach 17 Spielen schienen die Rekorde eines Hölzenbein oder Yeboah in Gefahr. Das Ausscheiden im Pokal zwei Tage vor Heiligabend bei Alemannia Aachen im Elfmeterschießen, nach einer frühen Roten Karte Schweglers, wurde als Schönheitsfehler interpretiert.

Doch dann lief nichts mehr zusammen. Gekas kam nur noch auf kümmerliche zwei Törchen, acht Spiele erzielte die Eintracht gar kein Tor, und als sie wieder einmal traf, dann aus 70 Metern wie Tzavellas auf Schalke, um doch noch zu verlieren. Ein einziger Sieg gelang in der Rückrunde - gegen St. Pauli und dieser reichte, um die Hoffnung auf den Klassenerhalt bis zum letzten Spieltag leben zu lassen. Allerdings ohne Skibbe. Für ihn nahm völlig überraschend Christoph Daum den Platz auf der Trainerbank ein. Mit großem Bohei angetreten, gelang ihm in den folgenden Spielen kein einziger Sieg. Gekas hatte es auf dem Fuß, mit dem 2:0 gegen die Bayern für eine Vorentscheidung zu sorgen. Doch er traf freistehend nicht das Tor, sondern mit Müh und Not nur den Ball. Der Ausgleich folgte prompt.

Selbst am letzten Spieltag hatte die Eintracht beim feststehenden Meister aus Dortmund noch ihre Chance. Erst parierte Fährmann einen Elfmeter von Barrios, dann traf Rode unmittelbar nach der Pause zum 1:0. Dies hätte zu diesem Zeitpunkt zumindest die Relegation bedeutet. Mitten in den Jubel flammten Leuchtfeuer aus der Frankfurter Fankurve auf, die ein Banner „Randalemeister 2011" präsentierte. Die Dortmunder ließen sich solch despektierliches Spektakel an ihrem Freudentag nicht gefallen, drehten den Rückstand und verschossen sogar noch einen zweiten Elfmeter durch Dedê. 3:1 hieß es nach 90 Minuten, Titsch-Rivero hatte 43 Sekunden nach seiner Einwechslung wegen einer Notbremse die schnellste Rote Karte der Bundesliga-Geschichte gesehen. Dann war der vierte Abstieg der Eintracht in Stein gemeißelt.

Präsident Fischer sprach anschließend von der „Rückrunde der Schande". Sieben magere Tore und acht einsame Punkte lautete die Rückrundenbilanz - dabei verlor die Eintracht unfassbare 18 Punkte auf die Gladbacher, die sich letztlich gegen Funkels Bochumer in der Relegation durchsetzen konnten. Haarscharf schrammte die Eintracht an etlichen Minusrekorden von Tasmania Berlin vorbei. Der Schock des Abstiegs saß tief - aber er warf die Eintracht nicht um. Bruchhagen wurde mit Bruno Hübner ein Sportdirektor an die Seite gestellt, und Axel Hellmann, Vizepräsident und Geschäftsführer des Vereins, wechselte in den Vorstand der Fußball AG. Armin Veh übernahm das Traineramt von Daum. Der Star der vergangenen fünf Jahre, Amanatidis, musste trotz gültigen Vertrags gehen.

absolvieren. Das alte Dach des Riederwaldstadions wurde schon 1988 abgetragen. 2008 erfolgte der endgültige Abriss der alten Heimat zugunsten eines Neubaus.

Theofanis Gekas scheitert an Jörg Butt (FC Bayern)

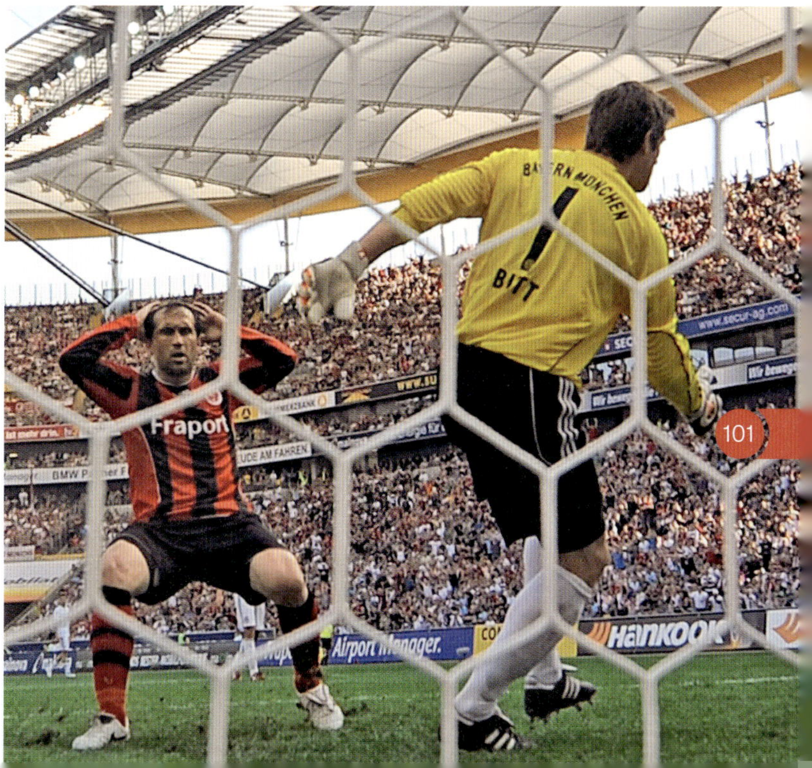

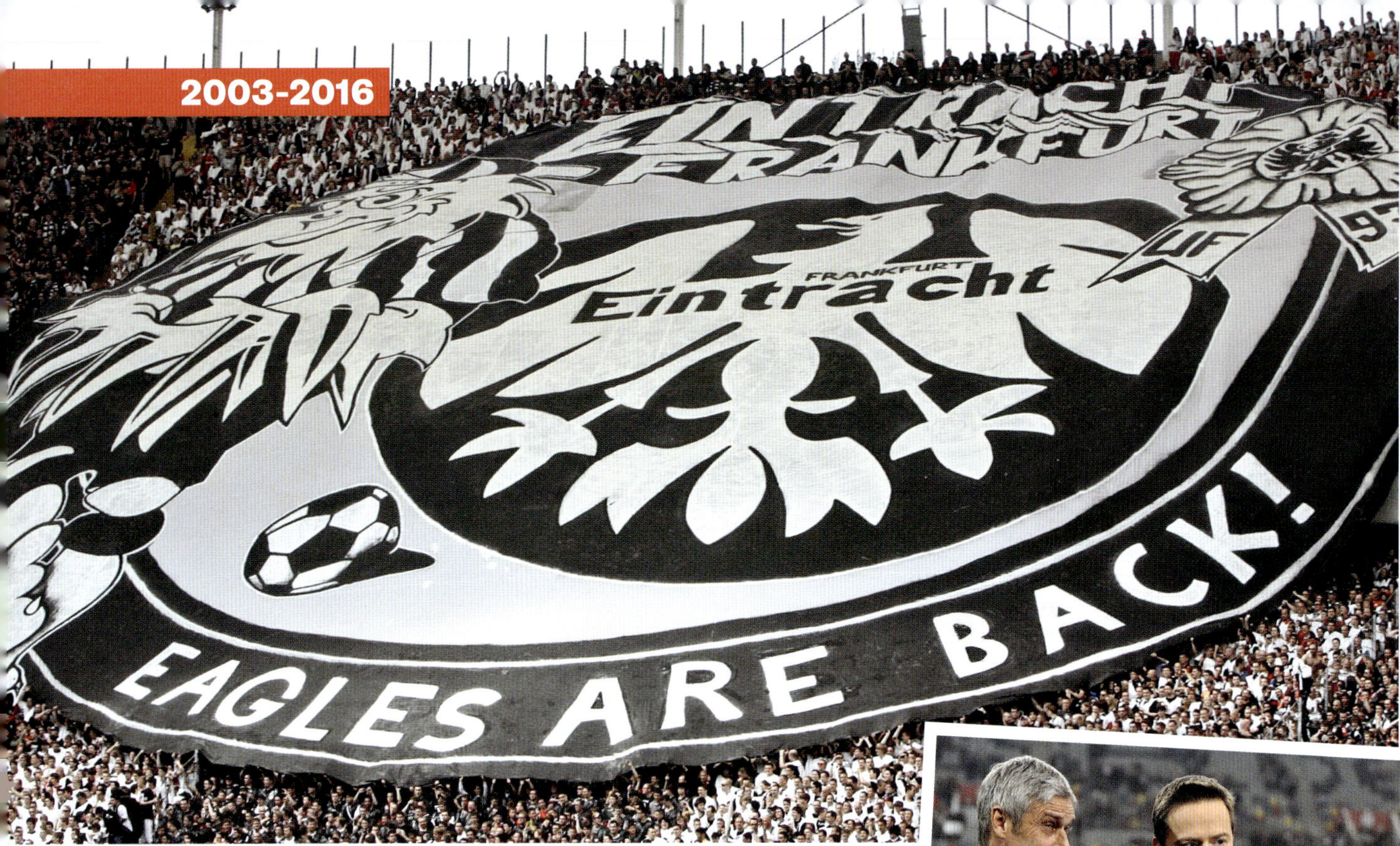

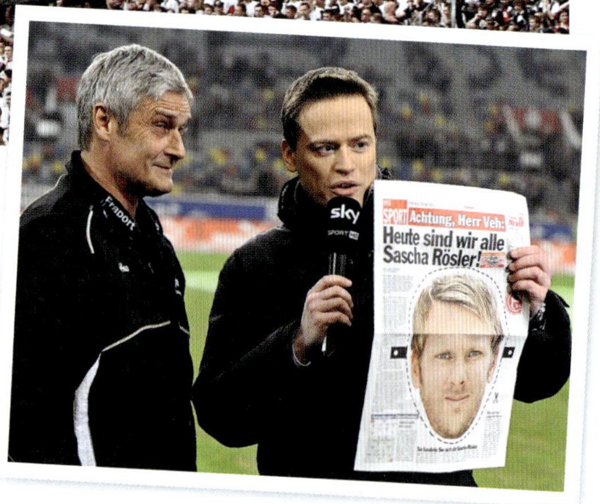

Trainer Armin Veh schaut wenig begeistert über den Artikel im Düsseldorfer Express mit dem Hinweis „Heute sind wir alle Sascha Rösler". Am Ende hat er gut Lachen: die Eintracht steigt auf.

2011/12: Enges Rennen

Die Eintracht nahm den Abstieg 2011 an. Mit einer Mannschaft aus jungen Spielern wie Jung, Kittel und Rode, den erfahrenen Recken Nikolov, Köhler, Meier und Schwegler sowie etlichen Neuzugängen wie Djakpa, Hoffer, Idrissou oder Matmour galt die Truppe als klarer Favorit. Auch wenn Patrick Ochs die Eintracht in Richtung Wolfsburg verlassen hatte und ihm Marco Russ nach dem Auftaktsieg in Fürth ebenso wie Chris folgen sollten.

Erstmals seit 1962 trafen die alten Kontrahenten, die Eintracht und der FSV Frankfurt, in einem Punktspiel wieder aufeinander. Beide Spiele gerieten im Waldstadion zu familiären Fußballfesten, keine Spur von der Rivalität der früheren Jahre. Mit 4:0 und 6:1 siegte die Eintracht jeweils deutlich, der FSV hielt dennoch die Klasse.

An der Spitze entspann sich ein Mehrkampf mit Fürth, Düsseldorf und Paderborn. Vor allem die Duelle gegen die Fortuna entwickelten sich zu hitzigen Angelegenheiten, Düsseldorfs Rösler geriet dabei zur Reizfigur. Ein Elfmeter, der in der 90. Minute in Düsseldorf den Fortunen noch den unerwarteten Ausgleich bescherte, versetzte die Eintracht in Rage. Nach dem 2:4 in Paderborn hing der Aufstieg am seidenen Faden. Doch ein Zwischenspurt sicherte der Eintracht den überlebenswichtigen Aufstieg bereits am 32. Spieltag in Aachen. Zwei unnötige Niederlagen gegen 1860 und Karlsruhe verwässerten die Bilanz, doch die Eintracht war wieder dort, wo sie hingehörte. Alex Meier wurde mit 17 Treffern gemeinsam mit Proschwitz und Occean Torschützenkönig.

DIE SÄULEN DER EINTRACHT

Im Januar 2013 bestimmten die Eintracht-Fans aus einer Vorauswahl die „Säulen der Eintracht", die seither die U-Bahn-Haltestelle am Willy-Brandt-Platz zieren. Folgende Mannschaft wurde in einer Online-Abstimmung gewählt:
Oka Nikolov, Uwe Bindewald, Bruno Pezzey, Charly Körbel, Jay-Jay Okocha, Uwe Bein, Jürgen Grabowski, Alexander Schur, Bum Kun Cha, Anthony Yeboah, Bernd Hölzenbein und als Trainer Jörg Berger.
Dass weder Bernd Nickel noch Manni Binz oder ein Alfred Pfaff Gnade ge-

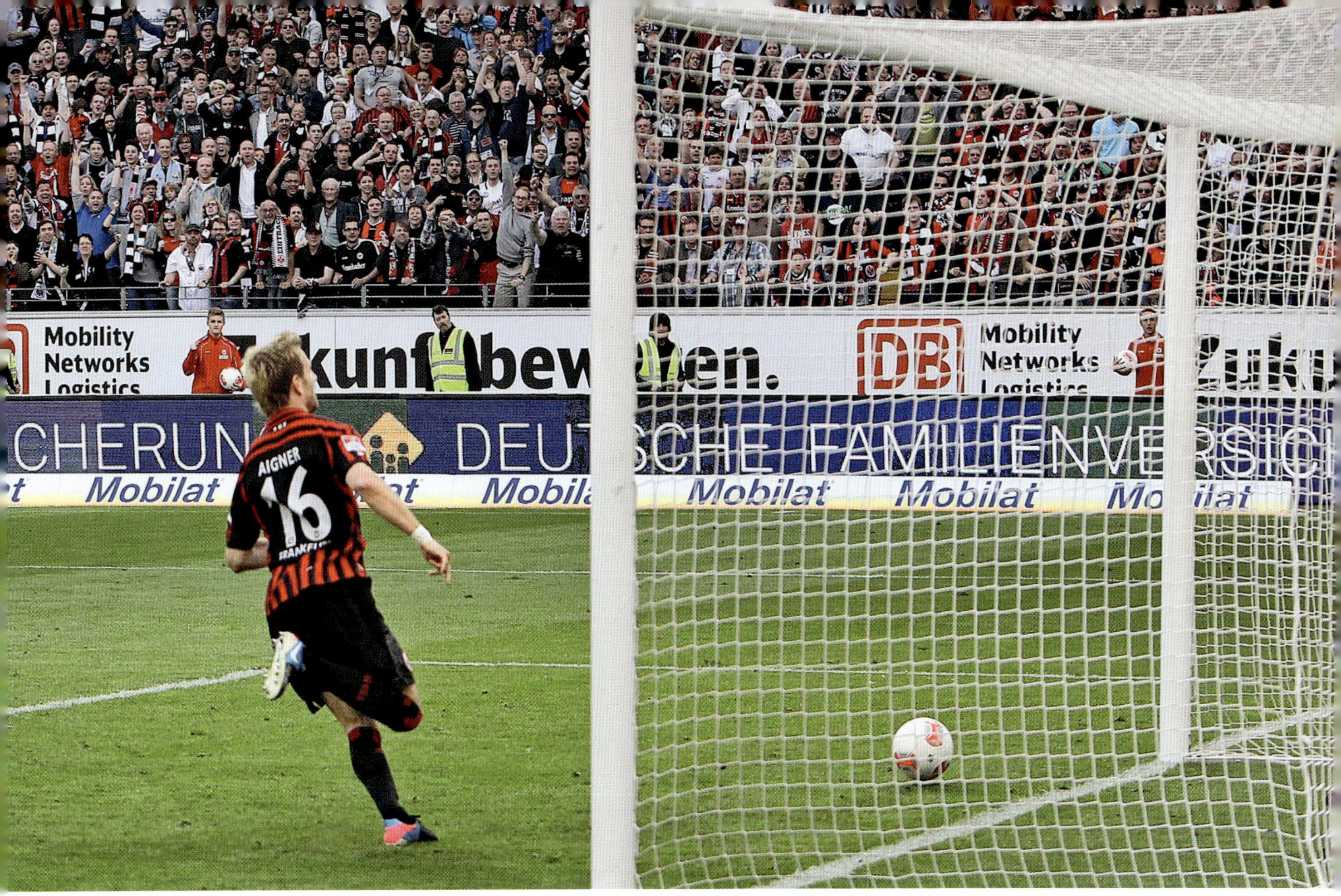

Stefan Aigner braucht nicht mehr einzugreifen, gegen den VfL Wolfsburg trudelt der Ball zum 2:2 ins Tor.

2012/13: Europa winkt

Mit Neuzugängen aus der 2. Liga oder Bankdrückern der 1. Liga wie Aigner, Inui, Oczipka, Trapp oder Zambrano stürmte sich die Eintracht nach dem Aufstieg 2012 in die Herzen der Fans. Zwar kassierte der neue Torhüter Kevin Trapp gleich im ersten Spiel beim blamablen 0:3 in Aue im Pokal nach wenigen Minuten die Rote Karte, doch die Eintracht zeigte sich in der Liga davon recht unbeeindruckt. Unbeirrt zog sie ihre Kreise, ließ sich auch von Nackenschlägen nicht aus der Bahn werfen und blickte als Aufsteiger mit klarem Blick Richtung Europa. Russ kehrte im Winter aus Wolfsburg zurück, und Trapp entwickelte sich zum sicheren Rückhalt.

Am letzten Spieltag ging es im Fernduell mit dem zwei Punkte dahinterliegenden HSV um den Einzug in den Europacup. Die Eintracht spielte gegen Wolfsburg, der HSV gegen Leverkusen. Nach 20 Minuten führte Wolfsburg bereits mit 2:0, doch die Rote Karte für den damaligen Wolfsburger Hasebe brachte die Eintracht zurück ins Spiel, den fälligen Elfmeter verwandelte Meier zum Anschlusstreffer. In der zweiten Halbzeit fielen immer wieder bange Blicke auf den Videowürfel, doch weder in Hamburg noch in Frankfurt fiel ein Tor. Erst Sekunden vor dem Ende ertönte der Gong. Kießling hatte Leverkusen in Front geschossen, ohrenbetäubender Jubel dröhnte durch die Arena, welcher den Wolfsburger Rodríguez derart verunsicherte, dass er den Ball vorbei am verdutzten Benaglio ins eigene Tor köpfte. 2:2 in Frankfurt, der Eintracht war als Aufsteiger der Einzug in den Europacup nicht mehr zu nehmen. „Ob Rom, Mailand oder London, Moskau, Wien oder Athen. Ob mit Bus oder Bahn oder Flugzeug scheißegal – Eintracht Frankfurt international“, tönte es aus Tausenden Kehlen durch die Frankfurter Arena.

funden hatten, betrübte zwar den einen oder die andere – aber im Großen und Ganzen konnte man mit der Wahl leben.

2013/14: Eintracht Frankfurt international

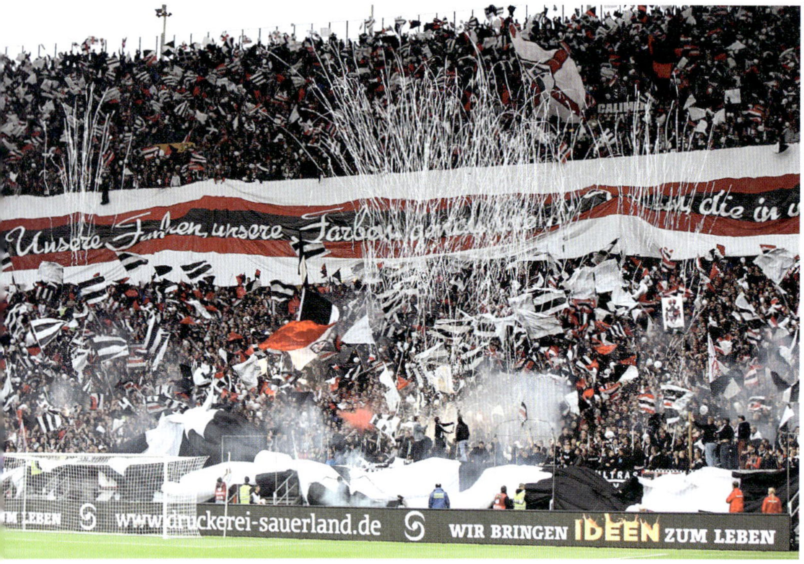

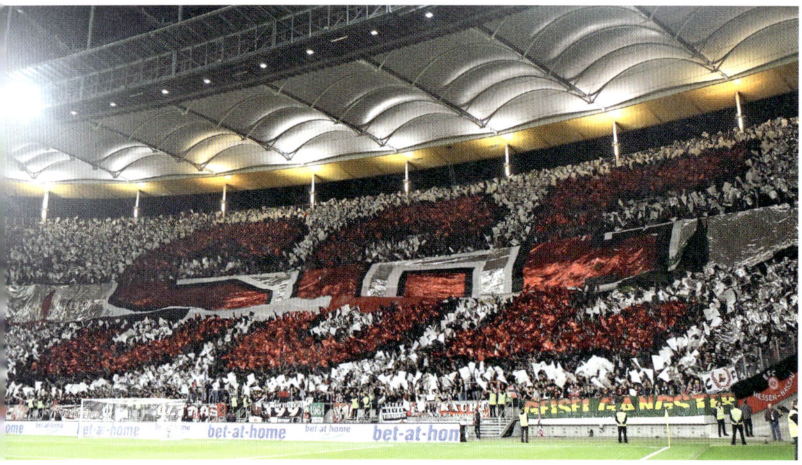

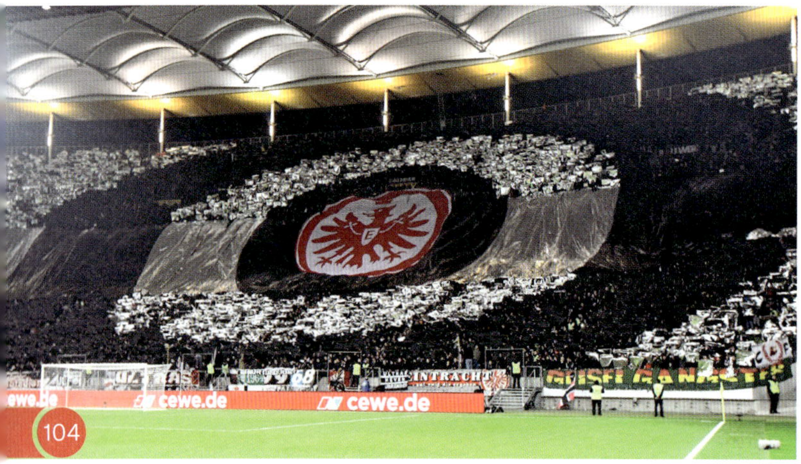

Durch die gesamte Europa-League-Saison hindurch beeindruckten die Eintracht-Fans mit spektakulären Choreografien.

Die anstehende Reise durch Europa versetzte ganz Frankfurt 2013/14 in einen Freudentaumel. Nach den Qualifikationsspielen, in denen sich die Eintracht gegen den FK Qarabağ Ağdam aus Aserbaidschan durchsetzte, meldete der Verein für die Gruppenspiele „Ausverkauft", noch ehe die Gegner feststanden. Mit Girondins Bordeaux, APOEL Nikosia und Maccabi Tel Aviv erwischte die Eintracht durchaus lösbare Aufgaben und reizvolle Ziele dazu. Die Fans zelebrierten die Spiele mit wunderbaren Choreografien, die Eintracht nahm die Europa League auf allen Ebenen ernst und gewann alle Hinspiele zu null. Die Spiele gegen Tel Aviv sollten ganz besondere werden, die historische Verpflichtung führte Fans der Eintracht in Israel zur größten Holocaust-Gedenkstätte Yad Vashem. Die 2:4-Niederlage bei Maccabi Tel Aviv nahm niemand krumm, die Eintracht wurde ebenso beklatscht wie der Gastgeber.

Anschließend reisten 12.000 Frankfurter Fans in Orange nach Bordeaux und feierten nach dem Treffer Martin Lanigs sich selbst, den Einzug in die nächste Runde und Trainer Armin Veh. Im Sechzehntelfinale wartete der FC Porto; das größte Spiel der Eintracht seit Jahrzehnten stand an. Erneut machten sich Tausende auf den Weg nach Portugal, um die Eintracht zu unterstützen. Viele kamen wegen der miserablen Organisation zu spät ins Stadion, Porto führte bereits mit 2:0. Doch als alle ihre Plätze eingenommen hatten, trieben sie die Eintracht an und zu zwei Toren. Joselu und ein Eigentor Sandros ließen der Eintracht alle Möglichkeiten für das Rückspiel. Dort führten die Frankfurter bereits mit 2:0 und 3:2, ehe sie das 3:3 kurz vor dem Ende aus allen Träumen riss. Tränen flossen, als die Reise vorbei war, doch die Eintracht hatte keine drei Jahre nach der Rückrunde der Schande gegen einen der renommiertesten Klubs Europas bewiesen, zu welchen Leistungen sie imstande sein konnte.

In der Liga kämpfte die Eintracht nach dem 1:6 bei der Hertha zum Auftakt im unteren Mittelfeld um den Klassenerhalt. Der hart umkämpfte 5:2-Auswärtssieg in Nürnberg ließ die Eintracht am 26. Spieltag durchatmen, zwei Niederlagen am Saisonende gegen Leverkusen und in Augsburg bescherten ihr letztlich einen 13. Tabellenplatz, mit dem nach der europäischen Reise alle leben konnten - außer Trainer Armin Veh, den es überraschend zurück nach Stuttgart zog. Und noch einer verließ die Eintracht. Oka Nikolov, der ewige Oka, ohne den sich eine ganze Generation die Eintracht nicht vorstellen konnte, beendete seine Karriere nach gut 20 Jahren in Deutschland. Er erfüllte sich seinen Traum und wechselte in die Major League Soccer in die USA. Nach Bindewald und Schur verabschiedete sich mit ihm auch der letzte der drei Hessen, die nach dem ersten Abstieg über Jahre der Eintracht ein positives Gesicht verliehen hatten und die Fans in trüben Zeiten nicht vollends verzweifeln ließen. Neben Schwegler und Rode wechselte auch Sebastian Jung den Verein, der es als erster Spieler nach Horst Heldt im Trikot der Eintracht wieder zum Nationalspieler gebracht hatte. Und die Eintracht meldete ihre Amateurmannschaft überraschend vom Spielbetrieb der Regionalliga ab.

Die orangefarbene Karawane beim Auswärtsspiel in Bordeaux

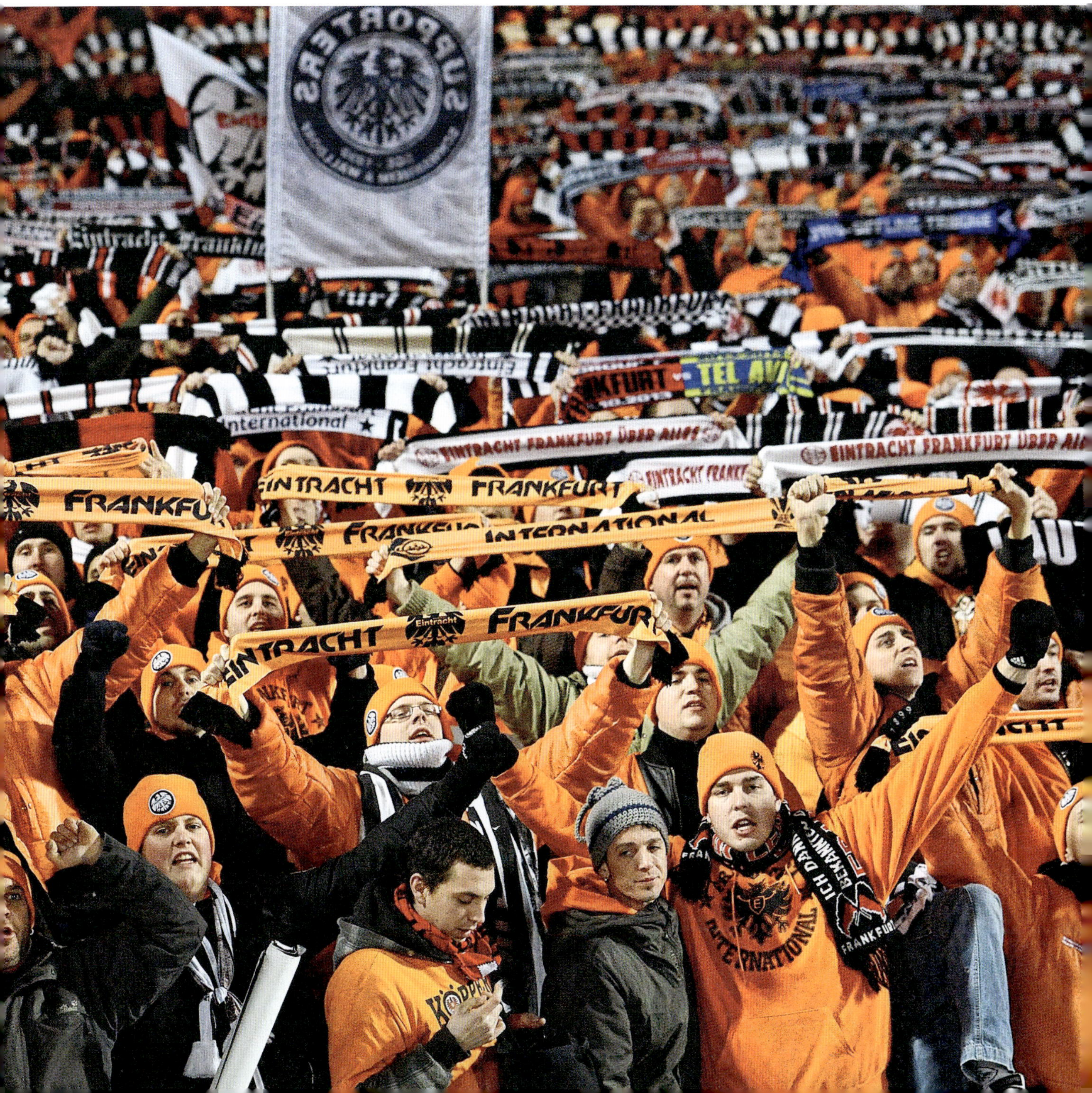

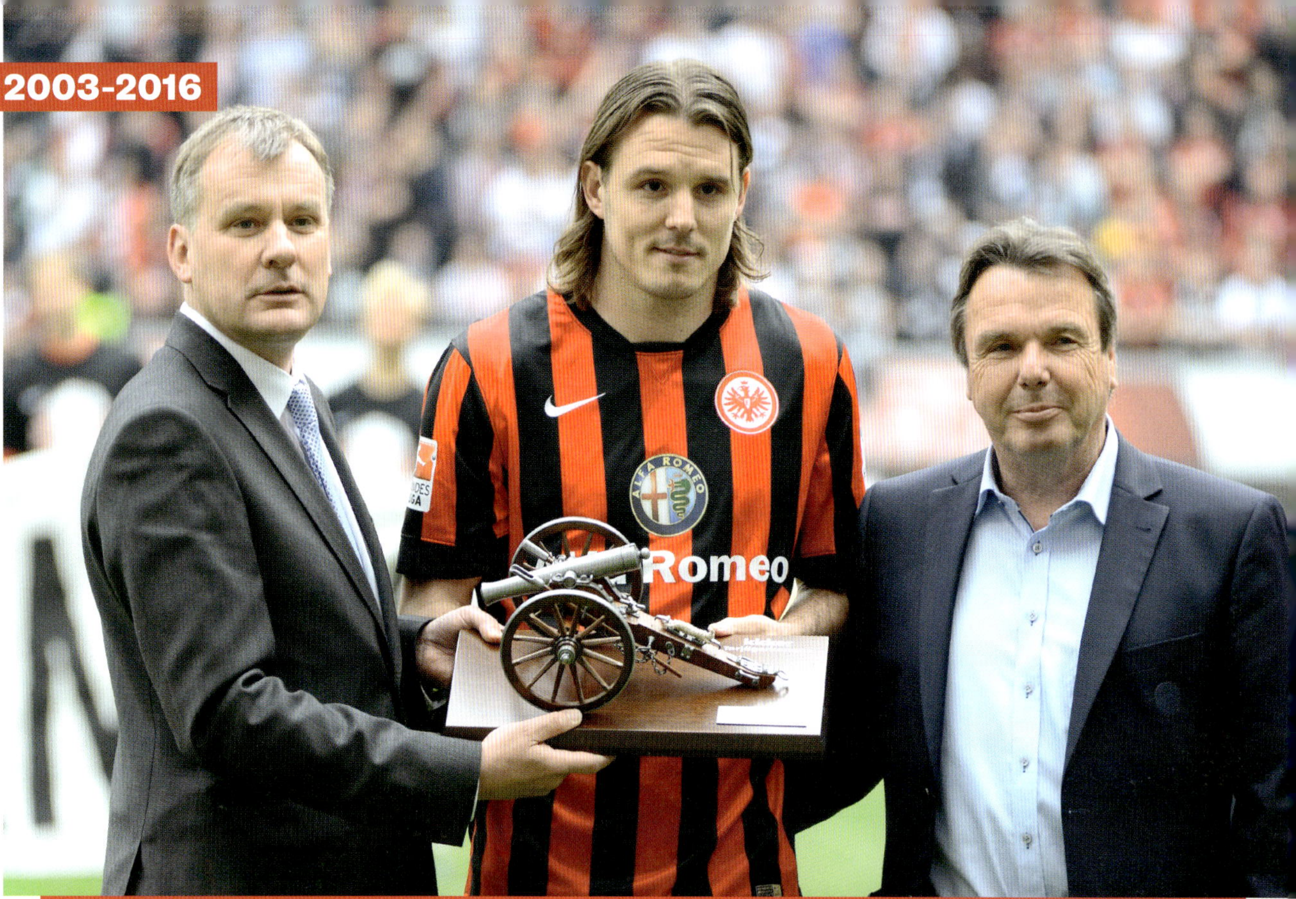

ALEX MEIER FUSSBALLGOTT

Noch überraschender als der Wechsel von Veh zum VfB schien für viele die Verpflichtung von Thomas Schaaf als neuen Übungsleiter. Zudem kehrte der einstige Jugendspieler Timothy Chandler, der es in Nürnberg zum Bundesliga-Spieler gebracht hatte, an den Riederwald zurück und brachte Makoto Hasebe gleich vom Club mit. Die hohen Erwartungen konnte der einstige Bremer Meistertrainer in Frankfurt nicht erfüllen. Wellentäler prägten die Saison 2014/15, und Alex Meier entwickelte sich endgültig zum gefeierten Fußballgott. Jahre hatte es gebraucht, ehe sich Alex in die Herzen der Fans spielen konnte. Doch als er dort seinen Platz gefunden hatte, ließen sie ihn nie wieder los. Bei jeder verlesenen Mannschaftsaufstellung und bei jedem Tor dröhnte es fortan durch die Arena: Mit der Nummer 14 – Alex ... MEIER FUSSBALLGOTT. Und Tore erzielte er reichlich. In der Saison 2014/15, deren letzte Spiele er wegen einer Knieverletzung verpasste, galt Alex als Lebensversicherung der Eintracht. Mit 19 Toren, darunter zwei in der letzten Minute beim 4:4 gegen die Hertha, sicherte er sich die Torjägerkanone – und wurde von den Fans völlig zu Recht groß gefeiert.

Die bitterste Niederlage setzte es ausgerechnet beim Heimspiel gegen den VfB Stuttgart mit Trainer Veh. 3:1 hatten die Schwaben bereits geführt, ehe die Eintracht das Spiel binnen acht Minuten noch drehen konnte und mit 4:3 in Führung ging. Doch sie hatte die Rechnung ohne den Wirt gemacht. Zwei weitere Treffer der Stuttgarter besiegelten die 4:5-Niederlage. Veh marschierte ausgerechnet in Frankfurt als Sieger vom Platz. Am Ende der Saison landete die Eintracht auf Rang neun. Thomas Schaaf verabschiedete sich freundlich und wurde durch ... Armin Veh ersetzt.

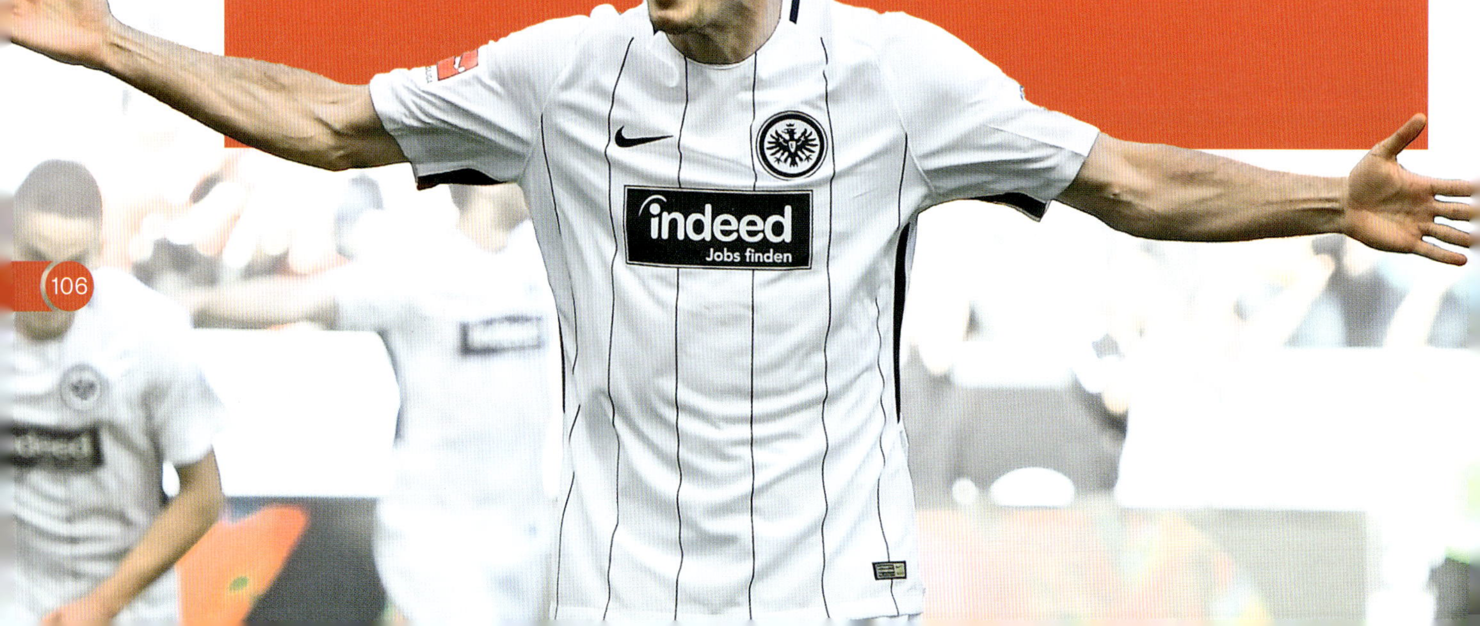

2015/16: Relegation III

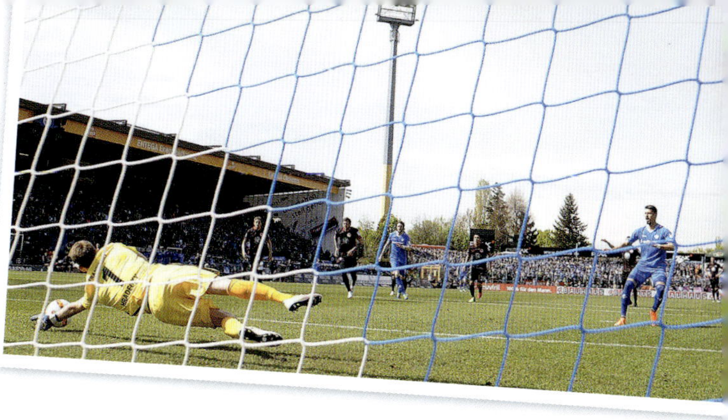

Doch Veh konnte in Frankfurt nicht an seine Europacup-Saison anknüpfen, im Gegenteil. Der Mann, der die Eintracht im Jahr zuvor verließ, da er „nicht so oft nach Niederlagen dem Gegner die Hand schütteln“ wollte, wurde nicht von jedem freudig begrüßt - und musste weit mehr Hände schütteln, als ihm und allen lieb sein konnte. Trapp, dessen Wechsel nach Paris neun Millionen Euro in die Kassen gespült hatte, wurde durch Lukáš Hrádecký ersetzt, den finnischen Nationaltorhüter von Brøndby, der in Frankfurt viele Freunde finden sollte. Und ein schmächtiger junger Mann aus Novi Sad ließ sich erstmals bei der Eintracht blicken, der drei Jahre später zum Frankfurter Helden avancierte: Mijat Gaćinović.

Im Laufe der Saison 2015/16 geriet die Eintracht in ärgste Abstiegsgefahr. Deprimierender Tiefpunkt war die 0:1-Heimniederlage gegen den hessischen Aufsteiger Darmstadt 98. Nach dem 1:1 gegen Ingolstadt am 25. Spieltag verlor auch der besonnene Bruchhagen die Geduld und feuerte Veh. Nachfolger Niko Kovač verlor von den ersten fünf Spielen deren vier. Nach dem 0:3 am 30. Spieltag in Leverkusen fehlten der Eintracht vier Punkte zum Relegationsplatz, sechs zum direkten Klassenerhalt. Begleitet von einer von den Fans initiierten Kampagne unter dem Motto „Auf jetzt“ galt es, die Kräfte zu bündeln. Erinnerungen an den Klassenerhalt 1999 wurden geweckt, alle wussten bei der Eintracht, dass noch nichts entschieden ist, ehe es vorbei ist. Und es war noch nicht vorbei. Erst drehte die Eintracht einen Rückstand gegen Mainz 05 und sicherte sich überlebenswichtige drei Punkte. In Darmstadt führten die Lilien bereits mit 1:0, als Sandro Wagner mit einem Elfmeter den Abstieg der Eintracht hätte besiegeln können. Hrádecký hielt den Ball und die Eintracht im Spiel. Hasebe und Aigner drehten auch diese Partie. Gegen Dortmund stand das Match auf Messers Schneide - doch der Treffer Aigners zum 1:0 und ein überragender Hrádecký sicherten auch gegen den BVB drei Punkte. Jetzt hatte es die Eintracht in Bremen wieder in eigener Hand. Ein Remis hätte Frankfurt zum sicheren Klassenerhalt gereicht, der Verlierer der Partie musste in die Relegation. 87 Minuten lang sah es so aus, dass die Eintracht in der Liga bleibt. In der 88. Minute grätschte Djilobodji aus kurzer Distanz den Ball zur Bremer Führung ins Tor zum 1:0. Die Eintracht musste zum dritten Mal in ihrer Geschichte nachsitzen. Diesmal ging es gegen den 1. FC Nürnberg.

Vor dem Hinspiel schockte die Meldung, dass Russ an Hodenkrebs erkrankt sei, die Eintracht-Familie. Gaćinovićs Treffer sicherte der Eintracht immerhin das 1:1, den Gegentreffer erzielte ausgerechnet Russ mit einem Eigentor. In Nürnberg wärmten sich alle Eintracht-Spieler mit der Russ'schen Rückennummer 4 auf. Noch einmal galt es: Auf jetzt. Es entwickelte sich ein zähes Spiel, Seferovićs Tor nach Vorarbeit von Gaćinović erlöste die Eintracht nach 66 Minuten. Das 1:0 reichte für den Klassenerhalt. Allen fiel eine Zentnerlast vom Herzen. Und Heribert Bruchhagen verabschiedete sich nach 13 Jahren von der Eintracht, wie er einst gekommen war. Als Erstligist.

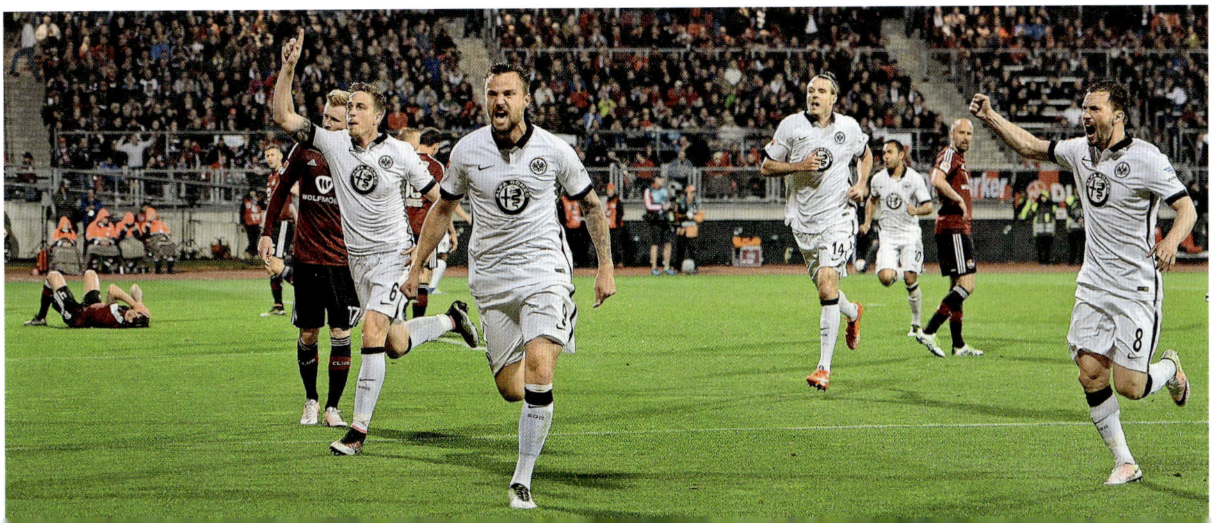

2016–heute

Von der Relegation nach Europa

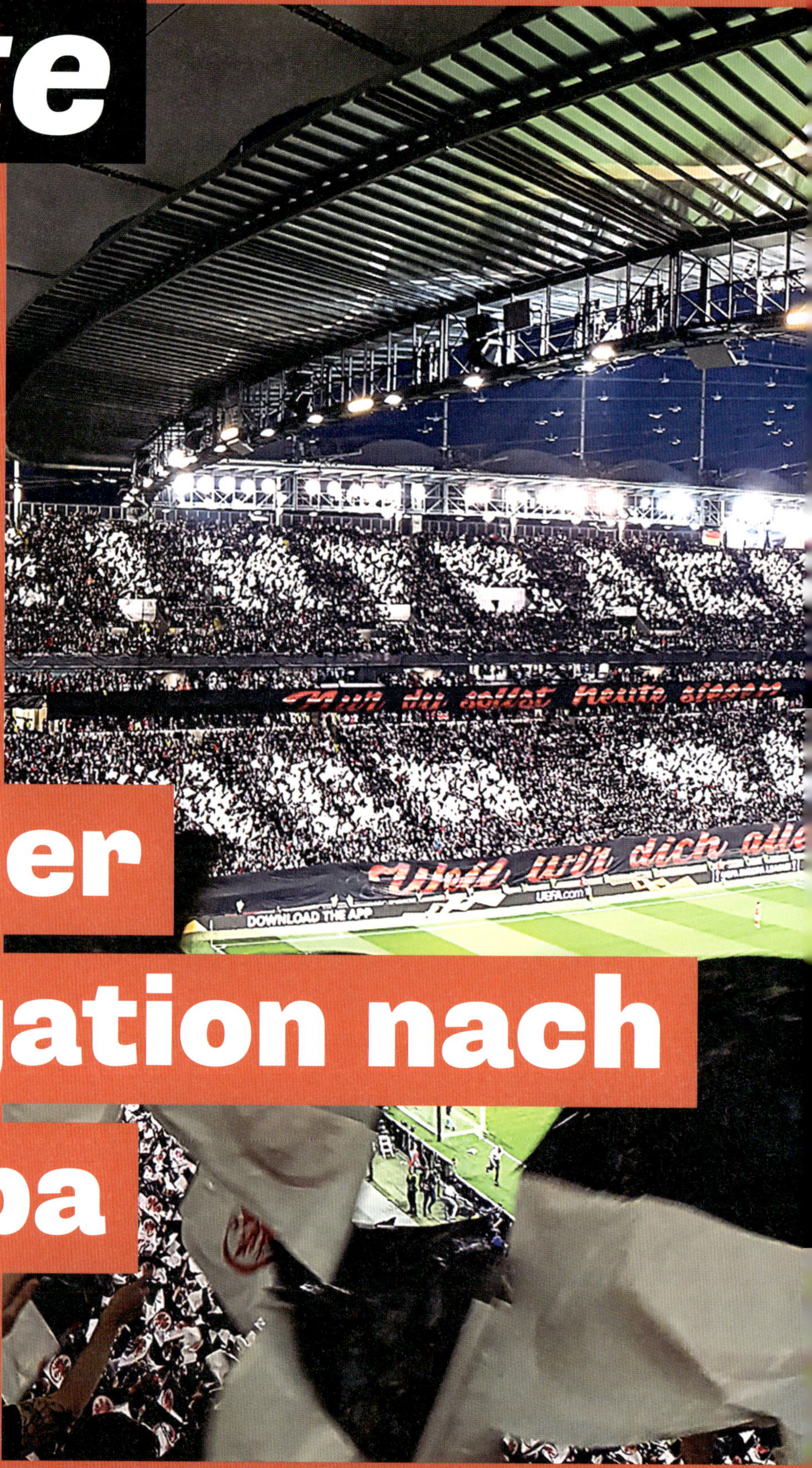

2019: Choreo zum Auftakt der Europacup-Partie gegen Benfica Lissabon. Die Eintracht dreht das 2:4 aus dem Hinspiel und zieht ins Halbfinale ein.

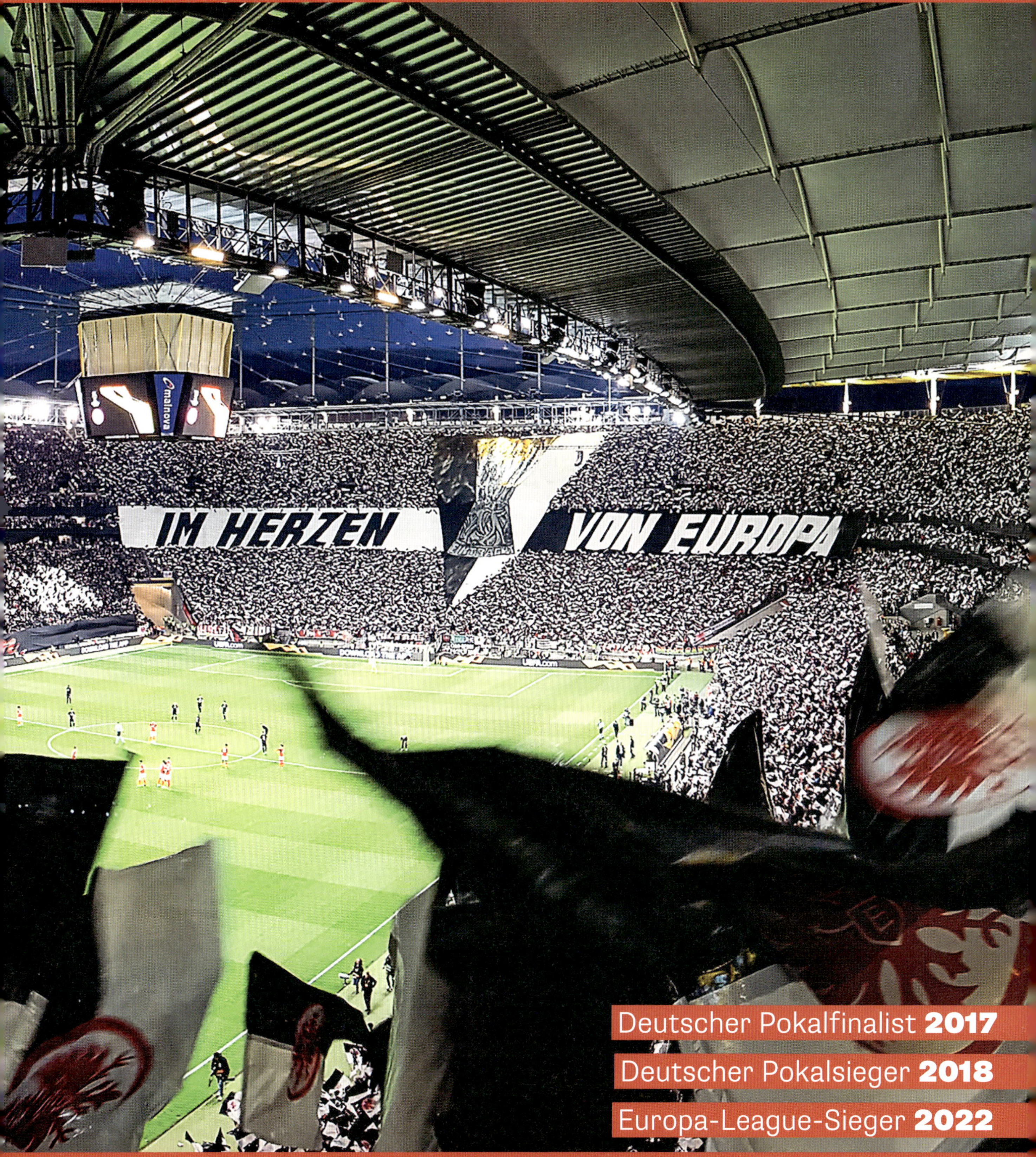

Deutscher Pokalfinalist **2017**

Deutscher Pokalsieger **2018**

Europa-League-Sieger **2022**

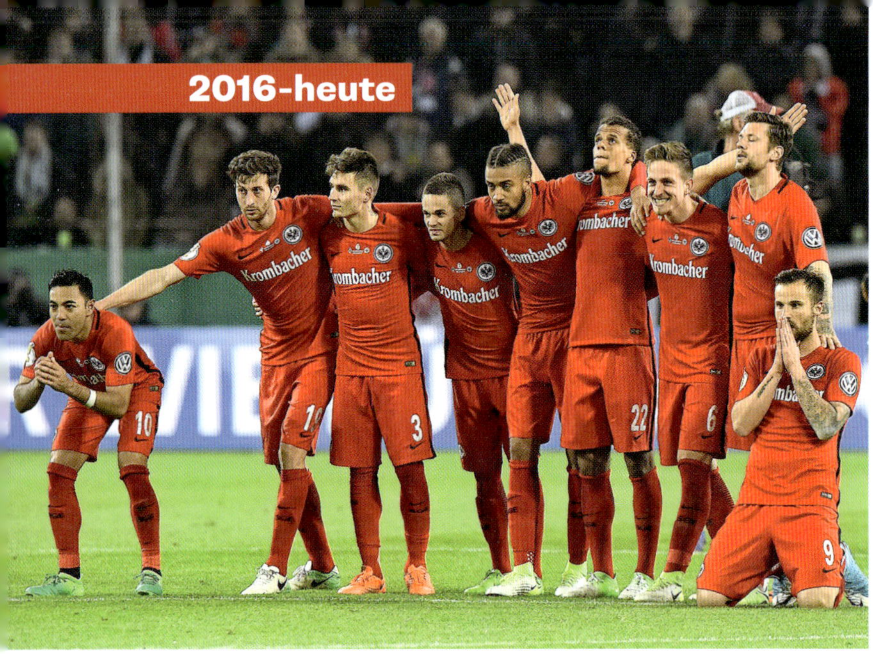

Das Beten hilft und die Eintracht setzt sich im DFB-Pokal-Halbfinale gegen Borussia Mönchengladbach nach Elfmeterschießen durch. Im Finale (unten) beendet Aubameyang mit seinem Elfmeter wiederum den Traum vom DFB-Pokal.

Pokalfinale 2017

Für Heribert Bruchhagen übernahm Fredi Bobic 2016 die sportliche Verantwortung, eine Entscheidung, die vor allem die Fans äußerst kritisch sahen. Doch mit verhältnismäßig bescheidenen Mitteln stellte Bobic eine schlagkräftige Truppe zusammen, darunter ein junger Stürmer aus Kroatien: Ante Rebić. Bis zur Winterpause spielte sich die Eintracht mit beherztem Fußball auf Rang sechs und nahm Kurs auf Europa. Doch die schlechteste Rückrunde aller Bundesligisten mit nur drei Siegen ließ diese Träume platzen. Die Saison fand ein halbwegs versöhnliches Ende im DFB-Pokal. Jeweils im Elfmeterschießen rettete sich die Eintracht gegen Magdeburg und Ingolstadt in die nächste Runde. Beim Zweitligisten Hannover 96 drehte sie einen 0:1-Rückstand durch Treffer von Tawatha und Seferović. Torhüter Hrádecký sicherte den Sieg in der letzten Minute, indem er einen schwach geschossenen Elfmeter von Salif Sané halten konnte. Ein Tor von Danny Blum nach sechs Minuten gegen Arminia Bielefeld verhalf der Eintracht zum Einzug ins Halbfinale. Dort waren die Frankfurter gegen starke Borussen aus Mönchengladbach klarer Außenseiter, doch sie zeigten sich kämpferisch. Nach Verlängerung hieß es 1:1, und die Frankfurter Anhänger brauchten im Elfmeterschießen starke Nerven - die ersten zwölf Strafstöße gingen allesamt ins Netz. Als Christensen verschoss, hatte es Varela auf dem Fuß, doch auch er konnte den Ball nicht im Tor unterbringen. Da auch Sows Nerven flatterten (damals noch im Trikot der Borussia), legte Hrgota zum Matchball auf - und schoss unter dem Jubel der zahlreich mitgereisten Fans die Eintracht zum siebten Mal ins Finale. Statt in die Relegation ging es nun um einen Titel gegen Borussia Dortmund in die Hauptstadt. Trainer Kovač gab sich hoffnungsvoll: „Wir haben alle Träume, und wer träumt, kann auch etwas erreichen." Zwar überzeugten die über 25.000 mitgereisten Fans auf den Rängen mit einer imposanten Choreografie, auf dem Platz hingegen hatte die Eintracht das Glück verlassen und Dortmund die Nase vorn. Rebić konnte den Führungstreffer von Dembelé ausgleichen, doch diesmal besiegelte ein Elfmeter das Frankfurter Schicksal. Gegen Aubameyangs platzierten Schuss hatte Hrádecký keine Chance. Nach 2006 hatte die Eintracht auch 2017 an der Sensation geschnuppert, musste aber traurig zusehen, wie der Gegner den Pokal in den Berliner Nachthimmel stemmte. Die Fans feierten ihre Mannschaft dennoch, und der Klub verkündete vollmundig: „Wir kommen wieder - und wir werden vollenden."

Pokalfinalist 2017 Eintracht Frankfurt:

Hrádecký - Hector - Abraham - Vallejo - Chandler (72. Meier) - Medojevic (56. Tawatha) - Gaćinović - Oczipka - Fabián (79. Blum) - Rebić - Seferović, Trainer: Kovač

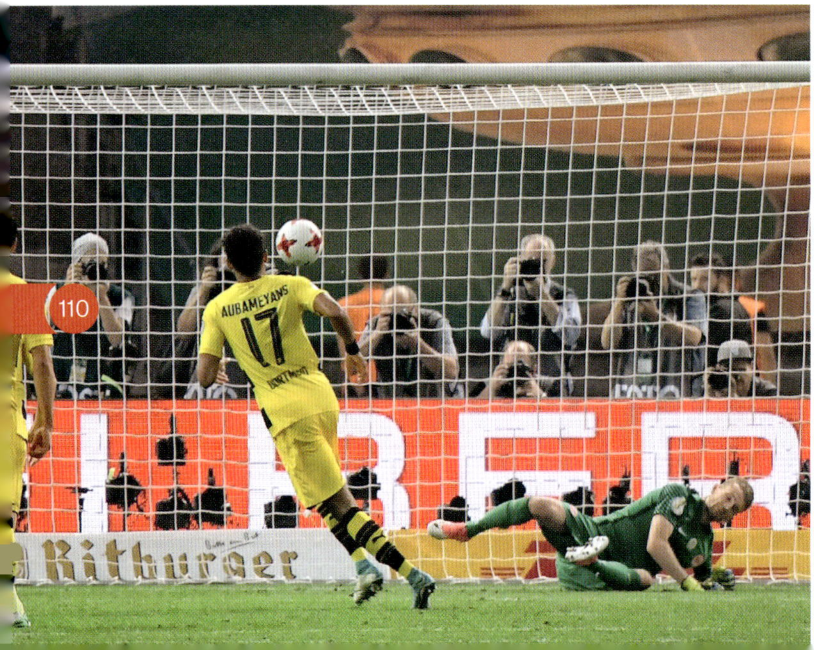

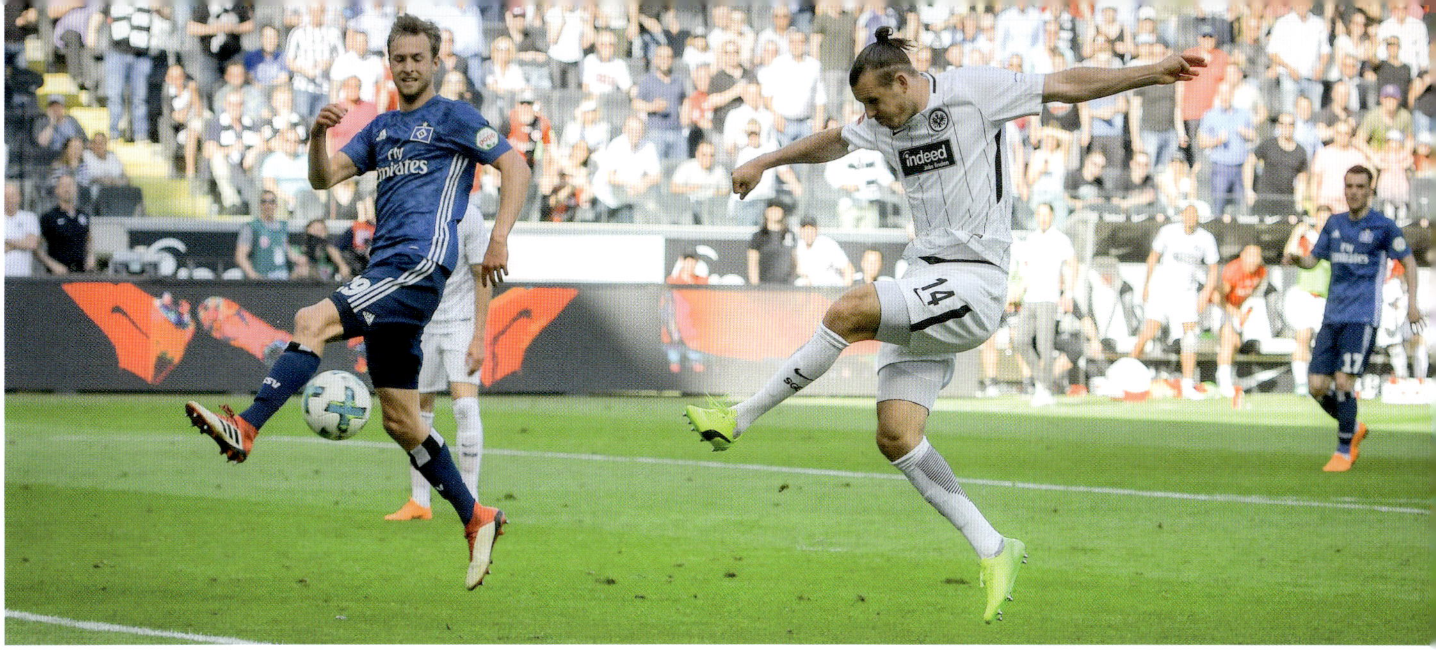

Meier macht sein 93. und letztes Bundesliga-Tor kurz nach seiner Einwechslung gegen den HSV.

2017/18: Stand jetzt

Mit den Stürmern Luka Jović und Sébastien Haller sowie dem erstaunlichen Wechsel von Kevin-Prince Boateng an den Main nahm das Team von Niko Kovač 2017/18 endgültig Formen an. Unbändiger Wille, permanente Laufbereitschaft und das nötige Spielglück hievten die Eintracht in Richtung Champions League, die Fans lagen Kovač zu Füßen, vor allem als dieser seine lebenslange Mitgliedschaft bei der Eintracht verkündete. Als Kovač gefragt wurde, ob er bei der Eintracht bliebe, war die Antwort eindeutig: „Ich bleibe." „Stand jetzt!", schob er nach.

Wenig später sickerte durch, dass Kovač mit Beginn der neuen Saison den scheidenden Trainer Heynckes bei den Bayern ablösen würde. Die Liebe zu Kovač erkaltete binnen kürzester Zeit – und sie gefror, als die Eintracht völlig verunsichert nicht nur die Champions-League-Plätze aus den Augen verlor, sondern zum Saisonendspurt auch noch die Europa League verspielte. Bei den Bayern, die bereits als Meister feststanden, ging man gegen eine bessere A-Jugend mit 1:4 baden. Eine Woche darauf schob sich der VfB Stuttgart durch ein 4:1 in München an der Eintracht vorbei in Richtung Europa und feierte ausgelassen in der Kabine. Doch ein Eisen hielt die Eintracht noch im Feuer. Ein Hackentreffer von Jović im Halbfinale auf Schalke führte die Eintracht überraschend erneut ins Finale des DFB-Pokals. Diesmal gegen Bayern München – eine brisante Konstellation. Jupp Heynckes, dessen Engagement bei der Eintracht 1994 verbrannte Erde hinterlassen hatte, wollte in seinem letzten Spiel als Trainer das Double, und ausgerechnet sein in Frankfurt bereits angezählter Nachfolger Kovač sollte dies verhindern. Außer in Frankfurt glaubte niemand an einen Triumph der Eintracht. Manch einer trug Kovač noch nach, dass er Alex Meier, dessen Vertrag zum Ende der Saison auslief, nach einer langwierigen Verletzung kaum noch einsetzte. Am 5. Mai 2018 hatte sich Meier auf seine eigene Art und Weise zurückgemeldet. Beim Spiel gegen den HSV vehement von den Fans gefordert, wechselte ihn Kovač nach 87 Minuten für Haller ein, und prompt traf er drei Minuten später zum viel umjubelten 3:0 für die Eintracht. Der 93. Bundesliga-Treffer sollte sein letzter gewesen sein. Als er zudem nicht in den Kader für das Finale berufen wurde, war die Enttäuschung des Frankfurter Fußballgottes greifbar.

Dank Hackentor von Luka Jović gelingt der erneute Einzug ins DFB-Pokalfinale.

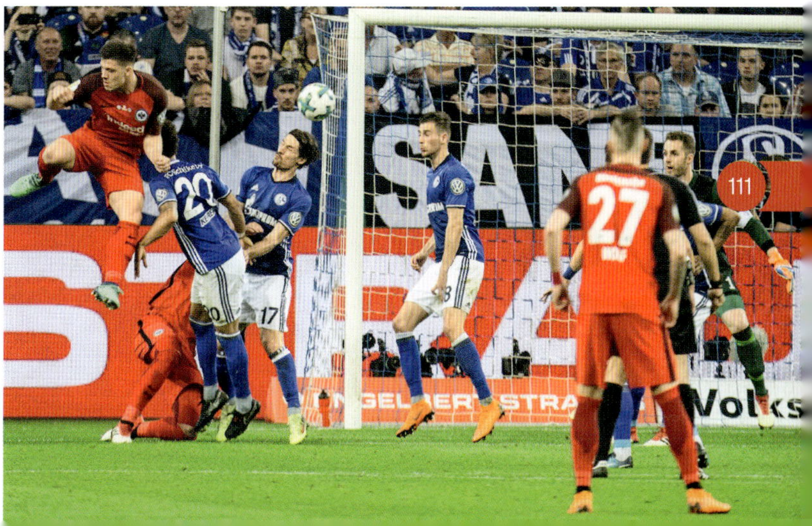

Deutscher Pokalsieger 2018

„Wir kommen wieder, und wir werden vollenden." Zumindest für den ersten Teil hatte die Eintracht Wort gehalten. In Frankfurt wuchs die Zuversicht, die Bayern zu schlagen. Kovač sorgte für die mentale Bereitschaft: „Man muss daran glauben, denn wenn man nicht daran glaubt, dann wird man es auch nicht schaffen." Auch Präsident Peter Fischer gab sich am Treffpunkt der Eintracht-Fans auf dem Berliner Breitscheidplatz siegessicher.

Im ausverkauften Olympiastadion zeigten sich die Eintracht-Fans ganz in Weiß. Die Ultras hatten in der Kurve T-Shirts ausgelegt, die an die Trikots des letzten Triumphs vor 30 Jahren erinnerten, und präsentierten eine Choreo, die den damaligen Kapitän Charly Körbel in den Mittelpunkt rückte. Das Motto: „Totgesagte leben länger". Körbel brachte den Pokal gemeinsam mit Paul Breitner ins Stadion, Tankard rockten zum dritten Mal ihr „Schwarz-weiß wie Schnee" und versetzten 30.000 Anhänger noch vor Anpfiff in Ekstase. Während die Bayern samt Anhang von Beginn an auf den Schlusspfiff und den Pokal warteten, verwandelten die Frankfurter das Stadion in ein Tollhaus, erst recht, als Rebić nach einem feinen Zuspiel von Boateng die Eintracht aus 16 Metern in Führung schoss. Die Bayern hielten dagegen, doch Hrádecký war auf der Hut. Frankfurt entwickelte sich zu einem einzigen, in einem Fußball geformten und zu allem entschlossenen Willen.

Halbzeit. Das obligatorische 1:1 durch Lewandowski irritierte nur kurz, die Eintracht ging auf jeden Ball drauf, als sei es ihr letzter, die Bayern beschworen ihr Glück, doch das Schicksal neigte sich auf die Seite der Frankfurter. Hummels' energischer Kopfball küsste nur die Latte. Ein lang geschlagener Ball da Costas nach 82 Minuten schien schon verloren, doch Rebić fräste sich zwischen Hummels und Süle, erwischte die Kugel mit der Spitze und drückte sie vorbei an Ulreich zum 2:1 für die Eintracht. Die Zeit dehnte sich. Eine letzte Szene im Strafraum der Eintracht, der Abpfiff musste jeden Moment erfolgen. Doch statt des Schlusspfiffs unterbrach Schiedsrichter Zwayer das Spiel - und die Zeit gefror für einen Moment, der einer Ewigkeit glich. Der Videobeweis musste entscheiden, ob es Sekunden vor dem Ende doch noch einen Elfmeter für die Bayern geben sollte. Boateng hatte Martínez gestreift, woraufhin dieser mit dem nicht getroffenen Fuß abhob. So nah war die Eintracht dem malerischen Ende, so fern schien es mit einem Schlag. Zwayer sah sich die Szene ganz genau an und entschied nach quälenden Minuten auf ... Ecke für die Bayern. Bayerns Torhüter Ulreich wartete im Strafraum der Eintracht. Doch bevor es brenzlig wurde, köpfte Willems die Kugel aus der Gefahrenzone, Gaćinović schnappte sich den Ball und lief vom Strafraum der Eintracht auf

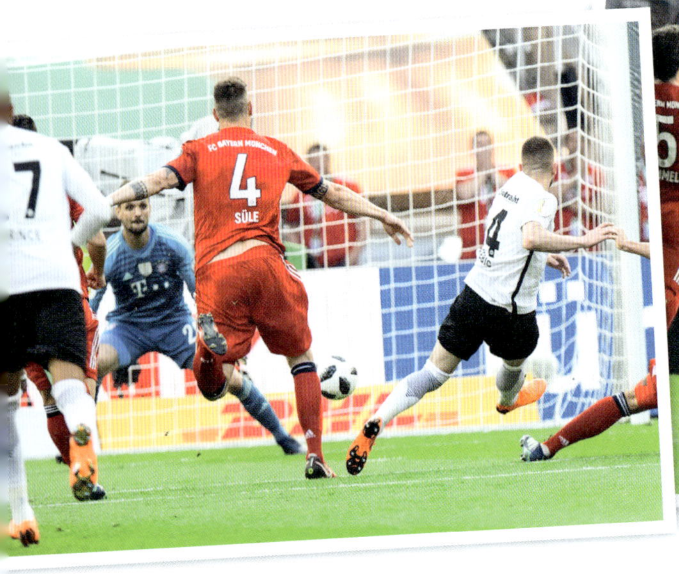

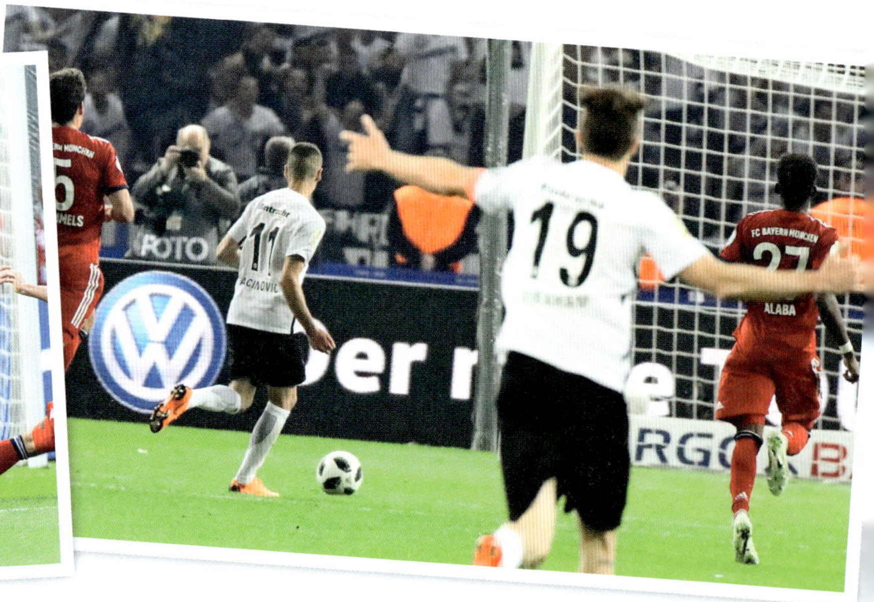

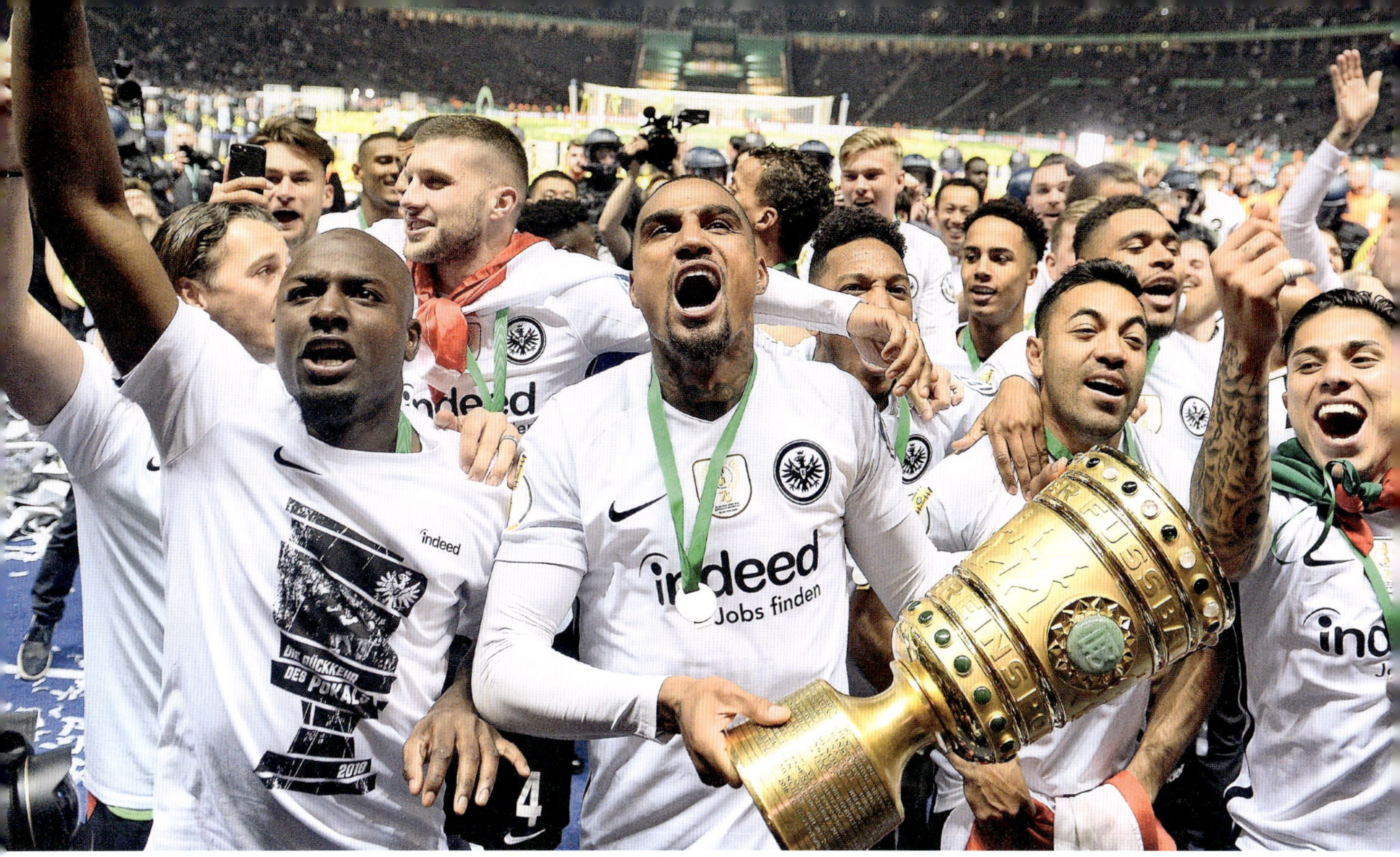

das verwaiste Bayern-Tor zu. 70 Meter lagen vor ihm, die Sekunden verrannen, und jeder Meter brachte die Eintracht dem Sieg näher. Die letzten 30 Meter liefen alle mit. Die Bank, die Fans, und auch vor dem TV hielt es niemanden mehr auf der Couch. Aus 18 Metern schob Gaćinović den Ball ins leere Tor. 3:1 für die Eintracht, und es brachen alle Dämme. 30 Jahre hatte die Eintracht auf diesen Titel warten müssen. 30 Jahre voller Desillusionen. Rostock. Der erste Abstieg. Der Lizenzentzug. Die Rückrunde der Schande. Alle Enttäuschungen gehörten nun endgültig der Vergangenheit an, die Erlösung allen Leidens kulminierte in dem Moment, als sich Mijat Gaćinović für alle Ewigkeiten in die Geschichtsbücher der Eintracht hineinkatapultierte. War es 1992 ein nicht gegebener Elfmeter, der die Eintracht traumatisierte und in ein kollektives Tränenmeer stürzte, so war es 2018 ein nicht gegebener Elfmeter, der die Weichen in eine ganz andere Richtung stellte.

Der Pokalsieger 2018 hieß unwiderruflich und für alle Zeit: Eintracht Frankfurt.

Hrádecký - da Costa - Abraham - Salcedo - Willems - Hasebe - Mascarell - de Guzman (74. Russ) - M. Wolf (60. Gaćinović) - Rebić (89. Haller) - K.-P. Boateng, Trainer: Kovač

Charly Körbel brachte den Pokal zur Siegerehrung - und riss ihn unter dem Jubel der Eintracht-Fans entgegen der Gepflogenheiten in die Höhe. Dann warf Sandro Wagner, dessen verschossener Elfmeter im Trikot der Lilien erst den Klassenerhalt vor zwei Jahren ermöglichte, seine Silbermedaille ins Publikum. Anschließend kannte der Jubel keine Grenzen mehr. Kapitän Abraham und dessen Vorgänger Alex Meier stemmten den goldenen Pokal in den Berliner Nachthimmel, und die Eintracht feierte ihre Helden und ihr Märchen mit dem romantischsten aller romantischen Ausgänge. Die Eintracht hatte ihr Versprechen gehalten; sie war nicht nur wiedergekommen, sie hatte als klare Außenseiterin gegen den haushohen Favoriten vollendet. Niko Kovač wurde mit Sprechchören gefeiert - und die Eintracht hatte sich im letzten Moment doch noch für Europa qualifiziert.

Tags darauf quoll der Frankfurter Römerberg schon Stunden vor den offiziellen Feierlichkeiten vor lauter feiernden Eintrachtlern über. Am frühen Abend sprach Boateng auf dem Balkon des Römers den legendären Satz: „Bruda, schlag den Ball lang.“ Und erklärte in verblüffend einfachen Worten die Taktik des Spiels.

2018/19: Die Büffelherde

Das Gesicht der Mannschaft hatte sich nur wenige Woche nach dem Triumph verändert. Hrádecký verabschiedete sich nach Leverkusen, Boateng in Richtung Sassuolo, und Alex Meier kickte jetzt für St. Pauli. Auch Mascarell und Marius Wolf verließen die Eintracht. Der für Hrádecký verpflichtete Torwart Frederik Rønnow, der angeschlagen in die ersten Partien ging, agierte zunächst unglücklich. Dem 0:5 im deutschen Supercup gegen Meister Bayern folgte das Aus in der ersten Pokalrunde durch das 1:2 beim SSV Ulm. Doch die Abgänge konnten mit der Zeit kompensiert werden; vor allem die Leihe von Kevin Trapp aus Paris verlieh den schwach in die Saison 2018/19 gestarteten Frankfurtern einen neuen Schub.

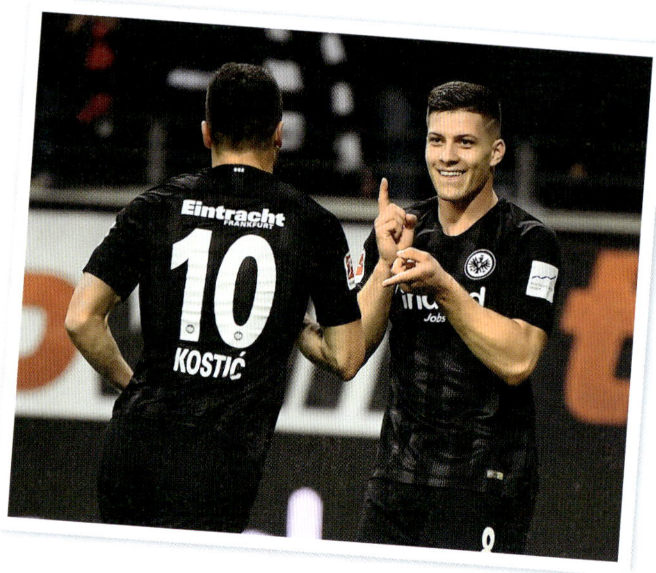

Mit Evan N'Dicka aus Auxerre etablierte sich ein junger Verteidiger auf Anhieb in der Stammelf. Im letzten Moment wechselte Filip Kostić vom HSV zur Eintracht, der nach den Abstiegen mit Stuttgart und Hamburg schon als Gescheiterter galt - und in Frankfurt unversehens durchstartete. Jović und Haller sorgten gemeinsam mit Rebić in der Offensive für Furore. Die geballte Power wurde bald unter dem Spitznamen „Büffelherde" bekannt. Jović erzielte beim 7:1 gegen Fortuna Düsseldorf gleich fünf Treffer, das war vor ihm in der Liga noch keinem Eintrachtler gelungen.

Eintracht Frankfurt rockt Europa

Getragen von einer Welle der Euphorie, marschierte die Eintracht als Pokalsieger mit ihrem neuen Trainer Adi Hütter durch Europa. In der Gruppenphase der Europa League blieb sie als erste deutsche Mannschaft ohne Punktverlust und verkraftete auch Nackenschläge wie den frühen Rückstand in Marseille. Lucas Torró erzielte den Ausgleich. In Unterzahl, Willems musste mit Gelb-Rot vom Platz, knallte Jović die Kugel aus zwölf Metern eine Minute vor dem Schlusspfiff unter die Latte. Auswärtssieg. Doch bejubelt haben den Treffer vor Ort nur ganz wenige - die Eintracht-Fans hatten skandalöserweise Betretungsverbot für die Stadt Marseille, da das Spiel aufgrund von Verfehlungen der Anhänger von Olympique Marseille unter Ausschluss der Öffentlichkeit ausgetragen wurde. Dafür zelebrierte die Eintracht ihr Heimspiel gegen Lazio Rom umso mehr. Die Fans erinnerten mit einer Choreografie über zwei Tribünen an den UEFA-Cup-Sieg von 1980, und die Mannschaft überfuhr Lazio Rom mit 4:1. Auch Apollon Limassol blieb in der Festung Waldstadion ebenso wie in Nikosia chancenlos. Gleich zwei Eigentore und dazu zwei Treffer von Jović sorgten beim 4:0 gegen Marseille für den Gruppensieg. Brenzlig wurde es noch einmal in Rom. Nach der Führung Roms drangen Anhänger Lazios bedenklich nahe zu den Eintracht-Anhängern vor und provozierten diese mit faschistischen Grüßen. Die Lage drohte zu eskalieren - doch Gaćinovićs Ausgleich beruhigte die Situation. Hallers Siegtreffer brachte Lazio zum Schweigen.

Anschließend schaltete die Eintracht mit Rückkehrer Sebastian Rode die großen Favoriten Shakhtar Donezk, Inter Mailand und sogar Benfica Lissabon aus. Die Choreografien bei Heim-

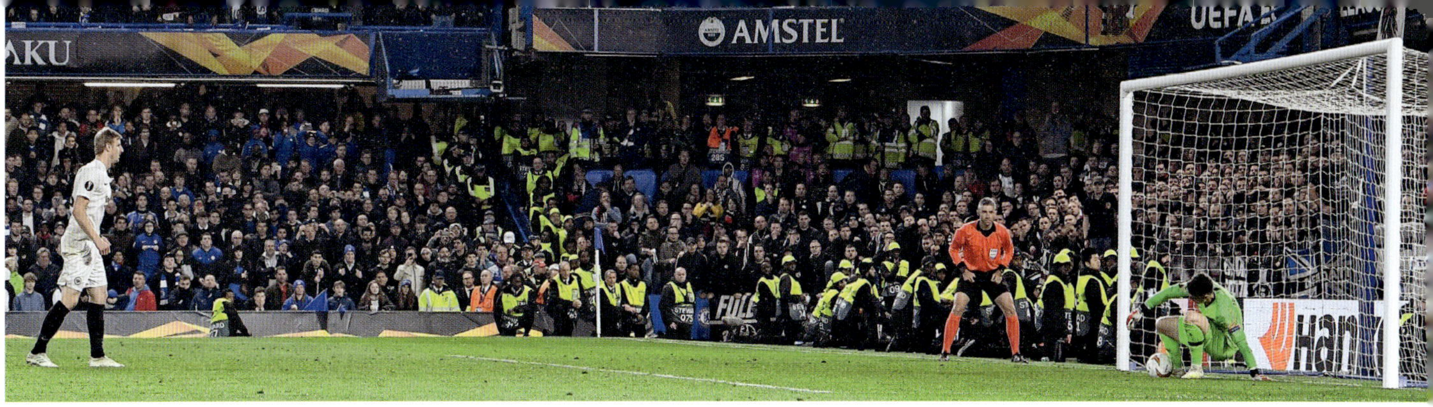

Martin Hinteregger tritt zum Elfmeter an und verschießt. Die Eintracht scheidet im Europa-League-Halbfinale aus. Die Mannschaft wird von den Fans trotzdem gefeiert.

spielen wurden immer eindrucksvoller - nur gegen Donezk fiel sie ins Wasser: Die Polizei hatte grundlos die Räume der Ultras durchsucht - und diese sagten kurzerhand das Spektakel aus Protest ab. Gegen Mailand hielt Trapp einen Elfmeter, und Trainer Hütter kickte nach einem nicht gegebenen Elfer für die Eintracht wütend eine Trinkflasche durch die Gegend. Zur Strafe musste er im Giuseppe-Meazza-Stadion auf der Tribüne Platz nehmen. Doch 15.000 mitgereiste Frankfurter peitschten ihre Eintracht zum Sieg und ins Viertelfinale. Gemeinsam schafften es das Team und seine Anhänger, trotz eines 2:4 in Lissabon im Rückspiel das Aus noch abzuwenden. Eine unglaubliche Stimmung und ein unfassbarer Wille trug die Eintracht zu einem 2:0-Sieg, den Kostić und Rode herausschossen.

Erst im Halbfinale in London endete die europäische Reise nach aufopferungsvollem Kampf auf dramatische Weise im Elfmeterschießen bei Chelsea. Die Eintracht hatte das 1:1 aus dem Hinspiel bestätigt. Haller hatte die Entscheidung in der Verlängerung auf dem Fuß, doch der Ball fand den Weg nicht ins Tor. Trotz zwischenzeitlicher Führung im Elfmeterschießen scheiterten Paciência sowie der im Winter gekommene Hinteregger an Londons Schlussmann Kepa. Der Traum vom Finale war ausgeträumt - doch während die Fans von Chelsea unmittelbar nach dem Schlusspfiff die Stamford Bridge verließen, feierte die Eintracht noch Stunden nach Abpfiff ihre unterlegenen Helden. „Im Herzen von Europa" tönte es durch die Dunkelheit, und so manch eine/r wischte sich eine Träne aus den Augen.

Nach einer kräftezehrenden Saison hatte sich die Eintracht in der Liga erneut für die Europa League qualifiziert. Allerdings benötigte sie am finalen Spieltag nach einer 1:5-Klatsche bei den Bayern die Hilfe von Mainz 05, die in den letzten Minuten noch die TSG Hoffenheim niederrangen. Und wieder tönte es durch die Gassen: „Eintracht Frankfurt international".

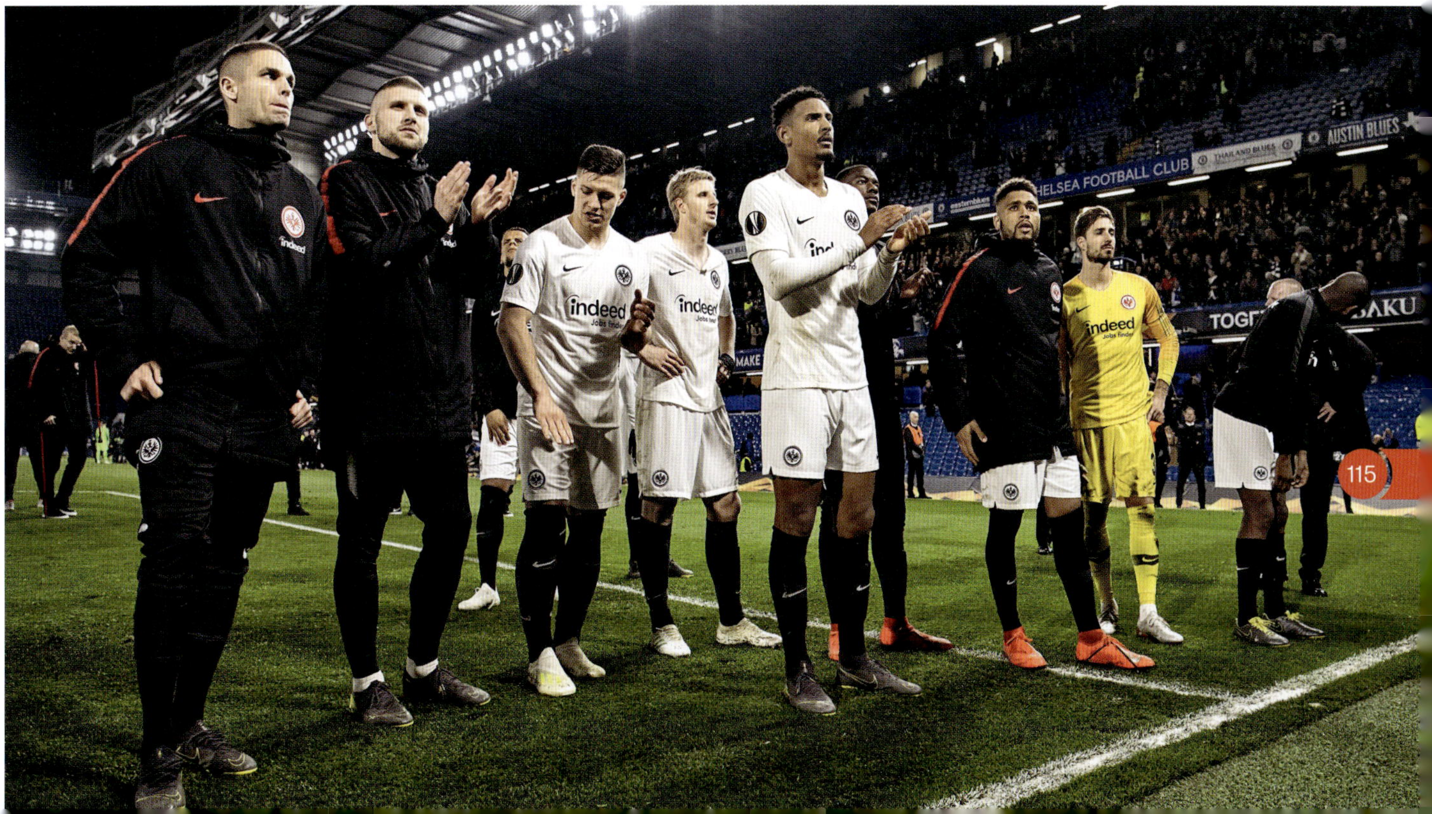

2019/20: Corona

Die Büffelherde hatte Begehrlichkeiten geweckt. Für Rekordablösesummen zog es Jović zu Real Madrid und Haller zu West Ham United. Auch Rebić verließ im Tausch mit André Silva die Eintracht in Richtung AC Mailand, nachdem er im Pokal mit drei Treffern in der Schlussviertelstunde bei Waldhof Mannheim für den Einzug in die zweite Runde gesorgt hatte. 2019/20 musste sich Eintracht Frankfurt zunächst für die Gruppenphase der Europa League qualifizieren. Leichte Siege gegen Flora Tallinn und den FC Vaduz sowie ein hart umkämpftes Weiterkommen gegen Racing Straßburg sicherten ihr einen Platz in der ausgeglichenen Gruppe mit Guimaraes, Lüttich und Arsenal, die sie nicht zuletzt dank zweier Treffer Kamadas beim Auswärtssieg in London überstand. Auch das Sechzehntelfinale gegen Salzburg stellte kein Hindernis dar. Unterdessen hieß es in der Liga im Frankfurter Stadtwald 5:1 gegen die Bayern von Niko Kovač; eine Niederlage, die ihn den Job kosten sollte. Kapitän Abraham sorgte für Schlagzeilen, als er Freiburgs Trainer Streich im November 2019 anrempelte, woraufhin dieser theatralisch zu Boden fiel. Die fällige Rote Karte zog eine Sperre von sieben Wochen sowie eine Geldstrafe von 25.000 Euro für Abraham nach sich. Und als Stammkeeper Trapp sich verletzte, vertrat ihn Rønnow ganz hervorragend.

Wenige Tage vor dem Achtelfinale gegen den FC Basel zeichnete sich ab, dass die Welt mit einem ernsthaften Problem zu kämpfen hat: Corona. Die Spiele wurden zunächst unter Ausschluss der Zuschauer ausgetragen, dann verschoben und später wieder durchgehend bis zum Ende der Saison ohne Fans absolviert. Der Begriff der Geisterspiele zog in den Sprachgebrauch ein, fest einkalkulierte Zuschauereinnahmen brachen weg; die Vereine standen unvermittelt vor existentiellen Problemen. Als die Saison fortgesetzt wurde, schied die Eintracht gegen Basel aus, unterlag den Bayern im Halbfinale des DFB-Pokals und landete in der Liga auf Platz neun.

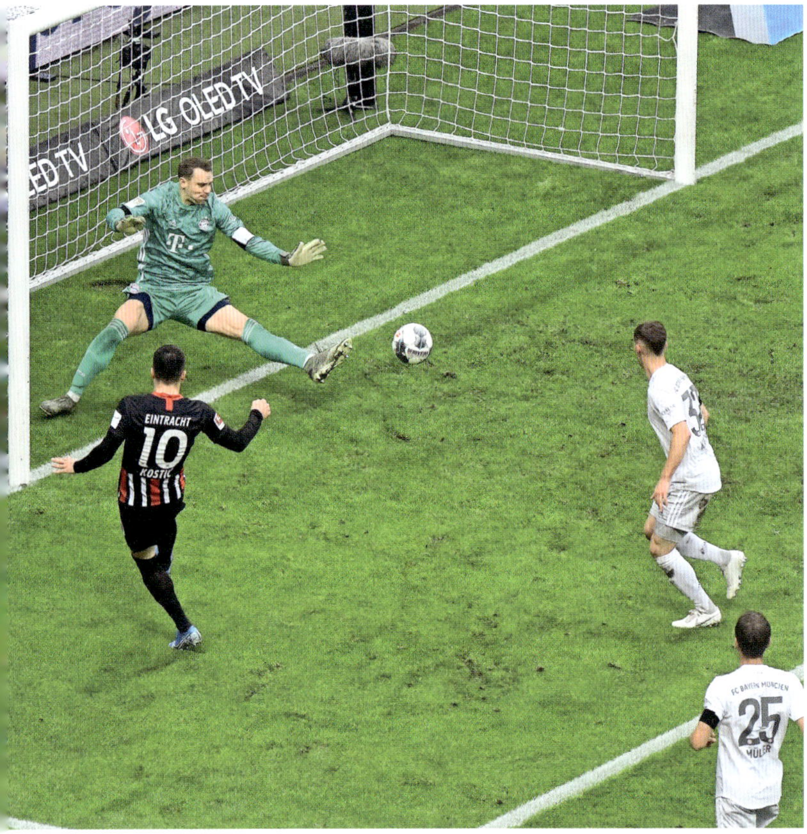

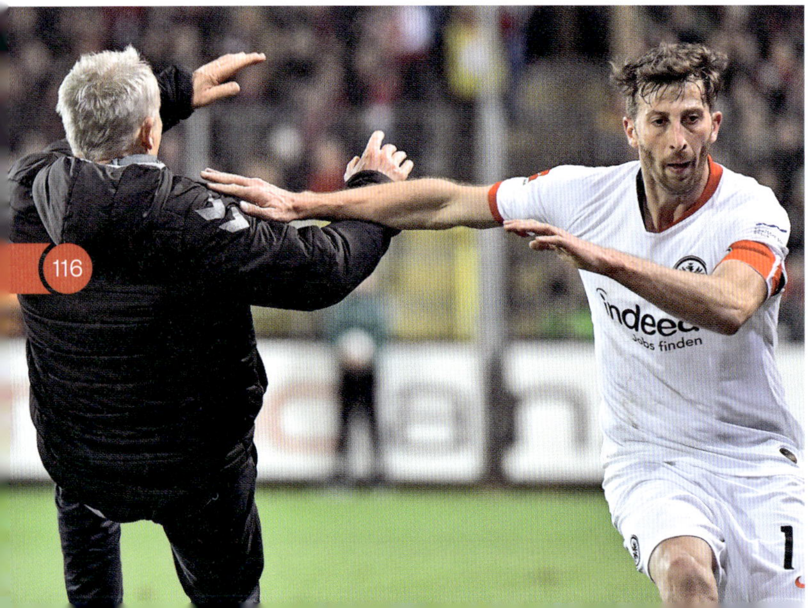

Filip Kostić ist erfolgreich gegen Manuel Neuer (oben). Vom rechten Innenpfosten springt der Ball ins Gehäuse. Weniger erfolgreich: Für den Rempler gegen Freiburgs Trainer Christian Streich erhält David Abraham eine lange Sperre.

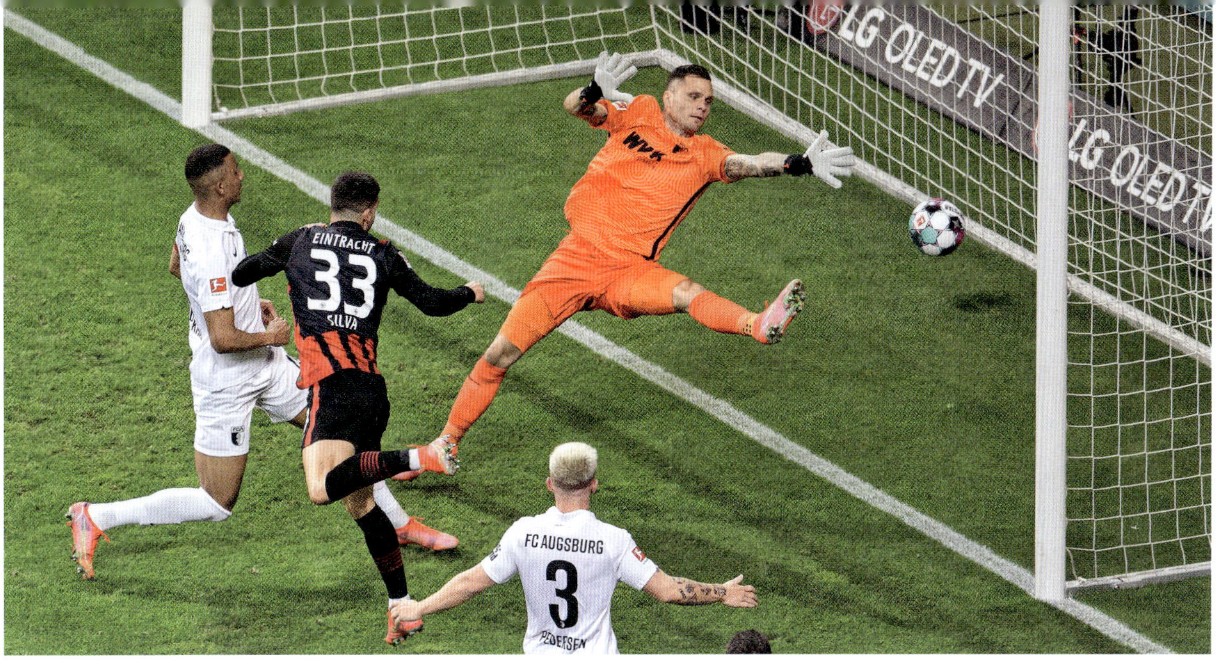

André Silva trifft wie er will. Hier gegen den FC Augsburg

2020/21: Herr im Haus

Unterdessen hatte die Eintracht 2020 die Vermarktung des Stadions übernommen. In diesem Zusammenhang wechselte auch der Name, der 15 Jahre lang Bestand hatte – aus der Commerzbank Arena wurde der Deutsche Bank Park. Die Fans sagten weiterhin: Waldstadion. Die meisten blieben ohnehin draußen. Sie wollten erst wiederkommen, wenn ein Stadionbesuch ohne Einschränkungen so wie vor der Pandemie möglich sei.

Die Mannschaft zeigte sich davon in der Saison 2020/21 unbeeindruckt, nahm Kurs auf die Champions League und freute sich über Tore von André Silva, der am Ende der Saison den 44 Jahre alten Rekord von Bernd Hölzenbein knacken konnte. 28 Saisontore hatte noch niemand für die Eintracht in der Bundesliga geschossen. Kapitän Abraham beendete nach 139 Bundesligaeinsätzen für die Eintracht seine Karriere nach dem 3:1-Hinspielsieg gegen Schalke – und tauschte sein Trikot mit dem von Schiedsrichter Gräfe. Doch wie schon 2018 schien sich die Geschichte zu wiederholen. War es damals Niko Kovač, der sein Bleiben bei der Eintracht verkündete, um sodann zu gehen, so bestätigte nun Adi Hütter seinen Verbleib bei der Eintracht, nur um wenig später seinen Wechsel nach Mönchengladbach bekannt zu geben. Die Stimmung kippte, zäh ging die Saison zu Ende. Auch der Manager des Jahres 2018, Fredi Bobic, drängte aus seinem Vertrag und stand auf dem Sprung zur Hertha, just als die Eintracht die Champions League so greifbar wie nur selten vor Augen hatte. Die Unruhen übertrugen sich auf die Mannschaft, die anschließend sieben Punkte auf Dortmund verspielte – doch immerhin mit dem fünften Platz noch den Sprung in die Gruppenphase der Europa League schaffte. Auf ein Neues hieß es: „Ob Rom, Mailand oder London …"

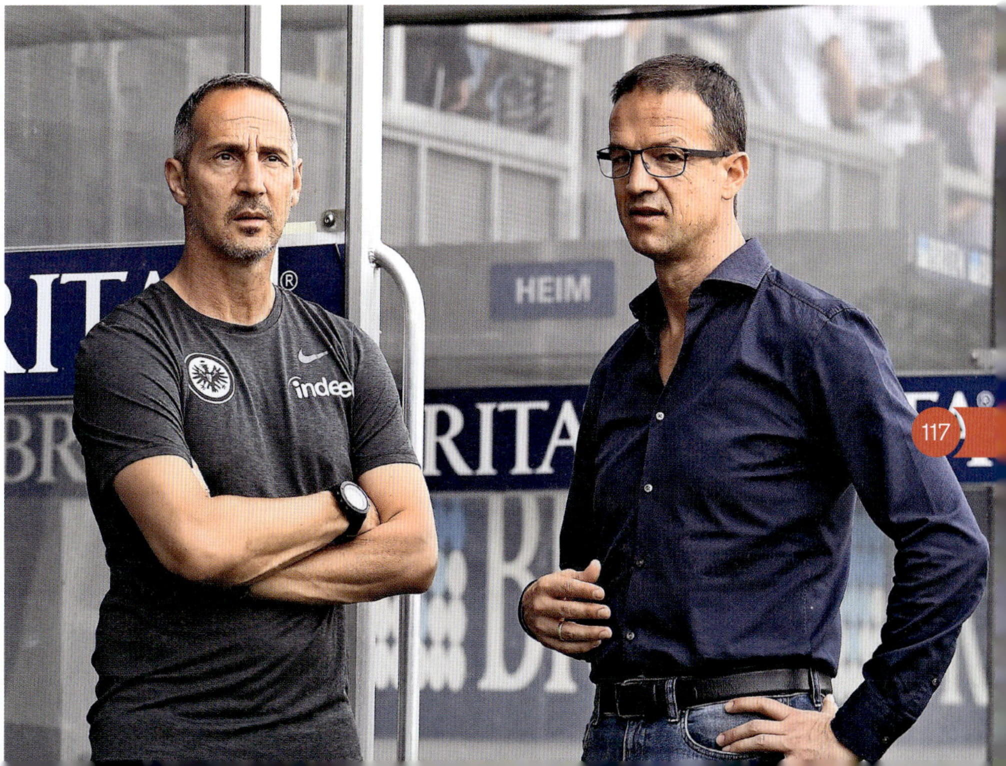

Trainer Adi Hütter mit Vorstandsmitglied Fredi Bobic

2021/22: The Road to Sevilla

Der Torschütze vom Dienst, André Silva, verließ die Eintracht in Richtung Leipzig - eine Entscheidung, die seine Sympathiewerte in Frankfurt nicht steigerte. Die Last des Toreschießens verteilte sich 2021/22 auf mehrere Schultern, darunter auf die der Neuzugänge Jesper Lindstrøm aus Dänemark und Rafael Borré aus Kolumbien. Oliver Glasner folgte auf Adi Hütter, Markus Krösche übernahm statt Bobic die sportliche Verantwortung. Und Filip Kostić blieb nach einem heftigen Flirt mit Lazio Rom zur Erleichterung der Fans schließlich doch bei der Eintracht.

Der Erstrundenpleite im Pokal bei Waldhof Mannheim folgte eine 2:5-Klatsche in Dortmund. Fünf Unentschieden in Serie brachten die Eintracht nicht wirklich voran, der Knoten platzte erst beim 2:1-Auswärtssieg bei den Bayern, dem ersten seit 21 Jahren. Letztlich reichte es in der Liga in der Endabrechnung aber nur für einen 11. Platz. Doch die Eintracht blickte ohnehin nach Europa. Auch wenn die Pandemie die Welt noch immer im Griff hatte, die Zuschauer nur in begrenzter Zahl in die Stadien durften und die aktive Fanszene weiterhin draußen blieb, nahm die Eintracht Kurs auf eines der Wunder, wovon sich noch Generationen von Fans mit feuchten Augen erzählen werden.

Im ersten Spiel gegen Fenerbahçe konnte Trapp in der letzten Minute einen Elfmeter parieren - gegen den Nachschuss war er machtlos. Doch der VAR erkannte das Tor nicht an, so dass es beim 1:1 blieb. In Antwerpen sorgte wiederum ein Elfmeter für einen Last-Minute-Sieg, Joker Paciência behielt die Nerven. Wütende Antwerpener Fans versuchten vergeblich, den Eintracht-Block zu stürmen. Überzeugend der 3:1-Sieg gegen Piräus, die Eintracht hatte erstmals in dieser Saison ein Heimspiel gewonnen und übernahm die Tabellenführung, die sie auch im Rückspiel 14 Tage später behaupten konnte. Als kaum jemand noch damit rechnete, traf Hauge in der Nachspielzeit zum viel umjubelten 2:1 bei Olympiakos.

Auch gegen Antwerpen wurde es dramatisch. Erst traf Samatta in der 88. Minute zur 2:1-Führung für die Belgier, die Eintracht steckte nicht auf und konnte durch den Minuten zuvor einge-

Vorstellung des neuen Trainers Oliver Glasner durch Vorstandsmitglied Markus Krösche

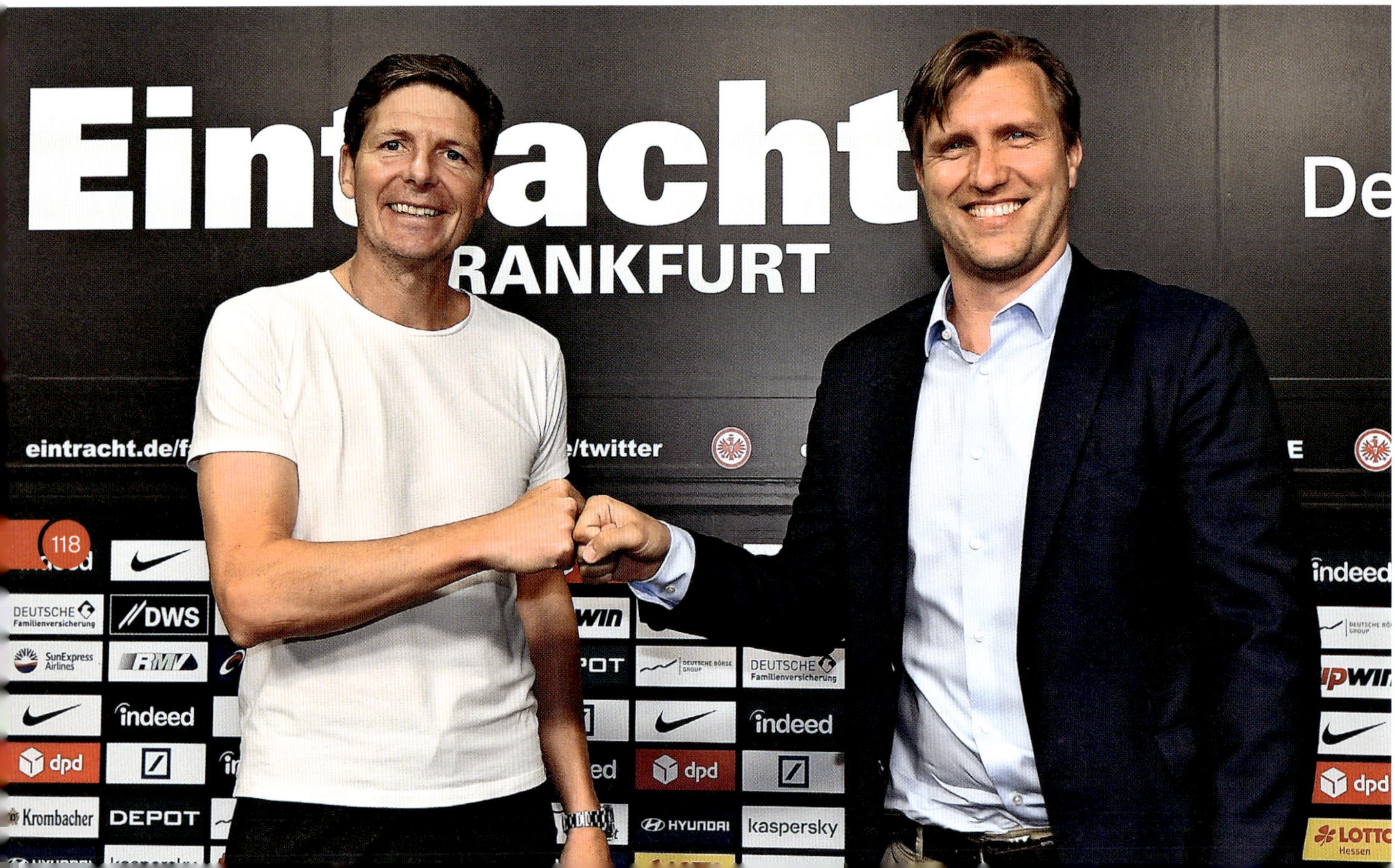

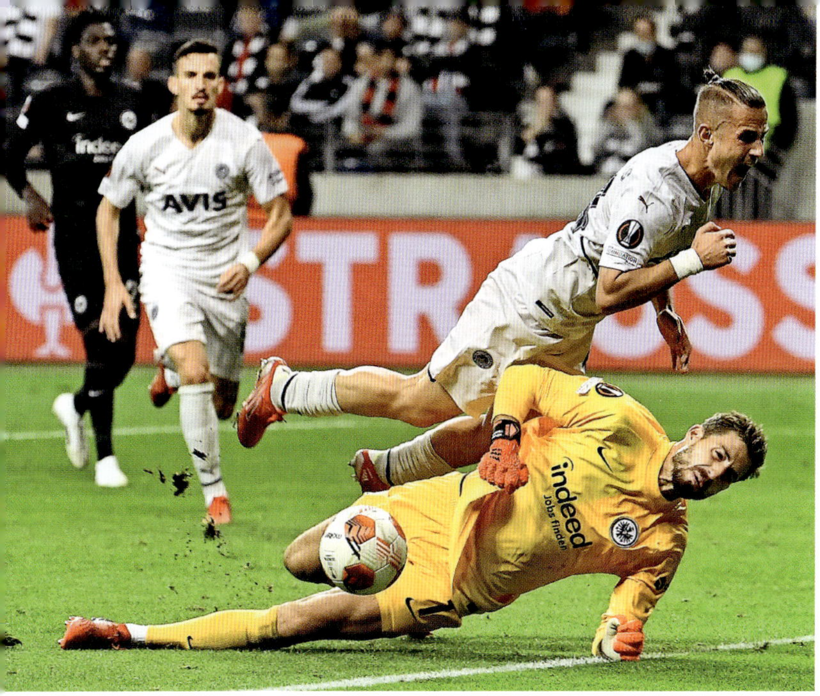

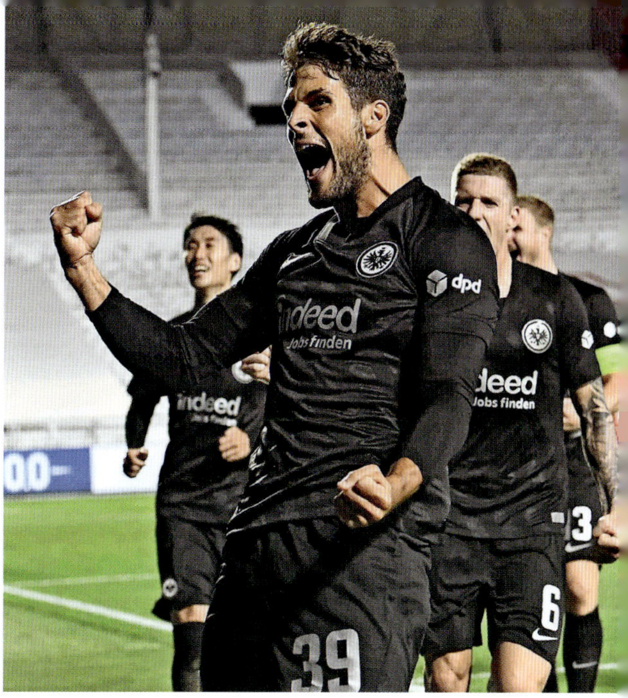

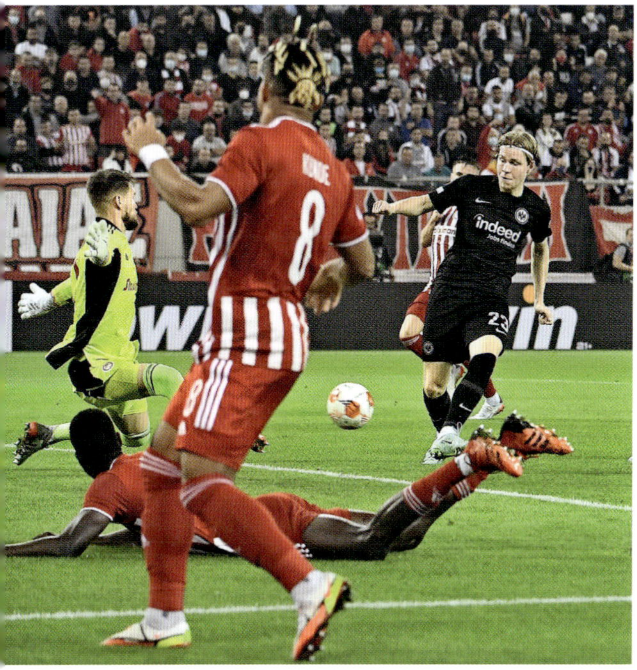

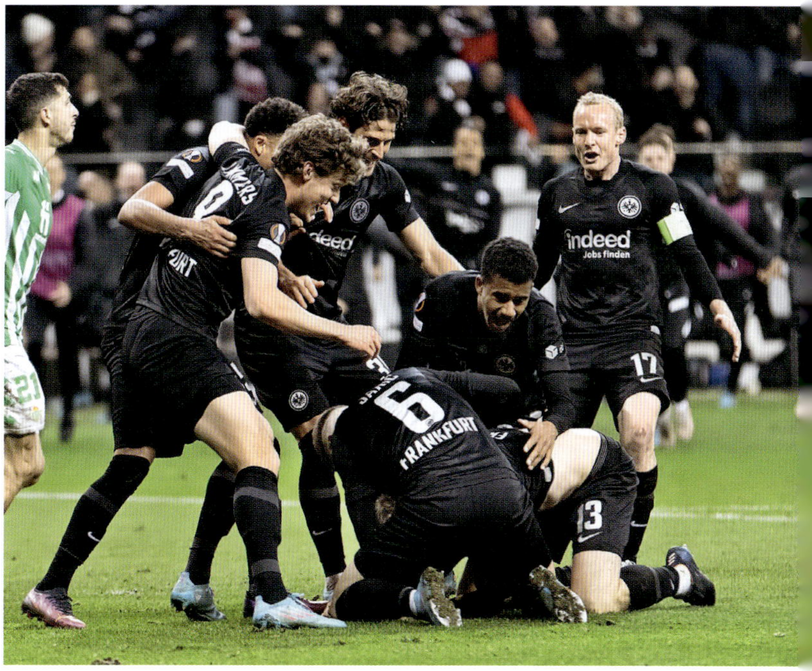

Trapp holt seinen Gegenspieler von den Beinen. Den Elfmeter pariert er, beim Nachschuss bekommt er Hilfe vom VAR. In Antwerpen verwandelt Paciência dann einen entscheidenden Elfmeter zum Sieg (oben rechts). Hauge trifft in der Nachspielzeit bei Olympiakos (unten links). In der Verlängerung des Achtelfinal-Rückspiels gegen Betis Sevilla erzwingt Hinteregger ein Eigentor und wird danach unter seinen jubelnden Mitspielern begraben.

wechselten Paciência in der Nachspielzeit doch noch ausgleichen. Das anschließende 1:1 bei Fenerbahçe reichte zum Gruppensieg.

Im Achtelfinale ging es erstmals nach Sevilla, Betis empfing die Eintracht und hatte mit 1:2 das Nachsehen. Nach über zwei Jahren fand sich auch die aktive Fanszene wieder geschlossen im Stadion ein und feierte den Auswärtssieg überschwänglich. Im Rückspiel schockte das 0:1 in der letzten Minute die Eintracht-Anhänger. Da die Auswärtstorregelung nicht mehr zählte, ging es in die Verlängerung. Nach 120 Minuten stand es immer noch 0:1, beide Teams bereiteten sich gedanklich auf das Elfmeterschießen vor, da erzwang Hinteregger ein Eigentor in der Nachspielzeit – und die Eintracht war im Viertelfinale.

Dort hieß der Gegner FC Barcelona. Ein Traumlos. Wenige Wochen zuvor war Jürgen Grabowski verstorben. Eine gigantische Choreografie für ihn sorgte vor Anpfiff für Gänsehautmomente: „Auferstehen werden nur Götter". Nach dem 1:1 im Hinspiel rechnete sich die Eintracht durchaus eine Chance auf das Weiterkommen aus.

Einer geht noch ...

5.000 Tickets standen den Fans der Eintracht für das Rückspiel im Camp Nou offiziell zur Verfügung, doch die Anhänger zeigten sich kreativ und besorgten sich über alle verfügbaren Kanäle Karten für das Spiel. Als der FC Barcelona, der sich nach dem Unentschieden in Frankfurt schon siegessicher fühlte, merkte, was geschah, war es zu spät. Statt der Touristen, die sonst das Stadion füllten, kamen über 30.000 Eintracht-Fans, die schon Tage vor Anpfiff die Ramblas belagerten.

Am Abend des 14. April 2022 war das Camp Nou fest in Frankfurter Hand, Barcelona hatte im eigenen Stadion ein Auswärtsspiel. Der Schock saß tief. Der zweite Schock für Barcelona folgte nach vier Spielminuten: Kostić hatte die Eintracht in Führung geschossen, 30.000 fielen übereinander, und der Wahnsinn nahm seinen Lauf, vor allem als Borré nach 36 Minuten die Kugel aus über 20 Metern unhaltbar für ter Stegen zum 2:0 in die Maschen drosch. Als Kostić in der 67. Minute auf 3:0 erhöhte, tönte es durchs Stadion: „Einer geht noch, einer geht noch rein". Auf der letzten Rille schleppte sich die Eintracht in die 12-minütige Nachspielzeit, kassierte noch zwei Gegentreffer und sehnte den Schlusspfiff herbei. Unmittelbar nach dem zweiten Gegentor pfiff Schiedsrichter Artur Soares Dias endgültig das Spiel ab, und der Jubel schien grenzenlos. Auswärtssieg. In Barcelona. Die weiß gekleideten Eintracht-Fans feierten ihre Helden, als gäbe es kein Morgen. Kostić präsentierte ihnen wie einst Messi sein weißes Trikot mit der 10. Anschließend verwandelten sie auf den Ramblas die Nacht zum Tag.

Die Eintracht hatte mit Willen und Leidenschaft den großen FC Barcelona in allen Belangen gedemütigt, deren Vertreter von der größten Schande, die die Blaugrana je erlebt habe, sprachen.

Im Halbfinale ging es nach London zu West Ham, mit denen die Eintracht ob des Ausscheidens im Europapokal der Pokalsieger 1976 noch ein Hühnchen zu rupfen hatte. Nach dem 2:1 in London spielte sich Eintracht Frankfurt im Stadtwald durch Borrés 1:0 gegen dezimierte Engländer verhältnismäßig leicht ins Finale. Der Gegner hieß Glasgow Rangers, die im zweiten Halbfinale Leipzig in die Schranken verwiesen hatten.

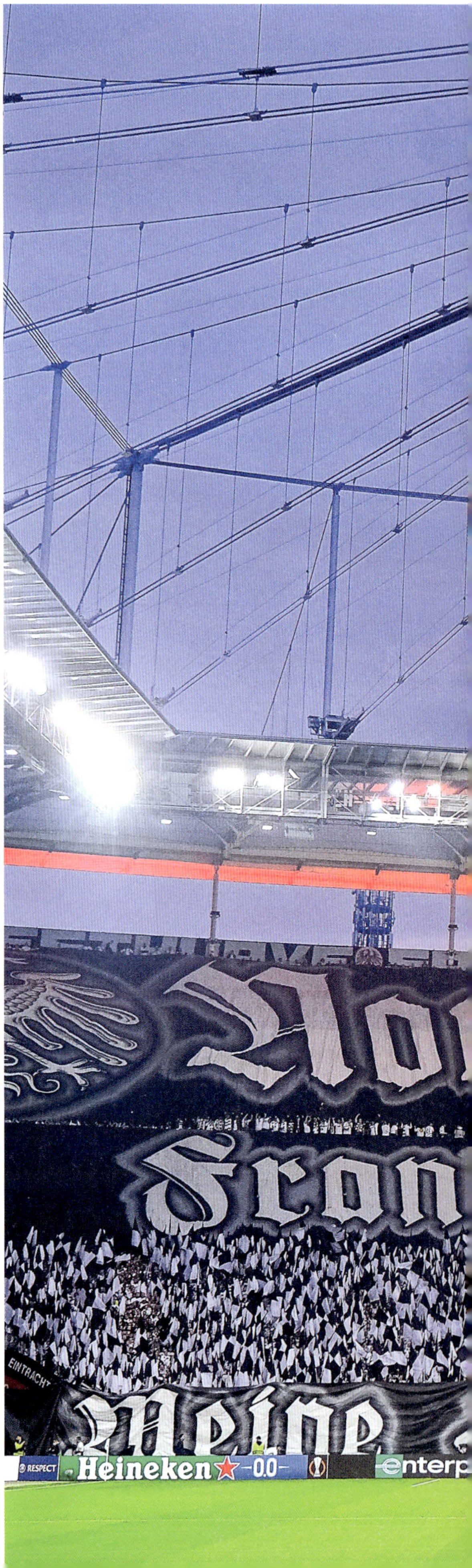

Choreografie der Eintracht-Fans vor dem Halbfinal-Rückspiel gegen West Ham United am 5. Mai 2022

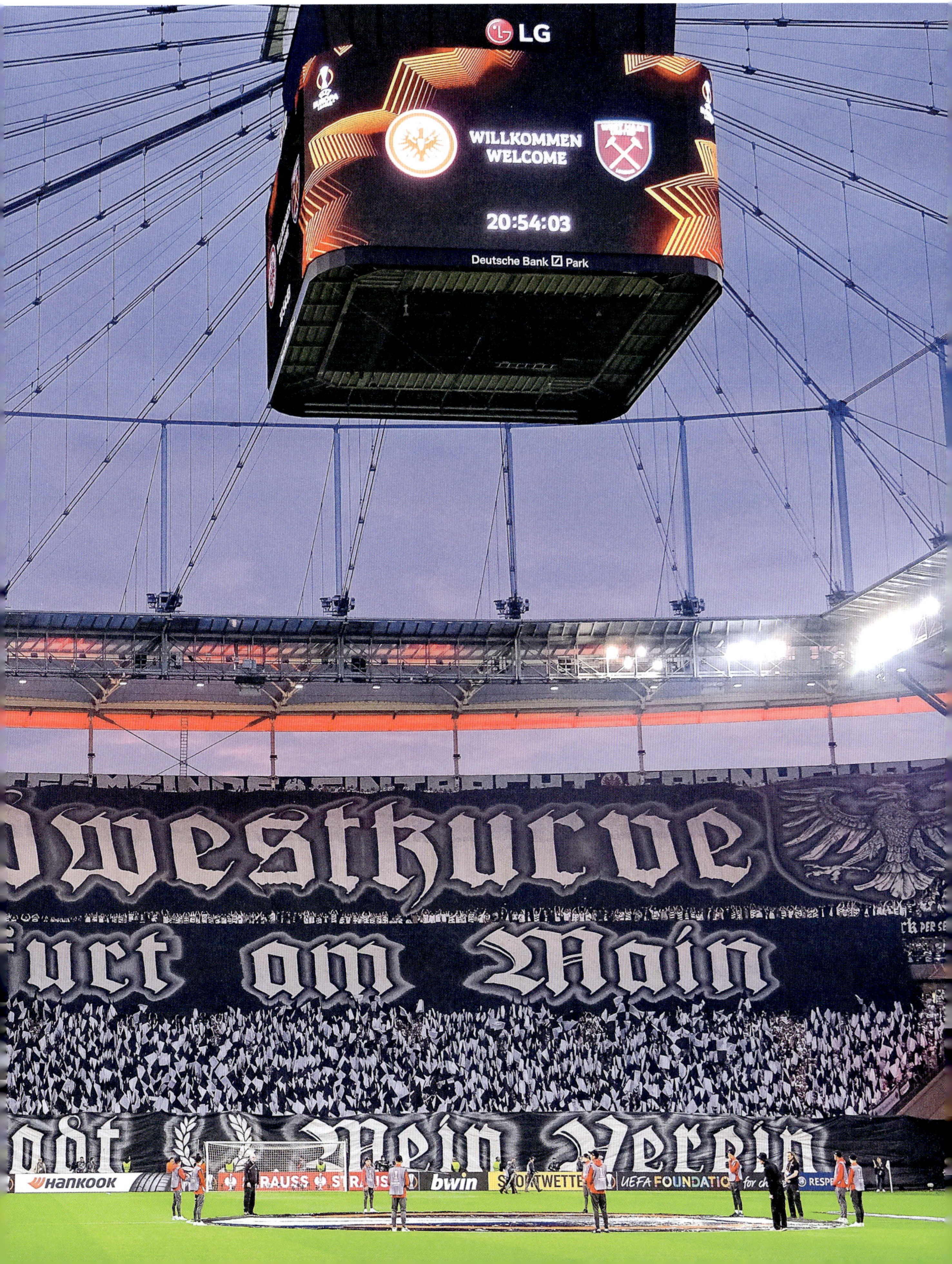

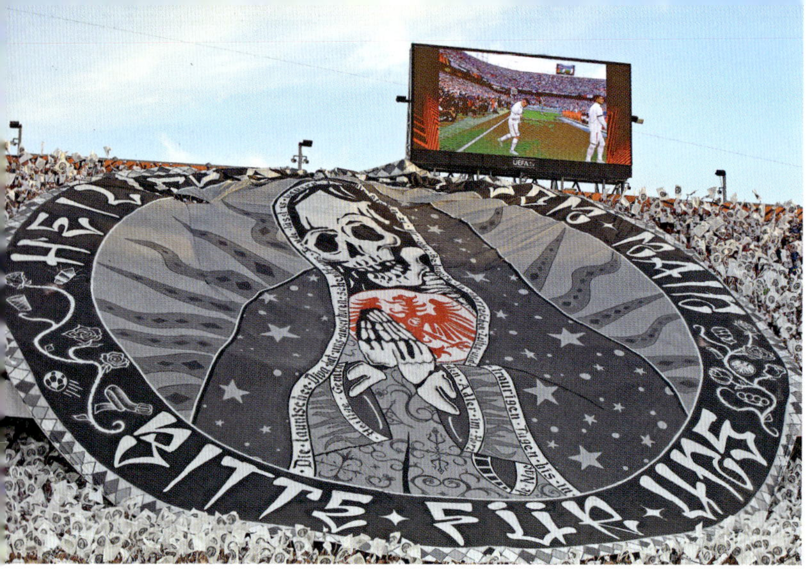

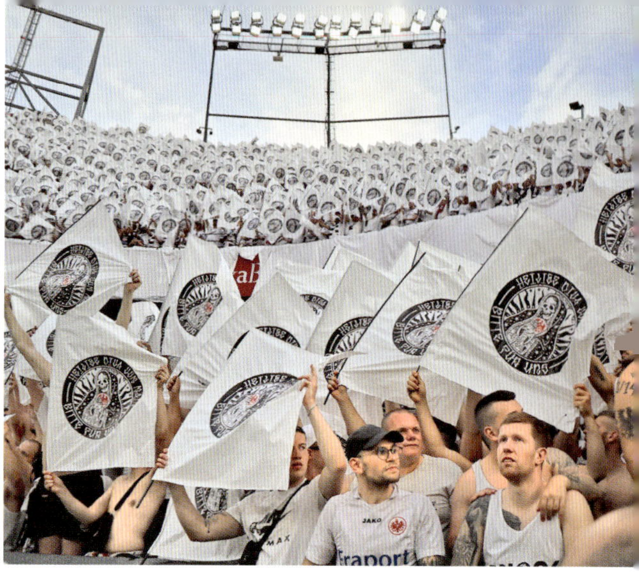

Sevilla

Schon Tage vor dem Finale am 18. Mai 2022 zeichnete sich ab, dass die schottischen Fans in Sevilla in der Mehrzahl sein würden. Von 100.000 Schotten war die Rede, „nur“ etwa halb so viele Frankfurter hatten sich auf die umständliche Reise nach Sevilla gemacht. Zum Ärger aller fasste das Estadio Ramón Sánchez Pizjuán an jenem Abend nur knapp 40.000 Zuschauer.

Vor Anpfiff präsentierten die Ultras bei 40° C im Schatten eine ikonische Choreografie: „Heilige Diva vom Main, bitte für uns“, dazu wedelten Tausende Fähnchen, das Spiel konnte beginnen. Nach fünf Minuten ein Schockmoment, Lundstram hatte Rode mit dem Stollen am Kopf getroffen. Doch nach einigen Minuten Behandlungspause konnte der Eintracht-Kapitän mit einem Kopfverband weiterspielen. Es wogte hin und her mit leichten Vorteilen für die Eintracht, Kamada und Knauff vergaben vielversprechende Möglichkeiten. Mit 0:0 ging es in die Pause.

Nach Wiederanpfiff forderte die Eintracht vergeblich einen Elfmeter, derweil die Fans auf den Rängen langsam ausdörrten, weit und breit gab es kein Wasser, sogar die Leitungen der Waschbecken in den Toiletten waren zeitweise abgestellt. Dafür verpasste ihnen Glasgow nach einer guten Stunde eine kalte Dusche. Sow hatte einen Kopfball unglücklich verlängert, Tuta rutschte aus, und Aribo schob den Ball mühelos an Trapp vorbei zur Führung der Rangers. Tuta verletzte sich bei dieser Aktion, für ihn kam Hasebe ins Spiel. Doch der Rückstand entmutigte die Eintracht nicht. Erst hob Kamada den Ball knapp aufs Tornetz, dann flankte Kostić wieder einmal nach innen. Dort streckte Borré sein Bein nach vorne und drückte die Kugel zum umjubelten Ausgleich ins Netz.

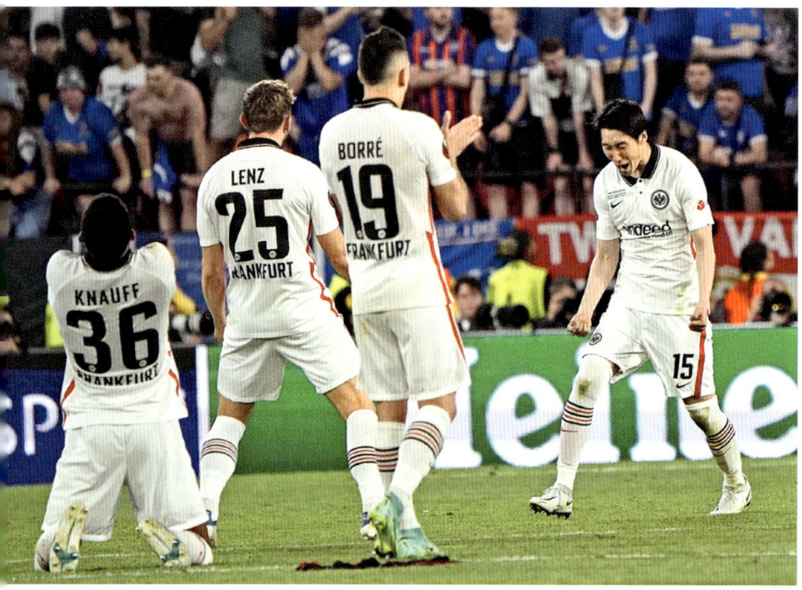

Mit diesem Spielstand ging es in die Verlängerung, die Sommerhitze in Sevilla hatte beide Mannschaften ans Ende ihrer Kräfte gebracht. Nach 118 Minuten konnte sich die Eintracht bei Trapp bedanken, der einen Schuss von Kent überragend parierte. Als Trapp auch einen letzten Freistoß Sekunden vor dem Ende aus dem Eck fischte, pfiff Schiedsrichter Slavko Vincic ab, das Elfmeterschießen musste entscheiden. Geschossen wurde auf das Tor in der schottischen Kurve, die Rangers begannen. Tavernier verlud Trapp. 1:0 für die Rangers. Jetzt musste Lenz nachlegen. Er legte nach. 1:1. Da auch Hrustić und Kamada die jeweilige Führung der Rangers ausgleichen konn-

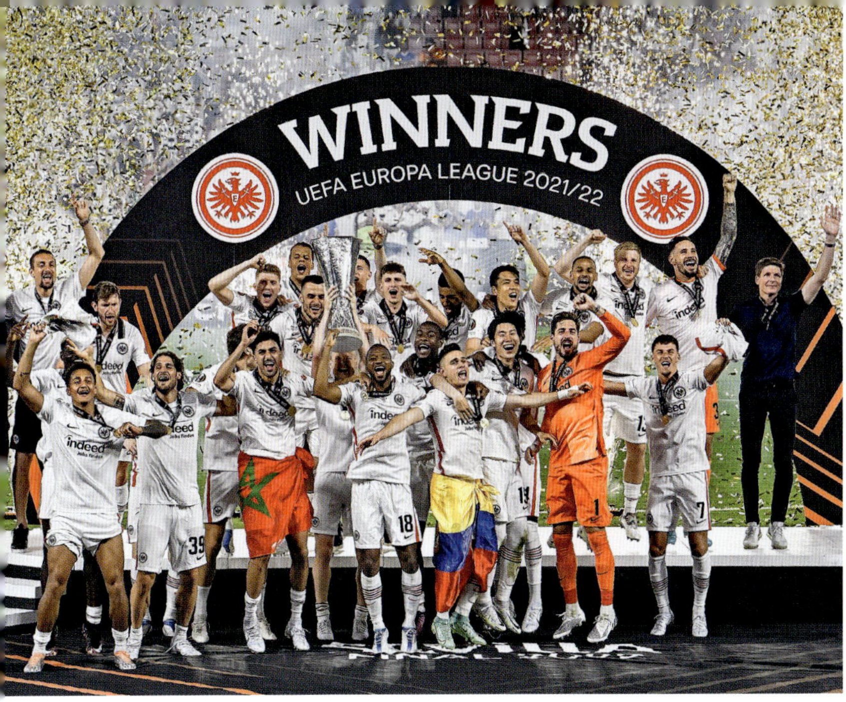

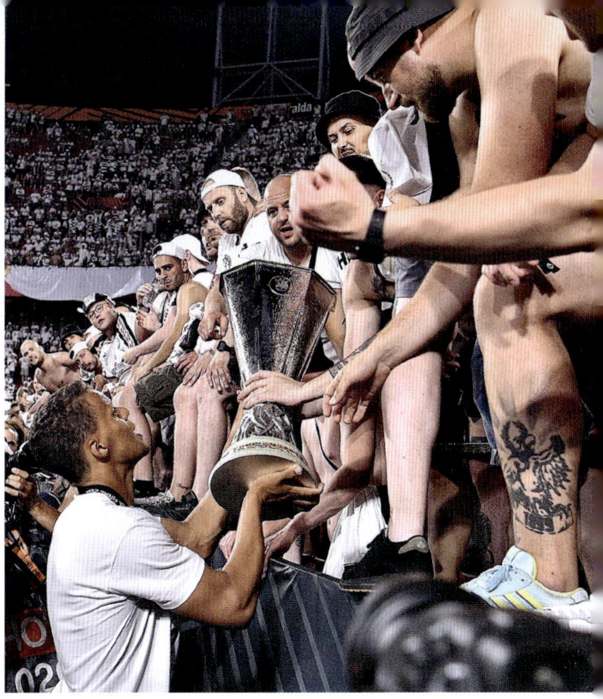

ten, warteten alle auf den ersten Fehlschuss, den Ramsey auch prompt lieferte. Trapp hatte die Ecke geahnt. Jetzt konnte die Eintracht erstmals in Führung gehen. Kostić legte sich den Ball zurecht - und behielt die Nerven. Eiskalt pfefferte er mit seinem linken Fuß die Kugel rechts neben den Pfosten. 4:3. Wenn Roofe jetzt verschösse, stünde die Eintracht als Sieger fest. Doch er traf. 4:4. Atemlose Spannung, als sich Borré den Ball zurechtlegte, der Mann, der für den so wichtigen Ausgleich gesorgt hatte. Borré lief an, schoss, die Kugel flog, McGregor ahnte die Ecke und kam doch nicht dran. 5:4. Die Fans konnten ihr Glück nicht begreifen. Tränen kullerten, fassungsloses Staunen. Die kleine große Eintracht, die sie so oft zum Verzweifeln gebracht hatte, gewann tatsächlich nach 1980 zum zweiten Mal in ihrer Historie den UEFA-Cup. Und nach all den leidenschaftlichen Spielen, dem tragischen Aus bei Chelsea, den Tausenden mitgereisten Fans nach Tel Aviv, Bordeaux, Porto, Mailand, Lissabon oder Barcelona belohnte sie sich mit dem vielleicht größten Triumph der Vereinsgeschichte in der magischen Nacht von Sevilla. Es regnete goldenes Konfetti bei der Pokalübergabe und die Fans sangen „We are the champions". Chandler drückte den Cup den Anhängern in der Kurve in die Hand, die mit letzter Kraft den Pokal, die Mannschaft und Trainer Oliver Glasner feierten. Kevin Trapp, der im Feldinterview nach dem Schlusspfiff angesprochen wurde, ob er ein Held sei, wies mit Tränen in den Augen in die feiernde Kurve: „Schau dir das an, wir sind alle Helden."

Die Fans der Rangers hatten das Stadion unmittelbar nach dem letzten Elfmeter verlassen. Doch auch für die Eintracht-Fans fiel die ganz große Sause ins Wasser, saßen sie doch auf dem Trockenen, da alle Kneipen in Sevilla auf Geheiß der Stadtväter schließen mussten. Sie trösteten sich mit dem Gedanken, dass sich die Eintracht durch den Sieg doch noch für die Champions League qualifizieren konnte - und dazu für das Spiel um den europäischen Supercup gegen Real Madrid in Helsinki.

Europa-League-Sieger 2022:

Trapp - Touré - Tuta (58. Hasebe) - Ndicka (100. Lenz) - Rode (90. Jakić) - Sow (106. Hrustić) - Knauff - Kostić - Lindstrøm (70. Hauge) - Kamada - Borré, Trainer: Glasner

Drei Tage zuvor hatte das Frauenteam die Champions-League-Qualifikation erreicht.

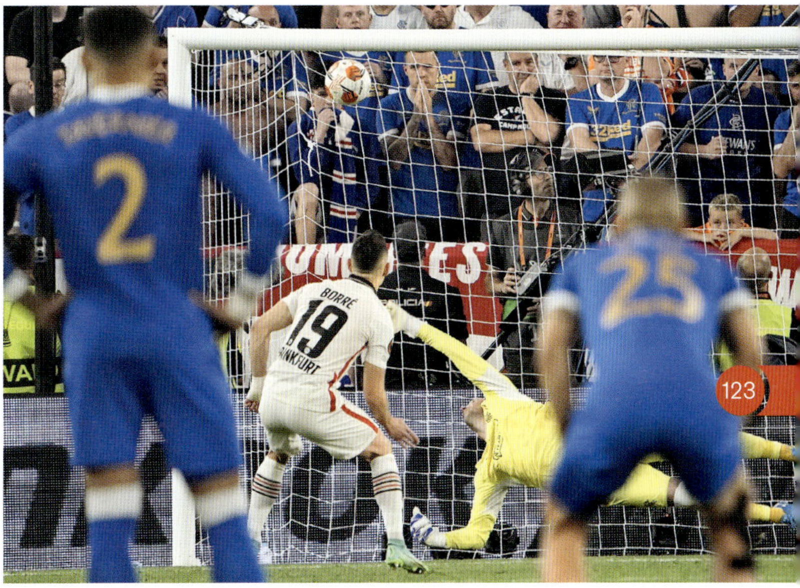

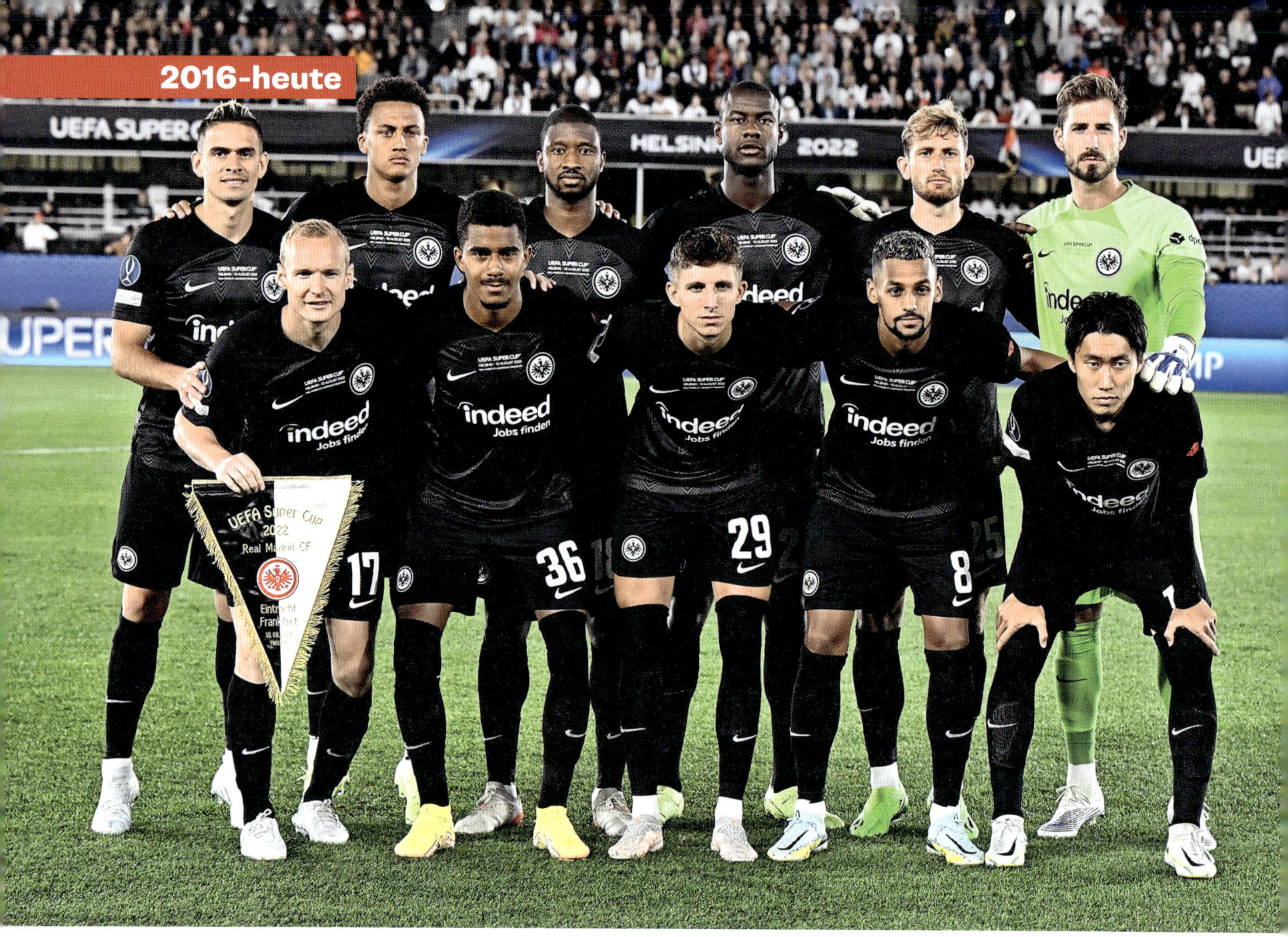

Die Mannschaft von Eintracht Frankfurt traf im Supercup 2022 am 10. August 2022 auf Real Madrid.

2022/23: Champions League

Vor der Saison 2022/23 ging es turbulent zu. Martin Hinteregger beendete völlig überraschend seine Karriere, auch Filip Kostić verließ die Eintracht, während die Verpflichtung von Mario Götze, Siegtorschütze des WM-Endspiels 2014, für Schlagzeilen sorgte. Als überragende Verstärkung erwies sich zudem Randal Kolo Muani, der aus Nantes zur Eintracht stieß. Nicole Anyomi, Sara Doorsoun, Laura Freigang und Sophia Kleinherne wurden in England Vize-Europameisterinnen, und erstmals seit ihrer Abmeldung 2014 startete wieder eine Amateurmannschaft der Eintracht – als U21 in der Oberliga Hessen.

Zum Bundesliga-Auftakt gastierte der Deutsche Meister Bayern München im restlos ausverkauften Stadion. Das 1:6 nach 0:5-Halbzeitstand bedeutete eine der höchsten Heimniederlagen aller Zeiten. Wenige Tage später, am 10. August 2022, unterlag die Eintracht im Finale des europäischen Supercups in Helsinki nach großem Kampf gegen Real Madrid mit 0:2.

In der Liga zeigte die Eintracht traditionsgemäß zwei Gesichter. Lag der Club nach der Hinrunde noch auf Champions-League-Kurs, sorgten interne Querelen für eine durchwachsene Rückrunde. Immerhin sicherte Ebimbes Tor zum 2:1 gegen den SC Freiburg in der allerletzten Sekunde der Saison noch das internationale Geschäft. Durch ein 3:2 beim VfB Stuttgart gelang dazu erneut der Einzug ins Pokalfinale - das aber mit 0:2 gegen RB Leipzig verloren ging. So trat die SGE in der Saison 2023/24 erstmals in der Conference League an.

In der Champions League schaffte die Eintracht nach umkämpften Spielen gegen Sporting Lissabon, Marseille und Tottenham den Sprung ins Achtelfinale - und scheiterte dort gegen den SSC Neapel. Die Fans aber mussten auf das Spiel in Neapel verzichten: Die Sicherheitsbehörden hatten verfügt, dass an Frankfurter Anhänger keine Tickets verkauft werden durften.

2023/24 – Aderlass auf allen Ebenen

Neben Trainer Oliver Glasner verabschiedeten sich mit Borré, N'Dicka, Kamada, Lindstrøm, Sow oder Kolo Muani etliche Stützen der letzten Jahre mehr oder weniger freiwillig. Vor allem der kurzfristige Abgang Kolo Muanis in Richtung PSG erwies sich als problematisch. Hoffnungsvolle Neuzugänge sollten es auch ohne Sturmzentrum richten. Marmoush kam aus Stuttgart, Shkiri aus Köln, Chaïbi aus Toulouse, Koch aus Leeds, Pacho aus Antwerpen und Larsson aus Malmö. Als neuer Coach wurde Dino Toppmöller vorgestellt – der während der gesamten Saison mit etlichen Baustellen zu kämpfen hatte. Grandiosen Siegen wie dem 5:1 gegen die Bayern folgten deprimierende Niederlagen wie das Aus im DFB-Pokal gegen Saarbrücken oder der sang- und klanglose Abschied aus der Conference League gegen Union Saint-Gilloise. Auch die Verpflichtungen in der Winterpause erwiesen sich zunächst als eher glücklos, zumal sich Saša Kalajdžić nach fünf Spielen verletzte und für den Rest der Saison ausfiel. Dennoch befand sich die Eintracht trotz einiger ausbaufähiger Auftritte in der Rückrunde beständig auf dem sechsten Rang. Am vorletzten Spieltag gelang durch ein 1:1 in Mönchengladbach die Qualifikation für die Europa League. Eine Woche später beendeten vor heimischem Publikum mit Makoto Hasebe und Sebastian Rode gleich zwei Legenden der vergangenen Jahre unter rauschendem Beifall ihre aktive Karriere.

Traurigen Abschied musste die Eintracht derweil von ihrem Weltmeister Bernd Hölzenbein nehmen, der im April 2024 nach längerer Krankheit verstarb. Nach dem Tod von Jürgen Grabowski im März 2022 wurde die letzte Seite der Ära Grabi und Holz nun endgültig geschrieben. Und noch eine Ära ging zu Ende: Nach 24 Jahren trat Präsident Peter Fischer im Februar 2024 von seinem Amt zurück und wurde zum Ehrenpräsidenten ernannt. Zu seinem Nachfolger wählte der Verein Mathias Beck.

Zur Saison 2024/25 tritt Eintracht Frankfurt wieder einmal in der Europa League an, der europäischen Heimat des Clubs. Doch wohin wird die Reise gehen? Wie wird sich die Zukunft der Diva in diesen sich rasch wandelnden Zeiten gestalten? Wie wird sich der Frauenfußball entwickeln? Es bleibt spannend – doch eines ist sicher: Langweilig wird es mit der Eintracht nie.

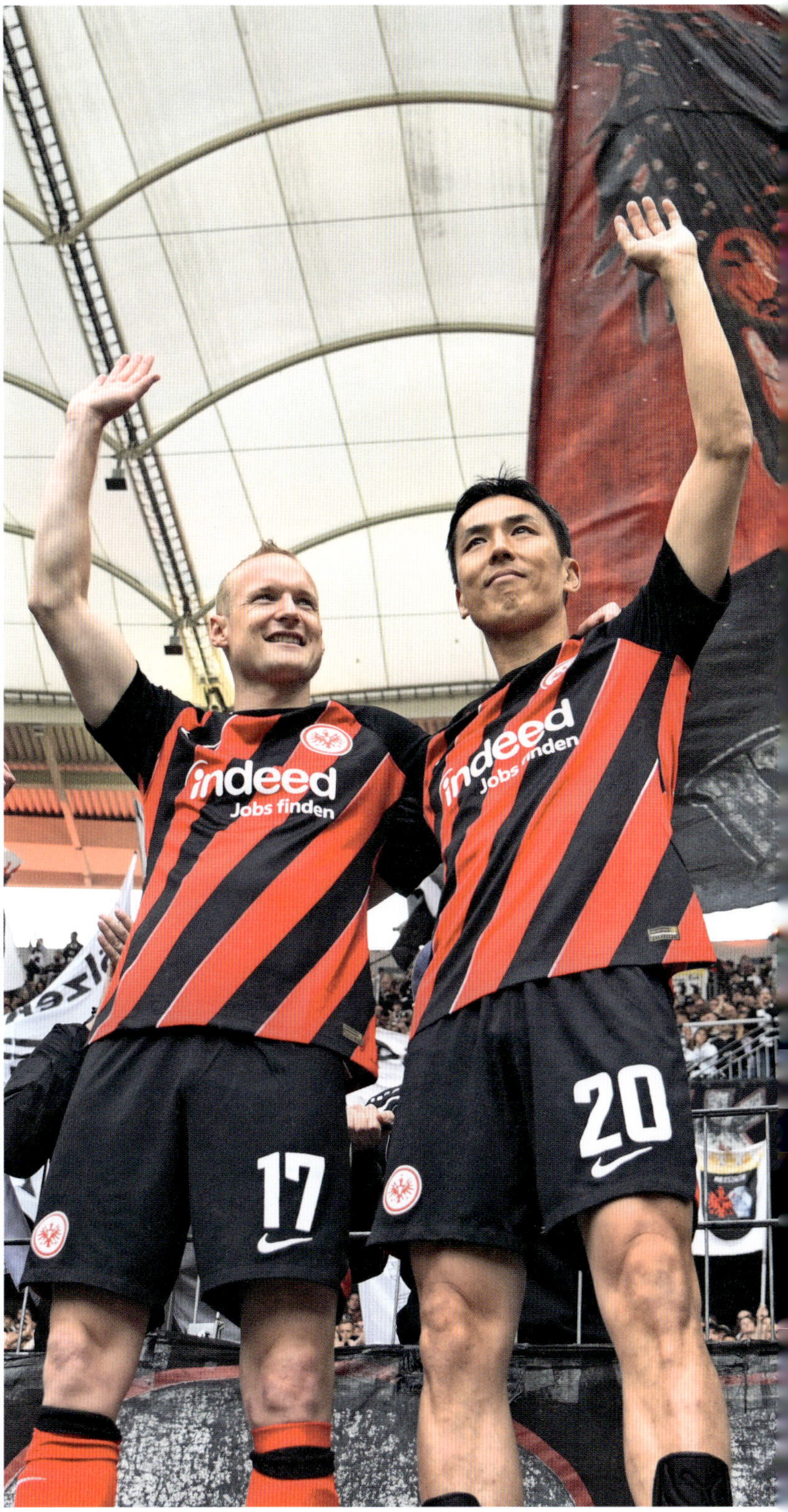

Sebastian Rode und Makoto Hasebe werden zum Ende ihrer aktiven Fußballkarriere von den Fans verabschiedet.

Daten Fakten Namen

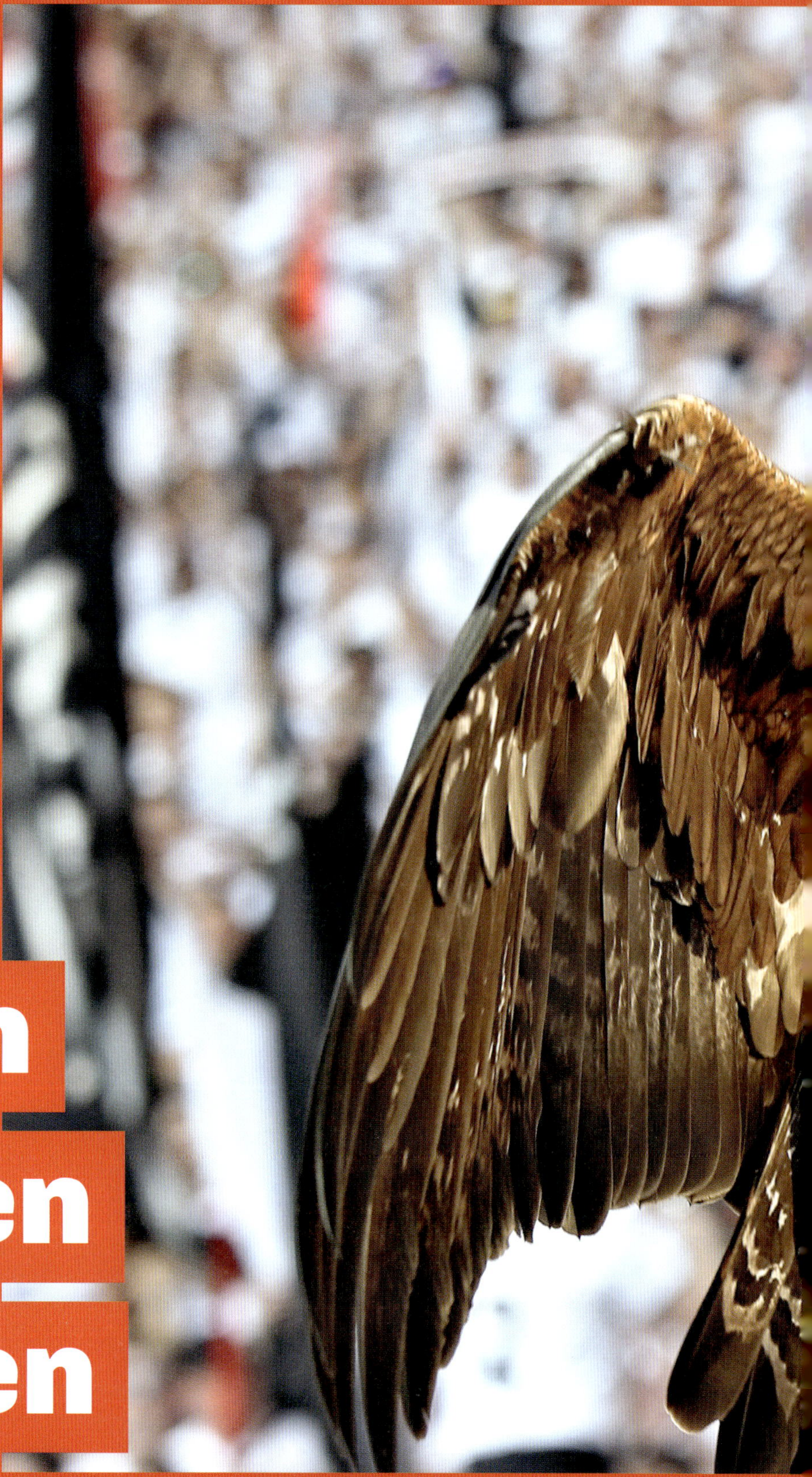

Steinadler Attila, geschlüpft 2004, majestätisches Maskottchen der Eintracht seit 2006.

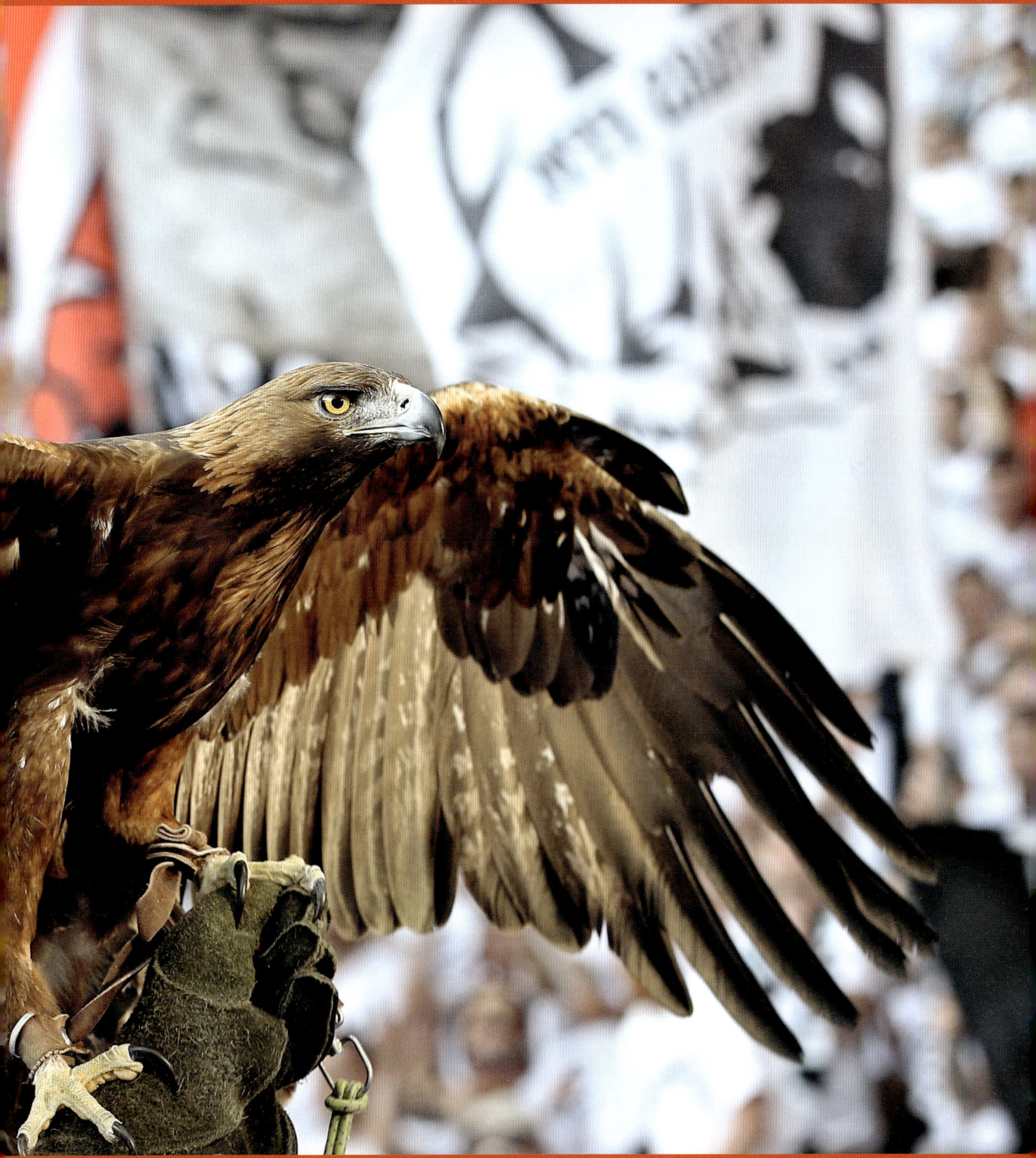

Frauenfußball in Frankfurt

2004 rief der damalige Abteilungsleiter Fußball, Stephan Winterling, eine Frauenfußballabteilung der Eintracht ins Leben. Zu diesem Zeitpunkt hatte der Frankfurter Frauenfußball schon eine längere Geschichte geschrieben - und eine zumeist höchst erfolgreiche dazu.

Schon in den in den 1930er-Jahren suchte die 19-jährige Lotte Specht per Annonce in den *Frankfurter Nachrichten* Mitstreiterinnen zwecks Gründung eines Frauenfußballteams. Einige Frauen meldeten sich bei ihr und sie gründeten gemeinsam den 1. Deutschen Damenfußballclub, kurz 1. DDFC. *Das Illustrierte Blatt* brachte Lotte auf der Titelseite, das Interesse stieg. Bald stellte der 1. DDFC sogar ein zweites Team. Torfrau Anni Reiter lieh sich von Nationaltorhüter Willibald Kreß einen Torwartpulli, und die Frauen waren mit Feuereifer bei der Sache. Die Aufnahme in den DFB wurde ihnen jedoch verweigert, und nach einem Jahr war schon wieder Schluss; die Frauen hatten genug, auch von den Beschimpfungen der männlichen Zuschauer.

Nach 1933 widersprach Frauenfußball dem Frauenbild der NS-Ideologie, auch andere männlich gelesene Sportarten wie Boxen, Radrennen oder Langstreckenlaufen wurden den Frauen untersagt. Selbst nach dem Krieg hatte Frauenfußball einen schweren Stand und unterlag seit 1955 dem Verbot des DFB. Vereinen drohten drastische Strafen, sollten sie eine Frauenfußballabteilung zulassen. Zwar fanden dennoch inoffizielle Ländervergleiche statt, wie 1957 in Frankfurt zwischen Westdeutschland und Ostholland, doch erst Ende der 1960er-Jahre kam Bewegung in die Sache. Die Spielerfrauen des Frankfurter Vereins Franken 66 wollten nicht untätig herumsitzen und vereinbarten 1968 ein Spiel gegen die Frauen der befreundeten Schützengemeinschaft Oberst Schiel. Ein Jahr später erfolgte die Revanche. Beide Spiele konnten die Franken für sich entscheiden.

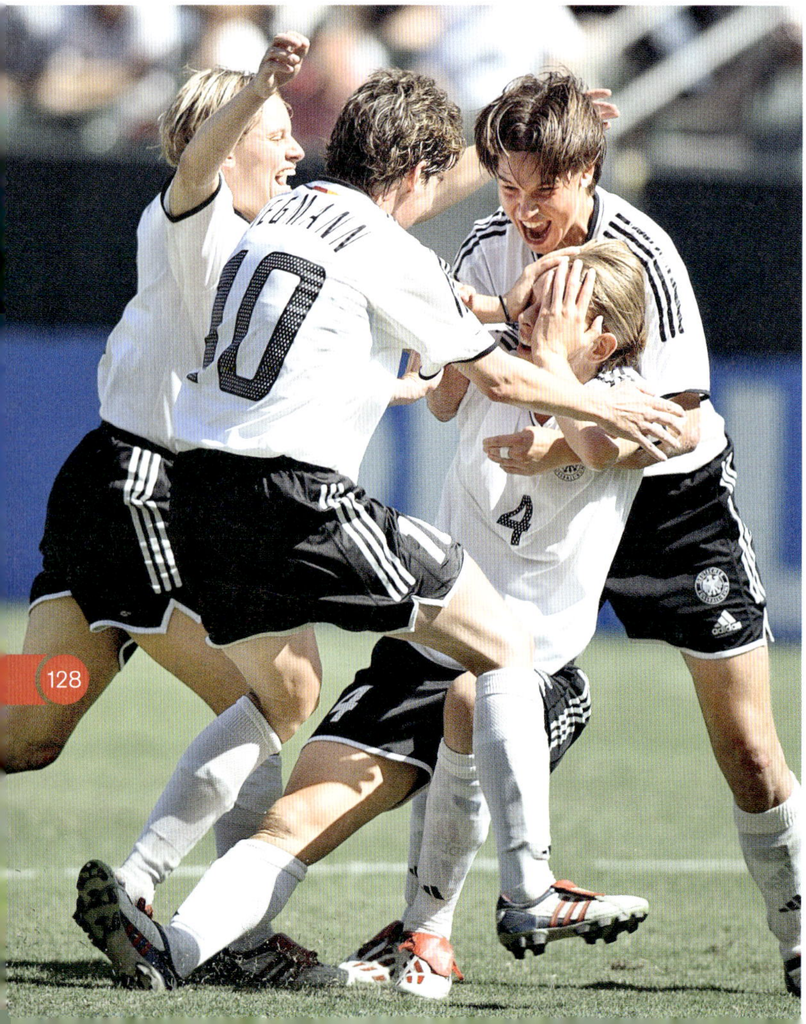

Bei der WM 2003 schießt Nia Künzer das Golden Goal, die Deutschen holen den Titel.

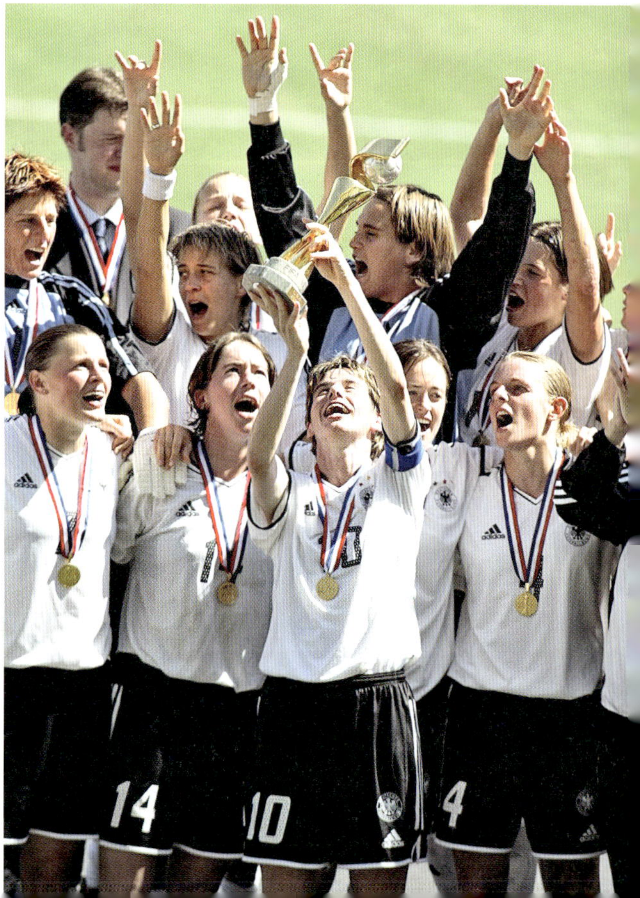

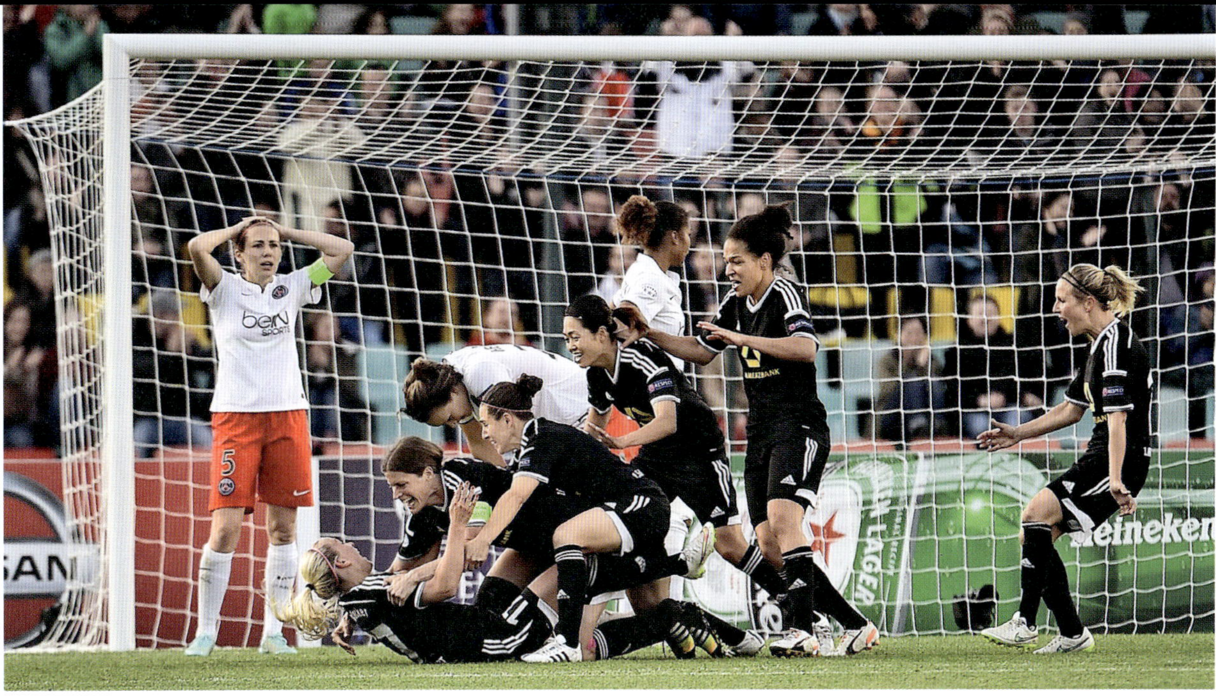

Nach dem Gewinn des Champions-League-Titels wird der 1. FFC Frankfurt von seinen Fans auf dem Römer empfangen.

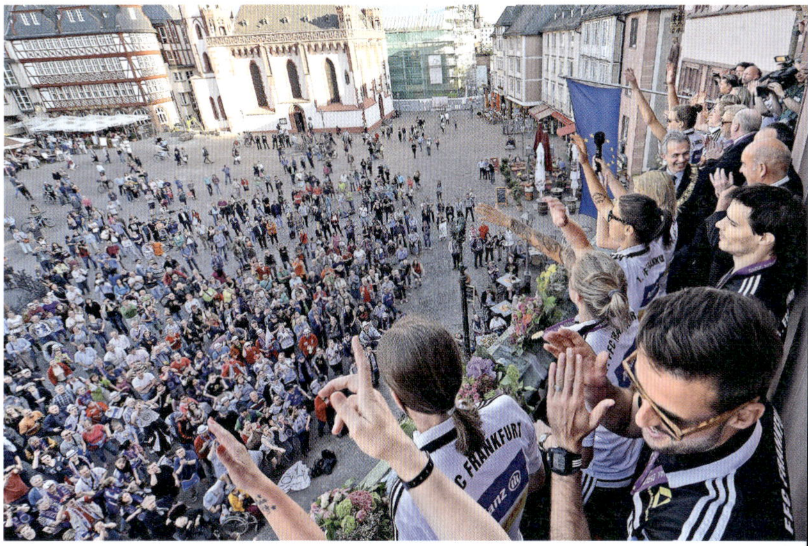

1970 kam der DFB nicht drum herum, organisierten Frauenfußball offiziell zuzulassen; Fußball begeisterte immer mehr Frauen - und bevor diese einen unabhängigen Verband gründeten, behielten die Männer lieber die Kontrolle. Mit beachtlichen Vorschriften: Die Spielzeit war kürzer als bei den Herren, der Ball kleiner, Stollenschuhe nicht erlaubt, und die Winterpause sollte von November bis März dauern. Neben Oberst Schiel entwickelte sich vor allem der FSV Frankfurt zum dominanten Team der ersten Dekade, doch es dauerte bis 1980, ehe sich der FSV erstmals vor Oberst Schiel platzierte. 1972 brachte Adidas einen weißen Fußballschuh auf den Markt. Modell Anja. Das Team der Deutschen Bundesbank schloss sich 1973 der SG Praunheim an, aus deren Frauenfußballabteilung Ende der 1990er-Jahre der 1. FFC Frankfurt hervorging. Frauenfußball bei der Eintracht ließ noch lange auf sich warten, doch Helga Kratz, später Altvater, bestand 1971 die Schiedsrichterprüfung und pfiff für die Eintracht Jugendspiele bis hinauf zur männlichen A-Jugend. Erste Titelträgerin der Frankfurter Kreismeisterschaft wurde Oberst Schiel mit Trainer Ferdi Stang. 1977 scheiterte Oberst Schiel in den beiden Finalspielen um die Deutsche Meisterschaft äußerst unglücklich gegen Bergisch Gladbach, den Seriensiegerinnen der kommenden Jahre. Beim FSV trieben vor allem Regina Senkler und Monika Koch-Emsermann die Entwicklung voran.

1982, beim ersten Länderspiel einer Frauennationalelf, war mit Rike Koekkoek eine Frankfurterin vom FSV dabei, der bis 1998 drei Deutsche Meisterschaften und fünf Pokalsiege erringen konnte. Mit den gebürtigen Frankfurterinnen Saskia Bartusiak, Birgit Prinz und Steffi Jones spielte sich der FSV an die nationale Spitze. Ende der 1990er-Jahre begann die Dominanz des 1. FFC, dessen professionelle Struktur etliche (einstige) FSV-Spielerinnen anlockte. Der 1. FFC holte sieben Deutsche Meisterschaften, neun Pokalsiege und gewann viermal die Champions League. Große Popularität errang Nia Künzer vom 1. FFC, als sie Deutschland beim WM-Finale 2003 gegen Schweden mit ihrem Golden Goal zum Titel köpfte. Doch mit den Jahren verloren die unabhängigen Vereine aufgrund der finanziellen Überlegenheit der Frauenabteilungen von Männerbundesligisten an Boden.

2020 schloss sich der 1. FFC nach 22-jähriger ununterbrochener Bundesliga-Zugehörigkeit der Frankfurter Eintracht an, die seither unter diesem Namen in der Bundesliga spielt. 2021 scheiterte die Eintracht ganz knapp im Pokalfinale am VfL Wolfsburg, konnte sich aber im Jahr darauf dank eines Sieges bei Turbine Potsdam und eines anschließenden 4:0 gegen Werder Bremen erstmals für die Champions League qualifizieren. Mit Nicole Anyomi, Sara Doorsoun, Laura Freigang und Sophia Kleinherne standen 2022 beim EM-Spiel gegen Finnland vier Spielerinnen der Eintracht auf dem Platz. Anyomi und Kleinherne gelang dabei sogar jeweils ein Tor. Auch beim Länderspiel in Polen im Juni 2024 kamen mit Doorsoun, Freigang, Johannes und Wolter gleich vier Frankfurter Adlerträgerinnen zum Einsatz.

Sophia Kleinherne und Nicole Anyomi (unten) bei ihren Treffern bei der EM 2022

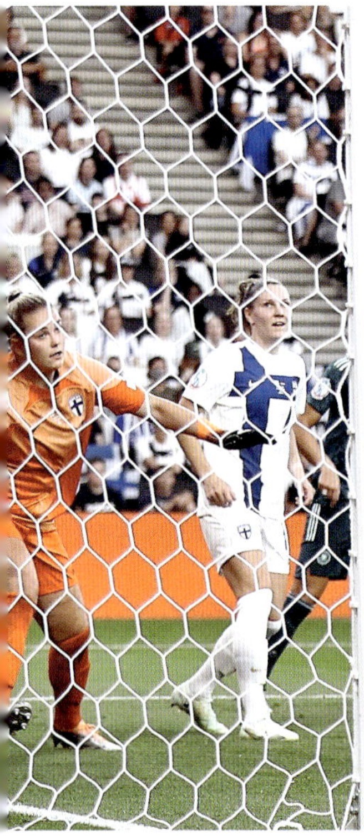

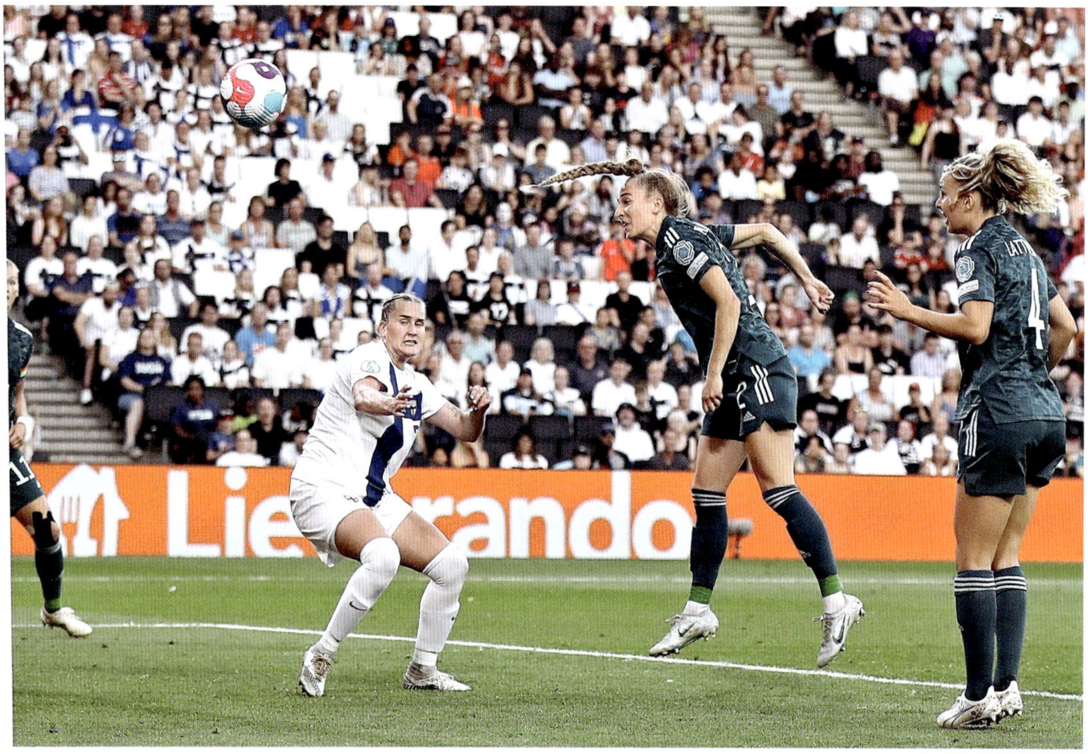

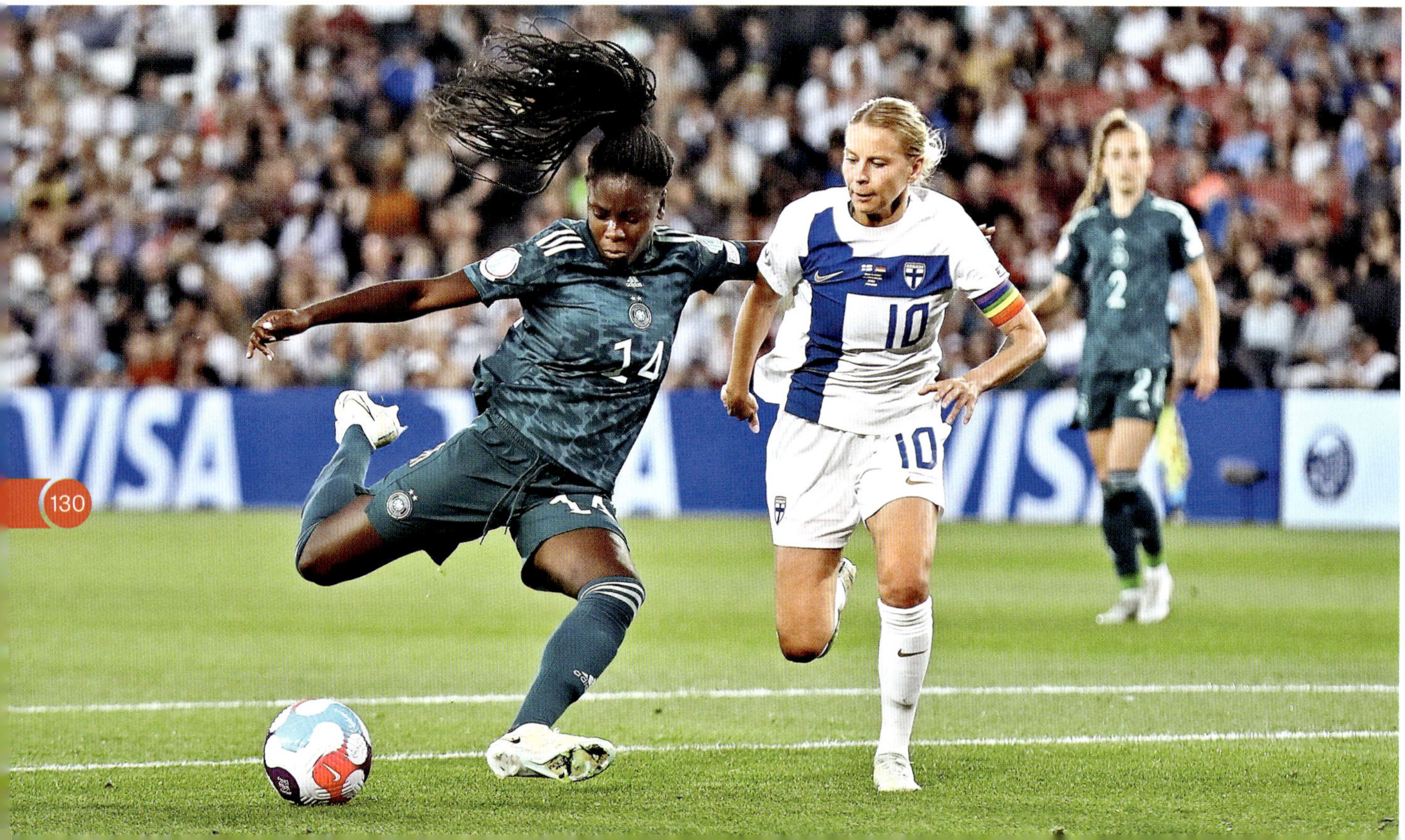

Von 2004 bis 2020 entwickelte sich aus den Bezirksligisten der Eintracht aus eigener Kraft ein Team, das 2013 und 2019 Hessenmeister wurde und vor der Übernahme des 1. FFC auf dem Sprung in die 2. Bundesliga stand. Eine der bekanntesten Akteurinnen, die schon damals das Trikot mit dem Adler trug, war die Europameisterin Tina Wunderlich, die ihre Karriere bei der Eintracht ausklingen ließ.

Auch die Frauen der Frankfurter Eintracht konnten sich im Sommer 2022 über die Qualifikation zur Champions League freuen. Die Bundesliga-Saison 2022/23 eröffneten sie am 16. September im Deutsche Bank Park vor 23.200 Zuschauerinnen und Zuschauern - damals Rekord in der Frauen-Bundesliga.

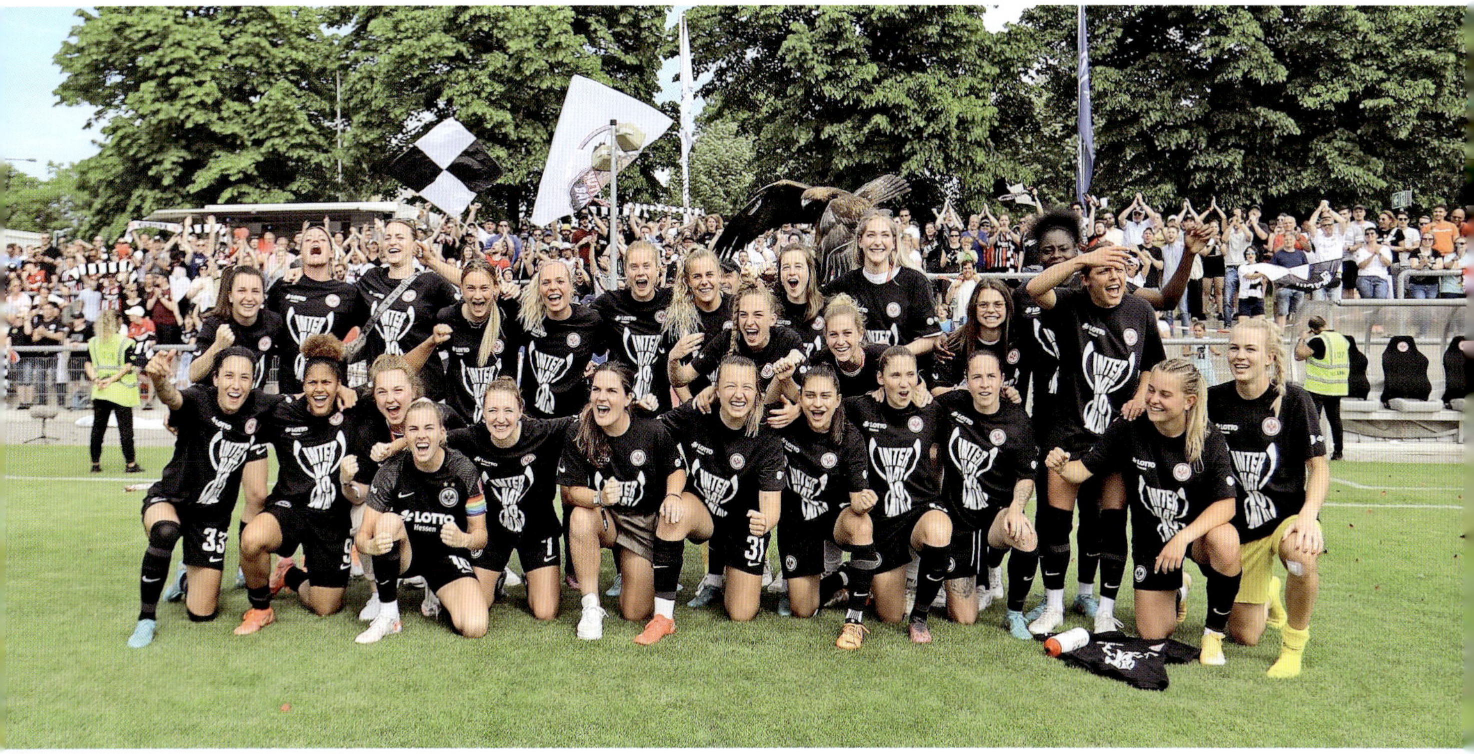

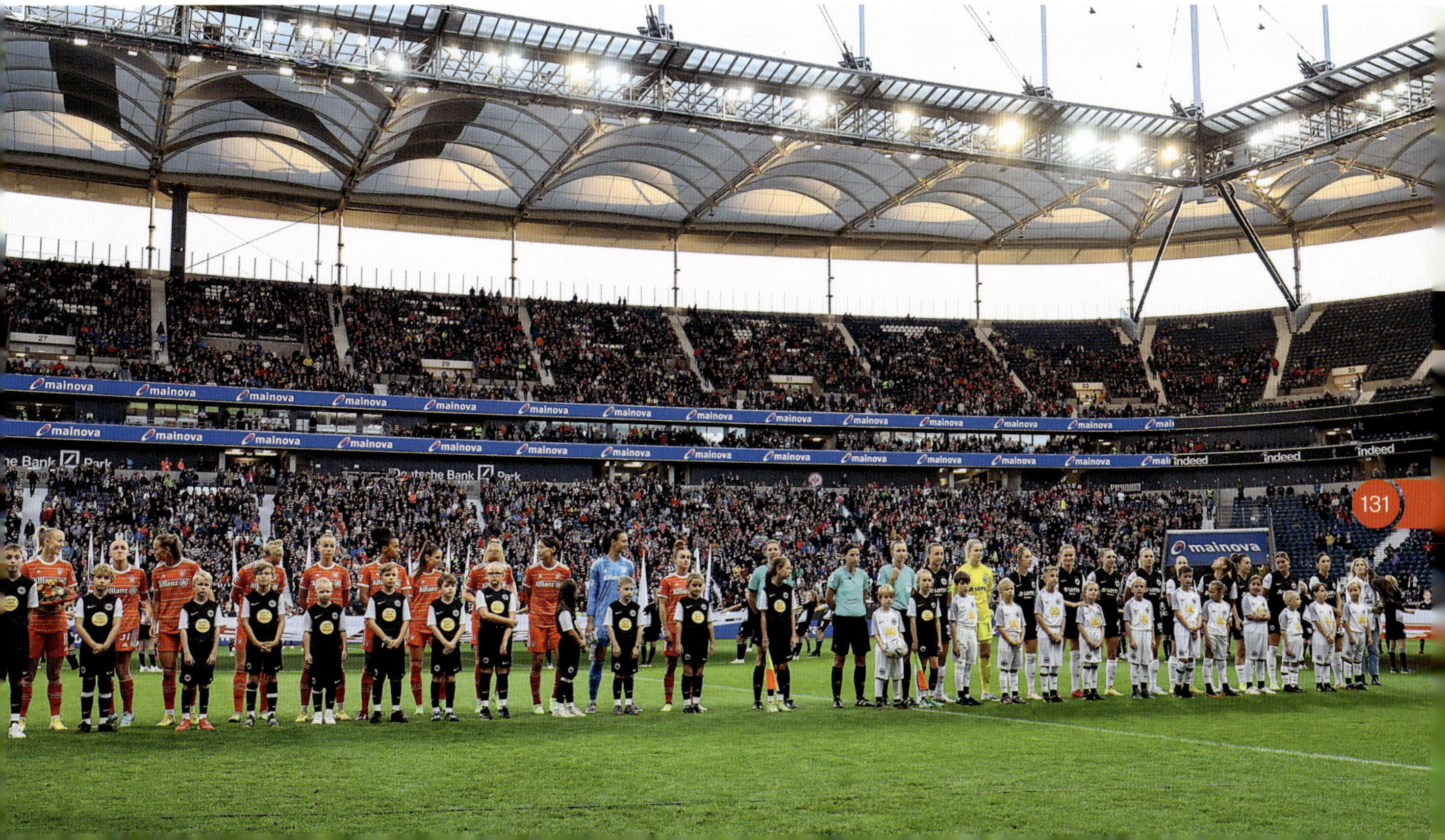

Die Sportplätze und Stadien

1899: Die Hundswiese

Vor den Toren der Stadt gelegen, diente die Hundswiese den Frankfurter Fußballmannschaften als erster Spielort. Die Bedingungen waren anfangs rau, als Umkleidekabine diente der Victoria ein umgebauter Hühnerstall, den sie für neun Mark monatlich vom Wirt der angrenzenden Gaststätte Milchkur angemietet hatte. Mitunter marschierten ganze Familien samt Kinderwagen in aller Seelenruhe über das Spielfeld und sorgten bei den Fußballern für Verdruss. Auch die Frankfurter Kickers trugen ihre Spiele auf der Hundswiese aus. Nebenan zockelte die Lokalbahn gen Norden, von den Einheimischen ob der holprigen Fahrweise liebevoll „Knochenmühle“ oder „Knochemiehl“ genannt.

1907: Sportplatz an der Eschersheimer Landstraße

1906 kickten in Frankfurt bereits 21 im DFB organisierte Mannschaften, deren Spiele immer mehr Zuschauer begeisterten. Damals entstanden die ersten eingezäunten Frankfurter Sportplätze, 1907 konnte auch die Victoria auf vereinseigenem Gelände antreten. Die feierliche Eröffnung des Sportplatzes an der Eschersheimer Landstraße, nur ein paar Schritte von der Hundswiese entfernt, erfolgte am 31. März 1907 mit einem Spiel gegen den französischen Vorjahresmeister Gallia Club Paris.

1912: Der Rosegger

Zuschauerzahlen um die 3.000 waren 1912 jetzt keine Seltenheit mehr, die wilden Jahre auf der Hundswiese endgültig vorbei. Nur einen Steinwurf vom alten Victoria-Platz entfernt, entwickelte sich die Anlage an der Roseggerstraße, bis heute kurz „Rosegger“ genannt, zur neuen Heimat. Stolz blickten sie beim FFV auf die hölzerne Tribüne, die zuvor schon am alten Platz Schutz vor Wind und Wetter geboten hatte und nun am Rosegger in neuem Glanz erstrahlte. Neben dem Spielfeld, umschlossen von einer modernen 400-Meter-Aschenbahn, beherbergte das Gelände ein schmuckes Vereinsheim nebst einer Ausschankhalle sowie Trainingsplätze. Auch die

Der Eingang zum FFV-Sportplatz an der Roseggerstraße (links) und der Innenblick auf die Tribüne

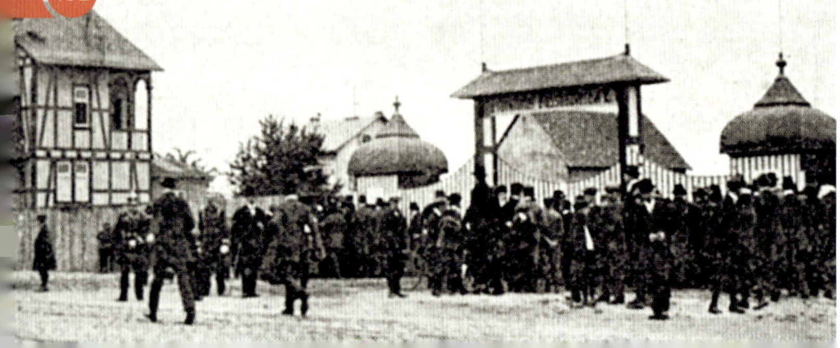

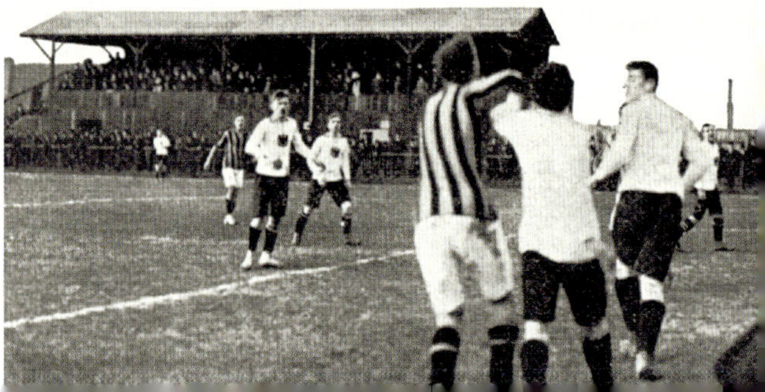

unüberdachten Stehplätze gegenüber der Haupttribüne boten laut zeitgenössischen Berichten eine tadellose Sicht auf das Spielfeld. Als Höhepunkt der Einweihung des Sportplatzes am regnerischen 8. September 1912 erwies sich das Freundschaftsspiel gegen Quick Den Haag. Gegen den mehrfachen niederländischen Titelträger erreichten die Frankfurter ein beachtliches 2:2.

1920: Der Riederwald

1920 eröffnete die Eintracht nach der Fusion mit der Turngemeinde das Stadion am Riederwald, das Platz für 40.000 Zuschauer bot. Als dessen Herzstück galt die hölzerne Logentribüne, die 1910 an der Arena neben der Festhalle erstmals errichtet, zwei Jahre später am Riederwald ihre neue Bestimmung fand. Sie verrottete in den Kriegsjahren 1914-1918 und diente in der Not sogar als Schweinestall. 1936 brannte sie nieder und wurde durch einen Neubau ersetzt. Am 4. Oktober 1943 zerstörten Bombentreffer das Stadion, nach Kriegsende beherbergte der alte Eintracht-Platz die Trümmerverwertungsgesellschaft.

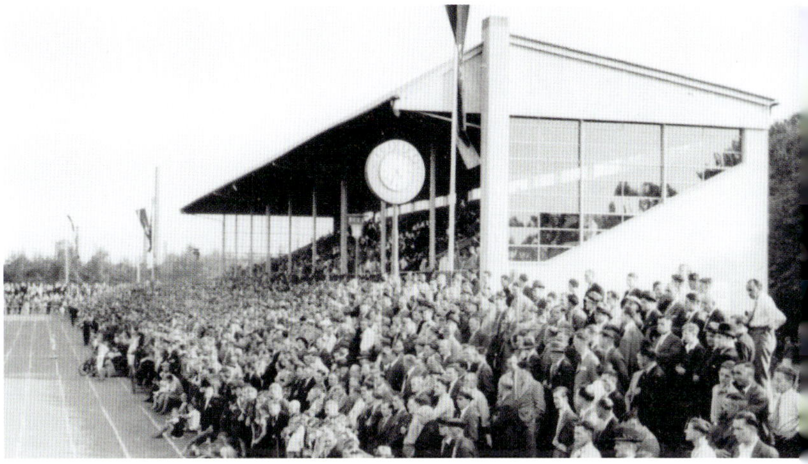

Die neue Tribüne am Riederwald wurde am 5. September 1937 mit einem Spiel gegen Fortuna Düsseldorf eingeweiht.

1925: Das Frankfurter Waldstadion

1925 wurde im Stadtwald das städtische Stadion feierlich eröffnet, aus dem sich nach mehreren Umbauten das Waldstadion, später die Commerzbank Arena und heute der Deutsche Bank Park entwickelte. Seit 1963 trägt die Eintracht ihre Pflichtspiele hier aus. Das Stadion ist mit 58.000 Zuschauern, die das Areal in einen Hexenkessel verwandeln, fast immer ausverkauft, wenn die Eintracht spielt. Auch bekannte Musikacts wie Depeche Mode, Bruce Springsteen oder Iron Maiden nutzen das Stadion für Konzerte, dessen Besonderheit seit 2005 das verschließbare Dach ist. Ursprünglich bot das Stadion auch anderen Sportarten eine Heimat. Doch die Laufbahn, die Radrennbahn oder die Tennisanlage sind nunmehr Geschichte - wie auch das Waldtheater. Das Stadionbad mit dem 10-m-Turm begeistert die Frankfurter bis heute. Und wer das Proficamp der Eintracht postalisch erreichen möchte, richtet seine Post an: Eintracht Frankfurt, Im Herzen von Europa 1.

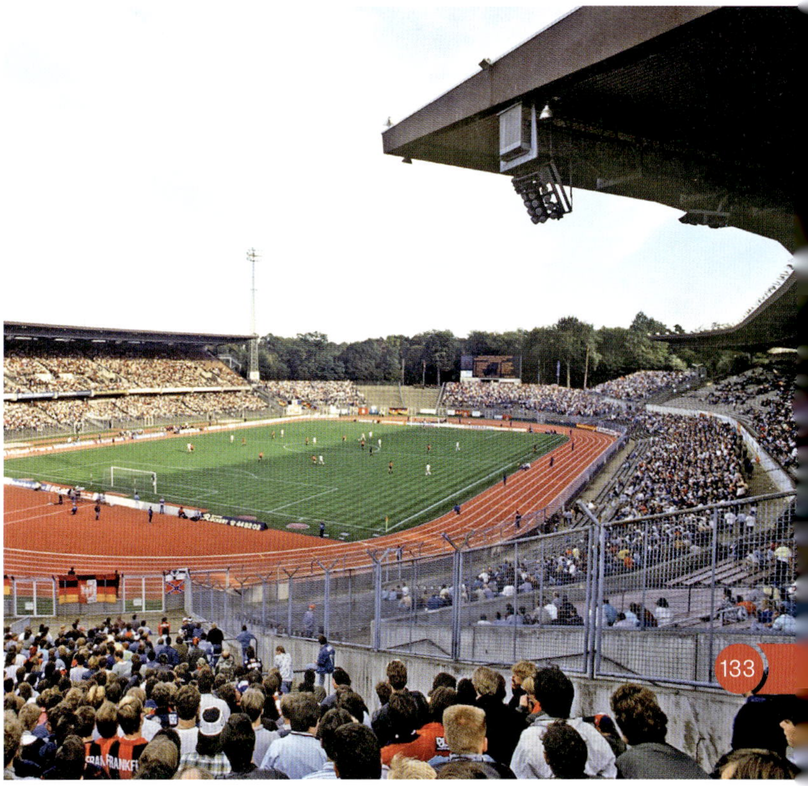

Das Frankfurter Waldstadion beim Bundesligaspiel Eintracht - Hamburger SV am 10. Oktober 1987

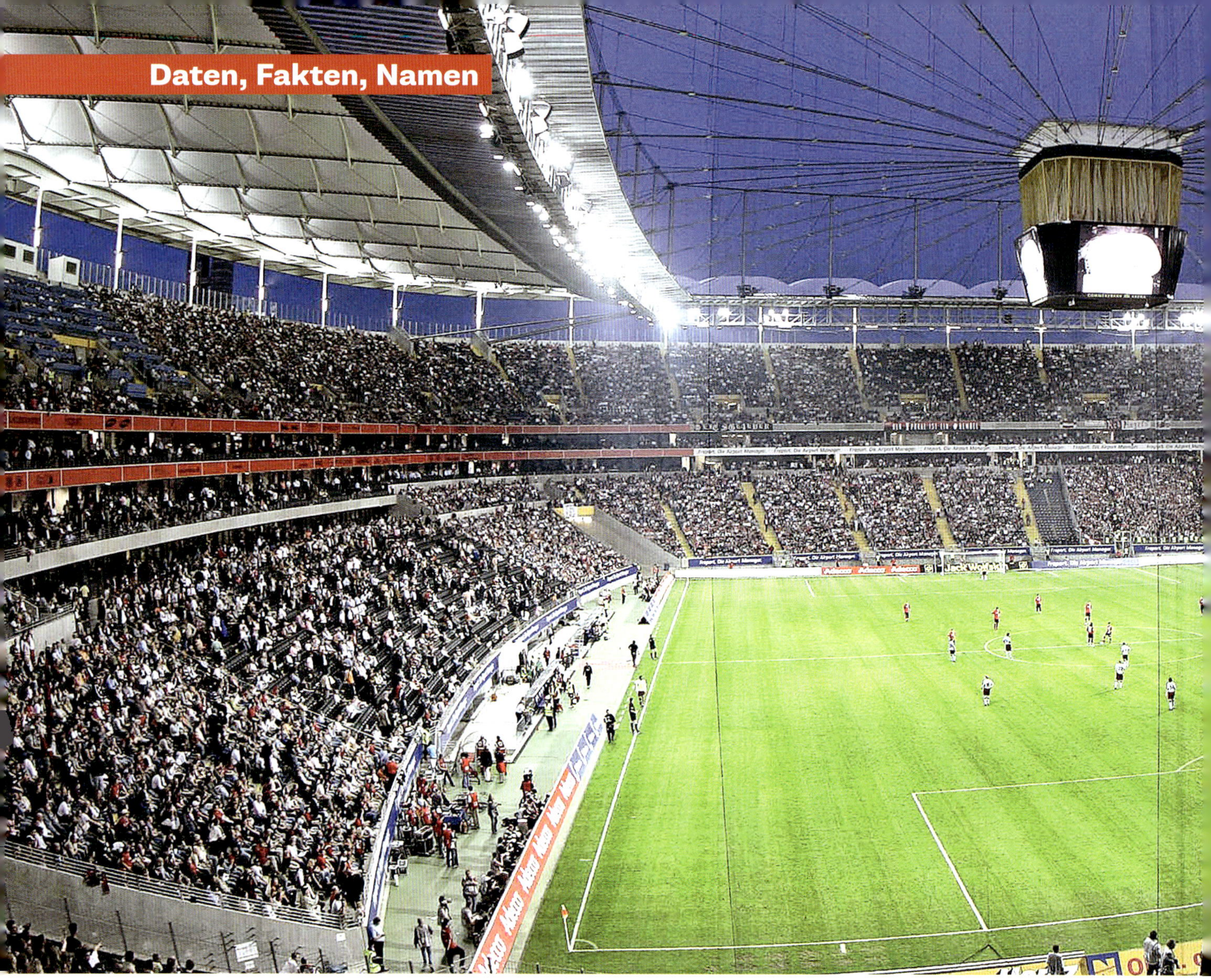

1952: Der neue Riederwald

Ab Sommer 1952 spielte Eintracht Frankfurt wieder in einem eigenen Stadion. 40.000 Zuschauer betrug das Fassungsvermögen am neuen Riederwald. Findigen Mitgliedern fiel auf, dass der neue Riederwald gar nicht mehr im Stadtteil Riederwald, sondern in der Gemarkung Seckbach liegt. Traditionshalber spricht man weiterhin vom „Riederwald". Bis 1963 absolvierte hier die Eintracht die meisten Spiele, und noch bis 2000 trainierten die Profis auf dem in die Jahre gekommenen Gelände. Uli Stein profilierte sich in der Gaststätte am Flipperautomaten. Nach dem Umbau 2010 befindet sich heute weiterhin das Leistungszentrum und die Geschäftsstelle des Vereins vor Ort, dessen Postadresse Alfred-Pfaff-Straße 1 lautet – die einzige Straße Frankfurts, die nach einem Eintracht-Spieler benannt ist.

2020: Stadion am Brentanobad

Auch wenn hier die Eintracht schon nach 1945 kickte, so wurde das Stadion am Brentanobad erst 2020 zur festen Heimspielstätte – für das Bundesliga-Team der Frauen. Zuvor diente das Gelände dem 1. FFC und bis heute Rot-Weiss Frankfurt als Heimat. Die Eintracht qualifizierte sich am Brentanobad am letzten Spieltag der Saison 2021/22 erstmals für die Women's Champions League und konnte dies in den beiden folgenden Jahren wiederholen.

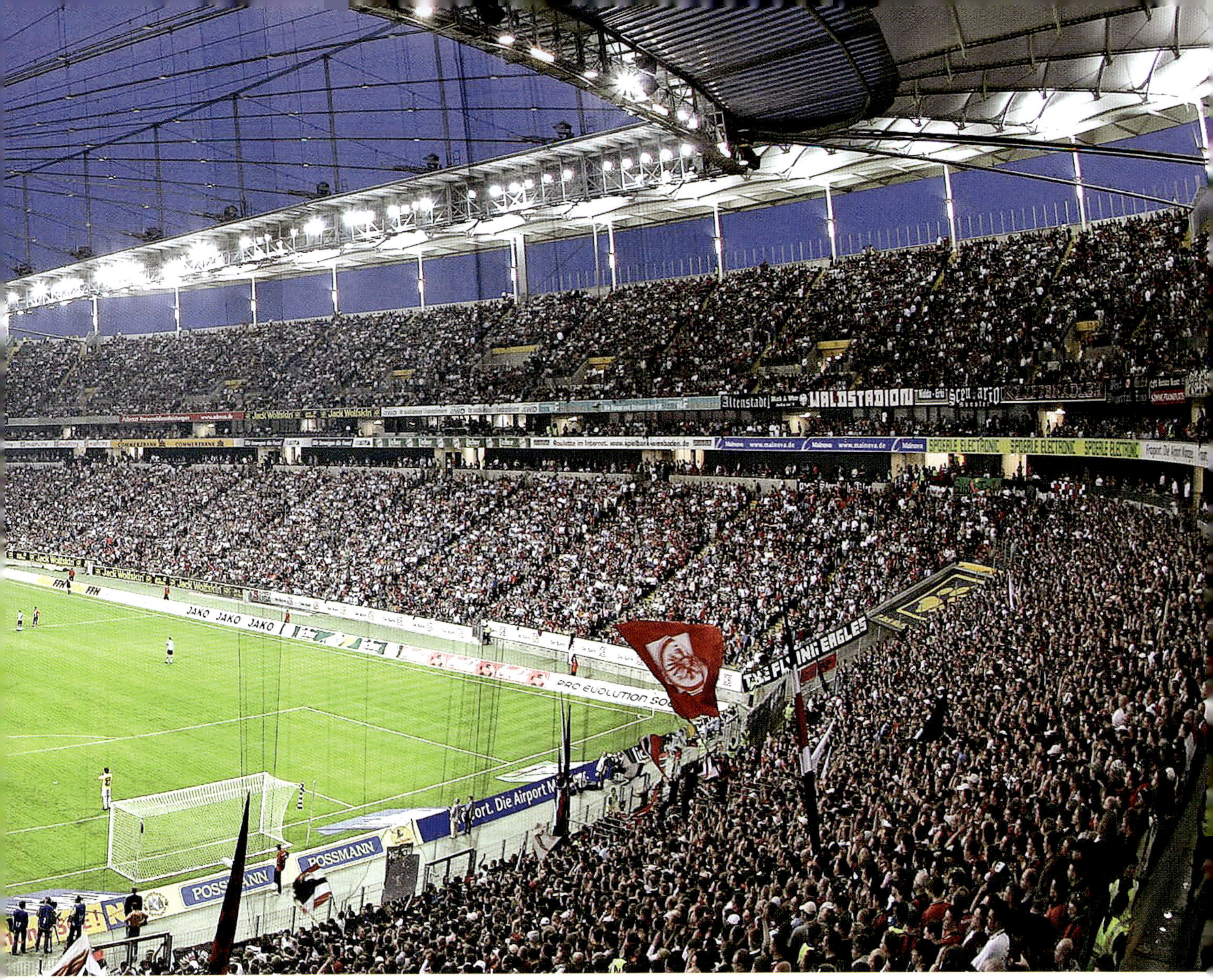

Die Commerzbank-Arena von innen, mit dem typischen Videowürfel - und aus der Luft

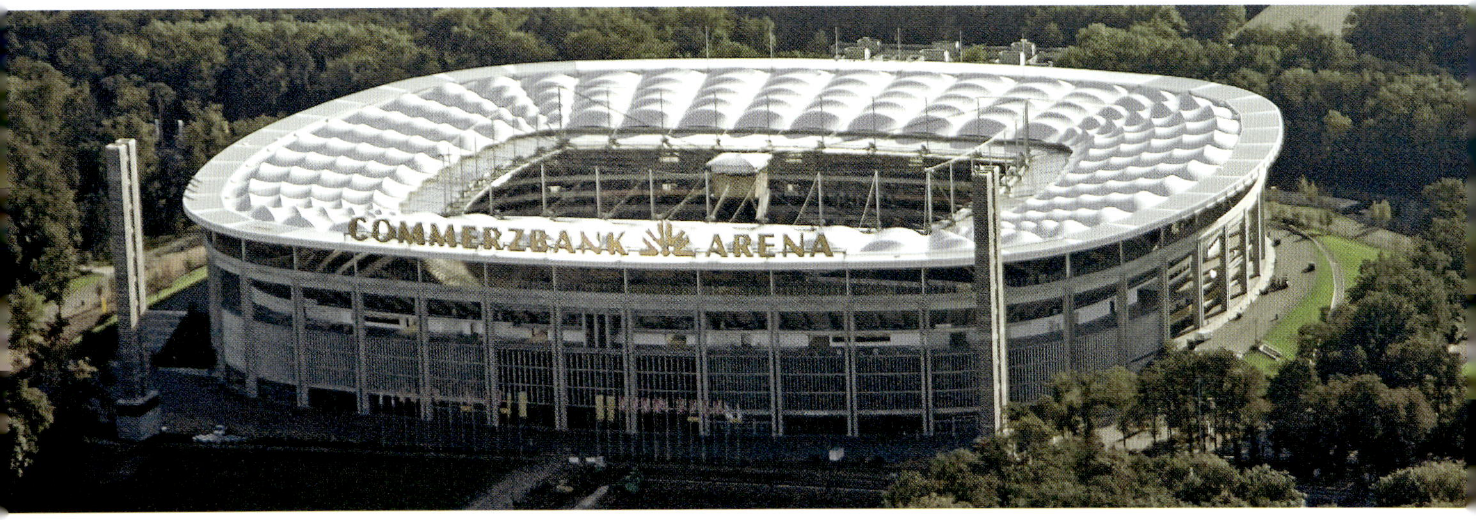

2022: Sportpark Dreieich

Das über 35.000 qm große Gelände mit einem Fassungsvermögen von über 2.500 Zuschauern ist seit der Saison 2022/23 die Heimspielstätte der nach ihrer Abmeldung 2014 neu gegründeten U21 der Eintracht. Gleich in ihrer ersten Saison stieg das Team aus der Hessenliga in die Regionalliga auf und konnte sich dort behaupten.

Das Eintracht-Museum

Als das Eintracht-Museum Ende November 2007 seine Pforten öffnete, lagen 19 Jahre ohne nennenswerten Titel hinter der Diva vom Main, die sich in den vergangenen Jahren alles andere als divenhaft gegeben hatte. Doch der Glanz der alten Tage leuchtete weiterhin; was lag also näher, als sich der gloriosen Vergangenheit zu erinnern? Zur Eröffnung am 28. November 2007 konnten prominente Gäste begrüßt werden. Adolf Bechtold, Jürgen Grabowski, Alfred Pfaff oder Hammerwurf-Weltmeisterin Betty Heidler gaben sich die Klinke in die Hand.

Auf 400 qm Ausstellungsfläche präsentiert das Museum Exponate der vergangenen Jahrzehnte, von der Gründungsurkunde der Victoria über den Endspielball aus dem Europapokal der Landesmeister 1960 bis zum blutgetränkten Trikot Sebastian Rodes, das er 2022 beim Europapokal-Finale in Sevilla gegen die Glasgow Rangers trug. Prunkstücke sind die Meisterschale, fünf DFB- sowie zwei UEFA-Pokale.

Doch die Dauerausstellung ist nur ein, wenn auch gewaltiger, Aspekt der Museumsarbeit. Ein wesentlicher Auftrag besteht in der akribischen

Bamba Anderson stellt sich in der Saison 2015/16 den Fragen in der Kinderpressekonferenz.

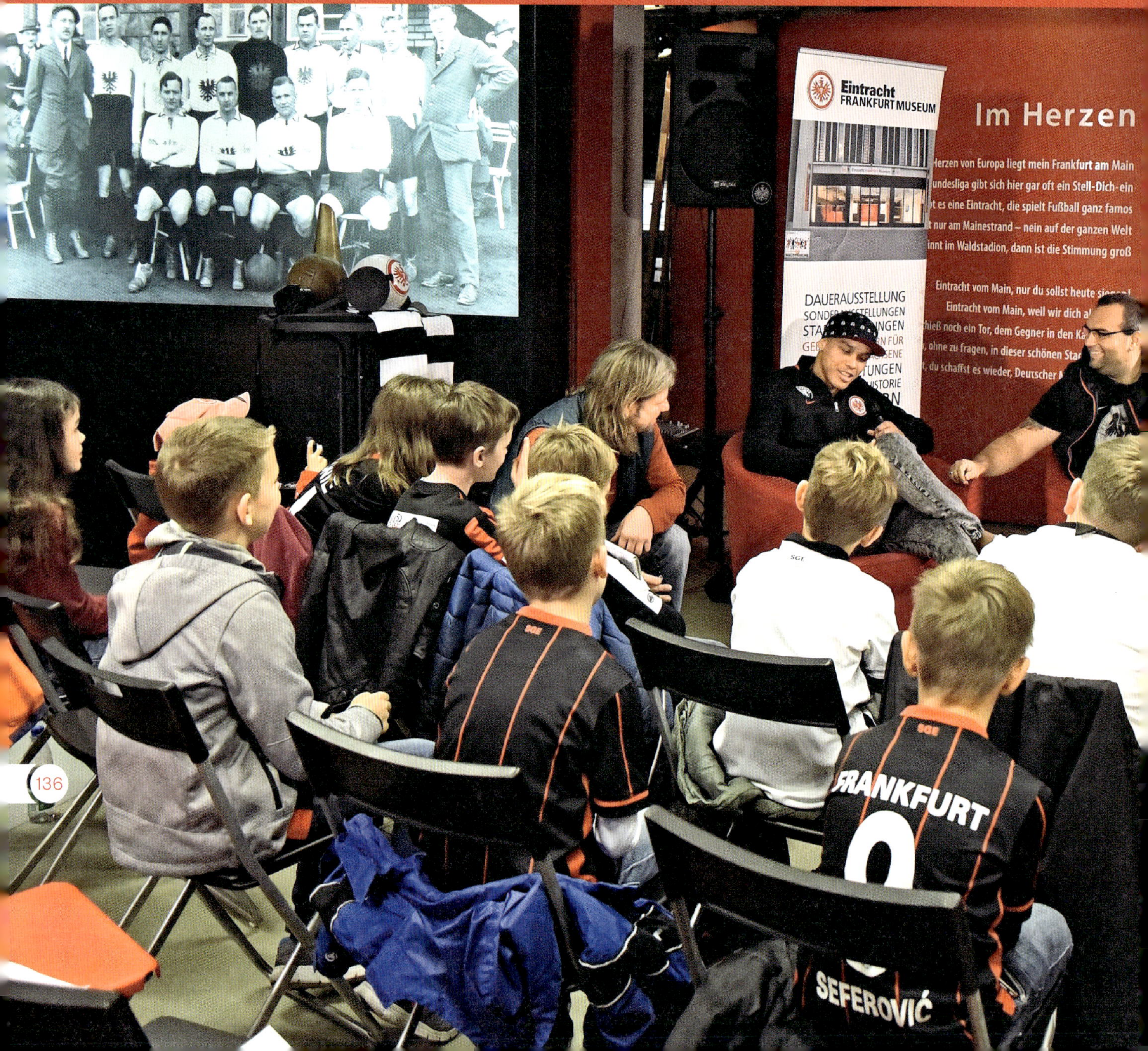

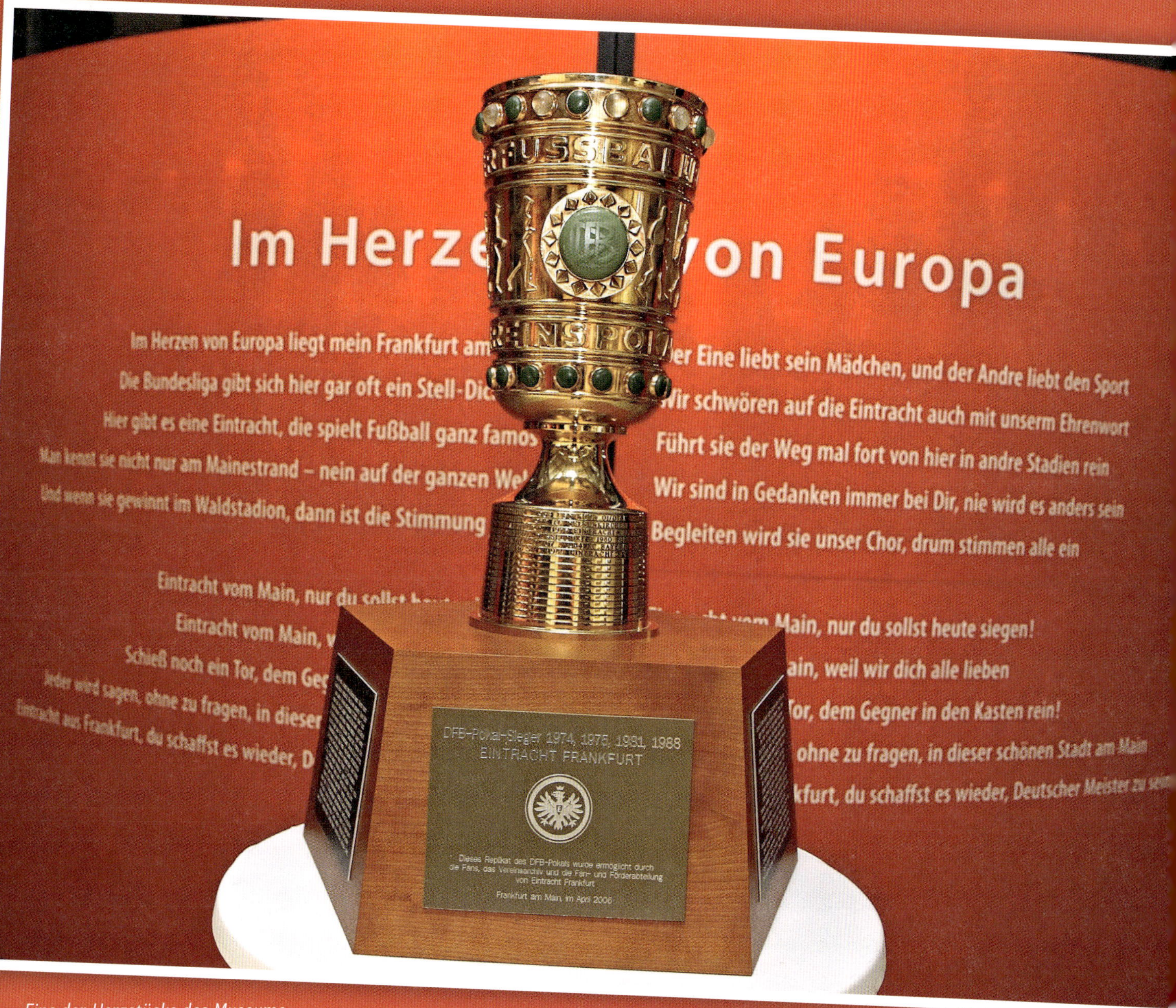

Eins der Herzstücke des Museums.
Ein Nachbau des DFB-Pokals von 1988

Aufarbeitung der Vergangenheit, auch der Jahre zwischen 1933 und 1945. Seit 2008 beteiligt sich das Museum an Stolpersteinverlegungen im Gedenken an die Opfer der Nationalsozialisten – bislang erinnern an 16 Orten Stolpersteine in Frankfurt an einstige jüdische Mitglieder der Eintracht.

Sie erinnern an: *Emil und Else Stelzer, Hans Rosenbaum, Hugo Reiss, Julius und Max Lehmann, Alice Ries, Walter und Charlotte Neumann, Dr. Fritz und Katharina Cahen-Brach, Max Girgulski, Ludwig Isenburger, Dr. Paul Blüthenthal, Max Neumann, Max Behrens, Bertha Bodenheimer, Josef Klibansky, Fritz und Lothar Adler sowie Emanuel Rothschild.*

Eine „Spurensuche" führte gemeinsam mit der Fanbetreuung bis nach Theresienstadt (2019), Buchenwald (2021), Dachau (2023) und Nürnberg (2024). Für dieses Engagement wurde das Eintracht-Museum 2021 vom DFB mit dem renommierten Julius-Hirsch-Preis ausgezeichnet.

Eintracht-Liedgut

Eintracht-Lieder gibt es jede Menge. Einerseits die Fangesänge, andererseits klassische Lieder, wie die vom Frankfurter Polizeichor gesungenen Hymnen „Im Herzen von Europa" und „Im Wald, da spielt die Eintracht". Die Metal-Band Tankard nahm 1999 den Kurvengesang „Schwarz-weiß wie Schnee" auf, das sich zum absoluten Klassiker entwickelte und vor jedem Heimspiel aus Tausenden Kehlen mitgebrüllt wird. Die Vereinshymne schlechthin bleibt aber weiterhin: „Im Herzen von Europa". Sobald vor Anpfiff die ersten Töne im Stadion erklingen, recken die Fans ihre Schals in die Höhe und singen textsicher mit. Aus der Kurve entstehen oftmals Lieder, die popkulturelle Referenzen aufweisen. So wurde aus „Eviva España" „Die Sonne scheint bei Tag und Nacht, Maurizio Gaudino". Und aus „You Are My Sunshine", das auch Johnny Cash interpretierte, machten Eintracht-Fans: „Eintracht Frankfurt, du bist mein Leben, du machst mich glücklich, wenn du gewinnst. Und geht das Spiel auch mal verloren, wir werden immer weiter zu dir steh'n." Sehr beliebt bei Europapokal-Spielen ist auch: „Ob Rom, Mailand oder London, Moskau, Wien oder Athen, ob mit Bus oder Bahn oder Flugzeug scheißegal, Eintracht Frankfurt international" – angelehnt an den Gospel „Go tell it on the mountain".

Im Herzen von Europa

Im Herzen von Europa liegt mein Frankfurt am Main
Die Bundesliga gibt sich hier gar oft ein Stelldichein
Hier gibt es eine Eintracht, die spielt Fußball ganz famos
Man kennt sie nicht nur am Mainestrand – nein auf der ganzen Welt
Und wenn sie gewinnt im Waldstadion, dann ist die Stimmung groß

Eintracht vom Main, nur du sollst heute siegen!
Eintracht vom Main, weil wir dich alle lieben!
Schieß noch ein Tor, dem Gegner in den Kasten rein!
Jeder wird sagen, ohne zu fragen, in dieser schönen Stadt am Main:
Eintracht aus Frankfurt, du schaffst es wieder, Deutscher Meister zu sein!

Der eine liebt sein Mädchen, und der andre liebt den Sport (den Sport!)
Wir schwören auf die Eintracht auch mit unserm Ehrenwort
Führt sie der Weg mal fort von hier in andre Stadien rein
Wir sind in Gedanken immer bei dir, nie wird es anders sein
Begleiten wird sie unser Chor, drum stimmet all mit ein:

Eintracht vom Main, nur du sollst heute siegen!
Eintracht vom Main, weil wir dich alle lieben!
Schieß noch ein Tor, dem Gegner in den Kasten rein!
Jeder wird sagen, ohne zu fragen, in dieser schönen Stadt am Main:
Eintracht aus Frankfurt, du schaffst es wieder, Deutscher Meister zu sein!

Schwarz-weiß wie Schnee

Wir haben die Eintracht im Endspiel geseh'n,
Mit dem Jürgen, mit dem Jürgen.
Sie spielte so gut und sie spielte so schön
Mit dem Jürgen Grabowski!

Schwarz-weiß wie Schnee
Das ist die SGE
Wir holen den DFB-Pokal und wir werden
Deutscher Meister, Meister.

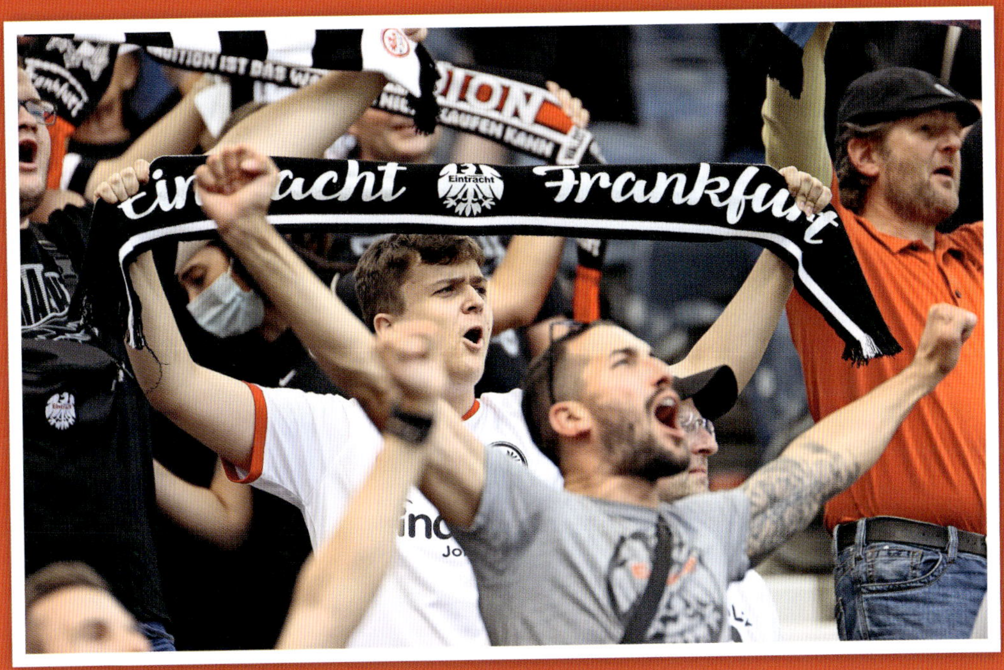

Im Wald da spielt die Eintracht

In Frankfurt gibt's e Stadion, des liegt im grüne Wald
Da wird am Wochenende manch Fußballtor geknallt.
Und ist e Tor gefalle, dann hört mers schon am Schrei:
Des muss von unsrer Eintracht e Tor gewese sei.

Denn im Wald, da spielt die Eintracht.
Halli, Hallo, die Eintracht.
Und die schießt Tor auf Tor...

Es gibt bei uns in Frankfurt so manchen Sportverein
Der möchte wie die Eintracht auch gern mal Meister sein.
Doch kommt das Wochenende, geht alles in de Wald
Zum Spiel von unsrer Eintracht und dann singt Jung und Alt:

Denn im Wald, da spielt die Eintracht.
Halli, Hallo, die Eintracht.
Und die schießt Tor auf Tor ...

(Texte bissi in Frankfurter Mundart)

Zitate:

„Legendärisch!“

– Lukáš Hrádeckýs Antwort auf die Frage, wie er den Pokal-Triumph 2018 empfand.

„Wäre die Eintracht eine Frau und würde sie mich fragen, ob ich sie heiraten möchte, ich würde Ja sagen!“

– Martin Hinteregger in seinem Buch *Innensicht* - vor der Scheidung.

„Unser Ziel ist es, die Handlungsunfähigkeit von Eintracht Frankfurt zu erhalten.“

– Vizepräsident Dr. Peter Lämmerhirdt 1998, im Vorwort zu *„Eintracht Frankfurt - 100 Jahre Fußball und mehr“*. Hatte vorerst geklappt.

„Immerhin haben wir die zweite Halbzeit gewonnen.“

– Sportdirektor Gernot Rohr tröstet die Fans nach beim 1:4 gegen 1860 München bei 0:4-Halbzeitstand.

„Deswegen sage ich: Prüft euch! Wenn ihr die Werte der Eintracht lebt, könnt ihr nicht das Gegenteil wählen. Es ist unvereinbar.“

– Eintracht-Präsident Peter Fischer über die Unvereinbarkeit der Werte.

„Nach hinten habe ich viel mit dem Auge gearbeitet.“

– Uwe Bein, abgeklärt.

„Bruda, schlag den Ball lang!“

– Kevin-Prince Boateng erklärt auf dem Frankfurter Römerbalkon die Taktik des Ante Rebić beim Pokalfinale 2018.

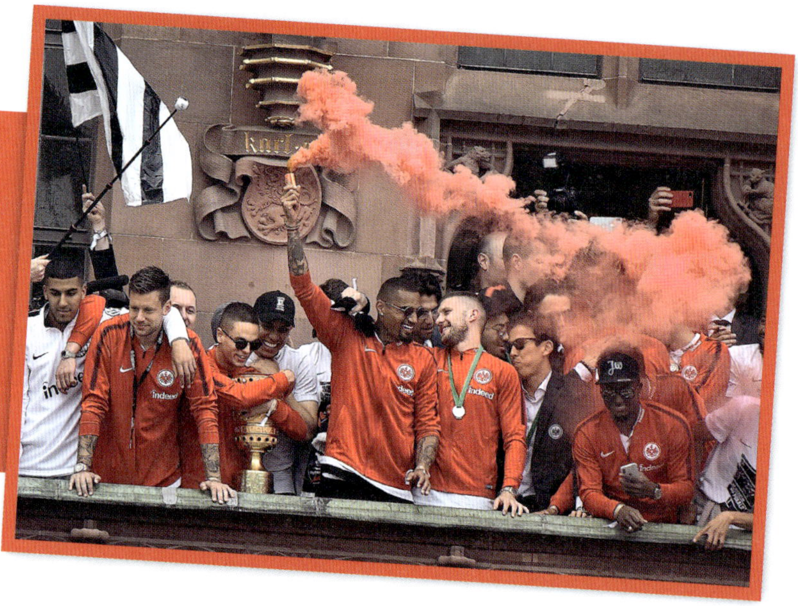

„Erste Pass gleich scheiße.“

– Dragoslav „Stepi“ Stepanović nach dem ersten Training als Coach.

„Um so angenehmer enttäuschten die Bayern.“

– Ludwig Isenburger, Spielbericht von 1928.

„Wenn der Kopf richtig funktioniert, kann er das dritte Bein sein.“

– Christoph Daum, Physiologe.

„Uffbasse!“

– Unbekannter Fan.

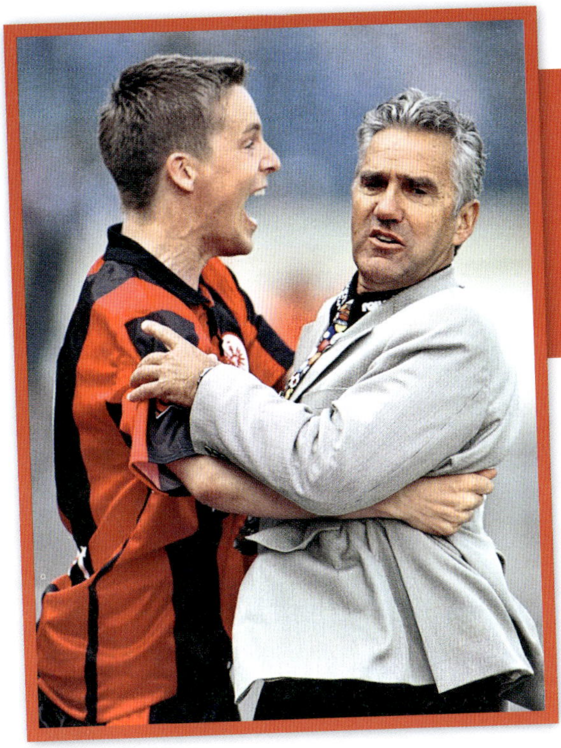

„Jörg Berger hätte auch die Titanic gerettet!“

– Jan Åge Fjørtoft nach dem sensationellen Klassenerhalt 1999.

„Ich weiß nicht, ob Felix Magath die Titanic gerettet hätte. Aber die Überlebenden wären topfit gewesen.“

– Jan Åge Fjørtoft nach dem hart umkämpften Klassenerhalt 2000 über Trainer Magath.

„Ich hatte vom Feeling her ein gutes Gefühl.“

– Andy Möller, fühlt sich.

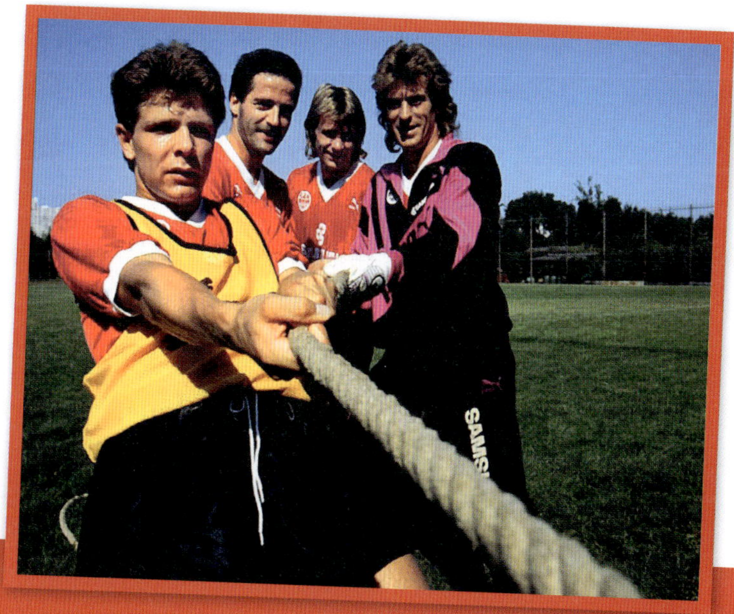

„Ich bleibe. Stand jetzt!“

– Trainer Niko Kovač auf die Frage nach seinem Verbleib in Frankfurt. Unmittelbar darauf unterschrieb er bei Bayern München.

„Lieber bin ich ein guter Mensch als ein guter Fußballer.“

– Du-Ri Cha, brav.

„Wir sind die einzige Mannschaft, die durch einen Abgang stärker geworden ist.“

– Uli Stein 1992 nach dem Wechsel Andy Möllers zu Juventus Turin.

„Unser Training war manchmal so geheim, dass wir selbst nicht zugucken durften.“

– Bernd Hölzenbein, inkognito.

„Geh runner!“

– Ordner Freddy Wegner aus der Boxabteilung zu einem Redner auf der Mitgliederversammlung 1988, der sich weigerte, das Rednerpult zu verlassen. Ein Boxhieb setzte Freddy W. anschließend kurzzeitig k. o.

„Lebbe geht weider.“

– Dragoslav „Stepi“ Stepanović nach der Mutter aller Niederlagen in Rostock 1992. Kann in Frankfurt zwar niemand mehr hören, steckt aber dennoch voll tiefster Lebensweisheit.

Vorstände und Präsidenten

(Auswahl)

Albert Pohlenk

Gründungsmitglied der Victoria und erster Vorsitzender des Vereins.

Rudolf Gramlich

Vorsitzender der Eintracht zwischen 1939 und 1942 sowie von 1955 bis 1970. Unter seiner Ägide wurde die Eintracht Deutscher Meister 1959 und zog 1963 als Gründungsmitglied in die Bundesliga ein. Nach seiner Amtszeit ernannte ihn die Eintracht zum Ehrenpräsidenten. Diese Würdigung wurde ihm 2020 nachträglich aberkannt, als die schon länger bekannten Vorwürfe der NSDAP- und SS-Mitgliedschaft seitens des von der Eintracht beauftragten Fritz-Bauer-Instituts endgültig verifiziert werden konnten.

Achaz von Thümen

Präsident zwischen 1973 und 1981. Während seiner Amtszeit holte sich die Eintracht gleich drei Pokalsiege. 1974, 1975, 1981. Auch der erstmalige UEFA-Cup-Sieg 1980 fiel in die Ära Achaz von Thümens. Nach Titeln ist er der erfolgreichste Präsident der Eintracht.

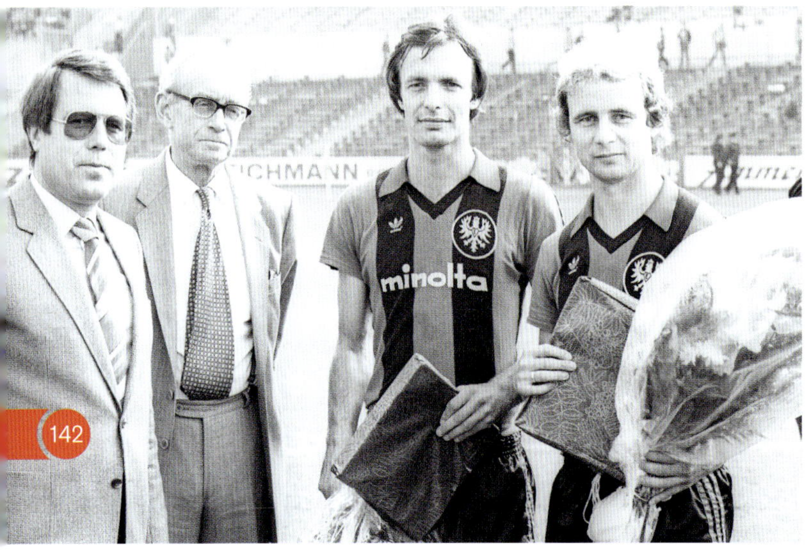

Eintracht-Präsident Achaz von Thümen (2. v.l.) ehrt Karl Heinz Körbel und Bernd Hölzenbein.

Dr. Klaus Gramlich

Dr. Klaus Gramlich ist der Sohn von Rudolf Gramlich und führte die Eintracht zwischen 1983 und 1988 und zum vierten Pokalsieg 1988. Auf der legendären Mitgliederversammlung im November 1988, bei der es zu Tumulten und dem Faustschlag auf einen Ordner kam, wurde er abgewählt.

Matthias Ohms

Von 1988 bis 1996 stand der schillernde Börsenmakler Matthias Ohms der Eintracht vor. Seine Amtszeit war geprägt durch den „Fußball 2000", der die Eintracht nach Jahren des Darbens zurück an die Spitze geführt hatte. Mit der Verpflichtung von Trainer Jupp Heynckes bewies er kein glückliches Händchen und musste 1996 den erstmaligen Abstieg aus der Bundesliga verantworten.

Rolf Heller

Nach dem Abstieg und den damit verbundenen Turbulenzen übernahm der ehemalige Abteilungsleiter der Fußballer am 11.11.1996 das Präsidentenamt in der bis dahin prekärsten Situation der Eintracht und führte den Klub gemeinsam mit seinem Schatzmeister Gaetano Patella vorerst aus dem Sumpf. Die Verpflichtung des Trainers Horst Ehrmantraut erwies sich als Glücksgriff, der Aufstieg 1998 und der sensationelle Klassenerhalt 1999 zählen zu den Höhepunkten seiner Amtszeit. Heller war bei den Fans durch seine verbindliche und freundliche Art sehr beliebt. Querelen in der Vereinsführung beendeten jedoch seine Präsidentschaft Anfang 2000.

Peter Fischer

Als Peter Fischer im Dezember 2000 sein Amt antrat, lag die Ausgliederung der Lizenzspielerabteilung in die Eintracht Frankfurt Fußball AG nur wenige Monate zurück. Fischer war der erste Präsident, der nicht direkt über die Belange der

Profis bestimmen konnte. Sein Bestreben galt zunächst dem Erstarken des Vereins. Er machte seinen Verbleib als Präsident von der Gründung der Fan- und Förderabteilung abhängig, die innerhalb des Vereins skeptisch gesehen wurde - und die heute mit über 100.000 Mitgliedern die bei weitem größte Abteilung ist. Meinungsstark und haltungsbewusst führte er den Verein bis Februar 2024 und konnte spät die Früchte seiner Arbeit ernten. Besondere Aufmerksamkeit erfuhr Fischer, als er 2016 betonte, dass die Mitgliedschaft in einer rechtspopulistischen Partei wie der AfD mit einer Mitgliedschaft bei der weltoffenen Eintracht unvereinbar sei. Seit 2024 ist Fischer Ehrenpräsident von Eintracht Frankfurt.

Vorstandsvorsitzende der Eintracht Frankfurt Fußball AG

Heribert Bruchhagen

Als Heribert Bruchhagen 2003 den Vorstandsvorsitz übernahm, war die Eintracht zwar aus dem Gröbsten raus - aber noch lange nicht über den Berg. Bruchhagen gelang es, den Klub in seriöse Fahrwasser zu schippern. Der Fahrensmann alter Schule verwaltete die AG grundsolide, erdete die gesamte Eintracht und sorgte für stabile finanzielle Verhältnisse - übersah allerdings zuweilen das Potenzial des Klubs. Der überraschende Abstieg 2011 wurde nach zwölf Monaten korrigiert, und im Jahr darauf reiste die Eintracht sogar durch Europa. Nach 13 Jahren endete seine Zeit in Frankfurt - und Steine purzelten vom Herzen, als die Eintracht den Klassenerhalt kurz vor Torschluss in der Relegation gegen Nürnberg 2016 doch noch schaffte. Würde ihm ein Denkmal erbaut, es bestünde getreu seinem Motto, dass die Liga aufgrund wirtschaftlicher Rahmenbedingungen zementiert sei, aus Zement.

Axel Hellmann

Axel Hellmann war lange Jahre Geschäftsführer des Vereins, ehe er 2012 in den Vorstand der Fußball AG berufen wurde und seit 2015 auch deren Vorstandssprecher ist. Visionär und selbstbewusst ging er seine Aufgabe an, verzahnte in großen Schritten die unterschiedlichsten Bedürfnisse zwischen Fankultur und Business und wurde mit dem Pokalsieg 2018 und dem Europapokal-Triumph 2022 für seinen Wagemut belohnt.

Vorstandsmitglied Axel Hellmann jubelt zusammen mit Präsident Peter Fischer über den Gewinn des DFB-Pokals 2018.

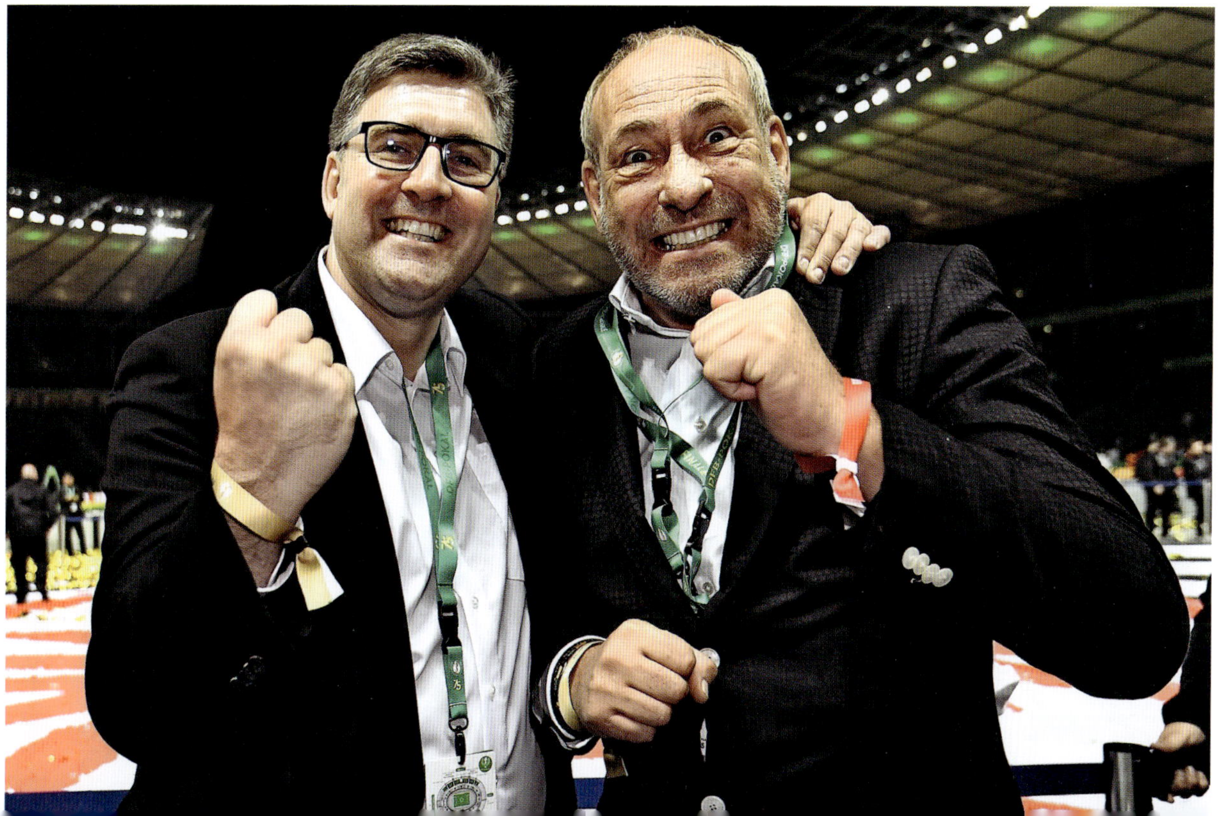

Rekorde & Zahlen

(Stand Juni 2024)

Ewige Tabelle der Bundesliga

	Sp.	S	U	N	Tore	Diff.	Punkte
7 FC Schalke 04	1832	700	463	669	2642:2678	-36	2563
8 Eintracht Frankfurt	**1866**	**684**	**485**	**697**	**2929:2884**	**45**	**2535**
9 1. FC Köln	1764	676	456	632	2831:2656	175	2484

Titel

Deutscher Meister: 1959

Vizemeister: 1932

Süddeutscher Meister: 1930, 1932, 1953, 1959

DFB-Pokalsieger: 1974, 1975, 1981, 1988, 2018

Meister der 2. Bundesliga: 1998

Deutscher Flutlichtpokalsieger: 1957

UEFA-Pokalsieger (UEFA-Europa-League-Sieger): 1980, 2022

Zuschauerrekorde

81.000 Zuschauer beim Spiel in der Endrunde um die Deutsche Meisterschaft am 23.05.1959gegen den FK Pirmasens (3:2) im Frankfurter Waldstadion.

Über 30.000 Eintracht-Fans beim 3.2 Auswärtssieg im Camp Nou in Barcelona im Viertelfinale der Europa League am 14. April 2022.

Bundesliga-Rekordspieler

Karl-Heinz Körbel 602 Spiele (1972-1991)
Karl-Heinz „Charly" Körbel absolvierte alle Spiele für Eintracht Frankfurt. Das erste im Alter von 17 Jahren, das letzte mit 36. Deshalb wird er auch „der treue Charly" genannt.

Torschützenkönige

1989/90 Jörn Andersen 18 Tore

1992/93 Anthony Yeboah 20 Tore
(Gemeinsam mit Ulf Kirsten)

1993/94 Anthony Yeboah 18 Tore
(Gemeinsam mit Stefan Kuntz)

2014/15 Alex Meier 19 Tore

Zweitligatorschützenkönig

2011/12 Alex Meier 17 Tore
(Gemeinsam mit Nick Proschwitz und Olivier Occean)

Torschützenkönig Oberliga

1960/61 Erwin Stein 23 Tore
(Gemeinsam mit Rudolf Brunnenmeier)

1961/62 Lothar Schämer 26 Tore

Endrundentorschützenkönig

1932 Karl Ehmer 7 Tore

Sepp Maier gleitet der Eckball von Bernd Nickel durch die Hände.

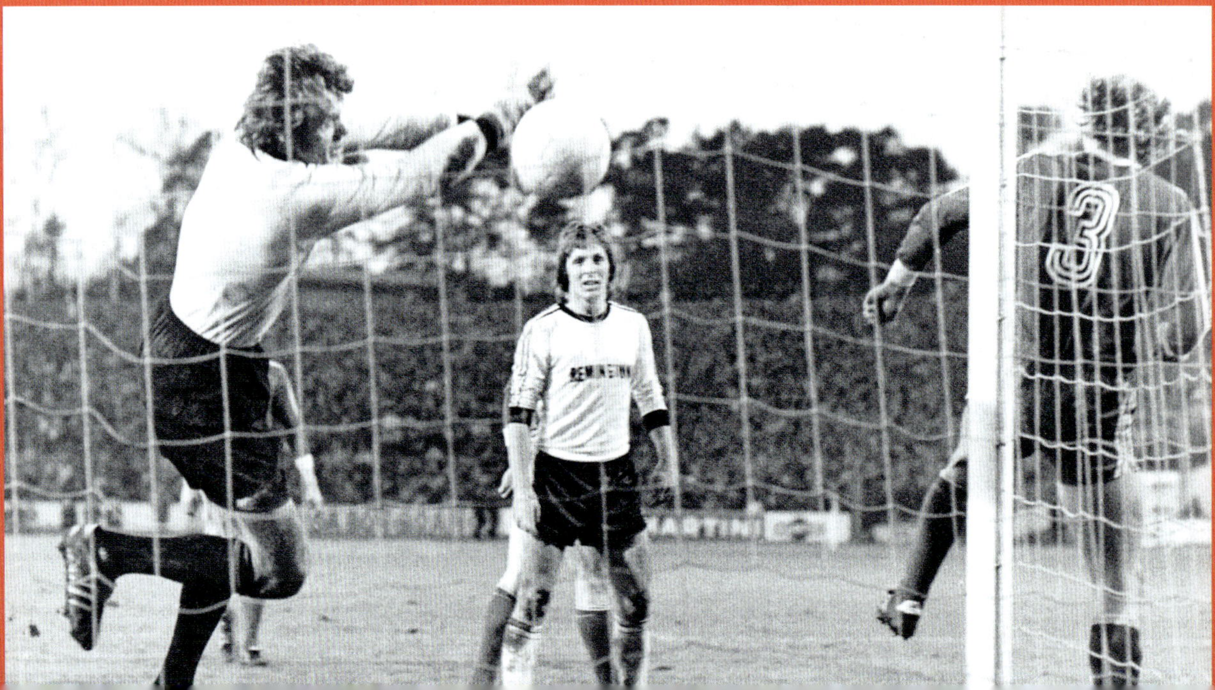

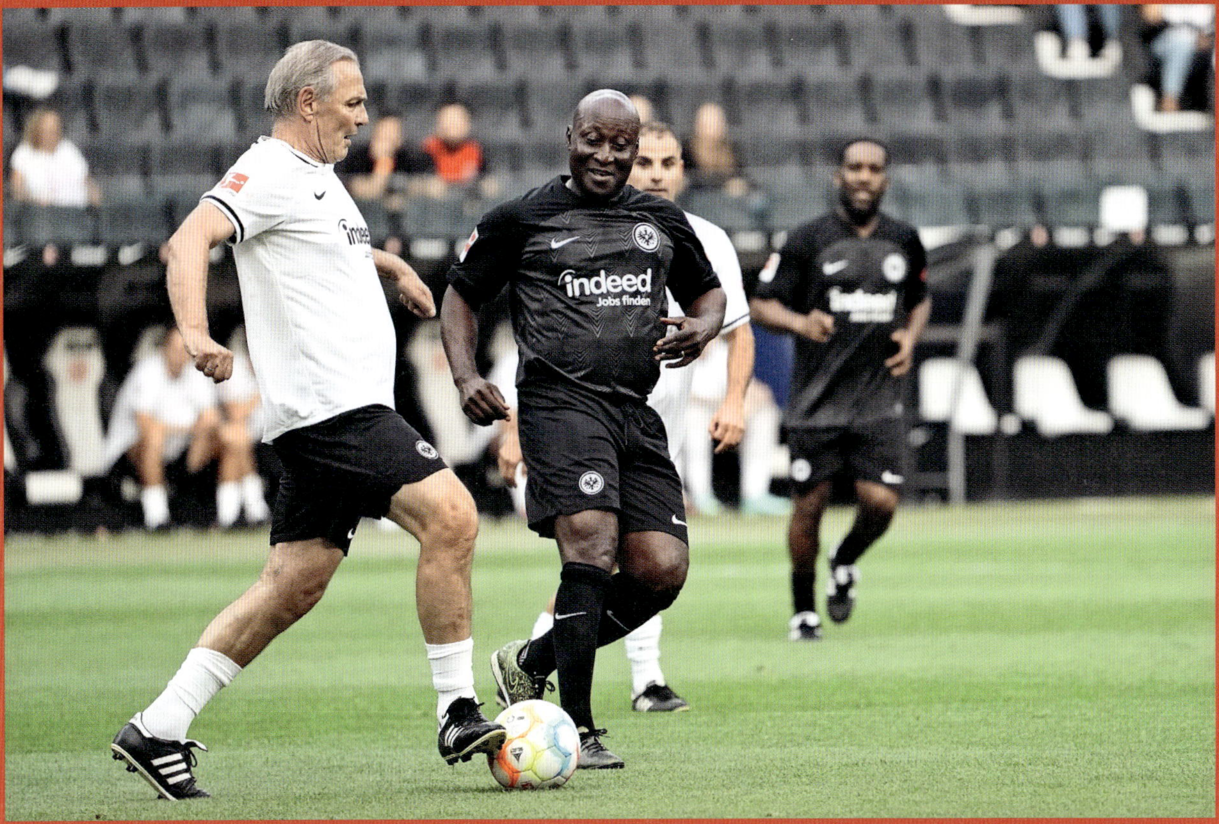

Am Rande des Alex-Meier-Abschiedsspiels begegneten sich diese beiden Legenden und Rekordhalter wieder: Charly Körbel und Anthony Yeboah.

Erste Rote Karte der Bundesliga

Friedel Lutz – 2. April 1971 gegen Braunschweig – (zuvor wurden Platzverweise mündlich ausgesprochen).

Schnellste Rote Karte der Bundesliga

Marcel Titsch-Rivero, 43 Sekunden nach seiner Einwechslung gegen Dortmund am 14. Mai 2011.

Relegation

Die Eintracht konnte alle bisherigen drei Relegationsteilnahmen für sich entscheiden. 1984 gegen Duisburg, 1989 gegen Saarbrücken und 2016 gegen Nürnberg.

Ecken

Bernd Nickel gelang es, von allen vier Ecken des Frankfurter Waldstadions eine Ecke direkt zu verwandeln. Gegen die Bayern (1975/76), Kaiserslautern (1979/80), Bremen (1981/82) und Düsseldorf (1981/82).

Der älteste Bundesliga-Debütant

Richard Kreß, 38 Jahre, 171 Tage. (1963/64)

Der älteste Tordebütant

Richard Kreß, 38 Jahre, 248 Tage. (1963/64)

Rekorde intern

Angegeben nur Spiele und Tore für die Eintracht

Bundesliga-Spiele

Charly Körbel 602
Jürgen Grabowski 441
Bernd Nickel 426
Bernd Hölzenbein 420
Ralf Falkenmayer 337
Manfred Binz 336
Marco Russ 280
Alex Meier 270
Willi Neuberger 267
Uwe Bindewald 263

Bundesliga-Tore

Bernd Hölzenbein 160
Bernd Nickel 141
Jürgen Grabowski 109
Alex Meier 93
Anthony Yeboah 68

Eintracht-Frauen (seit 2020/2021

Bundesliga-Spiele

Barbara Dunst 86
Lara Prašnikar 85
Sophia Kleinherne 83
Laura Freigang 82
Verena Hanshaw 73

Bundesliga-Tore

Laura Freigang 48
Lara Prašnikar 34
Nicole Anyomi 23
Shekiera Martinez 13
Géraldine Reuteler 12

Die meisten Tore in einem Spiel

Luka Jović 5 (Gegen Fortuna Düsseldorf beim 7:1 am 19. Oktober 2018)

Die meisten Tore in einer Saison

André Silva 28 (2020/21)
Bernd Hölzenbein 26 (1976/77)
Rüdiger Wenzel 20 (1976/77)
Anthony Yeboah 20 (1992/93)

Der weiteste Torschuss

Georgios Tzavellas – Aus 73 Metern zum 1:1 beim 1:2 auf Schalke am 12. März 2011. Der erste Treffer nach acht torlosen Spielen!

Georgios Tzavellas setzt zu seinem Rekordschuss an.

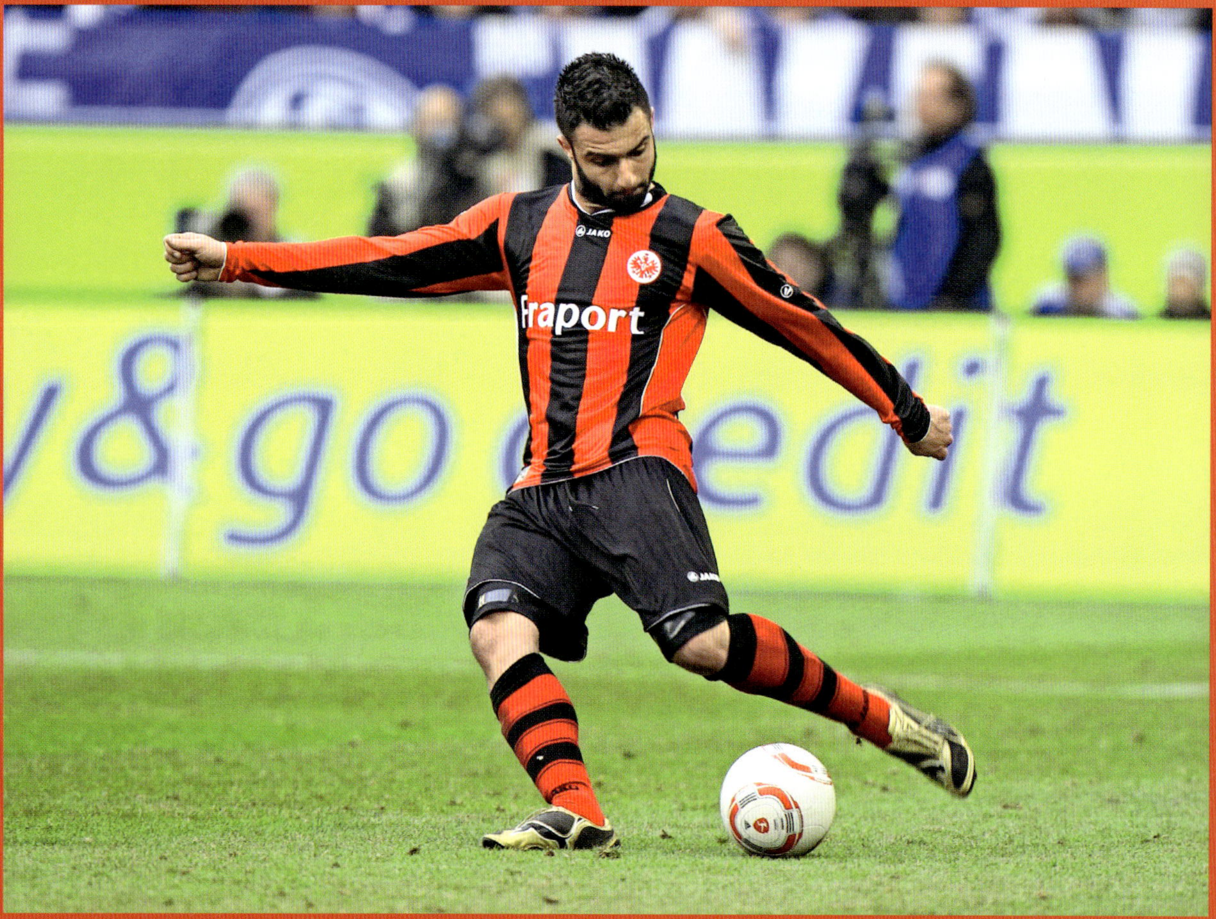

Bundesliga:

Höchste Heimsiege

Rot-Weiss Essen, 9:1, 1974/75
Werder Bremen, 9:2, 1981/82
Werder Bremen, 7:0, 1963/64

Höchste Auswärtssiege

Rot-Weiss Essen, 8:1, 1976/77
Borussia Neunkirchen, 6:1, 1965/66
u.a Rot-Weiss Essen, 5:0, 1974/75

Höchste Heimniederlagen

Karlsruher SC, 0:7, 1964/65
HSV, 0:6, 1990/91
Bayern München, 1:6, 2022/23

Höchste Auswärtsniederlagen

1. FC Köln, 0:7, 1983/84
Borussia Dortmund, 0:6, 1988/89
Borussia Dortmund, 0:6, 1995/96

Torreiche Unentschieden

VfB Stuttgart, 5:5, 1974/75
VfB Stuttgart, 4:4, 1971/72
Hertha BSC, 4:4, 2014/15

Höchster Oberliga-Sieg

Bayern Hof, 11:0, 1959/60
Jahn Regensburg, 11:0, 1960/61

Höchste Oberliga-Niederlage

Stuttgarter Kickers, 2:9, 1945/46

Frauen:

Höchster Heimsieg

Carl Zeiss Jena, 6:0, 2021/22
SV Meppen, 6:0, 2022/23

Höchster Auswärtssieg

Werder Bremen, 5:0, 2020/21

Höchste Heimniederlage

VfL Wolfsburg, 1:4, 2021/22

Höchste Auswärtsniederlage

Vfl Wolfsburg, 0:5, 2022/23

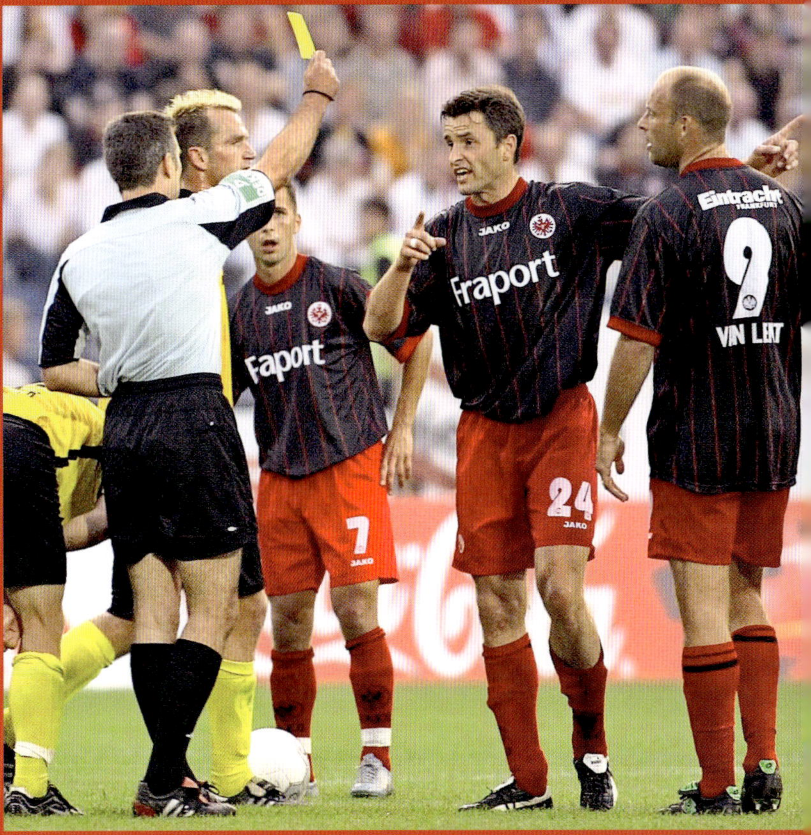

Eine mehr für die Sammlung von Alexander Schur

Die meisten Roten Karten:

Bundesliga

	Gelb-Rot	Rot
David Abraham	1	2
Patrick Ochs	1	2
Aleksandar Vasoski	1	2

Zweite Liga

	Gelb-Rot	Rot
Alex Schur	4	1
Uwe Bindewald	1	1
Jermaine Jones	1	1

Die meisten Gelben Karten:

Bundesliga

Marco Russ, 56
Charly Körbel, 53
Patrick Ochs, 49

Zweite Liga

Alex Schur, 34
Uwe Bindewald, 16
Jermaine Jones, 16

Unvergessene Trainer

(Auswahl)

Maurice Parry (1925-26) Nach Izidor „Dori" Kürschner, der die Eintracht 1920/21 coachte, war Parry erst der zweite hauptamtliche Trainer am Riederwald. Als ihn die Eintracht nicht mehr bezahlen konnte, annoncierte er auf der Suche nach einem neuen Job im *kicker*.

Paul Oßwald (1928-1933, 1935-1938, 1958-1965) Paul Oßwald trainierte die Eintracht gleich dreimal. Mit ihm wurde die Eintracht sowohl 1930 als auch 1932 Süddeutscher Meister, 1932 sogar Deutscher Vizemeister. Als er nach zwölf Jahren bei Kickers Offenbach 1958 nach Frankfurt zurückkehrte, schaffte er es mit der Eintracht 1959 erstmals den Titel eines Deutschen Meisters zu erringen und zog 1960 ins Europapokal-Finale der Landesmeister ein. Er war auch noch Trainer der Eintracht zum Bundesliga-Start 1963.

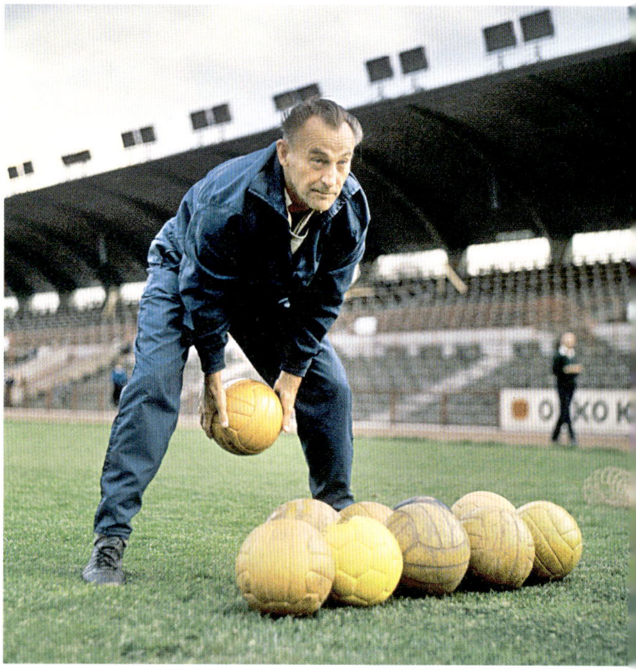

Paul Oßwald in der ersten Bundesliga-Saison 1963/64

Dietrich Weise (1973-1977, 1983-1986) Weise kam 1973 im Tausch mit Erich Ribbeck aus Kaiserslautern zur Eintracht und sorgte für die ersten beiden Pokalsiege 1974 und 1975. Bei seinem zweiten Engagement bei der Eintracht führte er die nach ihm benannten „Weise-Bubis" 1984 in den Relegationsspielen gegen den MSV Duisburg zum Klassenerhalt.

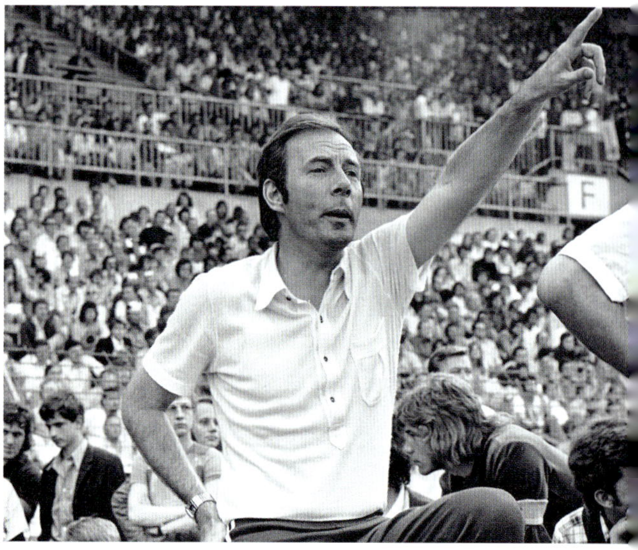

Dietrich Weise kam 1973 erstmals zur Eintracht.

Gyula Lóránt (1976-1977) Unter dem ungarischen Vize-Weltmeister blieb die Eintracht 22 Spiele 1976/77 und für ein Spiel 1977/78 ungeschlagen. Dabei robbte sie 1976/77 bis auf zwei Pünktchen an den Meister aus Mönchengladbach heran.

Friedel Rausch (01/1979-1980, 2001) Mit Friedel Rausch gelang der erste große internationale Triumph: der UEFA-Cup-Sieg 1980. Bei seinem zweiten Engagement fehlte ihm als Feuerwehrmann das nötige Glück, den Abstieg 2001 konnte auch er nicht verhindern.

Lothar Buchmann (1980-1982) Mit dem gebürtigen Breslauer holte sich die Eintracht den dritten Pokalsieg 1981.

Karl-Heinz Feldkamp (1987-1988) Karl-Heinz Feldkamp, genannt Kalli, wurde Pokalsieger 1988 in Berlin. Détáris Treffer gegen Bochum reichte für den Titel.

Jörg Berger (1989-1991; 1999) Als Feuerwehrmann erstmals während der Saison 1988/89 verpflichtet, rettete er die Eintracht in der Relegation 1989 gegen den 1. FC Saarbrücken - um den Klub anschießend zur Spitzenmannschaft zu formen. Auch seine zweite Mission begann mit dem vermeintlich aussichtslosen Auftrag, die Klasse 1998/99 zu erhalten. In letzter Sekunde sorgte der Übersteiger von Jan Åge Fjørtoft für das Wunder. Berger hatte die Eintracht ein zweites Mal gerettet.

Dragoslav Stepanović (1991-1993; 1996) Dragoslav Stepanović, genannt Stepi, spielte schon 1976/77 für die Eintracht und prägte als Trainer nach der Mutter aller Niederlagen in Rostock den Satz: „Lebbe geht weider". Konnte den ersten Abstieg der Eintracht 1995/96 auch nicht verhindern.

Horst Ehrmantraut (1997-1999) Ehrmantraut holte als Spieler mit der Eintracht 1980 den UEFA-Cup. Vor seiner Verpflichtung als Trainer lag die Eintracht sportlich wie finanziell am Boden. Durch seine gleichermaßen akribische wie pragmatische Art realisierte er unerwartet den Aufstieg 1998. Als er im Jahr darauf völlig überraschend entlassen wurde, flossen Tränen. Bei ihm - und auch den Fans.

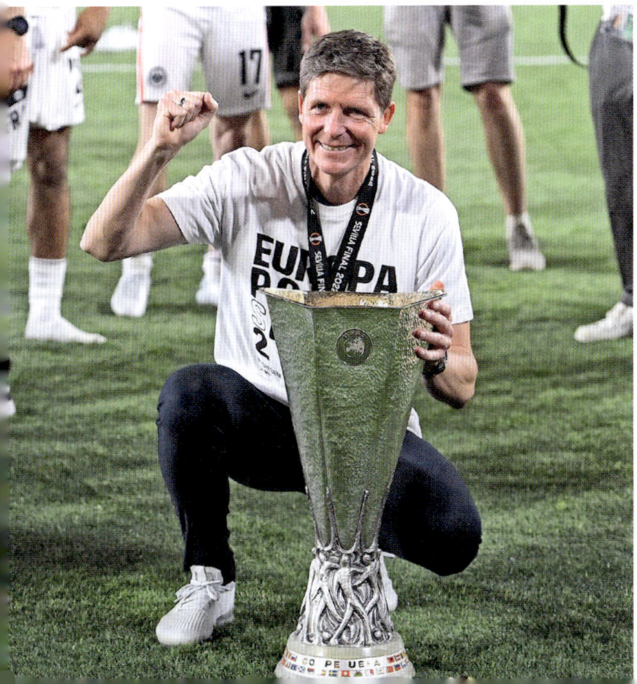

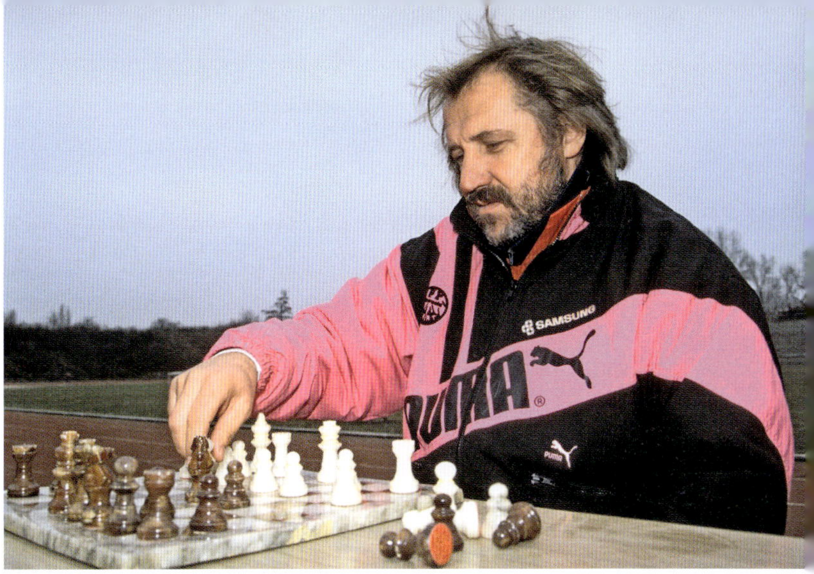

Trainer Dragoslav Stepanovic beim Schachspielen in der Saison 1991/1992

Friedhelm Funkel (2004-2009) Unter Funkel schaffte die Eintracht den nicht erwarteten Aufstieg 2004/05 und zog als Aufsteiger im Jahr darauf ins Pokalfinale ein. Trotz der Niederlage gegen die Bayern qualifizierte sich die Eintracht für den UEFA-Cup. Mit ihm stieg die Eintracht nie ab. Länger als er trainierte zuletzt Paul Oßwald zwischen 1958 und 1965 den Verein am Stück.

Armin Veh (2011-2014, 2015/16) Veh sorgte für den souveränen Aufstieg 2012 und führte die Eintracht anschließend als Aufsteiger in die Europa League. Der zweite Auftritt als Trainer der Eintracht endete weniger glücklich.

Niko Kovač (2016-2018) Niko Kovač übernahm die Eintracht von Armin Veh und schaffte nach einer Aufholjagd den kaum für möglich gehaltenen Klassenerhalt in zwei Relegationsspielen gegen den 1. FC Nürnberg. Nach dem verlorenen Pokalfinale 2017 feierte er 2018 in einem packenden Endspiel gegen die Bayern den ersten Titel mit der Eintracht seit 30 Jahren. Es war der fünfte Pokalsieg der Frankfurter.

Oliver Glasner (2021-2023) Nach holprigem Beginn in Liga und Pokal, rauschte die Eintracht mit ihm durch Europa und gewann in der magischen Nacht von Sevilla am 18. Mai 2022 durch den Sieg im Elfmeterschießen gegen die Glasgow Rangers sensationell die Europa League.

Oliver Glasner bei seinem größten Triumph mit der Eintracht, dem Gewinn des Europa-League-Pokals 2022 in Sevilla

Specials

Sie glänzten nur ein Jahr und hinterließen bleibende Spuren

Paul von Goldberger	1911-1912
Lajos Détári	1987-1988
Bernd Schneider	1998-1999
Kevin-Prince Boateng	2017-2018

Ach, die waren auch bei der Eintracht?

Name	Erfolg und Zeit bei der Eintracht
Paul Janes	WM-Dritter 1934, Zwei Einsätze 1946
Sepp Herberger	Weltmeistertrainer 1954, Trainer 1945
Toni Turek	Weltmeister 1954, Torwart 1946/47
Hans Tilkowski	Vize-Weltmeister 1966, Spieler 1967-70
Timo Hildebrand	WM-Dritter 2006, Torwart 2014/15
Joachim Löw	Weltmeistertrainer 2014, Spieler 1981/82
Mario Götze	Weltmeister 2014, Spieler ab 2022

Eine Aktion für die Ewigkeit

Bernd Nickel:
29. Mai 1971: Seitfallzieher zum 1:0 gegen den OFC. Endstand 2:0. Vorentscheidung zum Klassenerhalt 1970/71.

Bernd Nickel:
22. November 1975: Direkt verwandelte Ecke zum 6:0 gegen Bayern München. Tor des Monats.

Bernd Hölzenbein:
07. November 1979: Sitzkopfballtor in der letzten Minute zum 2:0 gegen Dinamo Bukarest. Endstand nach Verlängerung in der 2. Runde des UEFA-Cups: 3:0.

Fred Schaub:
21. Mai 1980: Tor zum 1:0 gegen M'gladbach im UEFA-Cup-Finale 1980.

Lajos Détári:
28. Mai 1988: Tor zum 1:0 gegen den VfL Bochum im Pokalfinale 1988.

Jay-Jay Okocha:
31. August 1993: Tor zum 3:1 nach langem Dribbling im Strafraum gegen Oliver Kahn im Tor des KSC. Tor des Monats.

Jan Åge Fjørtoft:
29. Mai 1999: Übersteiger in der letzten Minute zum 5:1 gegen den 1. FC Kaiserslautern zum Klassenerhalt 1998/1999.

Alexander Schur:
25. Mai 2003 Tor in der letzten Minute zum 6:3 gegen den SSV Reutlingen zum Aufstieg 2002/2003.

Christoph Preuß:
17. März 2007: Fallrückzieher zum 1:0-Sieg gegen Bayern München. Tor des Monats.

Alex Meier:
05. Mai 2018: Tor zum 3:0 gegen den HSV in der Nachspielzeit, vier Minuten nach seiner Einwechslung. Sein letztes Tor für die Eintracht.

Mijat Gaćinović:
19. Mai 2018: Tor zum 3:1 gegen Bayern München nach einem 70-Meter-Lauf für die Ewigkeit. Pokalsieg 2018.

Kevin Trapp:
18. Mai 2022: Parade in der 118. Minute gegen Glasgow Rangers. Im Elfmeterschießen gewinnt die Eintracht anschließend die Europa League 2021/22.

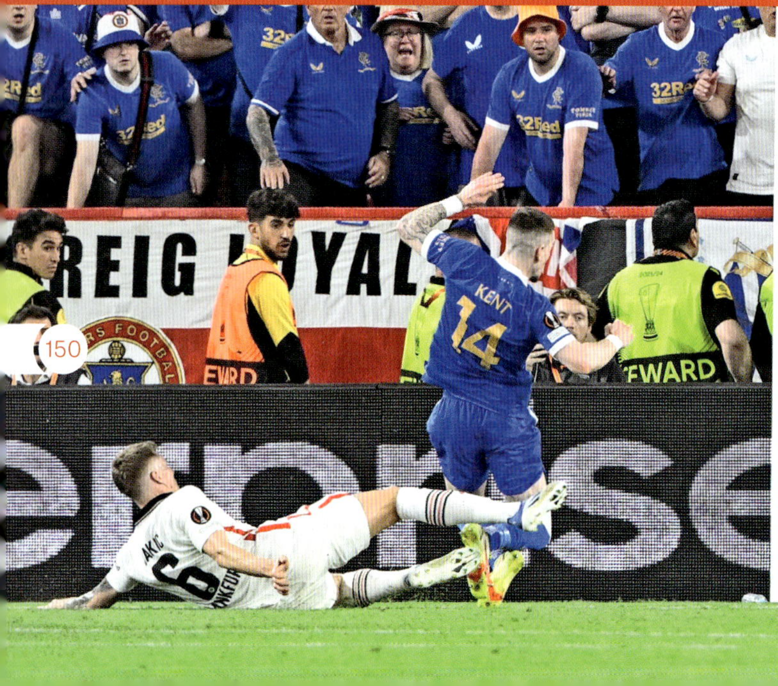

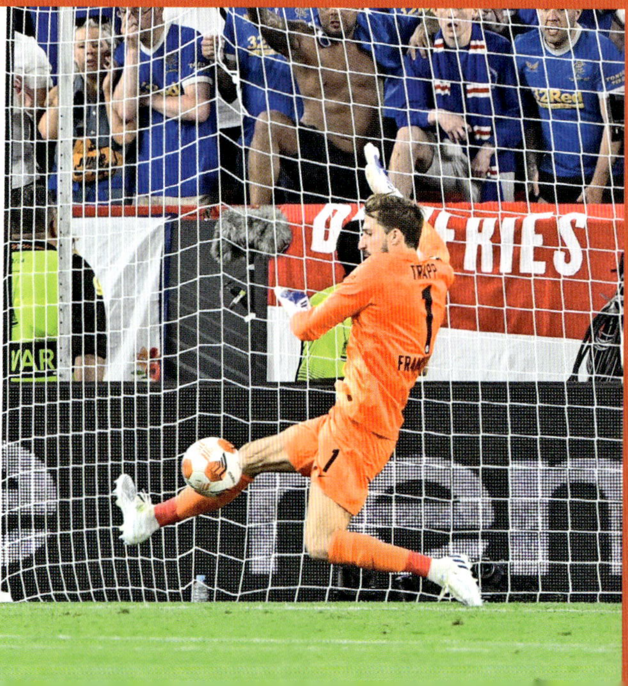

Wussten Sie, dass …

… Emre Can aus der Jugend der Eintracht stammt?

… der Polizist Kurt E. Schmidt 1959 nach der Meisterschaft mit Eintracht-Fahnen in Frankfurt den Verkehr regelte?

… István Sztani als erster Spieler der Eintracht in der Bundesliga eingewechselt wurde? Am 26. August 1967 kam er beim 5:3 gegen Werder Bremen in der 75. Minute für Huberts ins Spiel.

… der UEFA-Cup 15 kg wiegt?

… der Verein Eintracht Frankfurt 110.000 Mitglieder hat und damit europaweit auf Rang 14 liegt? (Stand: Juni 2022)

… die Eintracht bislang 2.371 Gelbe, 45 Gelb-Rote und 62 Rote Karten in der Bundesliga kassiert hat - wobei Platzverweise bis 1970 mündlich ausgesprochen wurden? (Stand: Juni 2024)

… Michael Sziedat zwei Platzverweise kassierte? Beide 1983/84. Jeweils einen im Hin- und Rückspiel gegen Kickers Offenbach.

… es in Frankfurt eine Alexanderstraße, eine Berger Straße, eine Rohrbachstraße und eine Schaubstraße gibt? Doch diese haben nichts mit Alexander Meier, Jörg Berger, Thomas Rohrbach oder Fred Schaub zu tun. Auch die Straße Am Eisernen Schlag wurde nicht nach Bernd Nickels strammen Schuss benannt.

… im Frankfurter Stadion ein Denkmal an diejenigen erinnert, die während der NS-Zeit auf einmal verschwunden waren?

Michael Sziedat mit Roter Karte Nummer eins beim Hinspiel gegen Kickers Offenbach

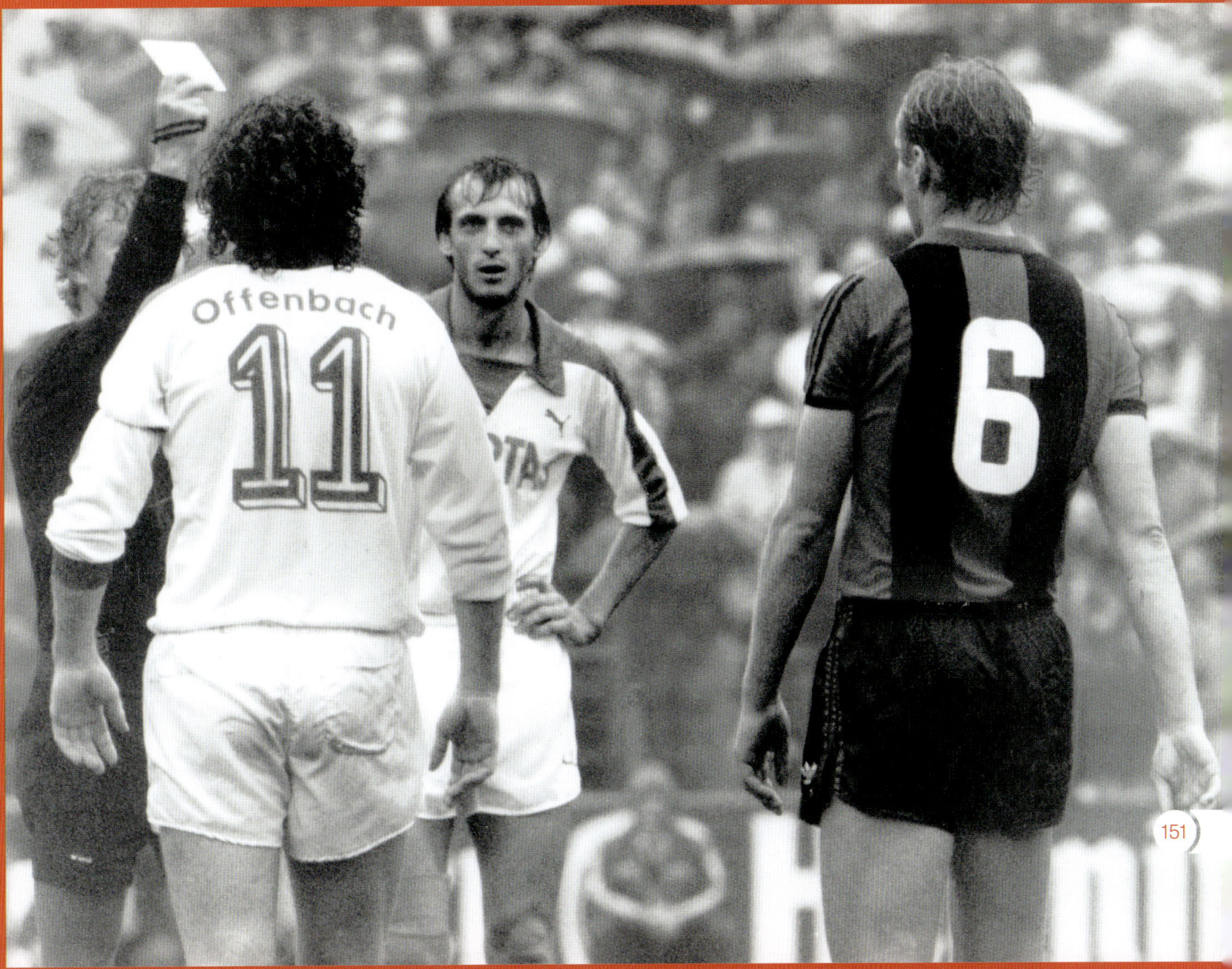

Legendäre Spieler aus dem Ausland

(Auswahl)

- Walter Dietrich - Schweiz
- Ivica Horvat - Jugoslawien
- István Sztani - Ungarn
- Willi Huberts - Österreich
- Fahrudin Jusufi - Jugoslawien
- Bruno Pezzey - Österreich
- Bum-kun Cha - Südkorea
- Jan Svensson - Schweden
- Cezary Tobollik - Polen
- Wlodzimierz Smolarek - Polen
- Lajos Détári - Ungarn
- Anthony Yeboah - Ghana
- Jay-Jay Okocha - Nigeria
- Christoph Westerthaler - Österreich
- Jan Åge Fjørtoft - Norwegen
- Urs Güntensperger - Schweiz
- Ervin Skela - Albanien
- Chris - Brasilien
- Ioannis Amanatidis - Griechenland
- Christoph Spycher - Schweiz
- Aleksandar Vasoski - Mazedonien
- Sotirios Kyrgiakos - Griechenland
- Caio - Brasilien
- Martin Fenin - Tschechien
- Pirmin Schwegler - Schweiz
- Carlos Zambrano - Peru
- Mijat Gaćinović - Serbien
- Makoto Hasebe - Japan
- Lukáš Hrádecký - Finnland
- Sébastien Haller - Frankreich
- Luka Jović - Serbien
- Daichi Kamada - Japan
- Ante Rebić - Kroatien
- Filip Kostić - Serbien
- Martin Hinteregger - Österreich
- Rafael Borré - Kolumbien
- Randal Kolo Muani - Frankreich
- Omar Marmoush - Ägypten

Spielerinnen

- Barbara Dunst - Österreich
- Lara Prašnikar - Slowenien
- Verena Hanshaw - Österreich

Bum-kun Cha in der Saison 1982/83

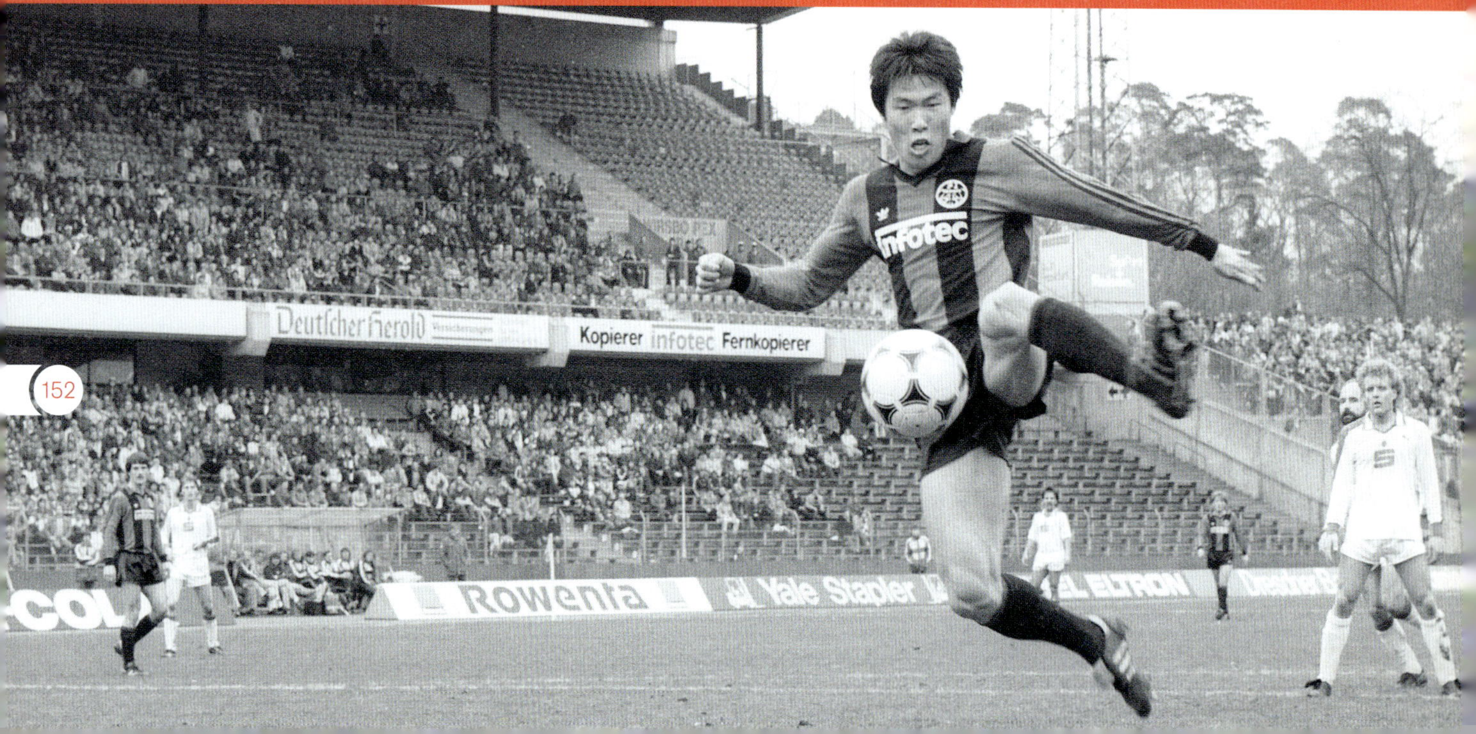

Nationalspieler für Deutschland

	Spiele	Tore
Jürgen Grabowski	44	5
Bernd Hölzenbein	40	5
Andreas Köpke	25	
Rudolf Gramlich	22	
Thomas Berthold	21	1
Uwe Bein	17	3
Manfred Binz	14	1
Friedel Lutz	12	
Andreas Möller	12	1
Franz Schütz	11	
Hans Stubb	10	1
Richard Kreß	9	2
Kevin Trapp	9	
Ralf Weber	9	
Alfred Pfaff	7	2
Willi Tiefel	7	
Ronald Borchers	6	
Charly Körbel	6	
Maurizio Gaudino	5	1
Ralf Falkenmayer	4	
Hugo Mantel	4	
Mario Götze	3	
Peter Reichel	2	
Wolfgang Solz	2	
Erich Bäumler	1	1
Fritz Becker	1	2
Horst Heldt	1	
Sebastian Jung	1	
Robin Koch	1	
Thomas Kroth	1	
Willi Lindner	1	
Bernd Nickel	1	
Hans Weilbächer	1	

Nationalspielerinnen (Seit 2020/21)

Laura Freigang	26	12
Sophia Kleinherne	25	1
Nicole Anyomi	22	2
Sara Doorsoun	17	
Merle Frohms	17	
Sjoeke Nuesken	16	2
Pia Sophie Wolter	2	
Stina Johannes	1	

Stand: Juni 2024

Weltmeister

1954 Alfred Pfaff
1974 Jürgen Grabowski, Bernd Hölzenbein
1990 Uwe Bein

Europameister

1972 Jürgen Grabowski
1996 Andreas Köpke

Kevin Trapp ist derzeit neben Robin Koch der einzige aktive Nationalspieler Deutschlands, der das Trikot der Eintracht trägt. Über den 1. FC Kaiserslautern 2012 nach Frankfurt gekommen, sollte er den langjährigen Stammkeeper Oka Nikolov ablösen. Gleich bei seinem ersten Pflichtspieleinsatz sah er in Aue eine Rote Karte, konnte aber alsdann Nikolov im Tor verdrängen. Bei einem Werbedreh für die U21-Nationalmannschaft brach er sich im März 2013 die Mittelhand und fiel monatelang aus. Anschließend spielte er sich mit teils überragenden Leistungen in den Fokus europäischer Spitzenclubs und wechselte zur Saison 2015/16 zu Paris Saint-Germain. Sein erstes A-Länderspiel absolvierte Trapp beim 1:1 in Dänemark im Juni 2017. Bei der WM 2018 gehörte er zum Aufgebot Jogi Löws, kam aber zu keinem Einsatz. Zur Saison 2018/19 kehrte er zunächst auf Leihbasis zur Eintracht zurück, um ein Jahr später fest verpflichtet zu werden. Mit ihm entwickelte sich der Klub zu einer europäischen Spitzenmannschaft, die auch dank seiner Reaktionsschnelligkeit 2021/22 die Europa League gewinnen konnte. Im Finale gegen Glasgow Rangers sicherte er mit einer sensationellen Parade kurz vor Ende der Verlängerung den Einzug ins Elfmeterschießen und konnte einen Elfer von Ramsey parieren. Trapp ist die unumstrittene Nummer eins bei der Eintracht und wegen seines stets freundlichen und klaren Auftretens neben den sportlichen Glanzleistungen eines der herausragenden Gesichter des Vereins.

Die Eintracht-Fans

Reisefreudig, lautstark, leidenschaftlich und oftmals der 12. Mann (oder die 12. Frau) - so sind sie, die Fans der Frankfurter Eintracht. Tickets für die Spiele sind heiß begehrt, fast immer meldet die Eintracht: Ausverkauft.

12.000 Anhänger begleiteten den Verein 2013 nach Bordeaux, 15.000 sechs Jahre später zu Inter Mailand, und 30.000 verwandelten beim Viertelfinale der Europa League 2022 das Camp Nou in Barcelona in ein Heimspiel. Die Begeisterung ist riesengroß, kein Wunder, hatten die Fans doch 30 Jahre auf einen Titel warten müssen. Der Pokalsieg 2018 wirkte wie eine Erlösung für alle.

Vor allem die Heimspiele der Europa League zelebrierten die Fans mit aufwändigen Choreografien, trugen durch ihren bedingungslosen Support zum Erfolg der Mannschaft bei und sorgten für magische Nächte im Frankfurter Stadtwald.

Organisiert sind sie in über 1.000 Fanclubs, bei den Ultras und sogar im Verein. Die Fan- und Förderabteilung, die 2000 gegründet wurde, zählt über 100.000 Mitglieder. Die jüngeren zählen zu den Junior Adlern, die älteren von ihnen sind mit den Adler Classics auf Tour.

Dass Fußball nicht alles ist, beweisen unzählige Charity-Projekte, sei es innerhalb des Vereins oder extern auf die Beine gestellt. Ob Obdachlosenhilfe, Sammlungen für todkranke Kinder oder Versorgungsfahrten für ältere Menschen während des coronabedingten Lockdowns, stets hält die Eintracht-Familie zusammen und lässt Niemanden im Stich. Aber auch die Aufarbeitung der NS-Vergangenheit des Vereins oder die Gründung des Eintracht-Museums wären ohne die Initiative engagierter Fans nicht denkbar gewesen.

Lange Jahre mussten die Anhänger um ihre Anerkennung und für ihre Bedürfnisse kämpfen. Als sie in den 1980er-Jahren einen Raum suchten, in dem sie sich treffen und feiern können, verlief die Kampagne „Unser Wunsch - ein Haus für uns" zunächst im Sand. Erst 2005 wurde an der Louisa in Frankfurt-Sachsenhausen aus dem Wunsch Realität. Aus einem alten Bahnhäuschen zauberten sie unter großem Aufwand und Arbeitseinsatz das Fanhaus, in dem seither das Fanprojekt seine Heimat hat. Dort haben sie sich einen Treffpunkt geschaffen, in dem sie gemeinsam feiern

Die Frankfurter Fans üben Protest an den Anstoßzeiten und versorgen den Platz mit Tennisbällen. Torhüter Péter Gulácsi von RB Leipzig hat zu tun.

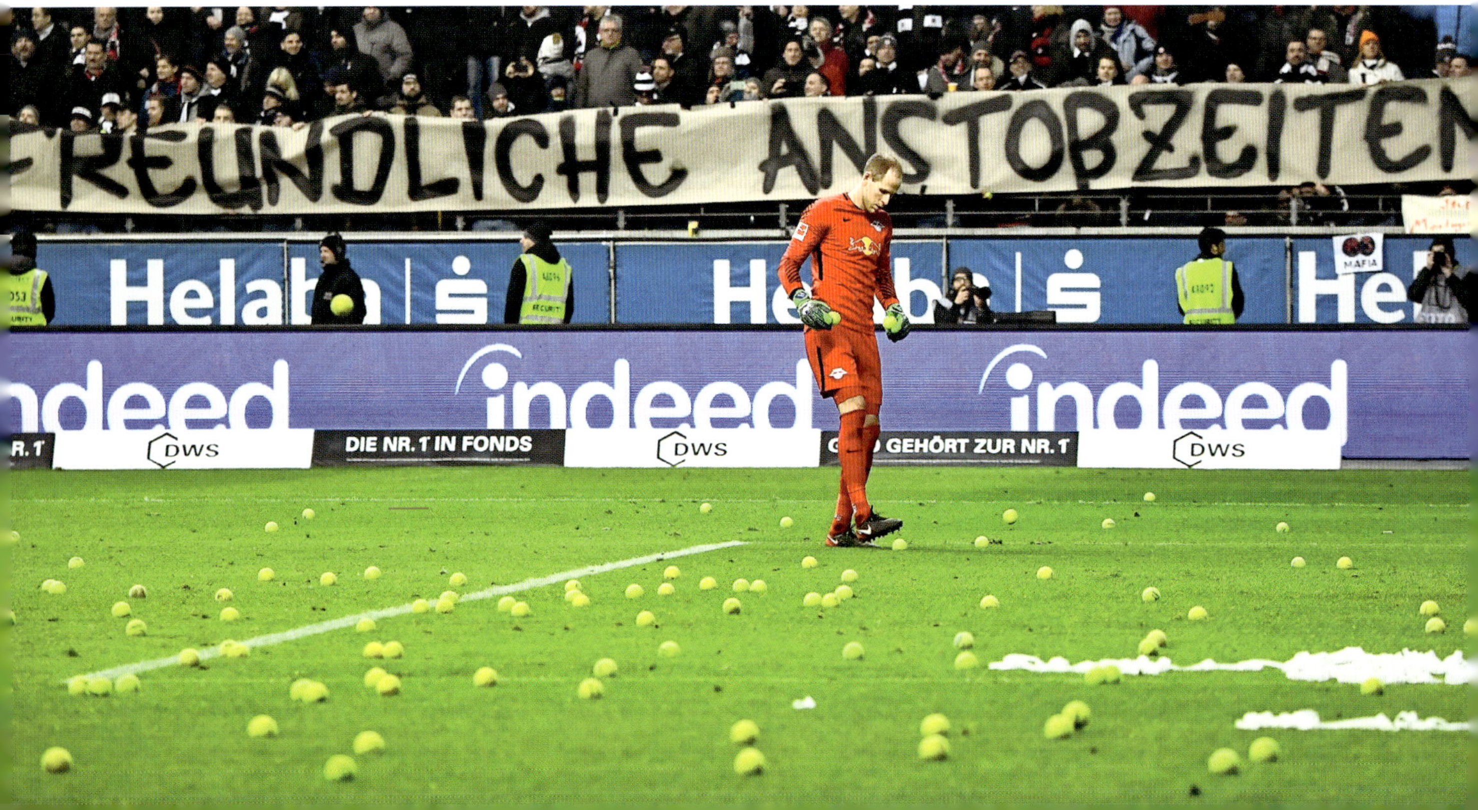

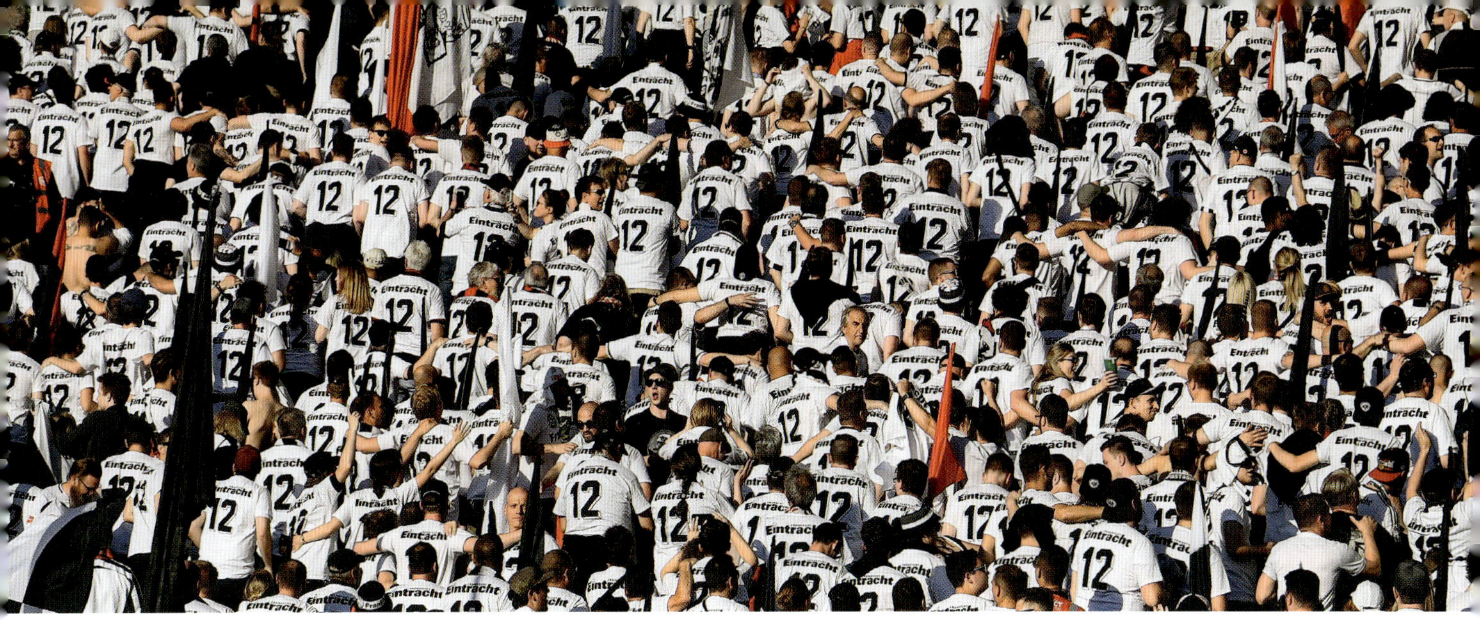

Oft behauptet, bei der Eintracht ist es wahr: Die Fans sind der 12. Mann (und Frau) im Team.

können - aber auch politische Bildungsangebote entwickeln und gemeinsamen Aktivitäten nachgehen. Für die Bildungsreise in das einstige Konzentrationslager nach Auschwitz und sein antifaschistisches Engagement wurde das Fanprojekt vom DFB 2012 mit dem Julius Hirsch Preis ausgezeichnet - und hat selbst eine Ausschreibung für außergewöhnliches soziales Bestreben ins Leben gerufen: „Im Gedächtnis bleiben".

Erster Preisträger war die Initiative „Eine Frankfurter Hauswand wird zum Wahrzeichen für Toleranz", die durch ein Graffiti mit dem Konterfei des immer wieder rassistisch beschimpften Anthony Yeboahs ein Zeichen gegen Rassismus setzen wollte. 2014 kam Yeboah zur Einweihung höchstpersönlich vorbei. „Wir schämen uns für alle, die gegen uns schreien" steht seither in großen Lettern auf dem Mural in der Melibocusstraße in Frankfurt-Niederrad.

Auch andere Häuser in Frankfurt sind mittlerweile großflächig mit überdimensionalen Graffiti versehen und erinnern an große Triumphe der Eintracht. Und natürlich zieren unzählige Sticker und Tags das Stadtbild.

Da in der Vergangenheit Fans medial eher als Rauf- und Trunkenbolde dargestellt wurden, nahmen Eintrachtler kurz und schmerzlos die Berichterstattung über ihre Sicht der Dinge in die eigene Hand. Seit 1991 berichtet das Fanzine „Fan geht vor" bis heute kritisch und unabhängig aus dem Innenleben der Fanszene. Radio FanOmania ging 1997 von Fans für Fans beim unabhängigen Sender Radio-X auf Sendung, und 2004 erblickte eintrachtfans.tv das Licht der Fernsehwelt. Der Eintracht Podcast folgte 2010.

Aus den Schmuddelkindern „Fans" wurden ernstzunehmende Gesprächspartner, deren Interessen auf vielfältige Weise artikuliert werden - und zuweilen auch bei den Verbänden Gehör finden. Während sich der Profifußball - vor allem der Männer - immer stärker der Kommerzialisierung unterwirft, sind es die Fans, die regelmäßig daran erinnern, dass Montagsspiele unsinnig sind, da Auswärtsfahrende nach Spielende nicht mehr nach Hause kommen - oder beharrlich für mehr kostengünstige Stehplätze plädieren. Dass diese Bemühungen zuweilen von Erfolg gekrönt sind, zeigt die Zulassung von Stehplätzen bei internationalen Spielen in Deutschland, England und Frankreich seit der Saison 2022/23. Mit dafür gesorgt hat die Vereinigung „Football Supporters Europe", deren Gründungsmitglied die Fanabteilung der Eintracht ist.

Natürlich sind auch die Fans der Eintracht nicht zimperlich und schlagen zuweilen über die Stränge. Das war schon seit jeher so. Doch im Unterschied zu früher wählt der Verein nicht die Konfrontation, sondern setzt auf Kommunikation. Beide, der Klub und die Fans, wissen, dass sie einander haben - und dass sie nur gemeinsam stark sind. Sie träumen alle den gleichen Traum: Noch einmal Deutscher Meister zu werden - ohne die Seele zu verkaufen. Und vielleicht schaffen es ja dann wieder ein paar Anhänger, auf dem Mittelkreis des Rasens im Stadion zu zelten. So wie 1999 anlässlich des 100. Geburtstages der Eintracht.

Adler auf der Brust

Das Wappen der Eintracht ist der Adler, angelehnt an den Frankfurter Stadtadler. Er wurde im Laufe der Jahre immer mal wieder modifiziert. Von 1980 bis 1999 zierte das Eintracht-Logo ein weißer Adler auf schwarzem Hintergrund, der 1999 anlässlich des hundertjährigen Geburtstages durch den noch heute getragenen roten Adler abgelöst wurde. Charakteristisch ist das „E" auf der Brust des Logos und die schwebende Krone. Dieser Adler schmückt nicht nur die Trikots, sondern auch Fanartikel wie Tassen, Hoodies oder Badeenten. Seit 2006 begleitet ein lebender Steinadler, der von den Fans in einer Online-Abstimmung auf den Namen Attila getauft wurde, die Eintracht bei Heimspielen – und erhebt seine mächtigen Schwingen, sobald die Mannschaft von der Kurve gefeiert wird. Erstmals war Attila beim Pokalfinale 2006 mit dabei. Ansonsten bleibt er bei Auswärtsspielen brav zuhause und drückt der Eintracht die Krallen. Ausnahmen bildeten die Pokalendspiele 2017 und 2018. Geboren wurde Attila übrigens 2004 in Coburg – er ist also gar kein echter Frankfurter. Schon 1993 brachte der damalige Trainer Klaus Toppmöller einen lebenden Adler mit in die Mannschaftskabine – aber es sollte ihm kein Glück bringen. Wenige Monate später musste Toppmöller seinen Spind in Frankfurt räumen. Und in den 1970er-Jahren hielt sich die Eintracht in Zusammenarbeit mit der Frankfurter Brauerei Henninger ein lebendes Pony als Maskottchen. Das hieß nicht Jünter, sondern Schöppche – und wurde ohne zu murren von den Fans akzeptiert.

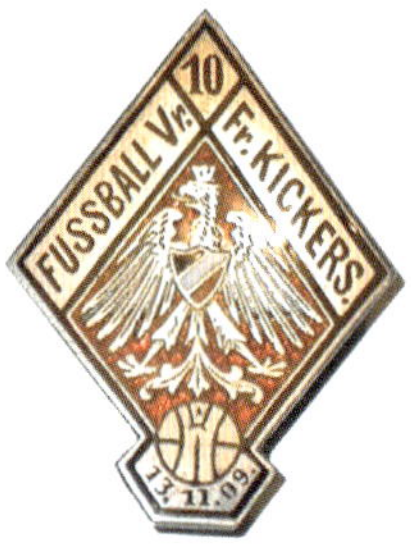

Vereinsnadel der Frankfurter Kickers ...

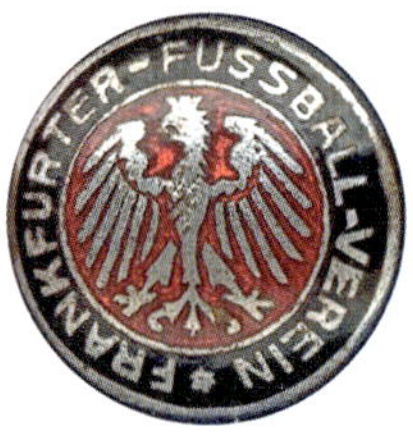

... und des Frankfurter Fußball-Vereins

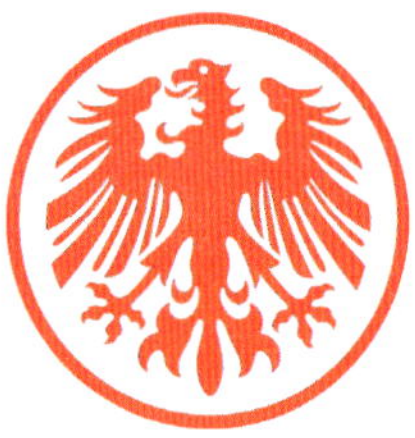

Ohne Krone – der Adler 1927

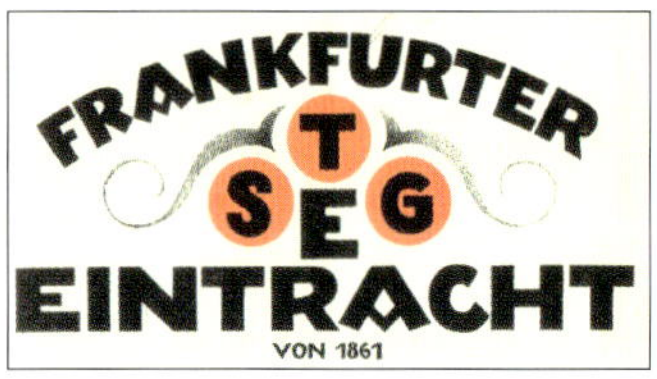

Das adlerlose Wappen mit den Buchstaben TSGE

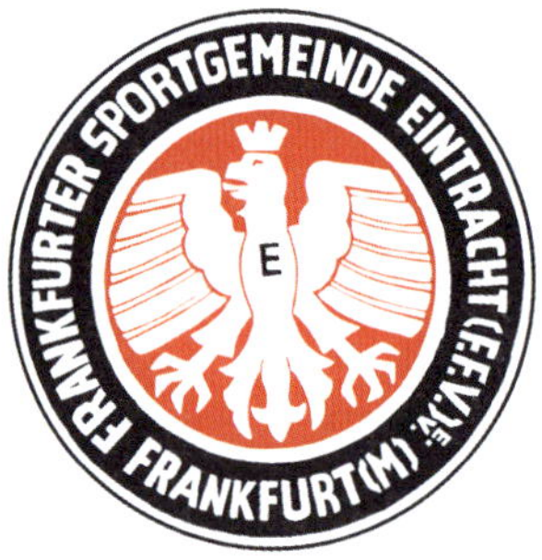

1950 mit vollem Klubnamen

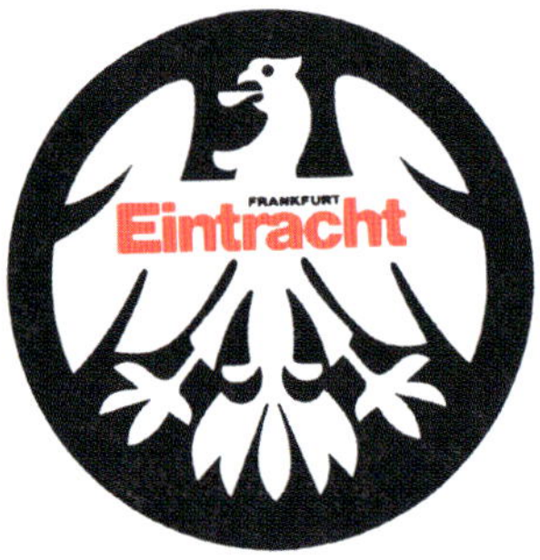

Der „Binding-Adler"

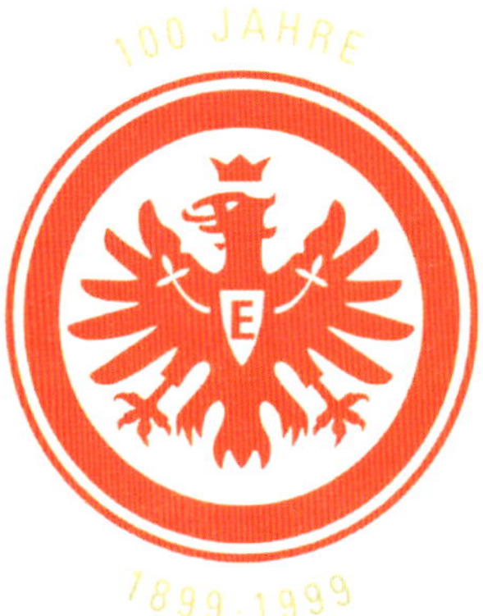

Seit 1999 verwendetes Motiv

Der Verein

Seit 1920, das Jahr, in dem der Name Eintracht erstmals offiziell geführt wurde, liegt die Basis des Klubs im Verein Eintracht Frankfurt begründet - auch wenn die Lizenzspielerabteilung 2000 in die Eintracht Frankfurt Fußball AG ausgegliedert wurde. Der Verein Eintracht Frankfurt e.V. hält als Hauptanteilseigner 67,89 % der Anteile an der AG und vereint über 50 Sportarten unter seinem Dach. In den vergangenen Jahren ist die Anzahl der Mitglieder auf über 142.000 angestiegen und wächst stetig weiter an. Als Peter Fischer im Dezember 2000 zum Präsident gewählt wurde, war die Mitgliederzahl überschaubar, kaum 7.000 gehörten der Eintracht an. Fischer verkündete seinerzeit, die Zahl der Mitglieder auf über 10.000 steigern zu wollen; eine Aussage, die damals als visionär bis utopisch etikettiert wurde. Das Herz des Vereins schlägt seit 1920 am Frankfurter Riederwald, seit 1952 am jetzigen Ort.

Die meiste Aufmerksamkeit generiert der Fußball, doch andere Sportlerinnen und Sportler waren und sind im Trikot der Eintracht sehr erfolgreich und gewannen wie Tilly Fleischer im Speerwerfen, Heinz Ulzheimer über 800-Meter oder Betty Heidler im Hammerwurf sogar olympische Medaillen.

Die Eishockey-Mannschaft der Eintracht war in den 1980er-Jahren bis zu ihrer vorläufigen Auflösung 1991 fester Bestandteil der höchsten deutschen Spielklasse. 2002 wurde sie erneut gegründet. Die Spiele finden in der Eissporthalle statt. Neben Eishockey geht es auch beim Curling winterlich zu, und sogar Bobfahren gehört zum Angebot des Vereins.

Unzählige Kinder können von ihren sportlichen Anfängen bei den Turnern der Eintracht berichten, die ihre Heimat im Oeder Weg gefunden haben, wie generell die Eintracht in ganz Frankfurt zuhause ist. Die Rugby-Abteilung spielt und trainiert in Frankfurt-Nied, die Leichtathleten treffen sich in Frankfurt-Niederrad, und im Stadion am Brentanobad in Frankfurt-Rödelheim kicken seit 2020 die Eintracht-Frauen in der Bundesliga.

Ob Boxen, Basketball oder Handball, Tischfußball, Triathlon oder Ultimate Frisbee - stets lautet das Motto: „Von der Breite in die Spitze". Die Tischfußballer konnten 2018 sogar die ITSF European Champions League gewinnen. Ein Jahr später zogen die Tischfußballerinnen nach. Eine der klassischen Sportarten, die bei der Eintracht angeboten wird, ist Hockey. 1990 wurden die Frauen sogar Europapokal-Sieger. Auch im Tischtennis feierte der Verein große Erfolge. Die Frauen um Hanne Schlaf konnten sich in den 1950er-Jahren gleich mehrfach Deutsche Meisterinnen nennen, die Herren spielten lange in der Bundesliga.

Die Nachwuchsfußballer sind am Riederwald zuhause, der das Nachwuchsleistungszentrum und ein modernes Internat beherbergt. Von der U9 bis zur U19 werden hier die Grundlagen für die Profikarriere gelegt. Und falls es wider Erwarten damit nicht klappen sollte, kann der Nachwuchs zumindest auf eine schulische Ausbildung zurückblicken, beides gehört für das Leistungszentrum zusammen. Aymen Barkok, Timothy Chandler oder Sebastian Jung traten hier als Knirpse ebenso gegen den Ball wie Marco Russ. Ebenfalls am Riederwald spielen und trainieren die Tenniscracks, deren Abteilung 1920 gegründet wurde und die 1968 die Deutsche Vereinsmeisterschaft feierten.

Die zahlenmäßig größte Abteilung ist die Fan- und Förderabteilung, die mit dem Bearbeiten der Anträge kaum hinterherkommt und sich über mehr als 100.000 Mitglieder freut.

Sogar lebenslange Mitgliedschaften sind möglich. Für einmalig 1.899 Euro kann sich der geneigte Anhänger oder die Anhängerin für den Rest des irdischen Daseins an die Eintracht binden. Eines der prominentesten Mitglieder ist der mehrfache Formel-1-Weltmeister Sebastian Vettel.

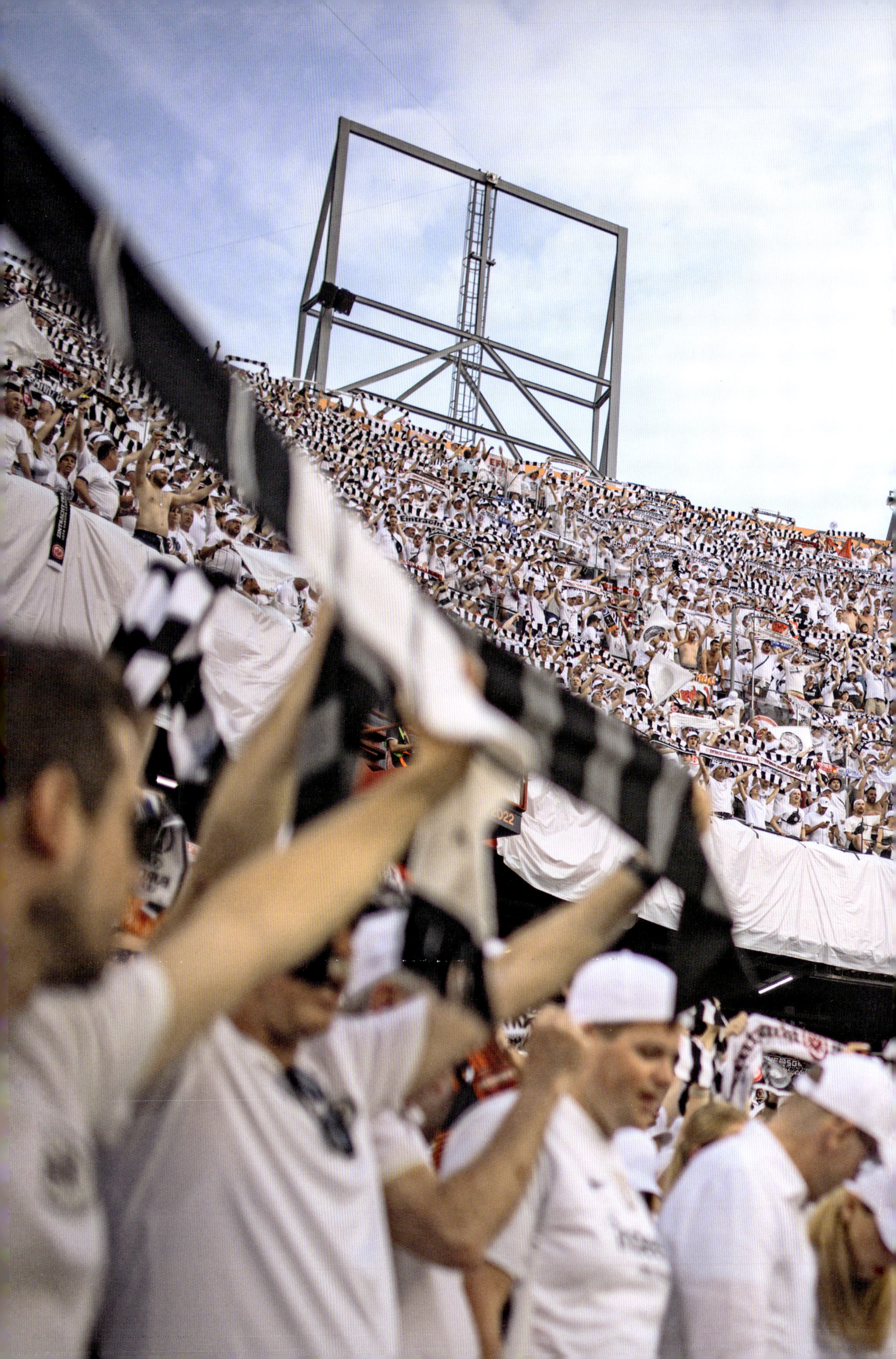